한국연구재단 학술명저번역총서

● 서양편 ●

한국연구재단 학술명저번역총서

서양편 ● 70 ●

지식의 형태와 사회 ²

막스 셸러 지음 | 정영도 · 이을상 옮김

한길사

Die Wissensformen und die Gesellschaft

"Probleme einer Soziologie des Wissens"
"Erkenntnis und Arbeit. Eine Studie über Wert und Grenzen des pragmatischen
 Motivs in der Erkenntnis der Welt"
"Universität und Volkshochschule"
"Zusätze aus den nachgelassenen Manuskripten"

by Max Scheler

Published by Hangilsa Publishing Co., Ltd., Korea, 2011

◆ 이 책은 (재)한국연구재단의 지원으로 (주)도서출판 한길사에서 출간·유통을 한다.

이 도서의 국립중앙도서관 출판시도서목록(CIP)은
e-CIP 홈페이지(http://www.nl.go.kr/cip.php)에서 이용하실 수 있습니다.
(CIP제어번호: CIP2011001491)

지식의 형태와 사회 2

지식의 형태와 사회 2

인식과 노동
세계인식에서 실용주의적 동기의 가치와 한계에 관한 연구

대학과 시민 단과대학

유고로 남겨진 수고手稿에서 보완

지식의 형태와 사회 [1]

일러두기

1. 이 책은 Max Scheler, *Die Wissensformen und die Gesellschaft*(Ges. Werke, Bd. 8, Bern, 1980), 제3판을 텍스트로 삼았으며, 사회학에서 일반적으로 통용되는 용어 외에 셸러 철학의 특징이 잘 드러나도록 셸러의 다른 저작과 관련하여 번역어를 선택했다. 예를 들어 Vorziehen이라는 단어를 셸러는 가치론과 관련하여 매우 독특한 의미로 사용한다. 일반적으로 '우선'(優先), '선호'(選好)라고 번역되지만, 셸러의 윤리학 관련 저작에서는 '선취'(先取)라고 옮겼다.

2. 본문에서〔 〕속의 말은 옮긴이가 의미를 명확히 하기 위해 덧붙인 것이다. 전집의 편집자 후기에 편집자인 프링스(Manfred S. Frings) 교수와 셸러의 아내인 마리아 셸러(Maria Scheler)가 추가한 내용을〔 〕로 처리한다고 밝혔는데, 이 경우에는 옮긴이주에서 밝혔다.

3. 주에는 원주와 편집자주, 옮긴이주가 있는데, 아무 표시가 없는 것은 원주이고, 편집자주와 옮긴이주는 각각 −편집자와 −옮긴이주로 표시했다. 전집의 본문 중에는 원주만 들어 있고, 편집자주는 *로 표시하여 부록에 일괄적으로 나타냈으나, 이 책에서는 하단에 원주와 함께 수록했다.

4. 원서에 이탤릭체로 쓴 것은 고딕으로 표기했다.

5. 원서의 단락이 지나치게 길 경우 독자가 읽기에 편하도록 행을 나누었다.

인식과 노동

세계인식에서 실용주의적 동기의 가치와 한계에 관한 연구

"세계에 관한 노동과정에서 비로소 인간은
우연적인 객관적 형상세계와 그 법칙을 알게 된다.
이 형상이 인간에게 지각되어 행위하고
지배하기 위한 상징이 됨으로써
인간은 비로소 자신의 충동과 소망내용을
천천히 잊어가는 법을 배운다."

I. 문제

현대인이 '노동'(Arbeit)이라는 말과 관련하여 생각하는 파토스는 고대와 그리스도교의 정신적 전통에서 벗어나 자신의 고유한 삶과 현존재에 전제된 세계상과 에토스를 만들어내기 위해 노력할수록 점점 더 강렬해진다. 이런 파토스는 노동이 "모든 교양과 문화의 유일한 창조자"라는 『공산당선언』의 언표 속에 가장 예리하게 표현되어 있다. 또한 이런 파토스는 인식, 아니 인간 그 자체의 본질에 대한 철학적 견해에도 심대한 영향을 미치고 있다. 형이상학과 마찬가지로 인식론에서 '실용주의'(Pragmatismus)[1]의 강력한 사상운동이 이에 대한 가장 좋은 증거다. 본래 인간 자신은 '이성적 인간'(理性人, homo rationalis)이며, 더욱이 '도구적 인간'(工作人, homo faber)이 아닌가?──이것이야말로 감히 제기하는 결정적인 물음이다.[2]

---

1) Pragmatismus은 '실용주의'라 번역된다. 실용주의란 본래 인간의 일 또는 업적과 관련하여 가치평가하는 방식을 말하는데, 미국에서 실용주의는 이미 도구주의(instrumentalism)적 색채가 농후하다. 프래그머티즘은 우선 이런 미국의 실용주의와 구별되어야 할 것이다. 독일어에서 '실용적'(pragmatische)은 '실천적'(praktische)이라는 말과 대비되는 말이다. 즉 실천적이라는 말이 원칙적인 것에 근거하여 생겼다면, 실용적이란 현실의 구체적 삶과 관련된 것을 나타낸다. 특히 칸트적 의미에서 실용은 실천에 비해 2차적이고 하위적인 개념이다. 그러나 이 관계를 실용주의는 뒤집어버렸다. 즉 인간의 일이나 업적과 무관한 가치는 실천적으로 생겨나지 않는다는 것이 실용주의의 근본전제이고, 옮긴이가 번역어로 사용한 '실용주의'란 말도 이런 의미에서 사용된 것임을 밝혀둔다―옮긴이.

그러나 근대 실증과학의 다산성(多産性)과 부단한 진보뿐만 아니라 자연정복이라는 근대기술이 세계를 개조해온 성과는 모두 과학과 재화를 산출하는 기술적·기계적 형식의 내적인 결합에 기인한다. 이런 사실은 앞서 언급한 사변적인 문제들에 대해 아무것도 생각하지 못한 사람들에게 매우 분명하고 자명한 것이어서 바로 우리 문명 속에 들어 있는 이런 노동과 인식의 체계적이고 내적인 연관은 의심의 여지가 없는 것이다.

아니 근대 유럽의 수학이론에 의해 주도된 실험과학이 지금까지 세상에 나타난 모든 학문의 형식, 이를테면 중국, 인도, 그리스, 유럽 중세의 학문형식에 대해 특별한 특징을 지니고 있을 뿐만 아니라 근대의 합리적인 영리획득의 자본주의와 그 경제양식이 자본주의적이든 비자본주의적이든 그밖에 역사의 어딘가에 나타나는 다른 모든 경제의 형식에 대해 어떤 특별한 특징을 갖는다면, 그것은 모두 이런 노동과 인식의 결합에 기인한 것들이다. 그러나 이런 현상은 의심의 여지가 없고, 근대 서구세계를 그 전(前)시대와 동시대의 다른 모든 세계와 확실하고 분명하게 구별해주는 두드러진 것이긴 하지만,──그것은 또한 모든 사변적인 '학문', 좀더 좋게 말하면 지혜론(Weisheitslehre, 여기에는 중국과 인도의 학문뿐만 아니라 마찬가지로 그리스의 학문도 속한다)의 형식들과 구별되는 동시에, 모든 단순한 욕망충족의 경제, 즉 인간이 사물에 대해 행하는 노동의 경험을 체계적인 형식을 가지고 방법적으로 탐구하고, 다음으로 어떤 영역에 실천적으로 적용함으로써 비로소 새로운 욕구를 불러일으키는 (예를 들어 전신, 전화, 전기산업 등 거의 모든 현대의 통신기술처럼) 것이 아니라, 노동의 경험을 직업의 내부에 전습(傳習)시킬 뿐인 경제와도 구별된다.──그래서 이 현상은 다른 한편으로 매우 애매한 것이다.

우선──문제의 대강을 이해하기 위해──위의 복잡하게 착종된 관

---

2) 이 책, 2권에 수록된 「유고로 남겨진 수고에서 보완」, II. 「인식과 노동」에 관하여' 2 참조─편집자.

계에는 전혀 합당하지 않지만, 다음과 같이 첨예하게 대립하는 양자택일의 물음을 던져보자. 노동과 재화생산에 대한 근대기술은 자연과 자연의 질서와 법칙적 연관 쪽에서 볼 때 순수 이론적인——지식을 획득하기 위해 사고를 조작하고 직관을 조작하는 것과 조작하는 '형식'에 따라 볼 때 순수이론적일 뿐만 아니라 또한 이런 지식을 획득하려는 연구자의 주관적인 목적과 동기에 따라 보더라도 순수 이론적인——자연의 질서 및 법칙적 연관에 대한 지식을 단지 추후에 실천적으로 응용한 것에 불과한가? 아니면 충동과 자연에 대한 의식적(이거나 무의식적인) 지배의 의지가 주요한 동기이고, 또한 이에 상응하여 이 의지가 행위를 통해 미치는 영향 속에서 만들어낸 특수한 실험적·기술적 경험이 최초의 것이고 주도적인 것인가? 그래서 새로운 과학이란 바로 이런 자연에 대한 행위와 형성 속에서 완수된 경험을 추후적으로 정식화하는 것이라 말할 수 있을 것인가? 즉 과학은 자연이 우리의 실천적인 노동개입(Arbeits-Zugriff)에 대해 부여하는 효과적이거나 비효과적 반작용을 논리화, 통일화, 체계화하는 것이라고 말할 수 있을까?

만약 후자의 경우라면, 적어도 그 물음에 대한 해명을 다음과 같은 목표설정에 두는 것이 첩경일 것이다. 즉 근대과학이 자연의 소여(所與)를 취급할 때 사고형식과 직관형식, 사고방법 그리고 특수한 인식목표는 그자체 이런 '힘에 대한 의지와 자연지배의 의지'에 대한 논리 이전의 정립과 무논리적인 정립에 의해 성립되며, 의지수행 그 자체의 성과와 무성과에 의해 비로소 형성되는——이런 의지수행에 실천적·기술적으로 적합해져가는 과정 속에서 형성되는——것이 아닐까?

이 물음에 긍정적으로 대답해야만 한다면, 이것은 다음과 같은 사실, 즉 개별연구자는 그의 주관적 의도와 동기 속에 사물의 이른바 '순수' 인식과는 다른 목표를 전혀 설정하지 않는다는 사실을 나타낸다. 다시 말해 개별연구자로서 그는 문제설정에 앞서 연구업적을 미리 실천적으로 평가내릴 수 있음을 목표로 해야 했을 거라는 사실을 전혀 포함하지 않는다. 모든 진지한 자연연구자와 수학자는 주관적 의도가 이런 진부한 공리주의에 모순된다고——베이컨의 귀납법에 대한 리비히(Liebig)의 훌륭한 비판 이후로——이구동성으로 진지한 톤으로 천명했는데, 여기서 이 점을 문제 삼지는 않겠다. 더욱이 좀더 멀리 내다보고 좀더 간접적인 공리주의는——먼저 진리의 자기 가치에 호소하는 것이 아니라——이미 리비히에 의해 예리하게 지적된 논증의 진부함을 더 이상 유통시키지 않을 것이다. 기술적이고 가장 풍요롭게 활용되는 저 자연법칙의 인식은 바로 활용하기 위해 탐구되고 발견되는 것이 아니라, 다만 순전히 **이론적 의도 속에 있는 방법의 고유한 논리에서 생겨난 것이다.**[3]

이에 대한 예가 유기화학(organischen Chemie)에 기초한 리비히의 고유한 인식인데, 유기화학은 나중에야 비로소 농경기술과 토양을 비옥하게 하는 기술에 매우 성과가 있다는 점이 입증되었다. 물리학자 베버(W. E. Weber)와 수학자 가우스가 정확한 항성시(恒星時, Sternzeit)를 전파를 통해 전달하기 위해 괴팅겐에서 물리학연구소와 천문대 사이에 전선을 처음 가설했을 때, 그들은 그렇게 발견한 전신기의 원리 속에 다른 사람들을 위해 실제로 기술적으로 활용할 수 있는 무엇이 있다는 생각에는 이르지 못했다. "우리가 별이 빛나는 하늘과 천체운행의 법칙을 연구하는 것은 새로운 법칙을 발견하고, 이로써 새로운 기계를 만들 수 있었기 때문이 아니라, 오히려 끊임없이 새로운 기계를 만들어냈고, 이로써 육체노동에서 해방된 인간이 더욱더 자유롭게 하늘을 탐구할 수 있었던 것이다." 이와 같이 푸앵카레는 갈리(Gally)의 대구(對句, Antithetik)를 비꼬는 투로 말한다. 그럼에도 수학과 자연과학에 대한 푸앵카레의 유명론적인 이론은 강한 실용주의적 특징을 지니고 있다.

그러나 좀더 고차적인 실용주의가 저 진부함을 부정하는 것이 옳다 해도, 이 부정을 통해 지금 우리가 당면한 문제는 결코 해결되지 않는

---

3) 슐리크(Moritz Schlick), 『일반인식론』(*Allgemeine Erkenntnislehre*, 2. Aufl., Berlin, 1925, 89쪽 이하)의 적절한 언급을 참조.

다. 스펜서(H. Spencer)는 그의 윤리학에서 인간의 최대행복이 '선'(善)과 '악'(惡)의 객관적 기준을 형성한다고 가르친다.——그러나 아무도 최대행복을 주관적 목표나 동기로 삼지 않는다면, 최대행복에는 도달할 수 없을 것이다. 오히려 최대행복에 도달할 수 있는 것은 전혀 다른 경우다. 즉 그것은 각 개인이 생득적(生得的)이며 직접적으로 분명한 정당성의 규칙에 따를 때인 것이다. 이때 정당성이라는 스펜서의 생각에 따르면 역사적으로 축적해온 인간 행위의 성공과 실패, 쾌적한 결과와 불쾌한 결과에 대해 인류가 유적(類的)으로 경험한 결정을 말하며, 좀더 좋게 말하면 이런 결과와 관련하여 개인적으로 경험하거나 숙고하기보다는 오히려 객관적인 최대행복이라는 목표에 따르는 것을 말한다. 우리는 이런 스펜서 이론의 옳고 그름을 다루려는 것이 아니다.[4] 행복을 임의로 추구하지 않는다면, 모든 경우에 **좀더 심층적인 행복감**에 도달할 수 있다.[5] 결국 이것은 앞의 경우와 유사하지 않은가? 지식을 가장 실천적이고 객관적으로 이용하는 것은 이와 같이 이용함으로써 가능한 것이 아니라, **지식 그 자체를 자기 가치**(Selbstwert)로서 추구함으로써 비로소 보증될 수 있는 것이 아닐까? 근대의 초개체적 연구방식에서 사고형식과 직관형식, 나아가 방법과 목표가 이런 의미에서 자연지배에 대한 '의지'에 의해 규정되는지 안 되는지는 전혀 다른 차원의 물음이다. 그것은 결코 '연구자의 심리학'에 의해 파악될 수 없다.

여기서 제기된 물음에 전면적으로 대답하는 것이 우리의 의도는 아니다. 이것은 단지 이 저작의 매우 포괄적인 과제를 규정할 수 있을 따름이다. 여기서는 다만 지금까지 불충분하게 제기된 물음에 대한 해결책을 새롭게 제시할 수 있는 몇몇 **기초이론적 고찰**을 제시하는 데 그칠 것이다. 이런 토대론적 고찰은 오랫동안 저자가 인식론의 근본문제에 전념해온 연구를 공개함으로써 비로소 최종적으로 정초될 수 있을 것이다.[6]

---

4) 이에 대한 평가는 나의 저작, 『형식주의』, V. 4를 참조.
5) 『형식주의』, V의 쾌락주 또는 행복주의에 대한 비판을 참조—편집자.
6) 1919부터 1928년에 걸쳐 쾰른대학교에서 행한 강의와 강독에서 인식론의 근본

이 연구를 엄밀하고 체계적으로 진행시켜가고자 한다면, 근대세계 내부에서 노동과 인식의 문제는 다음과 같이 다섯 가지 방식으로 연구되어야만 할 것이다.

1. **역사적·사회학적인 연구.** 과학과 철학의 역사가 기술적 노동형식의 역사와 원칙적으로 대조를 이루는 가운데 다음과 같은 것들이 밝혀져야만 한다. 즉 개별적인 기술과 과학이 어떻게 협동을 이루어낼 것인가? 그때 주도하는 쪽은 어느 쪽인가? 한편으로 과학의 전체적 성격은 기술적인 새로운 목표설정과 과제 아래서 어떻게 바뀌며, 다른 한편으로 과학은 다시금 기술에 대해 어떻게 반작용하는가?[7] 이 물음들에 관한 적절한 대답은 대부분 역학(Mechanik), 열이론(Wärmslehre), 에너지 이론의 역사에 대해 연구해온 뒤앙과 마흐의 노작(勞作) 속에서 발견된다.

어디서나 기술적 과제가 수학 및 자연과학의 다양한 부분에 대한 동인이 되고 있으며, 따라서 그렇게 발견된 결과들을 엄밀하게 논리화하고 체계화하는 것은 항상 後에 생겨났다는 사실이 이로부터 분명해진다. 우리는 한편으로 기술적으로 자연에 개입하고, 다른 한편으로는 유희적으로 자연에 개입한다. 이를 통해 특히 순수 연구수단으로서 실험은 그때마다 특수한 실질적 목표를 점점 더 평준화시킴으로써 서서히 생겨난 것이다. 따라서 전체적인 원인의 모든 복합에서 부분적인 원인의 고립화, 부분적 원인의 양적 등급화에 의해(밀) 정식화되는 잘 알려진 '실험적 귀납' 방식의 전체적인 구조는 결코 순수 인식의지에서 생겨나는 것이 아니라, 전적으로 기술적인 개입의 결과로서 생겨나는 것이다. 이 기술적 개입은 관찰을 가능하게 할 뿐만 아니라 어떤 바람직한 것을 실현시키려 한다. 실험이란 발생학적으로 볼 때 말하자면 기술적 개입의 극단적인 경우에 불과하며, 이런 기술적 개입에서 근원적으로 기대되는 특수한 목표는 잊히거나 규칙(Regeln)을 획득하기 위한 일반적이고 포괄적인

문제가 반복해서 언급되고 있다—편집자.
7) 이런 시도는 이 책, 1권에 수록된 「지식사회학의 문제들」에서 행해졌다.

목표로 평준화된다. 이 규칙에 따라 우리는 이미 정해진 목표에 도달하는 것이 아니라——그때마다 변하는 요구에 따라——자연의 일부에 개입함으로써 모든 가능한 목표의 총체에 도달할 수 있는 것이다.

그러나 더 이상 현실화하려거나 만들려고 하지도 않고 할 수도 없을 때 실험은 세 번째의 '사고실험'이 된다. 다시 말하면 대상 그 자체가 어떻게 생겨났는지를 알려는 것이 아니라, 우리가 사고실험을 위한 자료와 필요한 능력을 가지고 있다면, 기존의 부분들과 이에 대한 분명한 기호들로부터 대상을 만들어낼 수 있을 것이라는 점을 어떻게 생각할 수 있는지를 알려고 한다. 이를테면 뉴턴(I. Newton)은 돌을 산꼭대기에서 힘껏 내던짐으로써 그 포물선 궤도가 지구 주위를 도는 달과 같다고 생각했고, 또한 갈릴레이가 제기한 자유낙하의 법칙과 순간마다 일어나는 달의 낙하운동이 동일하다는 점을 발견하여 이 낙하운동이 달을 지구에서 멀어지게 하는 원심력과 조화를 이루어 회전운동을 일으킨다고 생각했던 것이다.[8] 17, 18세기의 이신론(理神論, Deismus)[9]에서 신 그 자체는 단지 무한한 '세계창조자'에 머물고 만다.

이 창조자는 세계라는 기계를 적절하게 조작할 따름이다. 즉 세계라는 기계는 신의 인도나 기적, 계시 없이도 모든 점에서 낙관적이고 조화롭게 작동할 수 있다. 그것은 의심의 여지없이 신학적으로는 칼뱅주의(Calvinismus)에 나타나며, 보댕(J. Bodin)의 주권론에, 그리고 정치적으로는 홉스와 마키아벨리에게서 나타나는 권력사상이다. 이 권력사상은 새로운 발명과 발견의 시대를 과학적으로 고무(鼓舞)하고, 인식의 대상을 새롭게 선발하고 또한 인식의 목표를 새롭게 규정해준다(기계적

---

8) 마흐, 『역학, 역사적·비판적으로 본 역학의 전개』(*Die Mechanik, in ihrer Entwicklung historisch-kritisch dargestellt*, 1883)를 참조. 여기서 사고실험은 뉴턴의 '천재적' 업적으로서 분명하게 묘사되고 있다.

9) 17세기 중엽에서 18세기에 걸쳐 주로 영국의 자유사상가, 과학자들에 의해 제창된 합리주의적이고 자연주의적인 유신론 사상. 그리스도교를 근대 과학적 합리성과 조화시켜 반이성적이고 신비적 요소를 제거함으로써 반종교적인 세속주의, 특히 유물론에 대항하려는 호교적(護敎的) 목적을 지녔다—옮긴이.

인 자연해석). 프랜시스 베이컨(Francis Bacon)은 '예견하기 위해 볼' 뿐이며, (예를 들어 항성계恒星系의 운동이 아니라) 자연에 대한 인간의 '힘'을 조장하기 때문에 그리고 오직 조장하는 한에서만 '예견'할 뿐이라고 했다. 18세기에 비코는 단지 우리가 그 사물을 우리 눈앞에 현존시킬 수 있는 한에서만 어떤 사물을 인식할 수 있다는 점을 지적한다.

인식이론이 엄밀하게 증명할 수 있는 것, 다시 말하면 순수 인식의지, 즉 논리학·수학·직관은——죽은 자연이 아닌, 게다가 생동감 넘치는 정신적 현실성을 지닌——자연과 영혼의 현상을 실질적이든 형식적이든 결코 기계적으로 해석하는 것(연상심리학)으로 (칸트나 드리슈에 이르기까지 많은 연구자들이 믿고 있는 것처럼) 인도해가지 않는다. 이 점을 역사가 여실히 증명해준다. 이것은 우리가 근대 자연상과 세계상의 기원, 좀더 좋게 말한다면 인간정신에는 결코 구성적인 것이 아니지만, 이 세계상의 생동적인 기능으로부터 생겨나는 사고형식, 직관형식의 기원을 추적해 들어갈수록 점점 더 분명해진다. 이런 사고형식과 오성원리는 칸트가 『순수이성비판』에서 정리하고 있듯이, 이성의 가능한 사고형식 속에 있는 하나에 지나지 않으며, 결코 사고형식 그 자체가 아니다. ——더욱이 그것은 지식의 최고 가치에 대한 경험 속에서 그리고 이런 경험에 입각해서 '기능하는' 사고양식이고, 이 지식의 최고 가치에 상응하는 새로운 '힘의 의지', 즉 자연에 대한 '힘의 의지'가 세계의 모든 '가능한' 경험양식에서 하나의 가능한 것으로 이끌어낸 사고양식에 지나지 않는다. 그때마다 관심의 방향과 가치태도(와 가치의 선취규칙)가 일반적으로 세계의 모든 가능한 지각과 직관에 선행하며, 의미를 파악하고 사태를 파악하는 것인 모든 사고에 선행하기 때문에, 이른바 '기계론'은 근대 시민사회가 사물의 가능한 모습을 인식하는 예료적(豫料的, antizipatorische) 도식이 된다.[10] 왜냐하면 다음과 같은 사실 외에 확실한 것은 아무것도 없기 때문이다. 즉 우리 인간뿐만 아니라 '생명 일

---

10) 앞의 논문 참조—편집자.

반'이 자발적 운동을 통해 자연과 마음을 어떤 목표에 따라 분명하게 좌우할 수 있는 한, 바로 그런 한에서만 오직 자연과 마음의 현상과 존재는 전이(轉移)가능한 근본사물(덩어리, 전자 등)의 '운동'에 근거한다. 이보다 확실한 것은 아무것도 없다. 세계가 기계론적이 아닌 한, 확실히 세계는 일의적으로 좌우될 수도, 지배될 수도 없다.

근대 초에——물리학, 화학, 생물학, 심리학, 사회학 등에서 순수 정신이 활동하기 훨씬 전부터——완전히 기계적으로 자연과 마음을 해석하려는 장대한 프로그램을 계획한 것은 '순수 오성'이나 '순수 정신'이 아니라, 자연을 지향하여 새롭게 용솟음치는 사회의 권력의지와 노동의지였다. 그것은 한편으로 봉건시대와 봉건사회에 지배적이었던 인간과 유기적인 것에 대한 인간의——세계를 노골적이고 광범위하게 이용하려는 것과 결합된——지배를 높이 평가하고, 다른 한편으로 세계의 본질과 형식을 이해하고 정신 속에 반영하려는 성직자사회와 영주사회의 관조적 인식의지를 서서히 배척하기 시작한 근대의 권력의지와 노동의지다. 일반적으로 세계를 직관하는 형식과 학문의 형식이 세계의 본질존재(相在, Sosein)를 서술하는 '사고양식', 즉 구성된 예료적 도식은 모두——내가 다른 곳에서 지적했듯이[11]——'기능화', 즉 본질직관과 본질통찰이 배제된 기능화에 의해 생겨난 것들이다. 그러나 슈펭글러의 의미에서 학문의 상대주의와 역사주의가 이로부터 생겨나는 것은 결코 아니다. 세계는——세계 대상들의 현존재 상대성(Daseinsrelativität)의 어떤 단계에서——형식적 · 기계적 측면을 존재적으로 가질 수 없고, 어떤 주관적인 지상명령이나 권력의지도 세계경험에서 그런 측면을 분리해낼 수 없다. 오직 그때마다 사고형식의 특수한 선택만이——사고형식 그 자체가 아니라——사회학적 · 역사적으로 규정될 따름이다. 그러나 이 도식은 모두 어떤 에토스 형식에 의해, 즉 가치들의 선취(先取, Vorziehen)

---

11) 『인간에 있어서 영원한 것』에 수록된 논문, 「종교의 문제들」에서 본질통찰의 '기능화'에 관해 참조-편집자.

와 후치(後置, Nachsetzen)라는 생동적인 체계에 의해——편애(Vor-Lieben)의 체계에 의해——도출된다. 이런 가치체계는 각기 그때마다 사회의 지배적이고 **전형적인** 층에 의해 담지된다.[12] 근대 세계상의 사회적·역사적 기원보다 더 잘 이 법칙을 예증해주는 것도 없다.

2. 노동과 인식의 문제는 둘째로 **인식론적** 문제다. 제임스부터 니체에 이르기까지, 그리고 베르그송부터 파이잉거(Vaihinger)에 이르기까지 실용주의 철학이 바로 이 점을 나타내준다. 이에 대해서는 다음에 상세하게 설명할 것이다.

3. 더욱이 우리가 문제 삼는 것은 **발달생리학적이고 발달심리학적인** 문제인데, 그것도 다중적인 의미에서 문제된다. 즉 그것은 생명체의 다양한 발전방향에서, 그리고 다양한 동물종의 상호간 비교 및 인간과의 비교에 있어서 심적 수행능력에서, 원시인으로부터 문명화된 문화인으로 지식이 발달해온 방향에서, 어린아이로부터 성인으로 성장해온 것에서, 끝으로 역사적 인간의 지적 발달에서 유기체의 **충동적이고 운동적인 태도와 환경**(또는 인간에게 규칙화된 노동과 지식형태에 대한 노동의 형식)상의 구축이나 아니면 예를 들어 감각적이며 기억에 따른 활동이라는 다양한 관점에서 세계상을 확장시키기 위해 필요로 하는 (생리적·심리적) 기관과 기능들의 형성 사이에 〔양자를〕 제약하는 연관이 있는가 없는가, 그리고 있다면 어느 정도인가 하는 물음이다.

4. 노동과 인식의 문제는 **노동생리학**(Arbeitsphysiologie)이라는 생리학의 새로운 분과에 의해 상세하게 다루어질 수 있고, 또한 다루어져야만 한다. 그리고 이 문제는 이미 노동생리학에 의해 여러 방향에서 연구되어왔다.——목표를 설정하는 의식과 단순한 운동반사 및 복잡한 운동반사를 포함한 다양한 운동반사에 대한 〔대뇌〕피질의 활동에서 시작하여 근육섬유 속에 들어 있는 화학적 에너지원에 이르기까지——노동수행의 감각적인 과정과 다층적인 운동과정을 결합시키는 것은 노동생

---

12) 「전형과 지도자」를 참조—편집자.

리학에서 상세하게 연구될 것이다. 여기서 운동반사란 동시에 자신에 속하는 신경조직의 부분 대역들 및 계통발생에서 그 특수기능이 발달해 온 계시적(繼時的, chronogene) 계열을 가리킨다(모나코프).[13] 노동과정의 심리학에 관해서도 똑같이 말할 수 있는데, 그 가장 기초적인 요구를——특히 다양한 중추[신경]의 훈련과 피로현상에 관해——우리는 크레펠린[14]에 의존하여 설명한다. [노동과정의 심리학은] 이와 함께 노동수행의 전체적인 구조로부터 생겨나는 모든 방식의 운동요인 및 충동적이고 자동적인 개별요인의 탈락(Ausfall)과 결부된 감각적이고 기억에 따른 활동에서, 나아가 모든 지적인 활동에서 **정신병적인 탈락현상**(형태맹, 정신맹, 정신농아 등)에 대해서도 연구한다. 실인증(Agnosien), 실행증(Apraxien), 실독증(Alexien), 실어증(Aphasien) 등과 같은 종류의 현상에 대해서는 이미 베르그송이 그의 저서 『물질과 기억』(*Matière et Mémoire*)에서 서술한 바 있다. 베르그송은 이런 현상들에 대한 특수한 해석을 통해 처음으로 철학적 기반 위에서 실용주의 이론을 구축하려 했다.

5. 우리 문제는 끝으로 상당히 응용적인 의미에서 **교육학적 문제**에 보다 심도 있게 몰두하지 않으면 안 된다. 즉 어떤 특수한 비중(比重) 개념을 가르쳐주려는 한 학생에게 먼저 언어적 정의를 제시해주어야 하는지——아니면 물체의 비중을 규정할 수 있는 절차를 가르쳐주고 연습시켜야 하는지——하는 해당 물음에서 이른바 '교양학교'(Bildungsschule)와는 다른 '노동학교'(Arbeitsschule, 듀이 J. Dewey, 케르셴슈타이너[15])의 이념이 분명하게 생겨난다.

아래의 자세한 설명에서 노동과 인식의 문제는 두 번째 관점과 세 번째

---

13) 모나코프(Constantin von Monakow, 1853~1930): 러시아 출신의 스위스 신경병리학자—옮긴이.

14) 크레펠린(E. Kraepelin, 1856~1926): 독일 의학자—옮긴이.

15) 케르셴슈타이너(G. Kerschensteiner, 1854~1932): 독일의 교육이론가—옮긴이.

의 관점에서만 연구될 것이다.──이른바 거시적 관점에서 본 첫 번째의 문제는 앞의 논문, 「지식사회학의 문제들」에서 상세하게 다뤄졌다. 여기서 동일한 문제를 인식론적·발달심리학적 관점에서 연구하는 것은 지식사회학에서 발견된 것을 보완해주는 동시에 좀더 깊이 정초해야만 하는 것이다.

실용주의적 주장은──매우 다양한 표현과 형식들을 갖고 있음에도──다음과 같은 '명제'에 연관한다. 즉 모든 지식은 발생적으로 볼 때 결국 어떤 종류의 내적 행위의 결과이며, 세계를 변혁시키기 위한 준비단계에 지나지 않는다. 그렇기 때문에 목적론적이고 가치론적으로 볼 때 지식은 모든 종류의 이론적 행위에 기여해야 하며, 따라서 직관·지각·상기·사고에도 동일한 방식으로 기여하지 않으면 안 된다.

이하에서는 부분적으로 매우 정교하게 구축된 사고의 실용주의적 이론(개념구성, 판단, 추리, 이른바 공리, 자연의 원리 및 법칙이 의미하는 것, 연역과 귀납에 대한 이론)보다도 오히려 지각이론을 더 상세하게 다루는데, 그것은 다음과 같은 두 가지의 이유 때문이다. 첫째로 실용주의적 사고이론이 원리적으로 나타내는 근본오류는 우리의 견해에 따르면 이미 후설의 『논리학 연구』(*Logische Untersuchungen*, 1900~1901)에 의해 훌륭하게 반박되었다.──물론 학문적인 사고 속에서 실용주의적 동인과 가치가 실제로 〔얼마나〕 유효한지에 대한 한계를 엄밀하게 규정하는 일은 아직 일어나지 않았지만 말이다. 둘째로 철학과 과학 그리고 그 주요영역에서 '순수논리학'이 전제하는 다양한 형식들(철학의 논리학과 과학의 논리학)을 나는 미(未)간행된 『형이상학』 제1권에서 상세하게 기술하고 있기 때문에 다시금 반복하는 것을 원하지 않는다.

II. 지식과 인식의 본질과 의미: 지식의 종류

우리가 '인식론'이라 부르는 것이 대부분 오직 한 종류의 인식, 즉 실
증과학의 인식만을——실증과학 중에서 수학적 자연과학이든 역사이든
간에 다시금 단지 좀더 확실하고 그때마다 **자의적으로** 선호되어온 지도
원리에 대한 인식만을——주목하는 것이 아닌가 하는 견해가 최근에 철
학에서 부상하고 있다. '자연적 세계관', 즉 '생물학'의 인식론 및 정신
적 산출물(객관적 정신)과 주관적 정신작용의 객관적 의미내용을 이해
하기 위한 인식론, 객관화된 심리학, 즉 자기 관찰 및 타자 관찰의 인식
론, 끝으로 철학 자체의 인식론,——이 모두를 라스크는 '철학의 논리
학'이라 부른다——특히 형이상학의 인식론은 모두 여전히 생성 중에
있다. 종교, 예술, 신화, 언어에서 무엇이 '지식'이 되고, 이 지식이 어떻
게 모든 지식의 체계 속에 포섭되는가 하는 점이 오늘날——철학이 이
러저러한 전문과학의 시녀로 폄하되어온 오랜 불행한 시대가 지나간 후
에——다시금 문제되고 예견되고 있다.

이런 변화를 가장 명료하게 나타내주는 증거는 '과학주의'
(Scientifismus)를 가장 노골적으로 드러내는 철학적 학파인 마르부르
크학파[1]인데, 마르부르크학파의 가장 유력한 주창자이며 주도자인 카
시러가 인식론의 이런 편협함을 날카롭게 타파했다.[2] 사고형식이 그 기

---

1) N. 하르트만의 『인식의 형이상학 강요』(*Grundzüge einer Metaphysik der
   Erkenntnis*, 1925), 제2판에서 이에 대한 코헨과 나토르프의 탁월한 이론을 비
   판한 것 참조.

능법칙을 대상세계에 강압한다는 이 학파의 공통된 입장을 카시러는 "수학적 자연과학은 어떻게 가능한가?"라는 물음에서 모든 의미구성물과 문화구성물에까지, 따라서 예를 들어 언어, 신화, 종교 등에까지 확대시켜 이해하려고 한다. 그러나 여기서 생겨나는 사고형식의 다양한 체계들 사이에서——더욱이 이런 사고형식들에 대한 모든 존재적 기준이 폐기되었는데도——옳고 그른, 맞고 틀린, 또는 어떤 서열에 따른 등급이 어떻게 생겨날 수 있는가, 나아가 이렇게 진행되는 도상에서 모든 세계상을 수립하고 세계를 해석하는 역사적 · 사회적 상대주의를 어떻게 벗어날 수 있을까 하는 점을 그는 일시적으로 간과했다.

확실히 지식과 인식의 종류 및 형식을 새롭게 탐구함에 즈음하여 지식이념의 통일성이 소멸되어야 할 필요는 없을지 모른다. 그렇지만 다른 한편으로, 예를 들어 이론물리학의 학문이론을 근본적으로 다루고 있고, 이로써 인간의 인식능력을 모두 망라했다고 진실로 믿는——지식의 모든 특수가치에 관해 모두 옳다고 믿는——『일반 인식론』이라는 제목을 붙인 책[3]이 나타나는 것은 더 이상 결코 가능한 일이 아니다. '인식'의 본질은 오늘날 학파에 따라 근본적으로 다르게 규정되고 있다. 현대 독일철학에서 인식의 본질로서 이해되는 몇몇 예를 들면, 다음과 같은 것들이 있다. 즉 "유용한 행위로 유도되는 판단을 형성한다"(실용주의)거나, "대상의 산출"(코헨), "사물이 객관적으로 존립하는 형식을 모사하는 것"(아리스토텔레스와 토마스주의), "생성 속에서의 직각적 일체감"(베르그송), "사물과 같은 것이 아니라 사물과 전혀 다른 것이지만, 사물의 관계를 나타내는 표상 관계를 이해하는 것"(로체 등), "최소한의 개념과 법칙으로 직관되는 사실을 기술하는 것"(경제주의), "직관의 질

---

2) 카시러(E. Cassirer)가 『이념과 형태』(*Idee und Gestalt*, Berlin, 1921)에서 괴테의 색채론과 뉴턴에 대해 서술한 것, 나아가 『상징형식의 철학』(*Philosophie der symbolischen Formen*, Berlin-Leipzig, 1923), 제1부 '언어철학'의 서문을 참조.
3) 슐리크, 『일반인식론』(*Allgemeine Erkenntnislehre*, Berlin, 1925), 제2판 참조.

료를 규정하는 형식"(리케르트), "상대적으로 이미 알고 있는 것을 상대적으로 아직 모르는 것 속에서 부분적으로 재발견하고, 그것을 최소한의 기호로 명료하게 정돈하는 것"(슐리크), "합목적적 허구를 창출하는 것"(파이잉거), "상호간의 감각적 직관과 일정한 의의를 지닌 모든 감각적·비감각적 직관내용들 사이에서 '명증적으로' 나타나는 포괄적 통일을 확립하는 것"(후설) 등이 있다.

이와 같이 인식의 본질이 다르게 나타난다면, ——현대 독일철학의 단한 쌍의 근본입장을 나타내기 위해서는—— '인식'이라는 최초의 개념 속에 이미 드러나 있는 인식론을 이와 같이 전혀 믿기지 않는 방식으로 설명하는 것은 인식이 **사실문제**에 기인하는 것일 뿐만 아니라, **지식의 종류가 매우 다양하고** 또한 그때마다 생각되는 인식목표가 매우 다양하다는 점에 기인하는 것으로 생각해도 좋을 것이다.

지식과 인식의 **기준**에 대한 이론에 관해서도 사정은 마찬가지다. 지식과 인식의 기준도 일반적으로 생각하는 것보다 훨씬 많다.——그뿐만 아니라 이런 기준들은 서로 **무관한** 것이고, 흔히 발견되는 '참'과 '거짓'(이것은 의미구성물인 판단에만 귀속되는 것이다)의 기준이라는 것도 많은 기준들 가운데 하나에 지나지 않는다. 예를 들면 **직관적 인식의 기준**도 그렇다. 즉 직관내용 속에 침투해 있는 대상의 징표인 '충족'의 '완전'과 '불완전'은 착오와 환멸, 직관적 통찰을 구별해주는 기준이 된다.[4]

또한 아프리오리한 지식(Aprioriwissens)과 (이성적 지식과 직관적 지식의) 아포스테리오리한 지식(Aposteriorwissens)이라는 특수한 인식론적인 구별은 정신적 주관 일반에서 그때마다 유한한 정신적 존재, 생명체 일반, 인류 일반이라는 인식가능한 대상들의 **현존재 상대적인 본성을 구별해주는** 기본적인 단계다. 오직 기호만을 사용하여 인식의 의미내용을 규정하고 서술하는 데 기여하는 기준(기호와 기호의 조작규칙에

---

4) 후설, 『논리학 연구』(*Logische Untersuchungen*, 1900~1901), 제2권, IV. 특히 제5장을 참조—옮긴이.

따른 명료성과 경제성)도 마찬가지다.──이들은 대체로 '참'과 '거짓'이라는 기준으로 파악되지 않는다. 또한 참이나 거짓일 수 있다는 것은 다시 말하면 하나의 명제, 즉 이 명제에는 하나의 의미가 적극적으로 귀속한다는 사실──따라서 이 명제는 '몰의미적'(sinnfrei)인 것도 아니며 '무의미'(unsinnig)한 것도 아니고, 그렇다고 '반의미적'(widersinnig)인 것도 아니다──을 이미 전제하고 있기 때문에 '유의미한 것'과 '몰의미적인 것'의 구별도 또한 의미 있는 것을 '유의미한 것'과 '무의미한 것' '반의미적인 것'으로 구분하는 것과 마찬가지로, '참'과 '거짓'을 기준으로 삼는 것과 무관한 별개의 법칙 아래 놓여 있다.

이러한 의미의 객관적 법칙에는 의미와 '이해가능성'이라는 이해의 주관적 법칙이 상응한다. 그런데 참과 거짓이라는 대립은 그 자체에 다시금 세 종류가 있다. 그것은 무모순적인 참과 서로 대립적인 참-거짓으로 나뉜다. 그 (의미를 정식화하는 것과 별도로) 형식적 · 존재적 의미에서 모든 순수논리적인 공리는 무모순적인, 즉 '통찰적 참'이다. 아니 이 공리는 바로 '형식적으로 참'일 수 있는 것, 좀더 적절하게 표현하자면 '옳다'거나 (형식적으로 거짓인) '옳지 않다'는 것일 수 있는 것을 정의하는 것이다.──따라서 공리 그 자체는 옳은 것도, 그른 것도 아니다. 그러나 이 공리는 '실질적인 참'이 아니다. 다시 말하면 그 의미내용 속에서 사태를 직관하는 요소, 즉 어떤 적극적인 의미를 띤 '요소'와 일치하는 것이 아니다. 실질적으로 참이냐 거짓이냐를 묻는 판단(와 판단에 포함된 개념)의 형성방식은 오직 (실질적인 의미에서) 참이거나 거짓이기 위해서는 먼저 논리적 원리에 '적합'(gemäß)해야만 하기 때문이다. 이런 원리 자체를 우리는 단지 '통찰할' 수 있거나 '통찰할 수 없다.' 원리를 '잘못 통찰한다'는 것은 불가능하다.──그것은 분명히 형용모순이다. 그래서 예를 들어 추론의 법칙 그 자체를 다시금 추론의 대전제나 결론으로 삼는 것은 불가능하다.[5]

---

5) 여기서 암시적으로 요약된 것에 지나지 않은 '지식의 기준에 대한 이론'은 저자

지식은 도대체 무엇에 봉사해야 하는가 하는 목적론적 물음을 제기할 때,──물론 지식이 어떤 본질적 동기에서 애호되고 탐구되는지의 물음은 이와 다른 것이지만, 관련이 있는 물음이다──우리가 그때마다 중점적으로 지식에 적용해야 할 방금 언급한 다양한 기준에 따라 지식의 종류를 명확하게 고찰하고자 한다면, 이 물음에 대한 대답은 바로 지식의 모든 종류에 대해 **동일한** 것이 결코 아니다.

──모든 인식의 목표로서──**지식의 가장 보편적인 개념**이 모두 위에서 설명한 정의로만 파악되는 것은 아니다. 지식은 그 자체 어떤 특수한 종류의 것이거나 아니면 앎이나 '의식'을 (판단, 표상, 추론 등과 같이) 이미 자신 속에 포함하는 것이라 하더라도 정의 속에서 이용되지 않고 규정되어야만 한다.──다시 말하면 지식은 반드시 순수 **존재론적 개념**을 가지고 규정되어야 한다. 따라서 지식이란 어떠한 **존재관계**(Seins-verhältnis)를 의미한다. 즉 전체와 부분의 존재형식을 모두 전제하는 존재관계인 것이다. 그것은 어떤 존재자가 다른 존재자의 본질존재(Sosein)에 변화를 일으키지 않고 관여하는 관계다. '알려지는 것'은 '안다'는 것의 '부분'이지만, 이때 어떤 관점에서도 위치를 옮기거나 다른 변경을 가하지 않고 아는 것이다. 이런 존재관계는 공간적·시간적인 인과관계가 아니다. '정신'(mens oder Geist)이란 X 또는 '알고 있는'(wissenden) 존재자 속에 작동하는 작용의 총체다. 이 작용을 통해 〔존재에의〕 관여가 가능하다. 즉 이 관여를 통해 사물, 좀더 적절하게 말하면 어떤 존재자의 **본질존재**는──오직 그 본질존재만이──단순한 **현존재**('현실적 존재'ens reale)와 구별되는 '지향적 존재'(ens intentionale)가 되고, 〔본질존재와는 다른〕 이 현존재는 인제나 필연적으로 지식관계의 **바깥**, 즉 피안에 머물러 있다.[6]

─────────────

의『형이상학』, 제1권에서 상세하게 정초하고 설명하고 있다(그러나 이 책은 간행되지 않았다─옮긴이).

6)『철학안내』(*Philosophische Anzeiger*, Bonn, 1927), 제2권에 수록된 셸러의 논문,「관념론─실재론」(Idealismus-Realismus)을 참조. 이 논문은 전집 제9권

이런 X의 근원, 즉 어떤 관여의 형식으로 유도되는 작용을 실행시키기 위한 운동을 규정하는 계기는 그 자체 자신의 고유한 존재를 초월하는 관여 외에 다른 것일 수 없다. 이것을 우리는 가장 형식적인 의미에서 '사랑'(Liebe)이라고 부른다. 그리하여 지식은 다음과 같은 곳, 오직 그런 곳에만 있다. 즉 본질존재가 엄밀하게 동일한 것으로서 정신의 바깥(extra mentem), 다시 말하면 사물 속(in re)에 존재하며, 마찬가지로 또한 동시에——지향적 존재, 또는 '대상'으로서——정신 속(in mente)에도 존재하는 그런 곳 말이다. 따라서 우리가 이른바 '의식'에서 나와 사물에 이르는지, 그렇다면 그 과정은 어떻게 일어나는가 하는 물음이 여기서는 아직 우리에게 유의미한 것으로 존재하지 않는다.

지식의 의식 또는 지식의 지식(con-scientia)은 바로 몰아적으로 지식을 소유한다는 점을 이미 전제하고 있으며, 자기 스스로 지식을 산출하는 행위를 향하는 반성적 작용에 의해 비로소 나타날 수 있다. '아는' 존재자 속에서 스스로 생겨 나오고 빠져나와 다른 존재자에 관여하는 경향이 없다면, 일반적으로 어떤 '지식'도 있을 수 없다. 나는 이런 경향성에 대해 사랑 또는 몰입(Hingebung)이라 부르는 것 외에 다른 이름이 생각나지 않는다. 말하자면 몰입이란 사랑에 의해 자신의 고유한 존재와 본질존재의 한계를 돌파하는 것을 말한다. 직관과 사고, 또는 형상〔표상〕을 갖는 것과 의미를 갖는 것을 말하는 우리 정신을 구성하는 두 주요작용의 분류에서 동일한 본질존재가 파악된다. 본질존재란 가장 엄밀한 언어적 의미에서 '스스로' 파악되는 (전체적으로 파악되거나 부분적으로 파악되는) 것을 말한다. 이때 의미하는 것이 직관되는 것과 완전히 부합(decken)하거나 아니면 (보고, 듣는 다양한 양태의 기능들을 매개로) 부분적으로 직관되는 것들이 모두 서로 부합하든지, 나아가 기억하고 기대하는 것과 부합하게 된다.[7] 유추적으로 말하면 우리가 사상(事象,

<hr />

에 재수록되어 있다—편집자.

7) 셸러가 후설의 현상학 용어를 사용하는 경우에 얼마나 엄밀한 의미에서 이를 채용했을까? 물론 경우에 따라 다르겠지만, 여기서 부합(Deckung), 배제

Sache)의 객관적 '의미태'를 점차적으로 파악하는 부분적인 의미가 하나의 전체적인 의미로 완성되는 것을 말한다. 이런 부합의 체험 또는 부합체험(명증)의 결과 속에서 사상은 그 본질존재에 따라 '스스로' 정신 속에서 언제나 합당하다는 사실이 밝혀진다. 사고, 관찰, 인식 등 모든 활동은 '지식'에 도달하기 위한 조작에 지나지 않는다.——조작 그 자체가 지식은 결코 아니다.

　그런데 가장 일반적인 언어적 의미에서 '지식'이라면, 그것은 하나의 존재관계이기 때문에 그 객관적 **목표**가 있을 수 있다는 것은 자명한 사실이다. 즉 '무엇을 위한'(Wofür) 지식인가, 무엇 때문에 탐구하는가 하는 것은 다시금 하나의 지식일 수 없고, 반드시 하나의 **생성**——즉 타자 생성——에 불과한 것이다. 따라서 실용주의의 단순한 반대자들에게서 종종 나타나는 것처럼 지식이 무엇을 위한 것이냐 하는 물음을 거부하고, '과학을 위한 과학'(la science pour la science)[8]을 말하는 것은 무익하다. 일찍이 에피쿠로스는 매우 적절하게도 오직 지식을 위해서만 지식을 욕구하는 것을 순수 '허영'이라 불렀다. 학자들이 지닌 허영적 자기 암시는 전혀 철학적 물음에 대한 진지한 대답이 아니다! 우리가 사랑하고 탐구하는 모든 것처럼 지식에도 어떤 **가치**와 궁극적인 존재적 의미가 부여되어야만 한다. 과학을 위한 과학은 예술가들의 '예술을 위한 예술'(l'art pour l'art)과 마찬가지로 전적으로 어리석은 짓이다. 이에 대한 대답 속에서 우리는 다음과 같은 사실, 즉 모든 지식은 오직 **필요성**을 위해서 존재할 따름이라는 철학적 실용주의가 부정하는 것을 (더도 아닌) 올바른 '심정'에서 이끌어낸다.——(필요 또는 지배의 필요를 위

　(Ausschaltung), 주의작용(Aufmerksamkeit), 기능화(Funktionalisierung) 등의 용어가 그렇게 엄밀하게 현상학적 의미에서 사용되고 있지 않다는 점에 유의해야 할 필요가 있다-옮긴이.

8) 푸앵카레가 『과학의 가치』(1905)에서 주장한 견해다. 그러나 그는 『과학과 방법』(1926)에서 다시금 이 주장과 관련하여 톨스토이가 윤리주의적 견해에서 비판한 것을 비판하고 있다-옮긴이.

해서가 아닌) 오직 실천적 **지배를** 위해서만 존재하는 지식이 있다. 좀더 적절하게 말한다면, 이 지배를 위해서만 오직 그 대상과 대상의 징표를 선택할 뿐인 지식이 있다.

그러나 거기서 지식을 소유하고자 하는 의욕을 위해 다른 하나의 좀 더 고귀한 '무엇을 위해서'(Wozu)가 부과된다는 것은 이와 전혀 다른 것임이 틀림없다. 그것은 예를 들어 지그바르트(C. v. Sigwart)가 『논리학』에서 말했고, 피히테(J.G. Fichte)가 이에 따른 것처럼——선한 것이란 오직 참으로 존재하는 것(ὄντως ὄν)에 불과하다는 플라톤과는 정반대로——지식을 우리가 '자유의지를 가지고 정립하는' '선의 일부', 우리의 '윤리적 이상'의 일부로서 특징짓는 것과 같다. 물론 이처럼 일반적으로 말해진다면, 이것도 역시 빈말에 지나지 않는다. 그 이유는 다음과 같다. 즉 우리는 윤리적 이상을 '자유롭게' '정립하는' 것이 아니며, 또한 우리가 무엇 때문에 지식을 이와 같은 이상 속에서 받아들여야만 하는지를 지그바르트는 설명하지 못하고 있기 때문이다.

따라서 우리는 지금까지 다만 지식이 하나의 **생성에** 기여한다는 점만 발견한 것에 불과하다. 여기서 다음과 같은 물음들이 제기된다. 즉 생성이란 무엇에서 생겨나는가? 무엇의 생성인가? 무엇을 위한 생성인가?

나는 지식이 기여할 수 있고 기여해야만 하는 세 가지의 **최고 생성목표**가 있다고 믿는다. 첫째로 아는 [주체로서] 인격의 생성과 발전에 기여해야 한다.——이것은 '교양의 지식'(Bildungswissen)이다. 둘째로 세계의 생성과 (아마도) 세계 **최고의** 본질존재 근거와 현존재 근거 그 자체에 대한 몰시간적인 생성에 기여해야 한다. 본질존재의 근거와 현존재의 근거는 세계 및 세계근거에 대한 우리의 인간적인 지식과 모든 가능한 지식 속에서 세계의 고유한 생성을 '규정해' 왔다. 이런 세계근거에 대한 지식 없이 우리는 그 생성의 규정을 획득할 수 없다. 이런 신성(神性)을 위한 지식을 '**구제의 지식**'(Erlösungswissen)이라 부른다. 셋째로 우리의 인간적 목표와 목적을 위해 세계를 실제로 지배하고 개조하려는 생성목표에 기여해야 한다.——이것은 실용주의가 매우 일면적으로 보여주는, 아니 배타적으로 보여주는 지식이다——이것은 실증 '과학'의 지식을 말하며, '지배의 지식'(Herrschaftswissen) 또는 '작업의 지식'(Leistungswissen)이라 부른다.

지식이 기여하는 이 세 가지 최고 생성목표 사이에 객관적 서열이 있는가? 나는 매우 분명하게 서열이 있다고 생각하는데, 이에 관해서는 머지않아 밝혀질 것이다. 세계의 실천적 개변과 우리가 변화시킬 수 있는 가능한 작업수행에 기여하는 '지배의 지식'으로부터 우리의 일회적 개체성이라는 방식으로, 적어도 세계의 구조적 본질특징이라는 측면에 따라 세계의 전체성에 관여함으로써 우리 내부에 있는 정신적 인격의 존재와 본질존재를 소우주로 확장시켜 전개하는 '교양의 지식'으로 나아갈 수 있는 길이 열린다. 그리고 '교양의 지식'에서 나온 길은 다시금 '구제의 지식'으로 나아간다. 즉 구제의 지식에서 우리 인격중심은 사물의 최고존재와 최고근거 그 자체에 관여하게 되거나 최고근거 그 자체에 의해 관여가 인격중심에 주어진다. 또는 다음과 같이 말할 수 있다. 즉 구제의 지식에서 사물의 최고근거는 자기 자신과 세계를 우리 속에서 알거나 우리를 통해 '아는' 한, 그 자체 무시간적인 생성목표에 도달한다.——일종의 자기 자신과의 합일, 세계근거 속에 놓여 있는 '긴장'과 '근원적인 대립'으로부터 구제에 이르는 것이다. 따라서 이른바 '과학을 위한 과학'은 어디에도 존재하지 않고, 존재해도 좋은 것이 아니며, 또한 결코 존재해서도 안 되는 것이다.——그런 지식은 한 번도 이 세상에 존재한 적이 없었다.

따라서 실용주의가 실증적인 엄밀과학에 대해 먼저 첫째로 실천적인 지배목적을 제시한다면, 그것은 확실히 잘못된 것이 아니다.——인간에게 세계를 지배하고 조작하는 자유와 힘을 부여하는 실증과학이 너무 '훌륭하고' 너무 '고귀하다'고 생각하는 편이 오히려 공허한 자만인 것이다. 그러나 실용주의는——'가능한' 기술적 목적설정의 원리 속에서 단지 지식의 가능한 대상을 선택하는 원리만을 보는 대신에——대상 그 자체의 지식, 마침내 지식 일반의 이념, 인식과 '진리'의 이념, 나아가 순수논리학 등을 '실용적으로' 목표하고, 그리하여 이해시키려 한 점에서 잘못을 범하고 있다. 도대체 가능한 지식의 대상에 대한 선택원리란 무엇인가? 이에 따르면 진리란 항상 사상(事象)과 일치해야만 하고, 나아가 지식은 언제나 이와 같이 선택된 본질존재에 관여하지 않으면 안 된다.[9] 오직 다음과 같은 이유에서 실증지식은——비록 실용적으로 목표를 지향한다 할지라도——실천적으로 변성할 수 있다. 즉 그것이 '참된' 관여이며, 따라서 판단이 형식적으로 옳은 것이고, 또한 사상에 비춰볼 때 참이기 때문이다.——그렇지만 이런 지식과 진리만이 우리의 행위를 성공으로 이끄는 것은 아니다. 실용주의의 이른바 '새로운' 진리 개념은 완전히 난센스(unsinn)다. 나아가 실용주의의 일면성은 교양의 지식과 그 특질, 그 생성목표에 관해서와 마찬가지로 또한 구제의 지식 일반에 관해서도 아무것도 보려고 하지 않는다는 점에 있다.——즉 가치적으로 좀더 높은 지식의 목표를 보고자 하는 경우에, 실용주의는——지적 재화의 가치서열을 완전히 역전시키고 만다.

'교양'을 위해, 다시 말하면 인격이 지닌 모든 정신적 능력의 자유로운 자기 전개를 위해, 그리고 인격 내부에 있는 본질지식과 인격에 의한 본질지식의 기능화를 통해 (주관적이고 객관적인) 정신의 성장을 위해서만 비로소 모든 가능한 자연 지배와 자기 지배가 본래 거기에 나타나는 것이지,——결코 최대한으로 자연을 지배하기 위해 인격과 인격의 성장이 나타나는 것이 아니다. 고대 중국의 〔찬란했던〕 문화를 일면적인 것으로 치부해버리고, 서양 자체가 '인문주의적' 사조의 최고 전성기에 오랫동안 번영을 누렸다는 것과 같은 교양의 지식도 결코 궁극적인 것이 아니다. 교양의 지식은 인간의 일부분과 기능으로서 인간 '내부에' 근원적으로 실재하는 것을 자기 스스로 파악할 수 있게끔 하는 데 기여한다. ——구제의 지식은 형이상학과 종교의 역사 속에서 매우 다양하고 특수

---

9) 하나의 기호를 일의적인 방식으로 대상에 순수하게 대응시키는 것도 비록 상징적인 것에 지나지 않을지라도, 이런 관여의 일종이다.

한 해석을 경험해온 인간의식이라는 소우주의 존재 속에 대우주의 존재를 생성하는 데 기여한다.

서양과 자립적으로 발전해온 서양의 방계문화(미국 등)에서 근대 역사는 이 세 가지의 지식이념들 가운데서 언제나 일면적으로 형성된 방식으로 오직 **세계를 가능한 실천적으로 개변**하려는 지식만을 분업적인 전문과학들(Fachwissenschaften)의 형식으로 육성해왔다. 서양 역사의 흐름 속에서 교양의 지식과 구제의 지식은 점점 더 배후로 물러나고 만다. 그러나 지배의 지식과 노동의 지식으로부터 오직 가능한 절반만이 또한 육성되고 있을 따름이다. 즉 그것은 (무기적 자연을 비롯하여) 외적인 자연을 지배하고 제어하는 데 기여하도록 규정된 부분들이다. 내적인 생명과 영혼을 다루는 기술, 즉 의지의 힘과 지배 및 의지를 통해 정신을 정신물리적 유기체 과정을 넘어 최대한으로 확장시키려는 과제는 유기체를 시간적 과정으로서 순수 생명법칙적으로 규제할 뿐인 한에서 외적인 자연과 활동을 멈춘 자연, 나아가 유기체 그 자체 속에 있는 활동을 멈춰버린 자연을 지배하려는 목적 앞에서 완전히 퇴색되고 만다. 유럽은 외적인 자연을 지배하는 데 기여하는 지식의 영역에서는 앞서가고 있지만, 아시아의 문화들은 **교양의 지식과 구제의 지식**을 육성해왔고, 정신생명적인 세계를 향한 기술론적으로(technologisch) 목표하는 지식을 육성해왔다는 점에서는 확실히 앞서고 있다.

실증주의와 실용주의는 근대 서양의 지식문화에 나타난 이런 정세를 진솔하면서도 매우 일면적으로 **철학적으로 정식화**시킨 것에 불과하다. 실증주의와 실용주의는 모두 **노동과학**(Arbeitswissenschaft)을——언제나 이를 명료하게 자각하고 있다고 말할 수는 없지만——**유일하게 가능한 지식 일반**으로 삼고 있다. 이 점을 자각했다는 점에서 실용주의는 대단히 훌륭하다. 이에 반해 '과학을 위한 과학'의 옹호자는 실제로 노동과학만을 수행한다.——즉 노동과학은 연구자의 심적 희열이라는 동기를 완전히 무시해버리며, 또한 세계의 실천적·기술적 개변에 기여하지 않으면 대체로 **객관적으로** 무의미한 것이고 무익하다고 본다. 특히 노동과학이 말하는 명목상의 순수 관조적이며 '이론적인' 과학은 인간정신 속에서 모든 가능한 교양의 지식과 구제의 지식에 대해 이미 부당한 자리를 차지하고 있다고 생각하기 때문에 이런 우려할 만한 일면성을 시정하는 데는 실용주의보다 훨씬 더 장애가 된다. 따라서 노동과학에 대립하는 정밀과학에 대한 실용주의적 인식론이 상대적으로 옳다는 것은 언제나 새롭게 옹호되어야만 한다.

이런 일면성이 시정된다면, 마침내 순수 교양의 지식과 구제의 지식이라는 이상(理想)과 그 가능한 목표, 그 정신적인 근본태도, 그 사고와 직관의 수단, 그 방법과 기술은 이른바 다시금 발견될 수 있을 것이고, 순수 노동문명과 대중문명의 잡동사니들 틈에서 다시금 제자리로 돌아갈 수 있을 것이다.

교양지식의 특징을 인식하기 위해서는 먼저 철학과 과학이 내적으로 긴밀하게 협동하는 것이 필수불가결한데도, 이 두 종류의 지식이 지향하는 인식목표와 기준이 정반대라는 점을 이해할 필요가 있다. 철학이란 아리스토텔레스가 적절하게 표현한 말에 따르면[10] 이런 불변적인 본질을 가진 어떤 사물이 현재(da) 존재한다는 점을 '경이롭게 생각한다'는 정신적 심정운동과 함께 시작된다. 철학적 사고는 최종적으로 언제나 하나의 '그러한 것'(Solches)——그러한 세계의 본질구조——을 가능하게 하는 세계의 전체성에 대한 근거와 원인이 어떻게 주어지는지의 물음을 목표로 한다. 철학의 대상은 '제1철학'(philosophia prima)에서는 세계의 아프리오리한 본질구조이며, 또한 이 본질 일반[11]을 지닌 이러저러한 사물을 현존재로 환기시키는 것이 무엇인지——언제나 끊임없이 새롭게 제기되는——물음이다. 작업수행의 지식과 노동과학은 경이로움을 가지고 자신의 왜(Warum)를 묻는 물음에서 시작하는 것이 아니라 ——친숙하지 않은 낯선 것, 새로운 것, 사물의 규칙적인 과정을 벗어나

---

10) 『형이상학』, 제1권, 제2장 참조—옮긴이.
11) '이' 본질은 세계의 '본질구조' 내에서 그리고 본질구조의 부분으로서 [나타난다.] 왜냐하면 이 본질이 또한 개별적 본질을 제약하는 전체구조이기 때문이다.

있는 사건을 의외(意外, Überraschung)라고 생각함으로써 생겨난──── 이 새로운 것을 다른 때도 '기대하고' 예상하며 마침내 실천적으로 환기할 수 있거나 그 자리에 대신 나타난 부호 속에서 어떻게 환기할까를──── 또한 그것을 어떻게 '만들어낼' 수 있는지를────생각함으로써 시작한다. 이 '새로운 것', 의외의 것이 사물의 규칙적인 과정에 대한 이념과 합치한다면, 즉 '자연법칙'이 이렇게 정의되어 사건을 정확하게 제시할 수 있는 상황 속에서 일어난 사건과정이 이런 법칙관계의 명백한 '결과'로서 제시된다면, '과학'은 대단히 만족한다. 그러나 [과학이 만족하는] 바로 여기서 철학의 물음은 시작된다. 철학은 현상들의 시·공간적 일치를 나타내는 법칙 및 수(數)로 계측가능한 양을 나타내는 법칙과 아무 관계가 없고, 반대로 불변적인 '본질'과 인과적인 작용과 원인에 대한 물음 및 나아가 일반적으로 거기서 일어나는 현상의 의미와 목표에 대한 물음에 관계하며,────또한 시·공간적 연관이나 양에 대해서 무관하다. 이 시·공간적 연관형식에 대해 철학은 다시금 그것은 무엇인가, 그것은 무엇을 의미하는가, 그것은 무엇에 기인하는가를 묻는다.

이와 같이 지식이 의욕하는 방향은 지금까지 흔들림 없는 부지런함과 엄정함을 가지고 또한 본래적인 정신기술의 불가결한 도움을 받아 모든 사물과 그 생성 일반의 어떤 지배가능성과 제어가능성을 배제하는 법을 배워왔다.────마찬가지로 다른 지식의 의욕도 한결같이 '지배가능한 것'의 특징을 가려내고 선택해왔지만, 사물의 모든 본질에 관해서는 엄밀하게 간과해버렸다.[12] 다시 말하면 철학은 먼저 모든 가능한 탐욕과 실천적인 정신태도를 의식적으로 배제함으로써 시작하고, 가능한 지배가능성의 질서에 따라 지식의 대상을 선택한다는 '기술적 원리'를 의식적으로 배제함으로써 시작한다. 기술적 선택원리를 도입할 것인지, 배제할 것인지는 명료하게 자각된 방법적 의도 속에서 행해진다.────이런 사실은 다름 아닌 인간에게 도달가능한 지식의 전면적인 육성과 도야가 목적

---

12) 이 '배제'의 이론과 기술에 대해서는 [미간행된] 『형이상학』, 제1권을 참조.

일 때, 단적으로 문제된다.

세계에 대한 모든 가능한 실천적 태도는 생명적으로 제약되어 있고, 지배를 목표로 하는 모든 실증과학은 지상에서 살아가는 인간의 특수한 감성적 운동조직을 배제하지만,[13] 인식주체의 '이런'(die) 생명적인 조직과 그 지배의지 일반조차도 배제해버리는 것은 아니다. 그렇기 때문에 철학은 또한 그 대상이 더 이상 현존재 상대적으로 삶에 관계하거나 삶의 가능한 가치에 상관적인 것도 아닌 지식을 획득하려는 시도로서 특징지을 수 있다. 그러나 과학은 다루는 객체의 모든 가능한 물음을 배제해버리는 것과 마찬가지로 사물의 절대적 실재성이 지닌 현존재적 단계를 모두 배제해버린다. 동시에 과학의 대상은 '우연적인 본질존재'와 수학적으로 정식화가 가능한 '법칙'의 세계이며, 생명적·현존재적으로 상대적인 세계다. 수학적 추론과 결합하여 가능한 관찰 및 측정을 통해 결정될 수 없는 어떤 물음도 실증과학의 물음이 아니다. 거꾸로 이렇게 결정될 수 있고, 나아가 그 결정에 즈음하여 귀납적 경험의 양에 의존하는 물음은 결코 본질을 묻는 물음이 아니며, 따라서 철학의 원초적인 물음도 아니다.

철학에는 판단형식으로 표현되는 모든 지식에 타당하고, 이처럼 형성된 모든 지식에 공통적인 참과 거짓의 기준과 병행해서 (1) 아프리오리한 것(본질적인 것)의 기준──아프리오리한 참과 거짓의 기준──과 (2) 지식대상이 지닌 절대적 실재성의 기준이 결정적인 기준이다. 정신적인 인격의 힘을 불러일으킴에 있어서, 다시 말하면 교양의 지식에서는 첫 번째 기준이 최고의 결정기준이 되고, 궁극적인 형이상학적 지식으로서 구제의 지식에서는 두 번째 기준이 최고의 결정기준이 된다. '교양 있는 사람'은 사물에 대한 '많은' 우연적인 본질존재를 알고 있다거나 법칙에 따라 사상을 가장 잘 예견하고 지배할 수 있는 사람을──'대학자'나 '연구자'를──말하는 것이 아니라 하나의 인격적 구조, 즉 세계

---

13) 이것은 인식주체의 생명조직이라는 '전제' 아래서 일어나는 배제이며, 동시에 생명조직 그 자체가 해석의 대상이 되는 것을 말한다.

와 세계 속에 존재하는 어떤 우연적인 사물을 직관하고, 사고하고, 이해하고, 평가하고, 처리하기 위한 어떤 양식의 통일에 주어진 이념적으로 활발하게 활동하는 도식——즉 모든 우연적 경험에 앞서 주어지고, 경험을 통일적으로 가공하여 인격적 '세계' 전체에 추가시키는 도식——의 총체를 몸에 익혀 기능적으로 작동하게 하는 사람을 말한다. 그러나 구제의 지식은 다만 모든 사물 속에 절대적으로 실재하는 것의 현존재와 본질, 가치에 대한 지식, 즉 형이상학적 지식일 따름이다.

이런 종류의 지식은 모두 다른 종류의 지식을 그때마다 '보충'하거나 '대리'할 수 없다. 어떤 종류의 지식이 다른 두 종류(또는 다른 한 종류일지라도)의 지식을 배척하고, 마침내 배타적인 타당성과 지배를 요구하는 경우에는 인간의 총체적인 문화적 현존재를 통일시키고 조화시키며 또한 인간의 신체적·정신적 본성을 통일시키는 데 중대한 장애가 발생한다.

척도와 수량에 의거한 엄밀하고 정밀한 노동과학과 작업수행의 과학은 오늘날 우리의 전체적인 세계문명과 모든 기술, 산업을 담지하고, 또한 민족적이고 공간적으로 볼 때 국제적인 방법과 형식에서 인간 상호간의 교류를 떠맡고 있다. 아인슈타인의 최근 업적 중에서 과학은 가장 높은 자연의 항존량(Naturekonstanten)을 규정할 때 관찰자의 모든 관점에 대해 타당해야만 하고, 경우에 따라서는 다른 행성에 사는 사람들에게도 타당해야 함을 지향한다. 그리고 과학은 수학적 방정식의 형식에서 다음과 같은 것을 가능하게 해주는 하나의 세계상을 얻기 위해 노력한다. 즉 세계과정을 시·공간적으로 다양한 대상을 일의적으로 관계지어주는 기호로서 규정하며, 이 기호에 따라 세계과정을 생생하게 살아 있는 활동적인 정신적 존재 일반을 설정할 수 있는 임의의 실천적 목적으로 나아갈 수 있게끔 하는 세계상이 그것이다. 이런 노력은 위대한 것이고 효과도 큰 것이다. 그래서 지금까지 인간이 이미 거둔 성공이 인간의 현존재적 조건을 완전히 변경시켜버린다. 그 강력한 가치에 저항하거나 가치를 인정하는 이런 시도 속에서 그 가치는 다음과 같은 경우에만 유지될 수 있을 것이다.

우리가 근본적으로 실천적이고 세계의 가능적 가공을 지향하는 시도의 목표설정에 저항하고, 그것을 어떤 '순수' 절대적인 지식이나 오직 인간에게만 가능한 지식으로 주장할 때 그것은 유지될 수 있을 것이다. 그러나——실제로 그런 것은 결코 있을 수 없다——둘 다 똑같이 사악한 것이다. 전자는 그릇되고 약한 정신을 지닌 **낭만주의**가 걸어가는 길이며, 후자는 그릇되고 피상적인 **실증주의**와 **실용주의**가 걸어가는 길이다.

거대문화권은 지금까지 자신들의 역사에서 이런 세 종류의 지식을 그때마다 일면적으로 발전시켜왔다.——즉 인도는 구제의 지식과 자기 자신에 대한 인간적 힘을 획득하기 위한 생생한 영혼의 기술을 발전시켜왔고, 중국과 그리스는 교양의 지식을, 12세기가 시작하면서 서양은 실증적 전문과학의 노동지식을 발전시켜왔다. 이제 이런 정신의 일면적 경향들을 서로 **화해**시키고 동시에 **보완**해줄 준비를 해야 할 때가 왔다. 아니 오고 있다.[14] 인간 문화사의 미래는 이런 화해와 보완이라는 기치 아래 있는 것이지,——어떤 한 종류의 지식이 다른 종류의 지식을 기각해버리거나 각 문화권에 역사적으로 고유한 것을 배타적으로 육성한다는 기치 아래 있는 것이 **아니다**. 횃불, 말하자면 그리스의 (피타고라스의) 자연과학이 처음으로 점화시켰고, 서양의 문화시대를 전 세계에 전파시킨 세계정립이라는 강력한 삶의 횃불은——인간의 '환경' 속에서 추론적 사고에 의거하여 직·간접적으로 나타나는 한에서——낭만주의에 의해 꺼지거나, 그리스도교적이고, 인도적인 낭만주의에 의해 다시 꺼지는 일은 없을 것이다.

하지만 이 불꽃이 아무리 진보한다 하더라도 결코 어디서도 우리 영혼의 핵심, 즉 인간의 정신적 인격에 빛——과 삶을 관통하는 추진력——을 던지지는 못할 것이며, 다시금 저 고요한 빛을 통해서만 인격 그 자체, 즉 인격이 요구하는 **인간성**(Humanitas)과 **지식**에 좀더 가까이 다

---

14) 이 점에 관해서는 IV. '자연인식의 종류'에 대한 설명을 참조.

가갈 수 있다는 사실을 우리는 인정하지 않으면 안 된다. 아니 인간이 이런 실증과학적 · 기술적 과정을 이상적으로 완성시킨다 할지라도 정신적 존재로서 인간은 여전히 절대적으로 공허할 수밖에 없다.──인간은 '그리스인'에 대한 이른바 모든 자연민족의 관계에서나 어울릴 법한 야만으로 역행할 수도 있다!

아니 생명존재로서 인간의 가능한 목적을 달성하기 위해 모든 노동의 지식은 궁극적으로 교양의 지식에 **기여해야** 하며, 자연의 생성과 변혁은 인간이 소유한 가장 깊은 심연의 생성, 즉 그의 인격과 인격의 무한한 초월적 규정의 생성에 기여해야 한다(따라서 진정한 직업학교 Arbeitsschule는 또한 모두 참된 교양교육에 기여해야 한다).──그렇기 때문에 과학적이고 체계적으로 기초가 닦인 야만은 우리가 생각할 수 있는 야만 가운데 가장 두려운 것이 될 것이다. 그러나 독일에서 괴테에 의해 가장 훌륭하게 체현(體現)된바, 교양지식의 '인본주의적' 이념도 교양지식의 측면에서 볼 때 역시 구제지식의 이념에 다시금 종속되어야 하며, 구제의 지식을 궁극적으로 목표로 하는 것에 기여하지 않으면 안 된다. 왜냐하면 모든 지식은 결국 신성(神性, Gottheit)에 대한 것이며, 신성을 위한 것이기 때문이다.

이상의 구별을 전제로 한다면, 우리에게 **실용주의적 철학**이란 모든 지식을 의식적 · 일면적으로 **노동**의 **지식으로 환원**시키기 위한 하나의 시도를 가리킨다.──[실용주의는] 우리의 의지목적이라는 의미에서 세계를 개변할 수 있는 가능성 속에서 지식의 유일한 의미와 가치를 본다. 그러나 이미 지식의 종류를 언급한 이상의 구별에서 지적한 것처럼 실용주의적 철학은 그 중심에서부터 잘못이며, 특히──그것이 참인 곳에서조차도──매우 **일면적**인 것임이 틀림없다. 이와 같이 주장하는 것이 우리에게 의심할 여지없이 확실한 것처럼 보인다 할지라도, 우리는 실용주의적 철학 그 자체를 무시하는 매우 부당한 처사를 저지르면 안 되고, 또한 비록 매우 **상대적**이라 할지라도 진리의 핵심(즉 실증과학에서의 진리핵심)을 간과하고, 말하자면 빈대 잡으려다 초가삼간(草家三間)을 태우는 것과 같은 매우 부당한 처사를 저지르면 안 된다.

따라서 이하에서 우리는 실용주의의 기본사상 속에 들어 있는 참과 거짓을 구별하는 시도를 감행하지 않으면 안 된다. 우리는 〔먼저〕 실용주의의 오류에서 출발하여 다음으로 실용주의가 상대적으로 옳다는 점을 밝히려 한다.

III. 철학적 실용주의

1. 실용주의의 두 가지 주요명제: 실용주의 운동의 역사적 원천과 변종들

　(1) 철학적 이론으로서 실용주의라는 말과 내용을 확산시키는 데 가장 큰 기여를 한 제임스는 그의 유명한 강연집 『실용주의』[1]에서 다음과 같이 말한다. 1878년 『통속과학월보』(*Popular Science Monthly*) 1월호에 실린 미국의 수학자이자 철학자인 퍼스(Charles Sanders Peirce)의 「우리는 우리의 관념을 어떻게 명료화할 것인가」라는 논문에서 실용주의는 철학에 도입되었다. 퍼스는 이 논문 서두에서 "사상의 의미와 의의란 무엇인가?" 하는 물음을 제기한다. 그리고 이 물음에 대해 그는 우리가 이 사상을 확산시키는 데 적합한 **행동방식**을 결정해야만 한다고 대

---

1) 예루살렘에 의해 『실용주의』(*Der Pragmatismus*, Leipzig, 1908, 사회학 총서 제1권)라는 제목으로 독역되었는데, 예루살렘 자신도 실용주의에 매우 근접해 있다(『철학입문』*Einleitung in die Philosophie*, 3판, 1906 참조). 심도 있게 서술되지는 않았지만, 실용주의 운동의 역사에 대해서는 부트루(Emile Boutroux)의 『윌리엄 제임스』(*William James*, Bruno Jordan 독역, Leipzig, 1912), 골트슈타인(Julius Goldstein)의 『현대철학의 흐름』(*Wandlungen in der Philosophie der Gegenwart*, Leipzig, 1911)을 참조. 실용주의 철학에 대한 좀더 상세한 체계에 관해서는 실러의 『휴머니즘, 실용주의 철학에의 기여』(*Humanismus, Beiträge zu einer pragmatischen Philosophie*, R. Eisler 독역, Leipzig, 1911, 철학-사회학 총서 15권)를 참조.

답한다. "우리에게 행동방식은 이 사고가 의미하는 모든 것이다." 제임스는 계속해서 다음과 같이 말한다. "우리의 모든 사소한 사상적 차이의 근저에 놓여 있는 구체적 사실이란 이런 것이다. 즉 아무리 사소한 차이라 하더라도 행위에 영향을 줄 수 있을 만큼 구별된 것은 없다. 따라서 어떤 대상에 대한 우리의 사상을 매우 명료화하기 위해서는 이 대상이 실제로 어떤 작용을 일으킬지, 지각에 대해 무엇을 기대할 수 있는지, 그리고 어떤 반작용을 각오하지 않으면 안 되는지를 면밀히 고려해봐야 할 것이다. 이 작용에 대한 우리의 표상은 그 작용이 직접적이든 간접적이든 간에, 이 표상이 일반적으로 적극적인 의미를 갖는 한에서만 우리에게 대상의 완전한 표상을 결정해준다."[2]

이 형식에서 서술된 퍼스의 원리는 많은 점에서 애매한 것이다.

먼저 논문의 제목부터 살펴본다면, 퍼스가 말하고자 하는 것은 어떤 사상의 '의미와 의의'(Sinn und Bedeutung)가 단지 그 사상의 실천적 결과에만 달려 있는 것이 아니라, 이 결과를 고려함으로써 우리가 이 의미와 의의에 대한 좀더 큰 명석성에 이른다는 것이다. 그러나 퍼스가 생각했던 것과 관련이 있다고는 하나, 제임스나 본래의 실용주의자들이 사상의 실천적 결과를 그 의미 및 의의와 일치시키고 또한 이런 실천적 결과의 표상을 그 '의의'를 파악하고 아는 것에 일치시키는 극단적인 해석에 의존한다는 사실은 확실하다. 그렇지 않고 "물질과 물질운동이 모든 사물의 근원이다"라는 명제와 "신이 모든 사물의 근원이다"라는 명제가 다른 종류의 삶과 행위를 정립하지 않는다면, 단지 언어만 다르고 실제로는 같은 의미라는 점을 제임스는 어떻게 주장할 수 있을까? 퍼스의 명제가 실용주의의 측면에서 이해되듯이, 여기서 본래적인 의문이 제기되지 않는다면, '결과'라든지 '실천적 결과'라는 말로 이해되는 것의 파악에서도 애매한 것은 여전하다. 문제는 바로 사상의 '논리적 생산성'에 관한 것이다.——그리고 실제로 실용주의와 유사한 생각을 하는

---

2) 앞의 책, 29쪽 참조.

연구자들이 몇 명 있는데, 이들은 사상의 의미와 의의가 사상에서 획득될 수 있는 논리적 귀결과 일치한다는 것 외에 달리 생각하지 않는다. 예를 들어 우리가 지니고 있는 세계상의 통일, 명제간의 무모순성, 사상이 이미 확인되고 증명된 이론과 체계를 도출하기 위해 지닌 작업수행, 관찰된 사실의 풍부함과 양적인 정확성 등이 이런 '논리적 생산성'의 지표다. 물론 이런 해석에는 순수논리학의 법칙들이 이미 **전제되어** 있다. ──그리고 이 순수논리학의 법칙들은 실용적으로 비로소 정당화되는 것이 아니다. 본래의 실용주의를 계획한 이런 논리법칙의 **실용적인 도출**은 논리법칙 그 자체가 인간적 사고의 실제적인 방법으로서 행위에서 '성공과 실패'를 통해──사물 그 자체가 아니라 사물에 대한 부호를 가지고──탐구해가는 실험에 입각하여 서서히 형성된다는 발생이론이 첨가될 때 비로소 생겨난다. 이때 가장 효과적인 사고방법은 성공의 반복에 의해 서서히 고정되고, 사회적 전승──이것은 제임스의 생각이다──에 의한 것이든, 혈통적 상속──이것은 스펜서의 생각이다──에 의한 것이든 간에 기능적으로 획득된 심적 특성의 계승가능성의 원리에 따라 전승된다는 것이다. 논리법칙 그 자체가 이와 같이 '설명되는' 경우에만 실용주의의 원리는 원리로서 존속한다.

그러나 논리법칙 속에서 (대부분의 칸트주의자처럼) 안정적으로 사고되는 인간이성의 **내재적 기능법칙**을 보거나, **존재론적인** 본질의 통찰과 사태의 통찰로 환원되고 모든 귀납적 경험과 독립해 있는 법칙을 본다면, 실용주의 원리는 성립하지 않는다. 전자의 경우에는 '논리적 생산성'에 대한 명제가 마르부르크학파의 초기 연구자, 특히 코헨(H. Cohen)과 나토르프(P. Natorp)가 제시한 이론과──이들은 자신이 생각한 것보다 훨씬 더 실용주의에 가깝다──일치한다. 이 이론에 따르면 '사고'는 과학적 경험의 객관적·논리적인 가능성에 언제나 새로운 '변명의 장'을 제공한다는 원리에 따라, 나아가 과학의 체계 속에서 위치가치(Stellenwert), 말하자면 논리적 위치가 이른바 어떤 명제의 의미를 구성하는 유일한 기준이라는 원리에 따라 과학의 명제들과 이론들에 언제나 새로운 '가설'을 부여하고 언제나 새로운 '토대를 부여한다'는 임무를 완수해왔다는 것이다. 그런데 우리가 공리를 운 좋게 증명했고 증명할 수 있는 '잠재적 정의'로 보고, 양(量)에 대한 공리의 적용원칙을 연구자(슐리크와 수학자 가운데서 푸앵카레와 힐베르트 같은 사람들)의 '약속'(인습, Konventionen)으로 볼 것인지,[3] 그렇지 않으면 [공리를] 처음부터 '설정해두었거나' '순수하게 창출하는' 것이 아니라, 공리에 '순수사고의 아프리오리한 토대부여'라는 '좀더 고상한' 이름을 부여할 것인지의 차이는——공리와 오성의 원리가 과학적 경험의 가능성에 대해 갖는 작업수행에서 단지 반성적으로나 퇴행적으로만 인식되는 이성 그 자체의 내재적인 (부증불감의) 기능법칙이라는 낡은 칸트적 사상은 일단 폐기하더라도[4]——순수논리적인 공리가 문제되는 것이 아니라 실질적인 자연의 공리가 문제되는 한에서 적어도 과학이 가진 공리의 문제에는 아무런 본질적인 차이가 없는 것처럼 보인다. 왜냐하면 어떤 경우에도 공리는 일정한 명제의 총체와 이론을 도출하는 힘에 의해 정당화되는 것이지, 공리에 있는 통찰적 성격에 대해 검증하려는 것이 아니기 때문이다.[5]

퍼스의 사상에 대해 부여할 수 있는 두 번째 해석은 일찍이 라이프니츠가 '관측가능성의 원리'라고 불렀던 것과 일치한다.——이 원리는 아리스토텔레스, 로크, 특히 버클리, 밀 등이 자신의 저작에서 여러 방면에 걸쳐 적용했고, 최근에는 아인슈타인이 상대성 이론을 형성하는 데 근본적인 역할을 한 원리와 일치한다. 마흐와 푸앵카레도 이 원리를 수차 제시한 바 있다. 특히 푸앵카레는 단지 약속에 지나지 않는 명제와

---

3) 이런 입장을 '인습주의'(Konventionalismus)라 부른다-옮긴이.
4) 이 입장을 '아프리오리주의'(선천주의, Apriorismus)라 부른다-옮긴이.
5) 이 서로 다른 종류의 공리에 대해서는 가이거의 『유클리드 기하학의 공리』(*Axiome der euklidischen Geometrie*)를 참조. 여기서 현대의 엄격하게 유명론적이며 형식주의적인 수학이 거의 단순한 생산성 공리 대신에 통찰적 본질의 공리를 취하고 있다는 사실을 추구한다. 두 종류의 공리를 이 책만큼 상세하게 구별한 책도 없다.

사실의 진리를 포함하는 명제를 구별하기 위해 이 원리를 특수하게 사용했다. 제임스는 오스트발트가 자신에게 보낸 한 편지에서 (특히 본래적인 실용주의와 막연하게 혼합된 형태로) 제시한 형식으로 이 원리를 인용한다. "나는 나의 강의에서 이러저러한 선택지(選擇枝)가 참이라면, 세계는 어떤 점에서 다른 것일까 하는 물음을 제기하곤 했다. 내가 차이점을 발견할 수 없다면, 그 선택지는 아무 의미도 지니지 못한다."

마흐는 모든 물음이 가능한 관찰로 해결될 수 있는 것으로 증명되어야만 하거나——관찰될 수 없다면, 무의미한 물음으로 폐기되어야 한다고 누차 강조했는데, 이때 그는 동일한 원리를 가지고 모든 '형이상학적' 물음을 '무의미한 것'으로서 거부하곤 했다. 밀은 자신의 이론을 확증하기 위한 시도에 즈음하여, 물질이란 '정돈된 모든 지각가능한 것의 총체'라고 결론지었다. 즉 "우리의 가능한 지각 및 감각과 독립적인 물질적 실체의 현존재를 설정하거나 설정하지 않거나, 어느 쪽도 우리의 경험에는 아무 변화를 일으키지 못한다. 따라서 이와 같은 실체를 가정하는 것은 가능한 경험의 존립에 아무 변화도 일으키지 못하는 불필요한 가정이고, 아무 의미도 지니지 못한다."

우리는 사상 또는 말의 의미와 의의에 대한 퍼스의 테제를 '경험적'이라고 부를 수 있다. 그리고 사상의 귀결을 다른 용어가 나타내는 귀결(Wortfolge)과 비교하여 반드시 우리의 의미를 다른 '감각' 속에 나타내야만 한다면, 퍼스의 테제는 '감각주의적' 해석이라고 부를 수 있다. ——이것은 아직 본래적인 '실용주의적인' 해석이 아니다. 그러나 변화된 경험, 관찰, 감각 그 자체를——따라서 (우리는 이렇게 발견된 어떤 법칙을 실천적 · 기술적으로 '응용'함으로써) 획득된 경험을 가시고 이와 거리가 먼 사물에 관해 [탐구를] 시작하려는 것이 아니라——자연과정에 대한 행위의 최종 항(最終項, Endglied)으로 간주한다면, 더욱이 시간적인 최종항일 뿐만 아니라 우리를 통해 영향을 미치고 환기시키는 최종항으로 간주한다면, 감각주의적 주장은 바로 실용주의가 주장하는 것으로 이행된다. 왜냐하면 이때 예를 들어 양의 크기를 측정하기 위해 어떤 물질적 장치를 사용하는 실험은 자연에 대해 기술적으로 개입하는 극단적인 경우이며, 이를 통해 실험에 근거하지 않고는 아무것도 현존하지 않는다는 사실이 마침내 드러나게 되기 때문이다. 그러나 이런 '관찰가능성의 원리'에 대한 실용주의적 해석은 운동적인(motorische) 지각 및 감각이론(다음에 언급하듯이,[6] 우리도 이 이론을 원리적으로 옳다고 본다)이 참이라고 생각되는 순간에 곧장 엄밀하게 보편타당한 필연성이 될 것이다. 왜냐하면 이때 저 행위 또는 행위충동은 '사상'을 검증하고 확인하는 작용, 즉 관찰의 출발점에 대한 선행조건이 되며, 사상 그 자체는 바로 이 행위를 위해 예정되어 있는 일종의 계획이 되기 때문이다. 이로써 마침내 퍼스사상의 '실용주의적' 해석이 본래적으로 완성된다.

이와 동시에 인식하는 것과 인식론의 '정신'은 낡은 경험론이나 감각주의와 비교해보거나, (존재론적·독단론적인 부류와 선험적인 부류의) 합리주의와 비교해보더라도 심오한 변화가 있었다는 점을 강조해둬야겠다. 실용주의는 다음과 같은 사상을 타파하려 한다. 즉 판단의 '의미'란 판단행위와 다른 것이며, 개인적 행위와 개인 상호간의 행위가 대부분 엄밀하게 동일화될 수 있다는 낡은 사상뿐만 아니라, 적어도 인식해야만 하는 '사실'이 인식에 앞서 존재한다는 가정을 타파하려 한다. 이런 인식의 의미나 '사실'은 바로 인식하는 자에 의해 창조된다. 세계는 ──인식되지 않은 한──어떤 절대적으로 '가소적'(可塑的, plastisch)인 재료, 즉 지금까지 완전히 무규정적이었던 '질료'(Hyle)에 지나지 않고, 동시에 이 질료를 인간이 '사상의 구상─행위─지각과 관찰─새로운 행위'라는 이 불가분의 동적 과정 속에서 의미와 사실이라는 하나의 세계(하나의 우주)로 형성해간다는 것이다. 그렇기 때문에 실용주의적 사고는 합리주의적 사고 못지않게 매우 구성적이다.──바로 이 점에서 실용주의적 사고는 경험주의적 사고와는 근본적으로 다르다. 그러나 실용주의는 세계 속에서 모든 존재론적인 질서와 의미구조뿐만 아니

---

6) 다음 장을 참조─편집자.

라, 이성의 기능법칙을 '발견'하기 위해 모든 **통일적**이고 근원적이며 자기 법칙적인 이성을 부정하기 때문에 또한 모든 합리주의와도 완전히 다르다. 그리하여 제임스는 마침내 그의 저서 『다원적인 세계』(*A Pluralistic Universe*)에서 근본적인 세계다원론에 이른다.

그러나 세 해석 모두에서 퍼스의 최초명제는 전혀 **지탱될 수 없는** 것처럼 보인다.——최초명제는 적어도 보편적으로 설정되고, 모든 종류의 '사상'에 대해 설정되며, 추후에 충분히 특징지어지는 어떤 **방식**의 인식 속에서 사상이 가정될 수 있는 단지 어떤 특수한 기능에 대해서만 설정되는 것이 아닌 한에서는 지탱될 수 없다.

우선 어떤 한 명제의 '의미'는 결코 그 명제로부터 생겨나는 논리적 귀결과 동일한 것이 아니다.[7] 이것은 이미 결과에 의해 원인이 일의적으로 결정되지 않는다는 형식논리학의 의심할 수 없는 명제와 명백하게 모순된다. 서로 다른 명제들도 (명제의 '의미'에 따라) **동일한** 결과를 초래할 수 있다. 그렇기 때문에 바로 하나의 가설에 반대되는 하나의 사실은 그 가설을 폐기하지만, 가설에 일치하는 제아무리 **많은** 사실이라도 그 가설을 결코 엄밀하게 증명하지 못한다. 어떤 한 명제의 이러저러한 결과만이 아니라 **모든** 결과를 잘 살펴보면, 이 낡은 논리학의 기본 원칙은 그 타당성을 상실하고 만다. 그러나 이와 같은 이의를 제기하더라도, 이 주장은 다음과 같은 사실, 즉 우리가 어떤 명제의 의미를 다른 명제

---

7) 여기서는 종래의 형식논리학에서 충분조건의 다양성(선언적 성격)이라 불렸던 것이 문제된다. 즉 근거 'G'→귀결 'F'의 관계가 판명한 것일지라도, F→G의 일의적 관계는 역역적으로 불가능하다. 현대의 검증이론(예를 들어 포퍼)에서 반증의 문제가 중시해온 것과 같은 문제의식을 갖는다고 하겠다. 그러나 이 책에서 사용된 개념에는 불명확한 점이 많다. 본래 원인-결과, 이유-귀결 등의 개념은 다의적이지만, 이 책에서는 전항(前項)으로서 근거(Grund), 가정(Hypothese), 전제(Prämisse), 원인(Ursache) 등을 구분 없이 사용하고, 후항(後項)으로는 결과(Folge), 증거(Beweis), 결론(Schluß), 효과(Wirkung) 등이 사용되고 있다. 크게 보아 구체적인 현실에서 사상이 생겨나는 것에 관한 존재론적 인과관계(원인-결과)와 명제간의 논리적 함의관계(전제-귀결)는 분명하게 구별되어야 한다—옮긴이.

의 의미와 확실하게 구별하지만, 어떤 명제의 '모든' (객관적인) 결과를 일반적으로 인식할 수 있는 힘을 지니지는 못한다는 사실과 확실하게 모순된다.

명제의 의미는 내가 몇 번 해보거나 많은 사람이 해본 행위 속에서 생각한다고 하여 바뀌는 것이 아니다. 또한 그 명제가 도달한 일련의 결과에 새로운 결과가 나타난다 하더라도 명제의 의미가 바뀌는 것은 아니다. 어떤 명제가 참인가, 거짓인가는 그 명제가 증명되었는지 증명되지 않았는지, 경우에 따라 그 명제가 증명될 수 있기도 하고 증명될 수 없기도 한 것인지, 증명된다면 직접적으로 증명되는지 간접적으로 증명되는지, 이렇게 증명되거나 다르게 증명되는지에는 아무 관계도 없다. 퍼스의 이론에 따르면 새로운 증명과 함께 (그리고 하나의 명제에는 언제나 많은 증거가 있다) 모든 명제의 의미도 또한 바뀌지 않으면 안 된다.

이에 반해 아주 명백한 의미를 지닌 명제라 하더라도 임의적인 많은 방식으로 증명될 수 있다. 더욱이 일반적으로 하나의 명제로부터 아무 결론도 나오지 않을 수 있으며, 복수의 명제로부터 비로소 어떤 하나의 결론이 나올 수도 있다. 어떤 명제는 다른 명제 A 또는 B, C…… N을 가지고 함께 전제의 기능을 하는 것으로 가정하더라도 그 의미가 바뀌지 않는다. 실용주의 논리학에서 본래적인 '추론'이란 전혀 없다. 다만 전제에 따라 구성되는 전체상에서 도출되는 결론을 독해할 수 있을 뿐이다. 그러나 추론을 일종의 **구성으로** 보는 이런 파악은 어떻게 우리가 구성된 표상의 형상으로부터 전제, 즉 우리가 사용하는 바로 이 전제로**부터 '결과하는'** 것을 독해하고 판단하는지를 전혀 알 수 없게 만들어버린다.——그것은 마찬가지로 '형상'에서 독해될 수 있는 것과 결코 다른 것이 아니다. 왜냐하면 모든 형상에 대해 이 형상에 의해 '충족'되는 판단은 무수히 많이 내려지기 때문이다. 나아가 말할 수 없는 수많은 오류와 착각들, 환상들이 극히 단순하고 엄밀하게 증명되는 진리보다 논리적으로 많은 '성과 있는' 것으로 제시되고 있지 않은가? 비록 명제들이 논리적으로 증명된다 할지라도 오류와 착각들, 환상에 빠지는 일이 중단되지는 않을 것이다!

두 번째 해석에서 퍼스의 사상을 살펴보면, 적어도 모든 경우에 대한 언어적 귀결의 의미와 의의를 규정할 때 받아들일 수 없는 것은 아니다. 한 명제의 귀결이 (지금까지 '잘 알려져 있던' 방법이나 측정도구에 의한 것이건, 일반적인 것이건 간에) 관찰 및 측정가능한 **사실**과 이 귀결이 부합하지 않는다는 사실을 증명한다는 것은 기껏해야 이 명제를 참-거짓의 관계 속에서 **결정될 수 없게** 할 것이고,——결코 이 명제에서 자명한 '의미'를 제거하지는 못한다. 의미의 법칙, 나아가 무의미와 반의미의 법칙은 참과 거짓의 구별을 통제하는 법칙과는 전혀 다른 것이다. 신화와 설화, 동화는 참과 거짓에 관해 유의미한 검증을 할 수 없지만, 얼마든지 '깊고' '풍부한 의미'를 지닌다. 어떤 물음도 지금 결코 풀 수 없다는 이유만으로 의미를 잃지는 않는다. 칸트에 따르면 이론적으로 해결이 불가능하다고 간주되었던 형이상학적 물음도 '이성적으로는 필연적인' 물음이다. 이에 반해 실용주의에 따르면 형이상학적인 물음은 해결이 불가능하기 때문에 아브라카다브라(Abrakadabra)라는 주문과 같이 무의미한 것이다.

그러나——이것이 핵심이다——사상과 의미, 명제들 및 그 결과가 구성되는 **특성**으로부터 경험될 수 있고 관찰될 수 있는 세계 속에는 아무 것도 '변경'시킬 수 없는 강력한 영역이 있다. 왜냐하면 이들은 이미 모든 '가능한' 세계의 **본질구조**로서 세계의 모든 관찰가능한 것 속에 편입되어 있는 **불변적인 현존재** 형식을 생각하고 지향하며, 나아가 **이념**과 근원현상 그 자체를 생각하고 지향하기 때문이다. 모든 아프리오리한 지식은 단적으로 **정의**하면 다음과 같다. 아프리오리한 지식은 가능한 관찰과 귀납, 나아가 증명으로 보증되거나 반박될 수 없는 지식이며, 따라서 어떤 지식을 검증하려는 시도 속에서——현실적이든, 단지 가능한 관찰의 상상표상에 의한 것일 뿐이든 간에——우리가 이런 방식으로 조작에 착수하기 전에 이미 소유하고 있고, 인정해야만 하는 지식이다. 이미 가능한 세계구조를 **구성**하고 있는 것은 경험할 수 있는 세계를 **변화**시키지는 못해도, 모두 유의미한 (때로는 참이나 거짓인) 것이다. 아니 지식이 경험의 우연적인 내용에 대해 오로지 가능할 뿐인 특정한 결과를 초래한다면, 그 지식은 결코 아프리오리한 지식이 아니다. 그러나 아프리오리한 지식의 결과가 감성적 경험을 변경시키지 못하고 또한 변경시켜서는 안 되는데도, 일반적으로 '통찰적'이거나 '맹목적'인 것에 대해 검증이 불가능한 그런 '의미'는 우리의 직관이 모두 **감성적 직관과 동일하고**, 〔감성적 직관 외에〕 다른 직관이나 근원현상이 존재하지 않는다면, 그렇게 말할 수 있을 것이다. 이와 유사하게 **오직 간접적인 사고만 있고** 결코 어떤 직접적인 사고가 존재하지 않을 때도 모든 명제는 틀림없이 증명될 수 있어야 할 것이다.──하지만 예를 들어 우리는 추론법칙에 따라 추리하고 간접적으로 증명한다. 이때 모든 추론법칙이 다시금 추론되고 증명되는 것이 **아니라**, 단지 존재론적 근본여건(Grunddaten)에서 **통찰적으로 제시될 수 있을 따름**이라는 사실은 명백하다.

우리는 이 원리가 강력한 힘을 가지고 상세한 검증 없이 모든 아프리오리한 지식을 제거해버리거나, 이 원리를 정의와 협정이라는 자의성과 단순한 합목적성에 양도해버리는 것을 본다. 따라서 예를 들어 밀처럼 물체가 지닌 감성적 속성을 정초하는 실체의 존재와 실체가 속성을 정초하는 질서를 부정하거나, 모든 운동현상에서 '가능성'과 '경향성'을 부정하거나, 두 개의 공이 충돌할 때 생기는 '작용'을 부정한다 해도, 우리의 경험에는 아무런 변화가 일어나지 않는다고 말하는 것은 전적으로 잘못된 것이다. 확실히 우리가 **감성적으로** 관찰할 수 있는 것 속에서는 어떤 변화도 생기지 않는다. 그러나 우리의 관찰과 비교도 할 수 없을 정도로 광범위하며 심오한 사태에 대한 **직관** 속에서는 분명히 많은 변화가 생긴다는 것을 증명할 수 있다.──그것은 바로 비감성적인 요소의 병리학적 결손현상(pathologische Ausfallserscheinungen)을 우리의 직관이 분명하게 나타낼 수 있는 것과 같다.

따라서 '관찰의 원리'가 완전히 의미를 상실하는 것은 아니다. 어떤 물음 또는 물음의 의미가 실증과학적 가치를 지니는지, 아니면 실증과학의 물음이 아닌 어떤 **철학적 본성**에 관한 것인지를 결정하는 것은──물론 이 원리의 두 번째 해석, 즉 경험주의적인 해석이 아니라 실용주의적 해석에서는──불가능한 일이다. 왜냐하면 모든 실증과학의 특수한 과제는 본질문제, 즉 세계구성에 관한 물음을 배제해버리고, 유의미한 물음의 영역에서 다음과 같은 물음만을 남겨두고 있기 때문이다.

그것은 세계가 (우리 행위에 대해) 미칠 예상되는 반작용을 결정함으로써 어떤 선택이나 완전한 선언(選言, Disjunktion)에 대한 두 방향의 결과를 어떻게 결정할 것인가 하는 **활동**만이 이 물음을 결정하기 위해 제시될 수 있는 물음이라는 것이다. 다음에 서술할 **운동형의 지각이론**과 **감각이론**[8]이 관찰의 원리에 주는 **실용적인 의미**를 인정한다면, 이때 원리가 세계 일반에 대한 우리 인식의 가능성을 제한할 수 **없**다는 사실을 충분히 밝혀줄 것이다. 감각주의와 경험주의가 그랬듯이, 감성적 지각에 이론적·사변적 의미를 부여한다면, 이 점을 좀더 일찍 받아들일 수 있었을지 모른다. 이에 반해 감성적 지각이 생명 중심의 작용과 이에 대한 세계의 반작용을 나타내는 **지표**(Index)에 불과하다면, 사물이 우리의 가능한 **행위**를 직·간접적으로 규정하도록 작용하는 한에서 사물의 존재에 도달하게 한다는 사상은 완전히 불합리하다고 말할 수 있을 것이다. 사물 그 자체의 **존재**에 대해 무언가를 인식하는 것은 실증과학의 문제가 아니라 **형이상학**의 문제다.

형이상학은 가능한 관찰을 통해 변경시킬 수 없는 세계의 본질구조──전체성으로서 세계──를 인식 속에서 지향하거나, 아니면 '이와 같은 세계'──즉 주관에 의해 그때마다 인식되는 세계구조의 세계──를 가능하게 하는 (그러한 세계의 본질과 현존재에 따른) 모든 사물이 지닌 저 근거를 인식 속에서 지향하고 있다. 이때 우리가 세계를 정립한다면 우리의 가능한 관찰을 논증적으로 변경시키지 **못**하게 하는 것은 모두 그자체로서 (그렇게 또는 다르게) 존재하는 것으로서 설정해도 좋다. 이

---

8) 다음 장을 참조─편집자.

것은 다만 형이상학의 자유를 규정하는 **소극적인 근본조항**에 불과할지라도, 관찰가능성의 원리가 실증과학에 대해 허용되듯이, 형이상학에 대해서도 허용된다. 그러나 ──생명존재가 단순히 세계에 미칠 수 있는 작용과 반작용에 대해 현존재 상대적인 것도 아니고 본질존재 상대적인 것도 아닌──절대적으로 존재하는 것으로서 형이상학이 **적극적으로** 설정하는 것은 오로지 세계 전체의 본질구조와 관련한 저 직관과 저 사상의 의미와 의의를 향하고 있을 따름이다. 다시 말하면 우리 행위를 통해 세계를 실천적으로 변혁시킬 수 있는 모든 경우에 언제나 **동일한 것**으로 머물러 있는 세계에 대한 본질지식만을 형이상학은 향하고 있다.

(2) 퍼스의 논문에서 두 번째 사상은 **진리에 대해 새로운 정의**를 내리는 것이다. 즉 위에서 서술한 것처럼 의미와 의의를 확증하려는 명제는 이 명제가 계기가 되어 나타나는 행위를 **합목적적인** 것으로 증명할 때, 다시 말하면 그 행동에 의해 어떤 의도가 완성되고, 어떤 소망이 충족되며, 어떤 기대가 만족될 때 비로소 참인 것이다. 이에 따라 진리의 이념도 본질적으로 **실천적인** 의미를 지니며, 일종의 이용가능한 것과 유용한 것이 된다. 이런 퍼스의 진리개념은 후에 제임스에 의해 강화되지만, 특히 실러의 휴머니즘에 대한 그의 저작에서 특히 상세하게 보강되었다.[9]

동시에 이 토대 위에서 낡은 진리이념을 파기하려는 시도가 일어난다. 즉 진리란 스콜라철학적 정의가 말해주듯이 오성이 주어진 현실에 동화되는 것이거나 '현실을 모사하는 것'이 아니다. 진리를 이처럼 정의하는 사람은 형상(Bild)에 의한 규정에만 복종할 뿐이며, 따라서 초상화와 복사된 인물에 대해 가지는 관계를 사물에 대해서도 갖게 되는 그런 생각을 하게 된다. 이런 '복사'가 가능하다 할지라도 우리는 자기 자신을 사물 그 자체로 바꿀 수 없기 때문에, 이 형상이 복사된 대상과 실제로 같은 것인지 아닌지를 결코 알 수 없다. 나아가 정신 속에서 세계의 이런 불필요한 이중화가 어떤 의미와 목적을 지니는 것일까? 그것은 '단

---

9) 실러, 앞의 책, 『휴머니즘』 참조.

순한 세계의 이중화'로서 공허하고 무가치한 행위가 아닐까? 진리가 우리의 표상관계와 사물관계의 단순한 일치라고 생각하는 사람들이 이런 반론을 제기한다.

이와 달리 우리는 사물 그 자체를 알 수도 없고 인식할 수도 없다. 그러나 진리가 어떤 초월적 현실, 즉 우리의 의식과 무관하게 (또는 의식과의 관계에서) 존재하는 현실 속에서 형성되는 것이 아니라 우리의 언표나 사상이 감각적으로 지각될 수 있는 사실과 일치하는 곳에서 형성된다고 말하는 사람이 있다면, 그는 여기서 이른바 '사실'(Tatsache)이 도대체 무엇인지를 정확하게 나타내야 한다는 점을 망각한 것이다. 사실이라는 말을 전적으로 우리의 관여 없이 주어지는 무언가로 이해한다면, 이때 어떤 방식으로든 규정된 사실 일반이란 존재하지 않게 된다. 이에 따르면 사실은 아직 어떤 통일도 찾을 수 없고, 조직이나 구분도 찾을 수 없는 혼돈된 인상의 총체가 될 것이며, 이 인상의 총체는 전적으로 무규정된 것이며 오락가락하는 불안정한 것이다. 그러나 우리의 사상이 이런 '혼돈'과 일치할 리 만무하며, 오히려 거꾸로 이 혼돈은 언제나 우리가 수행하는 개조를 위한 **노동자료**일 뿐이다. 따라서 실용주의는 다음과 같이 가르친다.——즉 '사실'이란 일반적인 의미에서나 과학적인 의미에서나 이미 우리의 정신적 활동에 의해 어떤 방식으로든 규정되고 형성되는 것이다. 우리가 소여에 대해 어떤 물음을 제기하는 한, 사실은 먼저 저 혼돈에서 빠져나온, 말하자면 반출된 것이며, 이 '사실'이 바로 물음에 대한 대답이라는 반작용이다. 따라서 실용주의는 낡은 경험주의 인식론과 현저한 대조를 이루고 또한 예를 들어 마흐의 좀더 새로운 감각주의와도 현저한 대조를 이루면서 진리가 우리의 사상과 우리의 감각소여 사이의 일치에 의존한다는 사실을 **부정**한다.

끝으로 진리란——예를 들어 신칸트학파가 말하듯이, 방금 말한 경험적 기준을 유사한 이유에서 격퇴시켜버린 것처럼——우리 내부에서 작동하는 선험적 오성의 본질을 이루는 어떤 **아프리오리한 사상**의 형식과 원리로부터 우리의 사상이 도출되어야만 한다는 사실에서 생겨나오는 것이 아니다. 또한 진리는 원리에 따라 사상 밖에서 발견되는 사실적 소재에 입각해서 측정되는 것이 아니라 그 내적인 정합성에 근거하여 측정되는 엄밀히 체계적인 상호연관으로부터 사상이 획득된다고 할 때도 생겨나지 않는다. 철저하게 반(反)체계적인(antisystematische) 실용주의는 또한 이런 '체계'의 이념을 우리 인간의 충동이나 욕구에 상관없이 작동시킬 수 있는 '선험적 오성'의 전제와 마찬가지로 부정한다. 그럼에도 실용주의와 신칸트학파의 사상 사이에는 어떤 유사성이 있는데, 이에 관해 나는 이미 언급한 바 있다. 실용주의와 신칸트학파의 공통점은 우리가 '과학주의' '도구주의'라고 부르고자 하는 것이다.

우리가 과학주의라고 이해하는 정신적 태도는 인식과 진리란 무엇인가 하는 물음을 제기할 때 실증과학과 실증과학의 방법 및 과제가 사실을 미리 전제하고 있고, 다음으로 바로 진리와 인식이란 과학의 방법을 '어디로' 인도할 것인가 하는 방향에서 대답되어야 할 물음이라는 것이다.──그리하여 우리는 진리와 인식을 처음부터 규정하고 있는 것이 아니고, 먼저 과학이 그 방법에 의해 어떻게 진리와 인식에 도달할 수 있는지, 어떤 종류의 과학이 지적으로 가치 있는 것인지, 또한 과학 이외의 인식양식, 예를 들어 철학적·종교적·예술적인 인식양식은 이것을 어느 정도 충족시킬 것인지를 묻는다.

그러나 우리가 도구주의라고 이해하는 태도는 대상을 향해 **방법**을 정돈하는 것이 아니라 방법이 특정한 대상을 **창출**한다고 주장하는 모든 방향을 말한다. 다시 말하면 진리라는 말은 '올바르다는 것', 즉 어떤 **규범**에 **적합**한 사고의 결과와 등치될 수 있다는 것을 말한다. 이 정의에 따를 때 이 규범은 당연히 규범 자체를 다시금 '참'이라고 말할 수 없다. 아니 진리란 바로 이 규범에 따라 행동하는 것을 말한다. 따라서 진리로 귀착되고 **명증적으로** 참인 명제나 공리에서 도출된 사고만이 '올바르다'고 말할 수 있으며 또한 그렇게 말해도 좋다는 명제는 도구주의의 원리와 모순된다. 이 명제는 도구주의와 반대되는 존재론에 구축된 논리학의 입장인 것이다. 실용주의와 신칸트학파 사이의 세 번째로 공통되는 이념은 마침내 정신적 활동 속에 주어지는 것이 인상들의 **혼동**, 이리저리 동요하는 내용들의 '뒤섞임', 어떤 존재하지 않는 것(μὴ ὄν)을 나타내고, 이 모든 것들이 우리의 정신적 활동에 의해 규정되는 일정한 형식에 근거해 있다는 주장 속에서 찾아질 수 있다. 어떤 경우든 진리는 우리가 발견하고, 발견해낸 것이 아니라 우리 정신의 산물로서 현상한다는 것이다.

실용주의적 운동의 역사적 원천에 대한 어떤 말들은 다시금 원거리 원인으로서 문제된다. 전체로서 실용주의는 이와 같이 매우 새롭고 독창적인 이론이지만, 동시에 각 개별적 구성요소로 볼 때는 학문적 철학의 역사 속에 깊이 뿌리박고 있다. 어떤 점에서 실용주의는 영국의 **공리주의**와 **경험주의**라는 위대한 사고방향의 한 가지[枝]임을 나타낸다. 이런 사고 방향을 결정지은 사람은 프랜시스 베이컨이다. 일찍이 베이컨은 과학에서의 과제가 **자연에 대한 힘**을 획득하는 것이라고 보았다. 예를 들어 그는 항성계(恒星界, Fixsternhimmel)를 순수수학적이거나 천문학적인 문제로 취급하는 모든 사변적 작업을 '공허한' 계획이라고 비난했다. 이 사상은 그 후에도 **실증주의자들**의 주장 속에 여전히 살아 있었고, 콩트의 "예견하기 위해서 본다"(voir pour prévoir)라는 요구의 토대를 이룬다.[10] 명제의 의미에 관한 실용주의적 기준에 대해서도 우리는 이미 버클리가 이를 응용했고, 밀도 이에 따르고 있다는 사실을 발견한다. 예를 들어 밀은——이미 서술했듯이——제임스에 따르면(제임스가 어느 곳에서 이런 말을 했는지는 잊어버렸다) 우리 외부에 있는 **물질**(Materie)을 경험 속에 설정하면서도 우리의 감각에는 **아무 변화도** 일으킬 수 없고, 그렇기 때문에 이처럼 가정하는 것은 일반적으로 '무의미'하다고 생각하여 우리 외부에 물질이 존립한다고 가정하는 것을 거부한

---

10) 콩트, 『실증논리체계 또는 수리철학 원론』(*Système de logique positive, ou Traité de philosophie mathématique*), 제1부, 제1장, III절을 참조―옮긴이.

다. 물론 전체적으로 볼 때는 이와 반대되는 정신을 지닌 실용주의적 학설이 경험주의보다 생기가 넘친다. 경험주의는 인간의 정신을 특별히 수동적인 것으로 이해했다. 또한 경험주의 이론은 우리가 모든 점에서 감각적으로 주어진 사실에 노예적으로 종속해야 하며, 감관(Sinne)의 '감각'(Sensationen)에 직접적으로 부합하는 어떤 것도 있을 수 없다는 모든 개념을 우리 사고에서 털어내야 한다는 것이다. 그렇기 때문에 경험주의는 **반구성적**(anti-konstruktiv)이며, **반이론적**(anti-theoretisch)이다. 이와 반대로 실용주의 이론에 따르면, 인간정신의 핵심은 무엇보다 **활동성**이고, 의욕하는 것과 행위하는 것이다. 여기서 인식으로 인도하는 것은 감각적 소여나 달리 주어진 사실에 대한 사랑으로 충만된 몰입이 아니라, 감각적 혼돈을 **능동적으로** 지배하면서 형성하는 것이다. 따라서 실용주의가 우리에게 권장하는 것도 대담한 이론형성과 이론구성이다. 끝으로 든 이런 실용주의적 인식론의 경향성과 매우 유사한 것이 영국의 구성적인 사상가인 홉스로 대표되는 저 **유명론적** 인식론이다. 홉스는 실용주의의 진정한 할아버지다. 사고에 대한 실용주의 이론은 실제로 엄밀한 유명론의 특수한 아류(亞流)에 지나지 않는다.

실용주의는 **노동사상**(Arbeitsgedankens)을 전면으로 드러내려 했다는 점에서 볼 때 마르크스적 이념의 흐름을 계승하고 있다. 마르크스는 그의 저작생활 초기에 이미 그의 동지들에게 다음과 같이 말했다. "지금까지 우리는 언제나 세계를 인식하려 했을 뿐이다. 자, 이제 세계를 변혁시키자!"[11] 모든 경제적 가치를 마르크스에 따라 창조적인 노동으로 환원시키는 것과 나아가 마르크스의 경우에 이른바 경제적 역사관, 즉 **테크놀로지적 역사관**이 도달한 [다음과 같은] 두 입장 가운데 하나는 특히 실용주의의 역사철학적 적용을 허용한다. 기술적 노동형식은 마르크스에 따르면 법과 예술적 양식, 과학적 문화의 형식을 창출한다. 그러나 실용주의는 다른 한편으로 의지의 자유를 설파하는 데 반해, 마르크스주

---

11) 『포이어바흐에 관한 테제』 참조 - 옮긴이.

의는 모든 정치적 행위를 다음과 같은 점에 한정시켰다.

모든 정치적 행위란 새로운 공산주의적 사회질서를 수립하기 위해 엄밀하게 결정적이고 경제적으로 발전해가는 것을 도와주는 단순한 산파에 지나지 않는다는 것이다. 이러한 점에서 실용주의는 마르크스주의 이론과 첨예하게 대립한다. 최근에는 프랑스와 영국에서 새로운 질서를 실현하기 위해 소수자의 직접적인 실행적 행위를 요구하는 혁명적 생디칼리슴(revolutionäre Syndikalismus)이 의식적으로 실용주의 이론에 기초하는 것으로 알려져 있다.

또한 다른 관점에서 실용주의는 칸트철학과 나아가 피히테철학을 한층 발전시키고 있음을 보여준다. 칸트에 따르면 우리의 오성을 자연과 조회시키는 근거는 오성이 자연에 '자신의 법칙을 강요하고', 주어진 것〔소여〕의 '혼돈'에 질서를 부여하는 활동을 행사함으로써 혼돈을 처음으로 분절된 자연을 통일시키는 것 속으로 가져간다는 바로 이 점에 있다. 그러나 이런 오성 그 자체를 다시금 생명적 발전의 사건으로 간주하며, 경험적 욕구와 충동을 억압하고 욕구와 충동에 의해 규정되는 노동을 억압하여 비로소 오성을 생겨나게 한다는 것과 칸트는 매우 거리가 멀다. 또한 의지의 우위(Primat des Willens)에 대한 이론은 이론적 인식영역의 **자립성**을 전체적으로는 전혀 손상시키지 않으면서, 다만 윤리적 생활과제의 전체성에 인식영역을 종속시켜둘 뿐이다.──이에 반해 실용주의의 경우, 의지는 말하자면 각자의 개별노동에서 오성에 간섭하는 것이고, 그렇게 함으로써 한편으로 우리의 정서생활과 노력생활 사이의 특정한 경계가 파기되며, 다른 한편으로 우리의 오성에서 오성원리와 이른바 '요청'(要請) 사이의 모든 경계가 파기되어버린다. 이에 반해 피히테야말로 관념론적 실용주의자라고 부를 수 있다. 우선 그에게 세계는 확실하게 '우리의 의무를 구성하는 재료'다. 그는 확실히 진리의 이념을 선의 이념에 종속시키고, 또한 이론이성을 실천이성에 동화시켰다. 피히테를 현대의 실용주의와 구별시켜주는 것은 당연히 칸트에게서 계승한 선험적 이성사상이며, 철학의 사변적 방법이다. 독일의 논리학자 지그바르트도 다음과 같은 점에서 실용주의에 가까이 서 있다. 즉 지그바르트의 학설에 따르면 인과원리와 그밖에 과학적으로 세계를 설명하는 최고원리는 증명할 수 있는 명제도, 경험적 원리도 아니고, 하물며 칸트적 의미에서 아프리오리한 종합판단도 아니다. 그것은 "사물을 설명하기 위해 자유로운 윤리적 의지를 요청하는 것"이어야 한다.

전혀 다른 관점이지만, 쇼펜하우어는 '지성'을 현존재를 둘러싼 싸움〔생존경쟁〕에서 맹목적인 생명의지가 지닌 무기에 지나지 않는다고 본다. 바로 그렇기 때문에 또한 철학과 **철학적** 인식에서 오직 하나의 직각적인 인식원리만이 최고원리로서 타당하다고 본다. 그런 한에서 쇼펜하우어는 ──철학으로서가 아니라 과학의 방법론으로서── 실용주의 선배들 가운데 한 사람이라고 볼 수 있다. 어쨌든 쇼펜하우어는 철학과 과학의 인식양식에 관해 이와 같이 구별했다는 점에서 그의 제자인 르 로이와 함께 정밀과학의 방법론을 구축하기 위해 실용주의적 사고과정을 구축하려 한 베르그송의 선배다.[12]

또한 독일에서 실용주의의 새로운 아류는 (쇼펜하우어의 방향설정에서 자극받은) 니체의 『힘에의 의지』(*Wille zur Macht*)에 의해 영향을 받기 시작했다. 니체는 실용주의적으로 진리이념을 바꾸어 해석하려는 것이 아니라, 오랜 관조적 진리이념을 유일하게 가능한 것으로서 지켜가면서 그 진리이념의 가치에 대해 묻고 있다. 이 점에서 니체의 물음은 미국의 실용주의와 매우 대조적인 특징을 나타낸다. 다시 한 번 강조하건대, 니체는 미국의 실용주의처럼 진리의 이념을 새롭게 해석하려는 것이 아니었다. 『힘에의 의지』에서 인간적 지배의지의 도구로서 범주에 대한 설명들과 그중에서도 진리의 이념을 '금욕적 이상'의 형식으로서 ──동시에 단지 정신적인 것일 뿐인 신화사상과 필연적으로 결부된 이념으로서, 따라서 신 사상을 거부하고 나아가 '신은 죽었다'는 것 자체

---

12) 제임스에 미친 베르그송의 강력한 영향에 대해서는 (이미 언급한) 부트루스의 저서, 『윌리엄 제임스』(*William James*), 97쪽 이하를 참조.

가 붕괴되어야만 한다는 견해와 필연적으로 결부된 이념으로서——해석하려는 니체의 시도는 위에서 그랬던 것처럼 진리를 사상과 실재성의 일치로 이해해야만 한다는 사실을 전제조건으로 삼고 있다. 유럽의 정신사에서 우선 니체가 "진리 일반은 노력을 통해 추구할 만한 가치가 있는 것인가?" 하는 물음, 즉 모든 근원적인 물음 가운데서 가장 근원적인 물음을 감히 제기하게 된 정신적 상황은 결코 니체 개인이 전개한 것에서 끝나는 것이 아니며, 오히려 이러한 정신적 상황이 니체가 사색하고 저술한 시대의 총체적인 지적 문화에 깊이 뿌리박고 있다. 그는 다만 이러한 문제를 제기할 만큼 대담성을 지니고 있었을 따름이다. 이성의 형식과 힘에서 우주(Weltall) 그 자체로부터 생겨나와 그 사상 내용(Sachgehalt)에 도달할 수 있는 인간과 오직 인간에게만 고유한 '이성'과 같은 것이 존재한다는 고대적·그리스도교적 입장을 그는 핵심적으로 완전히 형이상학적인 입장에서 인식할 뿐만 아니라, 근본적으로 단지 역사적·실증적·유럽적인 입장에 지나지 않는다고 인식했다.

그 증거로서 나는 딜타이의 논문을 들고 싶은데,[13] 물론 이것은 니체의 영향을 받아 저술된 것이 아니다. 딜타이는 다음과 같이 말한다. "오늘날 합리주의 입장은 주로 칸트학파에 의해 정당화되고 있다. 이런 합리주의 입장의 아버지는 데카르트다. 그는 처음으로 지성의 주권에 자랑스러운 표현을 부여했다. 이 주권은 그 시대의 모든 종교적·형이상학적 입장의 지지를 받고 있었으며, 로크와 뉴턴뿐만 아니라 갈릴레이와 데카르트의 경우에도 지지받고 있었다. 이에 따르면 이성이란 바로 세계의 구성 원리이며, 지상의 삽화적인 사실이 아니다. 그런데 오늘날 이런 위대한 형이상학적 배경이 더 이상 자명한 것이 아니라는 사실은 누구도 피해갈 수 없다. 대체로 사람들은 이런 입장에 서서 활동하고 있다. 자연의 분석은 자연을 분석하는 원리로서 구성적 이성을 점점 불필요한 것으로

---

13) 딜타이 전집(全集) 제5권, 『경험과 사고. 19세기의 인식론적 논리학의 연구』 (*Erfahrung und Denken. Eine Studie zur erkenntnistheoretischen Logik des 19. Jahrhunderts*, 1892)를 참조.

본다. 라플라스(Laplace)와 다윈이 이런 변화를 가장 소박한 형태로 표현하고 있다. 마찬가지로 자연의 분석은 현대 과학적 상식에서 볼 때 이런 자연을 좀더 고차적인 질서와 관련짓는 것을 또한 불필요한 것으로 본다. 이런 두 변화 속에는 셋째로 창조주와 피조물의 종교적 관련이 더이상 우리에게 확실한 것이 아니라는 사실이 포함되어 있다. 이로부터 데카르트의 주권적 지성을 지구표면이나 아마도 다른 천체표면에서 일어나는 자연의 일시적이며 특이한 산물로서 보는 견해가 더 이상 처음부터 거부되지 않는다는 사실이 생겨난다. 현대 철학자의 대부분은 이런 사고방식과 싸우고 있다. 그러나 그들 누구에게도 전체적인 세계연관의 배경으로서 이성은 자명한 것이 아니다. 따라서 사고를 통해 실재를 파악하려는 이런 이성의 능력은 가설이나 요청이 되고 만다."

니체는 진리의 가치에 대한 근원적인 물음을 제기함으로써, 다만 위에서 딜타이가 개략적으로 언급한 상황을 야유 섞인 과장된 투로 표현했고, 또한 이성과 진리가 마치——그 종교적·형이상학적 전제를 더이상 믿지 않으면서——존재하는 것처럼 보고 행동하는 시대의 '많은 철학자들'의 허풍을 꾸짖을 수 있을 뿐이었다. 이런 니체의 전향(轉向)과 함께 오늘날 독일식 실용주의의 아류가 성립한 것인데,——솔직히 나는 이것을 야유적(ehrlich-kynische)이라 부르고 싶다.

다시 말하면 이런 실용주의의 형식은 위선적 태도를 허용하지 않는 실천적인 이해가치와 사용가치라는 의미에서 진리이념을 바꿔 해석하고 있고, 오히려 다음과 같이 진지하게 묻는다. 오류와 환상, 허구는—— 이 모두가 생명 및 생명의 가장 내적 핵심인 '힘에의 의지'가 발동하는데 기꺼이 기여한다 할지라도——왜 좀더 좋은 것이 아닌가? 모든 인식을 실천이성의 이념에 종속시키고 또한 이성 그 자체의 주권을 견지하는 피히테, 지그바르트 등의 관념론적·정신적인 실용주의 대신에 니체와 함께 생명주의적 실용주의가 생겨났다.——이것은 그 새로운 극단적·능동적으로 삶을 이해함으로써 노동의 실용주의와 유용(Nutzen)의 실용주의와 예리하게 구별된다.

랑게스(Brille Albert Langes)를 통해 이해한 칸트와 이러한 니체의 제안을 밀접하게 결부시킨 파이잉거의 이른바 **허구주의**(虛構主義, Fiktionalismus)에서 이 실용주의의 독일적 형식은 과학적으로 형성된 인식론이 되었다. 이 실용주의의 허구주의적 형식을 여기서 상세하게 설명할 수는 없다. 허구주의에서 본질적인 것은 종래의 인식 개념과 진리 개념 가운데 흄이 가장 날카롭게 지적한 바 있는 감각주의적 개념을 견지하는 것이다. 이에 따라 관념과 관념결합에서 '참'인 것은 다만 인상에 대한 '모사'로 환원될 따름이다. 이런 엄밀히 감각주의적 진리개념을 전제하지 않는다면, 확실히 '허구'개념도 의미를 갖지 못할 것이다. 더욱이 우리의 과학적인 근본개념과 사념된 대상에서 개념의 인상과 그 파생물을 넘어서 있는 모든 것이 우리의 충동과 욕구에 근거한 상상의 산물, 즉 '허구'라는 점이 지적되어야 하기 때문에, 우리의 모든 과학적인 세계상과 그 대상성은 마침내 허구, 즉 '조작'(res fictaes)에 의거하고, 당연히 우리의 종교적 관념과 대상도 허구에 의거하지 않으면 안 될 것이다.

이때 허구주의를 감각주의적으로 정초하려 할 때 특징적인 것은 초감각적 존재형식과 작용형식(범주) 사이에, 즉 실제로 완전히 허구적인 보조개념(이상적인 기체, 이상적인 고체, 사회법인, '경제인' 등), '이상적인 대상'(수학의 대상과 같은), 물질이나 세포이론에서 가설적으로 실재를 전제하는 것, 종교적 대상 등의 사이에 있는 **어떤 내적인 본질 차이**도 인정하지 않고, 모두 같은 허구, 즉 조작으로 간주한다는 점이다. 실용주의적 · 운동적(pragmatisch-motorische) 지각이론——이것은 모든 실용주의의 가장 확실한 요소다——은 즉각 허구주의를 배척한다. 왜냐하면 허구주의는 바로 감각을 어떤 궁극적으로 존재하고 소여되는 것으로 인정하기 때문이다.

2. 실용주의의 오류

다음으로 실용주의의 **특유한 오류**를 개관해보자.

(1) 지식이념의 왜곡

실용주의가 처음으로 범한 오류는 의심할 여지 없이 '지식'과 '인식' '진리'의 형식적 이념을 전체적으로 왜곡하고 있다는 점이다.

지식은 결코 '비물질적인 형상' 속에서 사물을 모사(하거나 재현 Repräsentatio)하는 것이 아니다. 형상은 다만 우리 의식의 상태를 나타내거나 일종의 의식상자 속에 들어 있는 내용이며, 모든 사물을 일단——다만 바로 '비물질적 형식'에서——전체적으로나 부분적으로 자신 속에 포함시키는 것이다. 그러나 예를 들어 현존하는 것으로서 지각되는 대상 그 자체의 본질존재(Sosein)와 구별되거나 사상 그 자체가 지닌 이런 본질존재의 부분에 따라 다른 것과 구별되는 '지각상'처럼 우리 속에 제시될 수 있는 '형상'은——엄밀한 내적 관찰은 이런 '형상'을 은폐시켜버린다——아무것도 존재하지 않으며, 또한 이런 비물질적인 형상과 사물이 단순히 내용적으로 동등하다거나 유사하다는 점을 비교해 볼 수도 없을뿐더러, 확신할 수도 없다. 그런 확신이라는 생각이 이미 불합리한 것이다. 아무래도 **지식에 의하지 않고**, 우리는 사물의 본질존재를 생각할 수 없다. '오성과 사물의 일치'(adaequatio intellectus cum re)라는 진리에 대한 그릇된 스콜라적 정의에 따르면, 우리는 언제나 형상을 다시금 형상들과 비교하는 것 외에 다른 도리가 없다. 비물질적인 형상과 사물 사이에 동일성이 있다는 관계만 확신할 수 있다면, 지식의 핵심이자 진수인 사상(Sache)을 향한 정신의 **지향**은 이전과 다르게 나타날 것이다. '형상'은 침묵한 몰지향적 사실이며, 이른바 영적 자료로 묘사되는 그림이고, 자기 자신을 넘어서 아무것도 나타내지 못한다. 하나의 그림이 묘사된 대상에 대해 '알지' 못하듯이, 저 '형상'도 사물에 대해 아무것도 '알지' 못한다.

그러나 반대로 하나의 지향으로서 그리고 사상 그 자체의 본질존재를 '소유'하는 것에 대해 이 지향을 충족시켜주는 것으로서 지식은 이런 '형상' 없이도 원리적으로 가능하다. 지식, 즉 자발적인 활동으로서 모든 '인식'의 목표는 사물 그 자체의 '모사'도 아니며, 사물관계의 '모사'도 아니다.──이것은 헤르츠(H. Hertz)[14]가 '사물에 대한 우리 형상의 결과와 사물의 결과인 형상이' 일치해야만 한다고 요구할 때, 그가 생각하던 것과 같은 그런 것이 아니다. 오히려 지식은 가장 형식적인 의미에서 어떤 존재자가 다른 존재자의 본질존재를 바꾸지 않고 그 본질존재에 관여하는 것이다. 사물의 현존재만이 항상 필연적으로 지식과 의식의 피안에 머물러 있으며, 그 자체 초예지적(超叡智的, transintelligibel)인 것이다. 그러나 사상의 본질존재는 형상이 아니라 작용인 지향의 대상이기 때문에, 원리적으로 그 자체──단지 형상으로서가 아니라──우리 정신 속으로 깊이 파고 들어갈 수 있다.

따라서 이른바 '비판적 실재론'(kritischen Realismus)[15]이 사물의 (완전하거나 불완전한) 본질존재 그 자체가 '정신 속에'(in mente) 있을 수 없다고 하여──본질존재의 '형상'만이 있을 수 있다고 하여──사물의 현존재(이 점에서는 옳다)뿐만 아니라 본질존재까지도 의식의 피안으로 배척해버리는 것은 잘못이다. 또한 모든 종류의 의식관념론 (Bewußtseinsidealismus)은 사물의 본질존재(이 점에서 관념론이 모든 비판적 실재론보다 옳다)뿐만 아니라 현존재까지도 정신 속으로 받아들일 수 있다고 보고,──이로써 모든 지식과 의식에 초월적인 실재성을 부정하는 (이 점에서 관념론은 비판적 실재론에 비해 옳지 않다) 것은 잘못이다. 그러나 실용주의도 이런 지식의 이념을 오인함으로써, '인간의 이성' 그 자체를 완전히 보잘것없는 것으로 치부해버렸다. 두 이론

---

14) 『역학의 원리』(Die Prinzipien der Mechanik, 1895)의 서문 참조.
15) 지각의 기체로서 객관적 실재론을 승인하는 '비판적 실재론자'로 셸러는 베허와 퀼페를 든다. 이 견해는 실용주의와 가깝다. 미국 실용주의의 동조자로는 산타야나, 드래커 등을 들 수 있다─옮긴이.

── 비판적 실재론이나 의식관념론 ── 의 첫 번째 허위(proton pseudos)는 바로 '정신 속에 있는 것'과 관련하여, 즉 정신에 대한 양자(본질존재와 현존재)의 관계에 관해 바로 본질존재와 현존재를 분리시킬 수 없다는 것(Untrennbarkeit)이다. 어떤 대상을 전적으로 직관하는 현상과 어떤 대상을 전적으로 사고하는 의미가 서로 부합하여 나타난다면, 바로 이 부합이야말로 대상 '그 자체'의 본질존재가 우리의 정신 속으로 [빛처럼] 쏟아져 들어온다는 것의 표시다. 이처럼 대상의 '빛이 쏟아져 들어옴'에 대한 반성적 지식만이 지식의 '명증'을 나타낸다.

실용주의가 이른바 지식의 모사이론을 날카롭게 반박하고,[16] 모사를 불필요하고 공허한 '세계의 이중화'라고 불렀을 때, 이 점에서 실용주의는 전적으로 옳았다. 그러나 세계의 본질존재에 우리의 존재가 진실로 관여하는 것은──비록 실천적으로 그 자체가 반드시 '유용한' 것은 아닐지라도──불필요한 것도, 공허한 것도 아니다. 이 관여는 먼저 세계에 대한 우리의 관계를 확대시킨 것이자 상승시킨 것이다.──동시에 사물을 그 (객관적인) '의식' 속으로 이끌어가는 것, 즉 우리가 사물을 개념적으로 '해석'하기 전에[17] 사물에 객관적으로 속해 있는 저 의미로 이끌어가는 것이다. 그러나 자발적인 인식작용은 지식에 대한 정신운동에 지나지 않고,──따라서 추후에 지식에 부과되는 것도 아니며, 그렇다고 지식 '이상의' 것도 아니다. 지식 그 자체는 참도, 거짓도 아니다. '거짓된 지식'은 존재하지 않는다. 지식은 명증적이거나 비명증적인 것이며, 나아가 대상의 본질존재의 충족과 관련하여 완전한 것이거나 불완전한 것이다. 참인가 거짓인가는 오직 명제, 즉 우리의 판단 속에 내재하는 이념적 의미상관태일 뿐이다. 이 명제가 지식대상의 명증적이고 최대로 완전한 직관적 본질존재와 '일치'할 때, 그것은 참이며,──반대로 '상반'될 때는 거짓이다.

---

16) 제임스의 『실용주의』와 실러의 『휴머니즘』 참조.
17) '사물이 그 자체에서와 마찬가지로 정신에서 알려지는'(res nobiliores in mente quam in se ipsis) 한에서(토마스 아퀴나스).

이런 사태(Sachverhalt)는 실용주의에 의해 완전히 왜곡되었다. 실용주의가 '모사'를 부정한 것은 정당하지만, 그렇기 때문에 실용주의는 사상이나 직관의 사실적 '결과' 또는 사념되었을 뿐인 실천적 '결과' 내지 이를 통해 가능한 '세계의 개변'이라는 전혀 다른 결과를 초래할지도 모른다. 이런 방식에서 명제의 '의미'는 실용주의에 있어서 세계의 가능한 개변(불G. Boole)이라는 점에서 가능한 실천적 결과와 동일시되고, 사상의 '진리'는 이 가능한 결과가 유용하다거나 삶을 촉진시킨다는 결과라는 점에 달려 있다. 이와 유사하게 우리의 가능한 활동작용과 행위에 대해 사물의 최고 좋은 공격점을 우리에게 제시해주는 그 사물의 직관도 합당하고 '좋은' 것이어야만 하는 것이다.

이 주장을 음미해보자. 그것은 다음과 같이 이중적 의미에서 잘못을 범하고 있다. 다음의 경우를 생각해보자. 즉 어떤 정신물리적 유기체가 그 환경세계의 모든 자극에 대해 언제나 끊임없이 최적의 상태에서 합목표적이고 합목적적으로 행동하고, 따라서 식물이나 하등동물처럼 자극이 유래하는 대상에 대한 '지식' 없이도 안전하게 행위하는 경우를 가정해보자.──〔그러면〕 자극과 반응 사이에 나타나는 이들의 합목적적이고 언제나 유형적인 결합을 넘어 '대상에 대한 지식'과 같은 것 속으로 도대체 왜, 무엇 때문에 밀어넣어야만 하는지를 알 수 없게 되어버린다! 반대로 전지(全知)한 존재자를 설정해보자.──〔그러면〕 하나의 존재가 환경세계에 적응할 수 있고, 환경세계가 이 존재의 소망과 욕구에 적합할 수 있게끔 운동하고 행위하기 위해 도대체 이 존재에게 사물의 단순하고 순수한 지식이 반드시 어떻게 요구되어야만 하는지를 알 수 없게 되어버린다. 어느 경우든 모두 지식 그 자체의 이념 속에는 행위에 대한 어떤 관계도 들어 있지 않다──반대로 행위에 대한 관계 속에는 지식의 이념에 대한 어떤 것도 들어 있지 않다──는 분명한 사고가능성을 보여준다. 무조건반사와 '조건'반사, 나아가 본능의 수행은 유의미한 수행가치로서 많은 점에서 인간의 가장 정교하고 의식적이며, 기술적인 기능(Kunst)을 (모든 인간의 과학을 가지고 그리고 이런 과학에도 불구하고) 넘어선 것이며, 또한 이것은 원리적으로 대상의 본질존재에 대한 지식이 합목적적인 행위에는 생물학적으로 전혀 불필요하다는 사실을 아주 명백하게 우리에게 보여주는 것이다. 또한 전혀 비실천적인 대다수의 학자들은 지식——단순한 순수지식——이 행위에 대해 얼마나 무력한지를 보여준다.

확실히! 우리는 실제로 어떤 한 존재가 (그 존재의 감관기능과 감관기능의 도달범위, 자극의 대역 및 상승대역, 나아가 그 존재의 '지성', 즉 검토되지 않은 새로운 비유형적 상황에 적응하는 능력을 형성해가는 정도와 방향에 근거하여) 무엇을 알 수 있는지와 그 존재가 무엇에 근거하여 객관적이며 유의미하게 행동할 수 있는지 사이의 광범위한 관련성을 발견한다.[18] 아니 이 관련성은 우연적인 실재와 이 실재를 향한 모든 가능한 행위에 대한 모든 지식에 대해 본질법칙적인 것으로서 제시된다. 이런 평행적 관련성(Parallelkorrelation)에 관해 다음의 세 명제가 타당하지만, 실용주의는 이 점을 잘못 알고 있다.

1) 이 평행적 관련성은 그 자체 지식과 행위에 관한 것이 아니라 지식이나 행위(와 이를 위한 그때마다 일정한 조직)를 전제한 가운데서 지식과 행위를 가능하게 해주는 그때마다 특수한 내용과 대상에 관한 것이다. 다시 말하면 이 관련성은 주관이 객관적으로 가능한 대상들 중에서 바로 '이' 본질존재적으로 규정된 대상을 선택하는 것에 관한 것이다. 이 관련성은 다만 '이것이나 다른 것'에 관계할 뿐이고, 순수한 지식 내용이라는 의미에서 '사물'(Was)에 관한 것이 아니며, 더욱이 지식 일반에 대한 '사실'(Daß)에는 관계하지 않는다.

2) 지식과 행위 사이에는 진정한 평행이 성립한다. 즉 비가역적인 일방적 관계가 아니라 가역적인 상호 의존관계가 성립한다. 따라서 실천적 '저항'(Widerstand)이 이론적인 '대상'(Gegenstand)을 일방적으로

---

18) 이에 관해서는 『우주에서 인간의 지위』를 참조. 그리고 지식과 행위의 평형론에 관해서는 『형식주의』, III장을 참조—편집자.

규정하거나, 반대로 이론적 대상이 실천적 대립을 일방적으로 규정하지
는 않는다.

3) 지식내용과 행위내용에 나타나는 이런 평행론의 **공통적이고 동일한**
근거는 대상에 대한 **가치태도**(Werthaltung)와 대상에 대한 **사랑 또는 미
움**, 그리고 이 작용들에 의해 방향지어지는 비자의적이고 자의적인 주
의와 관심의 기능이다. 그러나 단순한 가치태도 자체의 활동은 아직 '실
천적 태도'가 아니며, 특히 가치태도의 '활동' 속에는 어떤 의지활동도
들어 있지 않다.

(2) 지식과 행위에 관한 원인-결과 관계의 잘못된 설정

언제나 일정한 실천적 · 운동형(praktisch-motorische)의 태도, 적어도
심적인 운동형(psychomotorische) 과정의 출발이 모든 현실의 감관
지각과 필연적으로 결부되어 있다고 실용주의가 가르친다면, 우리는 그
것이 잘못이 아니라고 본다. 이런 생각은 확실히 옳다. 잘못이라고 생각
되는 것은 단지 베르그송[19]이나 뮌스터베르크[20]의 경우에 나타나는 다
음과 같은 사상뿐이다. 즉 이런 실천적 · 운동형의 태도가 결과로서 나
타나는 감관지각을 위한 필요조건이라는 것은 잘못이다. 다시 말하면
베르그송이 말하듯이, 감관지각이란 —— '순수한', 즉 모든 '감정감각'
(sensations affectives)과 감정감각 속에 뒤섞여 있는 기억상에서 벗어
난 것으로써 —— 정신이 객관적 '현상'의 다양성에 대해 행하는 실천적인
선택에 지나지 않는다는 것이나, 뮌스터베르크가 말하듯이, 자극에 대응
하는 운동형의 신경과정의 시작이 제로(零)를 넘어 감각을 '활성화시키
는' 조건이라는 것은 모두 잘못이다. 감관직관을 실현시키기 위한 최소
조건은 자극과정, 정상적인 구심적 신경과정 및 심리적으로 지각하는
사람 일반과 나란히 다시금 이에 덧붙여지는 정신물리적 유기체의 활동성

19) 『물질과 기억』(*Matière et Mémoire*, 1896) 참조.
20) 『심리학 원론』(*Grundzüge der Psychologie*, 1900)에 수록된 이른바 '행위
론'(Aktionstheorie) 참조.

(Actus)이며, 이때 이 활동성의 방향과 종류, 양과 함께 이 직관의 내용은 법칙적으로 변이한다. 감각은 실제로 먼저 〔첫째로〕 지각내용의 구조 전체에 들어 있는 하나의 요소——이 구조 전체와 함께 변화하는 요소——에 지나지 않는다. 즉 지각은 내용을 총계적으로 계산할 수 있는 부분이 아니다. 둘째로 감각은 자극에 단순히 **비례하지도** 않고, 또한 자극에 신경과정과 내적·외적 감각기관을 덧붙인 것에도 비례하지 않는다.[21] 비례한다면, 실제로——분트가 말하듯이——실제적인 감각이 주어질 수 있는 지각영역과 이에 덧붙여 이 영역에 의해 정초된 통각영역(Perzeptionsfeld)에 따라 비례할 뿐이다.

이런 통각영역 속에는 다만 감각내용이 다시금 충동적이거나 자의적인 주의작용의 대상이 될 때 비로소 들어갈 수 있을 것이다. 그러나 바로 이런 통각영역은 존재하지 않는다. 오히려 생명적인 영혼의 중심에 놓여 있는 자발적인(충동적이거나 자의적인) 충동이——현실성이 아닌——'**가능성**'으로서 자극과 구심점을 향한 과정에 의해 설정되는 자극을 단순히 감각적으로 실현시키기 위한 **조건**이 된다. 이런 충동이 제로상태라면, 어떤 지각이나 감각도 있을 수 없다. 그러나 이런 충동이 필연적으로——**가치파악**이나 가치의 측면에서 볼 때 관심의 방향과 활동에 의해, 이른바 주의작용에 의해 도출되는 (무선택적인) **충동적 선취**(와 후치) 대신에——의지의 충동이라고 가정하는 것은 잘못이다. 바로 이런 충동이 의욕과 행위의 생성(또는 의지와 행위의 준비)**뿐만** 아니라 감관지각의 생성을 **제약**하고 **지도한다**.

따라서 실행증(失行症, Apraxie)과 실인증(失認症, Agnosie)은 확실히 서로 구별될 수 있다(베르그송과 뮌스터베르크에 따르면 구별될 수 없다). 그리고 하나의 가능한 실인증을 정초하기 위해 실행증만으로는 결코 충분한 것이 아니다.

---

21) 다음에 전개될 이 논문, V장을 참조—편집자.

(3) 본질적 지식과 귀납적 지식의 구별에 대한 오해

그러나 실용주의의 가장 일반적인 철학적 오류는 이것으로 끝나지 않는다. 오히려 여기서 근본적인 것은 다음과 같은 사실이다. 즉 행위와 지식에 관한 순전히 특수한 내용에 주어지는 평행은 모든 지식과 모든 행위에 대해 타당한 것이 아니며, 지식과 행위를 한정하는 특정한 영역에만 타당하다는 점이다. 그리고 이 영역은 '우연적인' 세계의 현실성과 이 현실의 지금-여기에 있음 및 그렇게 있음〔본질존재〕에 대한 지식에 의해 제한된다. 즉 이 영역은 가능한 지식과 의욕, 행위에 대해 현실을 제한하고,──우연적인 세계의 현실성으로서 현실을 제한한다. 그러나 그 의미(와 가능한 결과)는 세계의 경험적 사태에 관해 (또한 경험의 결과에서) 아무것도 '변경시킬' 수 없는 지식이 있다.──이것은 가장 순수하고 단적으로 명증적인 지식이며, 모든 가능한 귀납적 경험에 (따라서 '사례'의 관찰과 비교에) 선행하며, 간접적으로 추리하는 사고에 선행하는 최고의 지식이다. 즉 우리가 감관을 통해 접근하는 세계내용과 세계에 대한 우리의 행위를 임의로 바꿔버릴지라도 여전히 명증적으로 남아 있는 지식이 있다.

나아가 우리는 이 지식을 다음과 같이 정의할 수 있다. 즉 그것은 세계에 대해 우리가 감각하고 관찰할 수 있는 내용의 질과 양을 어떻게 바꾸더라도 언제나 정확하게 동일하며, 이런 변경에도 불구하고 언제나 변함없이 유지되는 지식이다. 그것은 모든 대상의 저 본질존재의 불변성(Soseinkonstanten)에 대한 지식이며, 우리는 이것을 본질의 지식과 이념의 지식 또는 본질연관과 이념연관에 관한 지식이라 부른다. 이런 지식에서 우리는 우연적인 세계의 현실성에 대해 규정적인 것과 차별적인 것을 아무것도 이끌어낼 수 없다. 왜냐하면 이런 지식은 자신의 측면에서 볼 때 모든 우연적인 세계의 현실성에 대해 아프리오리하게 타당하며, 강하게 결합되어 있기 때문이다. 그리고──유추적으로──실질적인 가치평가와 이런 가치평가에 기초하여 가치를 실현시킬 수 있는 '의욕'이 있다. 이것은 '순수한 심정'의 가치평가와 의욕으로서 성립하는 것이고 **자율적인 것이다.**──즉 이것은 의욕에 대응하는 경험적 행위와 의지작용이 완전히 실패로 돌아가고, 행위자와 사회 전체에 임의적으로 큰 해악을 끼친다 할지라도 여전히 자율적으로 남아 있다. 이런 지식만이 최초로 '명증적'이라는 술어를 직접적으로 담지한다. 또한 이런 지식에 도달한 판단만이 '참'(= 즉 모순이 없는, 명증적으로 참인)이라는 술어를 직접적으로 담지한다. 그리고 오직 이런 가치태도와 의욕만이──가치태도와 의욕이 일치할 때──'선'과 '악'이라는 '윤리적' 속성을 매개하지 않고 직접적으로 담지한다.[22]

실용주의는 이미 지식의 이념을 왜곡하고 있고, 마찬가지로 또한 경험주의의 새로운 형식으로서 '우연적·사실적 지식'을 '본질지식'과 **구분**하는 지식의 기본적인 구분을──이 구분은 '선천적 지식'과 '후천적 지식'을 구분하는 것과 일치한다──완전히 오해하고 있다. 경험주의적 관점에서 보면, 실용주의는 인간의 정신과 인격이 형성되는 과정을 모두 연상작용을 통해 감각을 가공하는 것으로 환원시키는 낡은 베이컨과 밀의 경험주의와 감각주의적 실증주의를 재흥시킨 데 지나지 않는다.

그러나 이른바 모든 아프리오리한 '**사고형식**'은 아프리오리한 지식을 항상 새롭게 획득하는 것, 다시 말하면 대상적이고 존재론적인 본질지식을 기능하게 하는 데 근거하기 때문에, 실용주의는 이미 '**철학적인**' 지식과 '**교양**'의 지식이 지닌 형식적 이념을 전혀 볼 수 없다. 인식활동 속에 있고 인식활동에 따른 인간의 정신이 인식 그 자체의 역사에서 **성장**하고 발달해왔으며, 단지 우연적인 현실을 새롭게 인식한 결과를 누적시켜온 것이──지식의 소재를 단순히 '축적'시켜온 과정이──아니라는 사실과 이런 정신 그 자체의 성장 및 진정한 '진화'는 인식결과를 실천적 목표에 적용시키는 것보다 **훨씬 높은** 가치를 지닌다는 사실을 신칸트학파의 사고경향이 알지 못했던 것처럼 실용주의도 또한 알지 못했다. 신칸트학파는 아프리오리한 기능적 법칙성이라는 '불변의' 근원적 지참금

---

22) 이에 관해서는 『형식주의』, II장을 참조. 제4판 내용색인을 참조―편집자.

──문화영역과 시대를 통해 항상 동일한 것으로 남아 있고, 오직 최상의 경우에만 지속적으로 인식되고 이해될 수 있을 따름인 지참금──을 이성이라고 보았던 것이다.

끝으로 실용주의는 실천적으로 가능한 사물의 **변화가능성**과 그 현존재 상대성의 단계 사이에 있는 엄밀한 합법칙성을 잘못 알고 있다. 이 법칙은 다음과 같은 것을 말한다. 즉 사물이 인간과 **현존재적으로** 관계하면 할수록, 그리고 사물의 현존재 상대성의 단계가 절대적인 실재성과 그 지식의 단계에서 멀어지면 멀어질수록, 사물은 **점점 더 빨리** 실천적인 (단지 '가능적으로'만) 변화가능성 아래 종속된다. **가치서열**과 가치의 가능한 실현단계에 대해 나는 이미 나의 윤리학 책에서 동일한 의미의 명제를 언급한 바 있다.[23] 쾌(快)와 불쾌의 충족체험도 정신적 인격감정과 인격의 가치감정에 가까이 다가갈수록 점점 더 실천적으로 산출하는 것이 불가능해지고 쾌와 불쾌의 충족체험에 영향을 미칠 수 없다. 오로지 감정감각(Gefühlsempfindungen)만이 거의 완벽하게 우리의 실천적 지배 아래 있다. 유용한 것과 유해한 것에 대한 감정은 이미 어느 정도 우리의 실천적 지배를 벗어나 있고, 생명감정은 현저하게 벗어나 있다.

그리고 심적인 감정(seelischen Gefühle)은 다시금 더 이상 거의 지배할 수도, 지향할 수도 없다. 정신적 인격감정은 대체로 지배하기 불가능하다. 이 정신적 인격감정은 말하자면 순수한 '은총'과 '비은총'을 말하며, **본질법칙적으로** 실천적으로 지향될 수 없는 것이다. 따라서 실용주의가 어떤 **변화된** 세계를 실천적으로 정립할 수 있게 하는 결과를 가질 수 있는 지식만을 인정하려 한다면, 실용주의는 곧바로 모든 본질지식뿐만 아니라 절대적 실재성에 대한 지식, 즉 형이상학적이고 종교적인 지식을 모두 파기해버릴 것이다. 왜냐하면 절대적 실재성이 일반적으로 변화될 수 있다면, 자기 자신에 의해 바뀔 수 있을 따름이지, 절대적 실재성이 스스로 현존재 속에서 정립되고 그 본질존재를 규정하는──따라

---

23) 『형식주의』, V. 8을 참조.

서 다만 절대적 실재성에 배타적으로 의존하는——존재에 의해 변화될
수 없다는 것은 확실하기 때문이다. 인격성 그 자체가 신적인 정신의 한
기능이라면, 그런 한에서만 이 신적인 정신은 인격성에 의해 변화되며,
즉 자기 자신을 변화시키고, 예를 들어 성장하고 구원하는 것이다.——
이와 같이 신적인 정신은 구제를 필요로 한다.

(4) 실용주의적 '논리학'의 잘못된 원칙들

마침내 실용주의의 최초 논리학자 불이 제기한 다음과 같은 두 가지
논리적 원리도 의심할 여지없이 거짓일 뿐만 아니라 심지어 불합리하기
까지 하다. 말하자면 첫째로 동일한 행위로 유도되는 두 명제는 의미상으
로 동일하다는 원리와 둘째로 어떤 명제는 유용성을 가져오거나 삶을 촉진
시키는 결과를 가져오는 행위를 규정할 때 비로소 참이라는 원리가 그
것이다.

이에 대해 우리는 다음과 같이 반박할 수 있다. 어떤 명제나 물음의
의미(Sinn)는 그 논리적 결과나 그 '논리적 생산성'의 정도와 '동일한'
것이 전혀 아니며, '등가적인' 것도 아니다. 하물며 어떤 명제나 물음의
의미는 세계의 현실적 개혁에 대한 실천적 적용가능성과 일치하는 것도
아니다. 귀결(Folgen)에 의해 근거(Grund)가 일의적으로 설정되지 않
고, 결과(Wirkung)에 의해 원인(Ursache)이 결코 일의적으로 설정되
지 않는다는 깨뜨릴 수 없는 논리적 규칙은 이미 의미를 사상의 논리적
결과 내지 '논리적 생산성'과 등치시키려는 사상의 '의미'를 규정하는
온화한 실용주의적 정의에 대한 반대를 내포하고 있다. 그러나 세계과
정에 대한 완전히 다른 이론적 전제가 동일한 실천적 행동양식을 규정할
수 있고, 아주 똑같은 전제가 너무나 다른 실천적 태도를——그때마다
우리 행위를 실현시키는 데 기여해야만 하고, 단순히 지식에 의해 결코
명료하게 규정되지 않는 목적에 따라——규정할 수 있다는 것은 의심할
여지가 없다. 그렇기 때문에 사상의 의미를 '실천적 생산성'과 동일시하
는 것은 이중으로 잘못을 범하는 것이다. 단지 우리는 우리에게만 직접

적으로 접근가능한 유기체의 행동양식에서 이 태도를 이끌어내는 사상의 '의미'를 추론하려고 할 때,——사물을 가공함으로써 획득되는 객관적 '의미'를 통해 언어와 문자 또는 다른 고정된 의미를 전달할 수가 없고, 나아가 예술작품에서 '표현'을 통해서도 의미를 전달할 수 없는 경우에는——사상의 의미를 결코 일의적으로 파악할 수 없으며, 우리가 우리 모두에게 똑같이 이 '태도'를 이해시키고자 하는 다양한 의미를 통일시키는 활동공간에 의지하는 것만이 참이다.

따라서 양자택일이나 선언적(選言的) '결과'가 우리 인간이 접근할 수 있는 관찰과 (직접적이거나 간접적인, 다시 말하면 채택된 장치나 측정기구를 매개로 하는) 측정에 의해 결정되지 않는 모든 물음 내지 각자의 개인적인 '문제성'이나 '과제'도 충분히 하나의 '의미'를 가진다. 이런 물음들은 단지 '실증과학적인' 의미만을 갖는 것이 아니다. 따라서 이런 물음들이——오늘날 이미 수학과 이론물리학에서 요구되는 것보다 한층 엄격하게 요구되어야만 하는——실증과학의 영역에서 근본적으로 배제되고 만다는 것은 필연적이다. 이렇게 구분함으로써 해당 물음은 그 의미를 잃지 않고, 다만 이 물음이 철학적 물음이거나 실재하는 것에 관계하는 한에서는 '형이상학적인' 물음이 된다.

이런 형이상학적 물음에 대답하기 위한 실증과학적인 방법에 못지않은 엄밀하고 명확한 방법이 있다. 실증과학은 우연적인 현실의 가능한 관찰과 측정, 형식적·수학적 조작을 통해 원리적으로 대답할 수 없는 물음을 모두 배제시켜버려야 한다는 대원칙에 따라 비형이상학적 물음을 언제나 좀더 정확하고 엄밀히 제시한다. 실증과학은 이처럼 형이상학적 문제영역을 좀더 엄밀히 경계짓는다는 탁월한 의미를 형이상학에 대해 갖고 있다. 따라서 실증과학은 형이상학을 대신하는 것도 아니며,——실용주의가 생각하는 것처럼——형이상학을 필요 없게 만들어버리는 것도 아니다. 오히려 실증과학은 형이상학적 물음과 특히 그중에서도 본질물음을 점점 자신의 영역에서 배제해버림으로써,——유기체의 과정과 구조에 대한 물리학과 화학이 특수하게 '생물학적'인 물음에서 비로소 **자유롭게** 벗어나는 것과 유사한 방식으로——존재론과 형이상학의 문제영역에서 비로소 자유롭게 벗어날 수 있는 것이다.

몇몇 실용주의의 다른 논리적인 공리들을 고찰해보자. 그러면 도처에서 거의 같은 근본적인 오류가 발견된다.

우리의 실용주의적 이론에 따르면 의미에 대한 우리의 **사고가** 성립하는 것은 다양한 상황 아래 있는——동일한 충동이나 욕구활동을 반복하는 것에 기초하여——근본적으로 **같은** 종류의 내적·외적 태도에서 생겨나는 사고와 다른 것이 아니며, 또한 우리 사고가 가장 발전된 형식에서는 상이하지만 어떤 점에서는 실천적으로 유사한 감각적 지각이 복합되는 가운데 동일한 음성복합이 생겨나는 것과 다르지 않고, 즉 객관적으로 표현한다면 언어기호나 언어 속에 들어 있는 하나의 기호를 **응용**하는 규칙에서는 다른 것이 아니다. 〔실용주의에 따르면〕 내가 예를 들어 '이 목장은 푸르다'고 말할 때, '목장'과 '푸르다'는 언어기호 (이 언어기호는 기호 그 자체로서 이미 어떤 하나의 감각적으로 가변적인, 즉 청각적·시각적·근육적으로 변화되는 물질의 동일한 반복 '형태'다) 속에는 푸른 목장을 지각하는 것에 의해 직관적으로 '충족'되는 어떤 독자적인 '의미'가 내재해 있지 않다.——오히려 우리가 '목장'과 '푸르다'의 언어적 '의미'라고 부르는 것은 푸른색이라는 점에서 동일한 사물을 지각할 때, 순수한 음성복합으로서 '푸르다'는 말을 목장에 들어 있는 특징과 동일한 특징을 지닌 사물에 대해 '목장'이라는 음성복합을 생겨나게 한다는 충동적·운동적 경향에서 **나타내는** 것과 다르지 않다. 이런 형식의 이론이 잘못이라는 것은 이미 명백한 사실이다. 즉 '푸른 목장'이라는 동일한 지각내용은 무수히 많은 **상이한** 판단의 의미내용과 전혀 다른 의미를 (푸른 평면, 〔푸르게〕 채색된 평면, 풀 등을) 똑같이 충족시킬 수 있다.——그렇기 때문에 순수사실적인 의미와 의의에 대해 맹목적인 음성복합과 일정한 행동양식에 기초한 감각적인 지각내용밖에 없다면, 의미영역에서는 이런 차이가 전혀 파악되지 않는다.

언어적 음성과 '기호'로서 기능하는 다른 복합의 '외견상의' 의미 차이를 그때마다 적용하기에 앞서, 그리고 적용과는 별도로 이해하기 위해 비록 충동적이고 임의적인 주의작용(Aufmerksamkeit)과 그 운동적 동반현상에 의해 감각적으로 주어지는 사태의 특징적인 단계, 강조의 방식과 정도를 포함한다 할지라도, 사태는 호전되지 않는다. 왜냐하면 이때 주의작용은 (모든 '관찰작용'에서 관찰은 유의미한 어떤 하나의 물음내용이 주의작용의 방향을 분명하게 도출하듯이) 이미 염두에 두고 있는 의미를 결정하려는 것이거나,──이 경우에는 선언하려는 내용이 전제되어 있다──또는 충동적인 주의작용의 강조점이 맹목적이며 무규칙적인 것이어서 주의작용의 강조점이 변화무쌍한 가운데서 의미의 불변성을 충분히 설명할 수 없기 때문이다.

겔프와 골트슈타인[24]은 최근 '색약'(色弱)인 여성에 관한 두 경우, 즉 뇌손상 (두 번째의 경우에는 후두부의 손상) 때문에 정상인이 필요로 하는 것보다 오랜 시간에 걸쳐 채색된 둥근 천정을 비로소 채색된 것으로, 이러저러한 색으로 채색된 것으로 인식할 수 있는 환자에 대해 서술하고 있다. 처음에는──그때마다 일정한 한도까지──이 환자에게 둥근 천정은 무색으로 보인다. 두 번째 경우는 자극이 약한 경우에는 지속적인 관찰을 하는데도 색의 인상에 이르지 못한다. "지금 환자가 다양한 색의 이름을 말한다면, 정확한 이름을 발음할 때 대상이 색으로 보인다. 잘못된 이름을 발음하더라도 대상이 변하는 것은 아니다. 어떤 일정한 색의 이름을 말할 때 이처럼 대상이 채색된 것으로 보이는 것은 환자에게 색의 이름이 정확하다는 표시다. 두 번째 경우의 환자도 색의 표상에 대해 유사한 태도를 보인다." 그러나 이런 작용이 이름 그 자체의 단순한 발음에만 부착된 것이 아님을 충분히 주의할 필요가 있다. "──필자는 다음과 같이 말한다──해당 언어로 일정한 색을 생각한다고 말하는 것이 아니더라도 어떤 언어, 색깔이름을 이용할 수 있다는 것은 의심할

──────────

24) 『심리학적 연구』(*Psychologische Forschung*), 제IV권, 1호와 2호에 수록된 겔프(A. Gelb)와 골트슈타인(K. Goldstein)의 「색맹증에 대하여」(Über Farbbenamnesie)를 참조.

여지없이 확실하다. 그러므로 우리는 예를 들어 어떤 순서로 색깔이름을 열거할 수 있고, 또한 특징적인 색깔을 지닌 대상, 예를 들어 앵두를 보았을 때, '빨간 앵두'라고 말할 수 있다. 그 언어는 여기서 뷜러 (Bühler)적 의미에서의 묘사하는 기능에서 사용되는 것이 아니라, 전체적 상황을 나타내는 연관에서 나타나는 것이다"(앞의 책, 159쪽 이하).

그러나 색깔의 지각영역이 언어의 영향을 받는다는 점에 대해서는 환자가 그 언어를 일반적으로 발음하고 이용할 수 있다는 것, 따라서 발화(發話)과정이 온전하다는 것만으로는 불충분하다.──오히려 언어가 개별적인 색깔 현상을 기술할 때가 아니라 그 색깔이 속하는 범주를 기술할 때, 그리고 언어가 색깔을 봄으로써 재생적으로 결부된 반작용뿐만 아니라 그밖의 색깔에 대한 이름을 짓거나 묘사할 때만 이런 결과가 생겨난다. 위에서 인용한 사실은 실용주의적 · 유명론적인 개념론이 빠지는 오류를 매우 예리하게 보여준다.

이런 사실은 먼저 〔첫째로〕 의미와 지각내용이 이미 그 단순한 성질에서 서로 역동적인 관계를 맺고 있다는 점,──언어의 의미가 완결된 불변적인 감관인상에 추후적으로 부가되어 비로소 총체적으로 구성되는 것이 아니라는 점을 나타낸다. 둘째로 이런 사실은 언어기호의 범주적 기능과 이름 붙이거나 묘사하는 기능이 서로 불가분의 관계에 있으며, 따라서 언어는 이미 그 자체로서 의미를 지니고, 의미에 대해 지각이 진정으로 충족시키거나 충족시키지 못하는 기능을 나타낸다는 점을 보인다.──따라서 실용주의적 의미이론은 잘못이다.

또한 다른 관점에서 일련의 정상적인 심적 생활이 붕괴되는 현상을 우리는 실용주의 이론에 대한 반박으로 볼 수 있다. 즉 건망증을 지닌 실어증(失語症)에 의해 언어의 의미가 파괴된 경우에, 환자가 해당 사물에 어떻게 관계하는지를 자주 지적할 수 있음을 든다. 이와 관련하여 환자는 펜을 '쓰기 위한 것', 자를 '재기 위한 것', 가위를 '자르기 위한 것'으로 간주한다. 여기서 이런 종류의 언어적 반응은 대개 쓰는 것, 재는 것 등을 모방한 생생한 팬터마임의 몸짓을 수반한다. 그러나 우리가 다른 한편으로 발달이라는 관점에서 특정한 의미를 의미상 사고의 전(前)단계로서 재발견하는 경우에, 따라서 예를 들어 어린아이가 막연하게 이해한 비상(飛翔)현상을 포함하여 (예를 들어 나비) 모두 '새'라 부를 때, 여기서 우리는 주관에 대해 일반적인 것을 나타내는 의미, 따라서 대상들이 재고, 자를 수 있는 사물군에 속한다는 것을 나타내거나 나는(飛) 모든 것을 나타낸다는 의미를 전혀 갖고 있지 않다. 환자나 어린아이는 오히려 철저하게 단수로서 나타나는 것을 나타내거나 대상에 대한 '구체적인 태도'를 묘사한다.[25] 그렇기 때문에 예를 들어 물체의 비중을 결정하는 실험조작을 보여줄 수 있는 사람은 이 실험조작을 할 수 있는 사람이거나 이 실험조작을 시작할 때는 비중의 '개념'에 대해 전혀 몰랐던 사람이다. 바로 이런 발달현상의 "아직 …… 아닌" 또는 "더 이상 ……이 아닌"이라는 말이 의미상의 사고가 지닌 특수성과 독자성을 예리하고 정확하게 나타낸다.

후설이 예리하게 지적했듯이 이른바 추상화를 위한 주의작용 이론 (Aufmerksamkeitstheorie der Abstraktion)은——이 이론을 실용주의가 조잡한 형식으로 부활시킨다——추상화의 적극적 의미에서도, 소극적 의미에서도 의미상의 사고를 설명해줄 수 없다. 추상적인 부분, 예를 들어 수많은 빨간 대상에 있는 빨간 것(붉은색의 존재)은 내가 해당 대상의 다른 모든 징표를 주의작용에 대해 제로(零)로 감춰버렸다고 생각할 때조차도 다수성은 남아 있다. 이를 통해 '붉음'이라든지 '붉은색' 이라는 언어로 의심의 여지없이 생각되는 통일로 합성되지 않는다. 따라서 우리가 이끌어내려는 이성을 미리 우리의 충동적 삶 가운데 가둬 두지 못한다면, 우리는 이성을 찬란한 광채 속으로 이끌어내지 못할 것이다! 의미영역 일반과 의미영역을 구성하는 어떤 막연한 요소는 인간의 의식이 의식하는 순간마다 이미 전제되어 있어야만 한다. 그렇기 때문에 다음과 같은 주장이 제기된다. 즉 어떤 종류의 양은 이를 측정하기

---

25) 위에서 인용한 겔프와 골트슈타인의 연구를 참조. 앞의 책, 178쪽 이하 참조.

위한 측정방식과 기준이 제시될 때 자연 속에 비로소 존립하는 요소를 갖는다. 즉 하나의 수는 내가 조작을 행하고 동질화에 기여하는 조작규칙을 통해 획득할 수 있는 X와 다른 것이 아니다. 또는 그 실천적 확증의 방법(예를 들어 광속光速이 일정한 경우에 가역적인 광선에 의해)이 확정될 때 두 가지 성과가 동시에 일어난다는 '의미'가 비로소 주어진다.──이것은 논리적으로 엄청난 오류다.

실용주의적 · 충동심리학적 추론의 **정당성**은 어떤 한 주관(과 한 집단)의 의미영역의 특수한 종류의 차이 내지 이 주관이 객관적인 의미영역에서 행하는 **선택**이 이해되어야만 한다는 곳에서 비로소 나온다. 여기서 풍부한 의미의 차별화, 언어적 의미가 정확한지 막연한지는 우선 주관의 감각적 지각에 의존하는 것이 아니라,──지각은 그 자체 우리가 언급하려는 것처럼, 주관의 충동구조와 관심구조를 향한 영향 아래 있다──주관의 관심전망의 구조라고 부를 수 있는 것에 의존한다는 사실은 의심의 여지가 없다. 관심과 욕구가 강렬한 곳에서는 (주관적 지향으로서) 의미의 풍부함과 정확함이 더욱더 증가한다. 자연민족은 수렵동물을 많은 유의미한 구별로 인정하지만, 다른 동물은 단지 막연한 일반성의 의미에서만 인정할 뿐이다. "사랑받고 있는 어린아이는 이름이 많다." 매우 훌륭한 보르도(Bordeaux) 병을 알코올로 보는 것은 올바르지만, 연인을 포유동물로 부르는 것은 정말 조잡하다.──호프만(E.T.A. Hoffmann)은 말한다! 그러나 주관이 그때마다 가지는 의미요소의 관심전망이라는 이 중요한 법칙은 의미와 의미영역 일반의 **기원**에 관한 것이 아니라 오직 그 **구조**에만 관계할 뿐이다. 이 법칙은 또한 주관이 지각하는 세계뿐만 아니라 의미영역에 근원적으로 관계하며, 결과적으로 두 영역을 구축하는 구조의 '유사함'은 바로 이 표상적으로 다른 충동력의 **동일성**에서 나온 것이다.

실용주의는 객관적이고 이상적인 의미영역에서 주관적으로 사념된 의미만을 선택하는 것이라고 이해될 수 있지만,──실용주의는 이 객관적 · 이상적인 의미영역 그 자체도, 지각영역과 함께 공통적으로 **상호결**

정을 분화 · 발전시키는 어떤 주관적인 의미영역도 설명할 수 없다.――
그것은 결코 관심전망 '에서' 이해되는 것이 아니다.[26]

의미요소의 구조가 우선 집단의 관심구조에 상응하듯이, 판단도 결코
사태에 부합하는 두 가지 의미를 단순히 술어적으로 배치하는 것(순수
이론적이며 순전히 긍정적인 판단)이 아니며, 대상에 대립하여 대상을
지각하는 형상 속에서 표현되는 가운데 우리 자신의 생생한 자아 외에는
아무것도 '나타내지' 못하는 것처럼 보이는 자아적이고 생생하게 파악
된 힘의 중심에 미치는 이념적 작용을 표현한 것이다. 아니 원시인은 자
신을 둘러싸고 있는 자연을 모든 현상에서 정령과 악마라는 '사회'의 표
현과 선언으로서, 이른바 원시인 자신이 그의 판단과 언어로 영향을 미
칠 수 있는 이야기의 상대로서 이해한다. 여기서 '언어미신', 즉 사물의
이름을 사물 그 자체의 힘과 성질로서 이해하는 것이 생겨난다.

그리고 사회적 관계에서도 판단은 타인이 그 의미를 이해하고, 다음
으로 ('비판적으로') 긍정하거나 부정하는 태도를 취하는 사태를 원초적
으로 전달하려는 것이 아니라 사태에 미친 결과이며, 직접적인 결과에
대한 동시적 판단과 추후적 판단을 지닌 '암시'다. 예를 들어 '마마'라는
어린아이의 '일음절 명제'는 언제나 '말해짐'으로써 욕구를 충족시키고
싶다는 부수적 소망을 지닌 하나의 욕구를 나타내는 표현이라는 의미를
갖는다. 또한 모든 언어발달에서 동사를 나타내는 단어나 명제를 그럴
듯하세 빚아들이는 초기 단계는 내면적으로 사고와 행위가 얼마나 근원
적으로 결합되어 있는지를 암시한다. 그러나 사고와 행위가 분화되는 과
정 다음에, 인간의 집단에 대한 개성화가 진척된 한참 후에도 (이 분화

---

26) 논리적 실용주의를 비판하는 것에 관해서는 최근 신경학, 정신분석학, 심리학
등에서 연구된 것 가운데 슈트라우스(E. Strauß)의 『암시의 본질과 현상』
(*Wesen und Vorgang der Suggestion*, 1925)을 참조. 슈트라우스가 정확하
게 지적한 것처럼 실용주의는 판단을 사회적으로 교류하는 가운데 그 기능에
의해 사태를 재현하는 것으로 보는 것이 아니라 그 근원적이고 암시적인 기능
속에서 타자에게 영향을 미치고, 설득하려는 것으로 본다.

와 개성화가 처음으로 자아와 존재태 사이에 흐릿한 매개물처럼 놓여 있는 암시와 전통, 감염이라는 방해물을 제거해준다) 판단은 저 실용주의적 성격을 유지하고 있어야만 하고, 근원적·발생적으로 지니고 있어야 한다. 또한 대상을 추후에 형성하거나 동시에 형성한다는 의미를 지니고 있거나 사회적으로 볼 때 이리 행동하거나 달리 행동하게끔 다른 사람에게 촉구하는 의미를 지니고 있어야만 한다.——이 모든 것은 실용주의의 **오류**다. 행위하는 것과 따라하는 행위, 함께 하는 행위와 사고의 분화는 행위와 사고의 모든 과정에서 모두 근원적인 것이다.

실용주의는 범주적 존재형식과 사고형식에서 사물과 인과성을 특정한 감각에 대해 이른바 '기대하는 연관'으로 본다는 설명에서 유사한 잘못을 범하고 있다. 그뿐만 아니라 실용주의는 추론한다는 것이 미래의 행위를 미리 계획하는 사물과 사물관계의 기호를 가지고 내면적으로 실험하고 구성하는 것이라는 **추론이론**에서, 공리(Maximum)가 명제와 정리(定理)로부터 도출될 수 있는 것이라는 그런 종류의 잠재적 정의로서 준칙(Axiomen)에 관한 이론에서 잘못을 범하고 있고, 또한 제한된 기대로서 얻어지고 (성공과 실패의 원리에 따른) 자신의 고유한 실천적 활동을 스스로 제한함으로써 얻어지는 '자연법칙'의 의미에 대한 이론에서도 마찬가지로 잘못을 범하고 있다. 하지만 여기서 더 이상 이들 오류에 대해 개별적으로 문제 삼으면서 오래 머물지 말아야 한다.

3. 실용주의의 상대적인 옳음

형식적·기계적 자연론의 실용주의적 제약: 자연론의 인식가치에 대한 다른 종류의 이해

지금까지 다뤄온 심각한 오류에도 불구하고, 실용주의 이론에는 또한 많은 점에서 적극적으로 정당하다고 인정될 수 있는 점이 있다. 이에 대해 개관하는 것은 철학적 실용주의에 대한 건전하고 훌륭한 비판을 모두 완전히 무가치한 것으로 만들어버릴 염려가 있지만, 특히 중요한 논점들은 다음과 같다.

먼저 인간——아니 모든 유기체——의 세계에 대한 원초적 관계는 이론적인 것이 아니라 실천적인 것이다. 따라서 모든 '자연적인' 세계관이 실천적인 동기에 의해 조종되고 담지된다는 점을 실용주의는 정확하게 이해하고 있다. (물체와 사건에 선행하는 것으로서) 시간과 공간의 '공허한 형식'규정처럼 자연적 세계관에서 모든 본질존재규정에 앞서 실재성규정이 우선하고, 마찬가지로 고정된 붙잡을 수 있는 고체를 유동적인 액체나 기체보다 앞서 충동적인 주의작용의 중심에 두는 것이 자연스럽게 우선한다는 것, 하지만 비동형적인 일회적 · 구체적인, 다시 말하면 제어가 불가능한 사건에 앞서 같은 형태로 반복되는 모든 제어가능한 존재와 사건에 이미 **가능한** 지각의 우선을 부여하는 것,——이 모두는 실천적으로 함께 제약된다. 우리가 시각과 기하학적 원근법에 상응하여 가까이 있는 것을 좀더 작게 보고, 멀리 있는 것을 좀더 크게 볼 때도 마찬가지로 (시각기능의 절약법칙에서) 실천적으로 제약된다. 감관감각이 자극에 비례한다면, 우리가 기대하는 것과 반대로 모든 자연적인 지각이 제시하는 시각물의 크기는 고정되어 있고, 형태와 색깔도 고정되어 있다는 사실도 마찬가지로 제약된다.

자연적 세계관의 영역에서 모든 '지성', 어떤 한 주관과 집단이 지닌 개념적 의미의 관심전망과 판단에서 파악된 사태를 선택하는 것, 충동과 욕구로부터 우리에게 제기된 해결해야만 하는 실천적 '과제'에 대한 간접적인 사고의 동인과 방향은 모두 실천적으로 함께 제약된다. 자연적 세계관에서 의미의 질(Sinnesqualitäten)과 가치 모두를 세계상과 세계의식에서 배제해버리는 것, 즉 우리가 사물에 가하는 가능한 행위의 중요하거나 중요하지 않은 착수점에 대해 어떤 기호적 의미도, 어떤 가능한 기호적 기능도 소유하지 않는 것은 실천적으로 함께 제약된다.[27] 나아가 자연적 인간이 내면세계에 대항하여 외부세계에 대한 관심

---

27) 위에서 설명한 것을 참조.

을 우선시키고, 자기 인식에 대항하여 타자 인식에 대한 관심을 우선시키는 것도 실천적으로 함께 제약된다.[28]

그러나 이 중요한 지적에서 도출되는 것은 다음과 같은 하나뿐이다. 즉 세계에 대한 인간의 순수이론적인 관계를 확립하는 기술에 대해 자연적 세계관의 형성법칙에 영향을 미치는 실천적 동기는 어떤 특수한 정신적 기술에 의해 배제된다는 것 하나뿐이다.——이런 일은 먼저 사물의 '철학적' 고찰에서 일어난다. 그러나 철학적 고찰에서 세계의 인식이 없다거나 '실천적으로 제약되지' 않는 세계에 대한 지식이 없다고 주장하는 것은 아니다.

실용주의가 정확하게 본 것은 **실증적 자연과학과 설명심리학의 최고 인식목표도 또한**——이들 과학이 특수한 의인적인 요소를 어쨌든 배제하려 하나——**실천적으로** 함께 제약된다는 사실이다. 왜냐하면 실제로 (근대)과학은 외적·내적 세계의 모든 현상이 어떤 (형식적) 메커니즘에 종속하는 기능을 이해함으로써, 이 현상하는 대상의 현존재 조건과 본질존재 조건으로서 **지상에 있는 인간의 특수한 조직**을 당연히 배제하기 때문이다. 근대과학은 그 본질존재적 상관태(Soseinskorrelat) 속에서 오직 우리의 감성적이며 정신물리적인 구성에 근거하여 (자연적 세계관에서 그런 것처럼) 나타나는 모든 것이 말살된 하나의 지식을 추구한다. 이런 근대과학은 지상적 인간의 구조와는 전혀 다른 감관구조를 가진 존재자에게도 타당한, 말하자면 **모든 가능한 감관조직의 언어로 번역될 수 있는 지식**을 얻으려고 한다.——이런 목표가 실증과학을 '자연적 세계관'에서 가능한 의인적이고 실천적인 모든 지식과 구별시켜준다. 그러나 근대과학은 지식 속에 받아들인 것을 어떤 선별원리에 따라 선택하지만,——여기서 **실용주의의 옳음**이 시작된다——이 원리 자체는 다시금 특정한 가치에 의해 실천적으로나 원초적으로 함께 제약된다. 즉 자연적 세계관의 지적 내용과 같이 바로 의인적으로 실천적인 것이 아니라 본질

---

28) 『가치전도』에 수록된 논문, 「자기 인식의 우상」과 『동정』, X장을 참조—편집자.

생물학적 의미에서 실천적으로 함께 제약된다. 생각할 수 있는 어떤 생명체도——정신물리적 유기체도——그의 자발적이고 비기계적인 운동에 의해 변화되는 것이 아니라면, 자연을 실천적·직접적으로 변화시킬 수 없기 때문에, 실증과학은 자연 속에서 '생명체 일반'에 의해 운동가능한 것,——직접적이거나 간접적으로 **운동가능한 것**——따라서 제어할 수 있고 지배할 수 있으며 이용할 수 있는 것을 그 자신이 관심을 갖는 대상으로 삼고, 그 자신의 사랑에서 우선하는 대상으로 삼는다. 즉 운동가능한 것은 실증과학이 모든 현상과 그렇게 주어진 자연적 실재를 양적 규정의 가능적·독립적인 변화로 환원시키려는 대상이 된다.

요약하면 과학은 '자연'(Natura)을 가능성에 따라 어떤 형식적인 '기계론'(Mechanismus)의 원형으로 환원시킨다.——자연 그 자체가 단지 하나의 기계론에 지나지 않기 때문에 그런 것이 아니라, 자연이 단지 하나의 기계론이나 나아가 기계론에 유사한 것인 만큼 그리고 그런 한에서만 자연 그 자체는 또한 어떤 **지배의지**를 가진 생명체에 의해 실천적으로 지배될 수 있고 제어될 수 있기 때문이다. 과학은 말하자면 '모든 가능한 기계에 대한' 제조계획을 찾는 것이다.——이것은 오직 기계에 대해 응용되는 기술, 즉 역사적 인간이 갖고 있는 그때마다 특수한 지배목표에 상응하는 기계, 따라서 '특정한' 기계에 대해 응용되는 기술과 같은 것이 아니다. 어떤 한 자연현상이 어떤 계획을 지시할 수 있고, 이 계획에 따라 다시 자연현상이 특정한 여기-지금(Hic-et-Nunc)에서 재현되거나 재현된다고 생각될 수 있을 때, (실제적인 실험과 기호에 따른 사고실험) 과학은 자연현상을 (과학이 일반적으로 목표하는 한도 내에서) '인식된다'고 부른다.

그러나 형식적·기계적 실재의 고찰이 모든 감성적·의인적인 것을 극복하고, 수학적으로 형성된 운동방정식의 상징적 세계상에서 모든 인간의 감관적 직관과 모든 인간의 '체험'을 배제시켜버리기 때문에, 이로써 다만 지식목표에 대한 실천적·기술적 동기도 이미 극복되었다고 생각하는 것은 큰 오산이다. 순수 인식주관으로서 '물리학자'뿐만 아니라

——막스 플랑크가 말하듯이——**지배의지를 지닌 생명체**로서 (즉 감성과 자발적이고 비기계적인 운동을 '일반적으로' 부여받은 존재로서) '물리학자'도 전제되어 있다. 또한 다음과 같이 말해도 좋다. 즉 인간의 개념이 '이성적 정신과 결부된 생명존재'로서 경험적으로 이해되는 것이 아니라 본질존재론적으로 이해된다면, 똑같은 지상의 인간인 '인간'이 그 특수한 해부학, 생리학, 감관조직과 운동조직에서 단지 하나의——비록 우리의 유일한 것이라 해도—— '실례'에 지나지 않는 이념으로서 이해된다면,—— '인간'은 언제나 전제되어 있다. 형식적 · 기계적 과학이 배제하는 것은 '삶' 일반이 아니라 인간적인 자극대역과 변별대역일 뿐이다. 그것은 이 인간의 감관기관 및 그 양상 등의 특수성이다. 즉 감성 일반이 배제되는 것이 아니라 지상적 인간의 감성이라는 특수한 사례가 배제된다. 생명적 제어운동 일반이 아니라 경험적 인간이 지닌 운동기관이 배제된다.—— '인간'(homo) 일반이 아니라 지상에 살고 있는 '인간이라는 동물'이 배제된다.

　　모든 형식적 · 기계적 자연론을 파악하는 이런 나의 (상대적으로 실용주의적인) 고유한 이해방식과 관련한 개념을 좀더 분명히 하기 위해서는 이로써 기계적 자연론을 다른 방식으로 이해하는 어떤 것이 배제되는지를 살펴볼 필요가 있다. 그것은 한편으로 이 자연론의 인식가치를 **과대평가**하는 것이며, 다른 한편으로는 **과소평가**하는 것이기도 하다.

　　(1) '유물론'은 이와 상응하는 절대적이며 실재론적으로 사념되는 감각주의적 연상심리학(Assoziationspsychologie), 나아가 정신과 기계의 평행론과 마찬가지로 기계적 자연론의 인식가치를 **과대평가**하는 일련의 견해에 속한다. 유물론은 기계론과 그 전제, 즉 공간과 시간, 어떤 절대적으로 불변하는 '사물'(그것이 전자이거나 원자든, 또는 감각사물이거나 이른바 표상=표상사물이든)이라는 동종의 운동에 대해 현상의 '배후에 있는' 어떤 절대적인 실재성을 부여한다. 그리하여 유물론은 모든 자연적 메커니즘 속에 들어 있는 다음과 같은 7개의 현존재 상대적이

고 본질존재적인 상대성을 오해하고 있다.

1) 유물론은 자연적 메커니즘이 순수지식에 대해 능력을 가진 인식주관 일반에 현존재 상대적으로 관계한다는 점을 부정한다. (다시 말하면 유물론자는——일찍이 슈페W. Schuppe가 적절하게 말했듯이——"내가 루이도르Louis d'or 금화라면, 그것으로 맥주를 사겠는데 말이야" 하는 학생가[學生歌, Studentenlied]와 같은 태도를 취한다.) 이것은 오늘날 일반적으로 잘 알려져 있다.

2) 다음으로 유물론은 이 기계론이 현존재 상대적으로 당연히 '순수' 논리학과 수학적 해석의 법칙(즉 자율적 사고대상과 상관적인 사고작용 일반의 대상법칙과 작용법칙)에 관계한다는 점을 오해하고 있다. 그러나 이 법칙은 첫째로——비록 필연적으로 로고스에 포함된다 할지라도——로고스 일반의 모든 법칙이 아니며, 둘째로 이 기계론에 의해서는 대상법칙도, 작용법칙도 결코 '설명'될 수 없다.

3) 나아가 자연적 메커니즘이 '감성적' 직관에 대해, 다시 말하면 감성적으로 직관한다는 '사실'(Daß) 속에서——직관이 주는 '사물' 속에서가 아니라——신체에 도달하는 어떤 자극에 의해 직·간접적으로 매개되는 그런 직관에 대해 현존재 상대적으로 관계한다는 점을 오해하고 있다. 그러나 비감성적 직관, 예를 들어 직관의 여건들이 감각내용에서 모든 가능한 감성적 직관을 비로소 제약하고 가능하게 하는 '형태'의 직관, '구조'의 직관도 있다. 그렇기 때문에 인간의 모든 가능한 직관과 모든 사실적 직관이 다 '감성적' 직관인 것은 아니다. 예를 들어 먼저 다양한 수학적 지도원리의 기초가 되는 직각적인 최소한(intuitiven Minima)과 모든 지도 원리에서 순수 형식논리적인 공리를 넘어서는 특수한 본질적 공리를 정초하는 직각적인 최소한은 모두 이런 비감성적 직관에 속한다.

4) 더욱이 유물론은 이 기계론이 '공간' '시간' '운동'이라는 절대적 현존의 '공허한 형식', 다시 말하면 인간의 이성에도 무관하고, 인간의 '생명체'와 '본질'의 현존재에도 무관한 실존(Existenz)을 소유하지 않

은 순수 허구(Fikta)에 현존재 상대적으로 관계한다는 점을 오해하고 있다. 그런데 공간과 시간, 운동은 ① 그 자체로서 공허한 형식이 아니라——완전히 비직관적인 순수 질서법칙에 관계한다——양적·질적으로 규정되고 시간적으로 영향을 미치는 세력들의 결과다. 이 점에서 공간과 시간은 단지 근원적으로 주어지는 '운동'과 '변화'(또는 운동과 변화 근저에 놓여 있는 '교체')의 상이한 차원들로서 실제적인 운동 내지 변경에 의해 비로소 실제적인 공간과 실제적인 시간이 되는 '운동가능성' 내지 '변경가능성'을 그때마다 다르게 형성하는 것에 지나지 않는다. 또한 공간과 시간, 운동은 ② 어떤 의미에서도 절대적인 것이 아니라 서로 본질적으로 상대적이다(일반상대성이론의 입장도 이렇다). ③ 서로 본질적으로 상대적인 모든 것은 정신 밖에(extra mentem) 있는 어떤 현존재도 소유할 수 없기 때문에, 정신 바깥에 현존하는 것이 아니다. ④ 공간과 시간, 운동을 일정하게 측정한 '크기'는 모두 삶 일반과 감성적 관찰자 일반에 대해 현존재 상대적이다(물론 공간과 시간, 운동의 감성적 직관은 인간이라는 동물종의 모든 조직 및 한계와 독립적으로 생각되는 그런 것이다).

　5) 바로 이와 함께 유물론은 모든 기계론의 보편적·생명 상대적인 본성을 오해하고 있고, 이로써 모든 유기적 (객관적·물질적 실재로서 그리고 '심리적인 것'으로 의식된 생명적 영역으로서) '삶'이 모든 기계론에의 환원을 본질법칙적으로 완전히 벗어나 있다는 사실을 오해하고 있다. 왜냐하면 이 기계론이 현존재 상대적으로 관계하는 것——즉 생명존재——은 기계적 고찰방법에서 물체현상과 생명의 '담지자'로서 탐구되고 연구된다 하더라도 결코 그 자체가 '메커니즘'일 수 없기 때문이다.

　6) 형식적인 유물론은 이 기계론과 형식적 역학의 모든 최고원리(특히 그 최소작용에 대한 최고원리)가 최소수단에 의해 자연을 지배하려 한다는 생명체 일반의 기술적 목표설정에 현존재 상대적으로 관계한다는 점을 오해하고 있다.——이와 함께 가치를 실현하려는 특정한 목표를

지닌 행위자에게 일반적으로 단 하나의 '수단'만이 있다는 모든 메커니즘이 나타내는 독특한 '실용주의적' 현존재 상대성을 오해하고 있다.

7) 이처럼 유물론적 대상의 전면적인 상대화로 인해 사물의 모든 형식적·기계적인 본질존재 형상은 '기호'를 통해 자연을 상징적으로 규정하는 가치밖에 가지지 못하며, 자연지배를 목적으로 하는 우리 인간이 이 규정을 통해 그리고 규정의 결합을 통해 어떤 (변전하는) 목적을 위해 자연을 공격할 준비를 끝낸 〔자연의〕 지배계획을 세우는 것이고, ──이것은 건축을 시작하기 전에 먼저 건축계획을 세우는 건축가와 본질적으로 아무 차이가 없다는 점을 유물론은 오해하고 있다. 그러나 바로 그렇기 때문에 이 상징적인 이미지 속에는 자연의 진정한 사태요소와 그 본질존재에 대한 '지식'이 일반적으로 주어지지 않는다.──따라서 이런 이미지는 바로 내가 알고 싶어하는 인간을 발견하고, 언제나 다시금 발견할 수 있게 하는 주소록이 이 인간의 본질과 성격에 대해 아무것도 가르쳐주지 않는 것처럼 실제적인 자연에 대한 '지식'을 전혀 매개하지 못한다.

나는 기호의 배열을 통해 사물에 하나의 질서를 부여하여 내가 기호에 의한 순수조작을 통해 그때마다 특정한 사물을 끊임없이 발견하고, 나아가 분리하고 합성하며, 경험적으로 음미하지 않고 '지금-여기라는 지점'(즉 시·공간적 일치)의 체계 속에 사물의 위치를 미리 규정할 수 있다. 이때 하나의 분명한 질서가 나에게 이 대상들의 본질을 가르쳐주지만, 바로 이 질서가 완전하지 못하면 못할수록 나에게 가르쳐주는 것도 더욱 적다.──그리고 이상적으로 달성된 목표(이것은 계획하는 것의 이념에 지나지 않고, 결코 사태가 아니다)에 있어서는 아무것도 가르쳐주지 못한다. 이 이념이 대상의 본질을 가르쳐줄 필요가 없다! 왜냐하면 이 세계에 있는 대상의 모든 본질을 정교하고 교묘하게 둘러싸는 것만이, ──그 본질을 의식 속에 그대로 놓아두는 것, 본질을 괄호 치는 것, 다시 말하면 철학이나 철학의 최고 지도원리, 세계의 본질존재론이 관심을 갖는 모든 것을 있는 그대로 놓아두는 것(따라서 거꾸로 지금-여기에 있는 모든 우연적 현존재와 본질존재를 괄호 치는 것과 함께) ──따라서 모든 철학적인 지식이나 '순수'지식 및 이런 지식의 인식방법을 근본적으로 뒤집어버리는 것이야말로 바로 모든 형식적·기계적 고찰과 연구의 목표이고 의미이며, 유일한 실천적-기술적인 지도가치이기 때문이다. 따라서 형식적·기계적 고찰을 비난하거나 과소평가하는 일이 오늘날 자주 일어나고 있지만, 이것은 바로 순수이론적인 인식, 즉 자연에 지식적으로 관여하는 것의 잘못된 척도에 따라 자연을 예측한다는 사실에 대한 하나의 표시,——즉 이론적 인식 속에서 작동하는 실천적 지성을 '이성'이라 간주하고,[29] 생명운동을 통한 이론적 인식이 가능한 자연의 지배와 자연의 제어에 대해 상대적이라는 점을 전적으로 잘못 알고 있음에 대한 하나의 표시다. 우리가 형식적·기계적 고찰이 의욕하는 것(형식적·기계적 고찰을 이용하는 개별 연구자가 '의욕'하는 것이 아니라)과 그 의미와 가치인 것, 즉 인간의 산업과 기술에 최고의 안내자 역할을 하는 것에 따라 측정한다면, 이 고찰에 의해 확립된 사물의 상징적인 형상은 본질적이고 매우 중요하며 대체할 수 없는 것이어서 이 형상의 실천적인 산출가능성이 인간 속에서 '이성적 인간'(homo sapiens)이라는 목표를 달성할 수 있기 위한——특히 가능하다면 많은 사람이 이 목표를 달성할 수 있게 하기 위한——하부토대를 비로소 만들어낸다.

(외부세계와 내부세계의) 유물론은 형식적·기계적인 자연과 마음을 고찰함에서 이런 7개의 상대성을 간과했고, 따라서 기계론을 '사물 그 자체'로 만들어버렸지만, 자연과 마음이 지닌 모든 질(質), 형태, 형식, 이념, 본질, 목표, 가치, 목적을 일관되게 오직 인간에 상대적인 것으로만 보기 때문에, 형식적·기계적 과학의 의미와 인식가치에 대한 유물론의 착각은 당연히 매우 큰 것이다.

이런 세계관의 의미를 과대평가하면서 마찬가지로 잘못을 범하고 있는 다른 이론은 이런 전제들 중에서 단지 특정한 몇 개만을 그때마다 전

---

29) '이성'과 '실천적 지능'에 관해서는 셸러의 논문, 「인간의 이념에 관하여」와 후기 저작, 『우주에서 인간의 지위』를 참조—편집자.

제한다. 그리하여 유물론은 이런 전제들을 받아들인 만큼 그때마다 적어도 오류에 빠지게 된다.

(2) 기계적 세계관에 대해 위의 1), 2)에서 설명한 전제——다시 말하면 인식하는 주관 일반(이것은 기계적으로 설명할 수 없다)의 구성요소와 대상법칙 및 작용법칙(이들도 마찬가지로 기계적으로 설명할 수 없다)의 총체로서 '순수'논리학과 분석의 타당성——가 주어져 있을 뿐이고 다른 전제들이 주어져 있지 않다면, 우리는 '세계를 기계적으로 사고하는 것과 세계를 사고하는 것을 일치시키는' 오류에 빠지고 만다. 즉 이런 경우에는 언제나 형식적·기계적 세계관이 유일한 '합리적인' 세계관이라고 말할 것이다. 이 이론과 아주 유사한 것으로 예를 들어 데카르트, 스피노자, 홉스, 헤르바르트의 견해가 있다. 물론 홉스의 경우에는 이미 실용주의의 건전한 경향을 읽을 수 있다. 최근에는 분트[30]에 의해 그리고 매우 극단적이지만 또한 매우 계발(啓發)적으로 슐리크[31]에 의해 이런 견해가 주장되었고, 또한 마르부르크(Marburg)와 (역사에 대한 것을 제외하면) 하이델베르크의 두 칸트학파에 의해 광범위하게 주장되었고, 나아가 막스 베버에 의해 엄밀하게 정합적으로 주장되었다.

그러나 이들 주장은 모두 전혀 근거가 없는 것들이다. 예를 들어 분트가 운동 내지 장소의 변경이 스스로 변화하면서 자신의 엄밀한 동일성을 보존하는 유일한 변화이기 때문에, 기계적 자연고찰이 '유일한 무모순적인' 세계상을 부여한다고 생각했다면, 이 명제는 분트가 가장 '순수한' 논리적인 원리를 잘못 평가하고 적용한 결과에 지나지 않는다. 아리스토텔레스가 변화(ἀλλοίωσις)에 관한 자신의 개념으로 생각했던 것처럼 존재적 의미에서 파악되는 상태변화, 아니 '변전'과 '창조'까지도 동일성의 원리와 모순율의 근저에 놓여 있는 존재적 원리를 올바르게 적용한 것으로 파악될 수 있다면, 그것은 충분히 현존재에 관여하는 것이다.

---

30) 분트의 『기계적 자연관의 원리들』(*Die Prinzipien der mechanischen Naturansicht*, Stuttgart, 1910)을 참조.

31) 슐리크의 『일반인식론』(*Allgemeine Erkenntnislehre*, 1925), 제2판 참조.

모순율이란 동일한 우연적 속성이 동일한 존재에 귀속되는 동시에 귀속되지 않는 것이 아니라는 것을 말한다. 이런 개념의 순수가설적인 성질이 오해되고, (X는 X다, 또는 X가 비非Y, 예를 들어 Z를 가질 때, X는 Y를 갖지 못한다 대신에) 이미 **실질적인**, 즉 본질존재에 따라 규정된 대상이 정립됨으로써(따라서 예를 들어 A는 A이다라고 서술됨으로써) 상태변화가 잘못 파악되고 잘못 적용된다면, 동질적인 시간, 동질적인 공간, 동질적인 운동을 설정한다는 것은 상태변화 등과 완전히 똑같은 '모순'을 내포한다.

이것을 명료하게 나타낸 것은 오늘날까지 지속되는 '엘레아학파'[32]의 헤르바르트가 이룬 상대적인 공적이다. 동질적 공간 속의 모든 점은 다른 점과 (이와 유사하게 시점은 시점과) 본질존재적으로 엄밀하게 동일하지 않을까——아니면 서로 다른 것일까? 일찍이 제논과 제논을 계승한 헤르바르트는 동질적인 운동 속에서 '모순'을 제시하려고 했던 것은 아닐까? 공간과 시간, 운동, 변화, 변전, 창조에서 직관하는 현상을 단순히 '주어진' 것으로 시인하려는 것이 아니라 (그런 현상들 속에서 논리적 원리가 적용되는 영역을 다만 보고 있는 것이 아니라) 논리적 원리가 절대적으로 실재적인 것에 대해 무엇인가를 주장하고 (예를 들어 자기 자신과 동일한 본질존재적으로 규정된 현존재가 있다는 동일률을 주장하고), 따라서 논리적 원리를 가지고 **현상을 파괴할 수 있다거나** '착각의 환상'으로 나타내도 좋다면, 실제로 이러한 모순이 일어난다.

이때 특성을 지닌 '하나의' 사물, 많은 생각을 지닌 '한 사람의' 자아, 원인과 결과의 인과적 의존도 또한 모순일 것이다. 그러나 논리적 원리가 말하는 것은 단지 다음과 같은 것뿐이다. 즉 운동은 운동이며, 변화는 변화이고, 또는 운동은 상태변화가 아니라는 것이다. 논리적 원리는 이러한 개념들 속에 있는 '모순'을 결코 제시하지 못한다. 따라서 분트

---

32) 물론 헤르바르트(1778~1841)가 엘레아학파에 속하는 사람은 아니다. 그렇지만 헤르바르트를 엘레아학파로 보는 것은 논리주의적 입장에서 순수 형식논리학을 중시한 때문이다—옮긴이.

의 주장은 너무나 많은 것을 증명하거나,——아니면 아무것도 증명하지 못한다. 이것이 옳다면, 많은 계몽철학자들이 기대했던 것처럼 역학의 원리를 순수논리적으로 연역하는 것, 예를 들어 관성원리를 운동변화의 '무근거'(mangelnden Grundes)의 원리에서 연역하고, 마찬가지로 인과원리를 (외견상으로) 근거 없는 변화의 현상에다 동일성의 원리를 덧붙인 것에서 연역하는 것(헤르바르트, 리프스, 뮌스터베르크 등)이 가능해야만 한다.

이 모두에 관해 아무것도 해명할 수 없다. '순수'논리학의 원리는 형식적 메커니즘과 모순되지 않는 것처럼 비기계적 세계와도 모순되지 않는다. 또한 절대적으로 혼돈되어 있고 완전히 무법칙적으로 변화하는 존재와도 모순되지 않을 것이다. 거꾸로 순수논리학이 자기 자신으로부터 나온 논리적으로 완전하고 이념적으로 파악되는 세계를 이념으로서 발전시켰다면, 이 이념은——최근 드리슈가 아름답게 지적했듯이[33]——결코 형식적 · 기계적 세계의 이념이 아닐 것이다. 오히려 그것은 드리슈가 '일원론적 질서의 이상'이라고 불렀던 것과 일치한다. 다시 말하면 세계 전체의 이념과 일치하고, 이런 세계 전체의 이념에서 우리는 모든 세계의 부분들이 나타내는 현존재와 본질존재를 순수선천적인 개념의 전개를 통해 (그리고 이 부분의 모든 관계를 하나의 근본법칙에서) 도출할 수 있다.——따라서 하나의 '이념'을 실행하는 것은 바로 형식적 · 기계적으로 '합산된' 세계(아리스토텔레스는 이 세계를 $\dot{\omega}\varsigma\,\dot{\epsilon}\pi\grave{\iota}\,\tau\grave{o}$ $\pi o\lambda\acute{u}$'라 불렀다)를 불가능하게 만들어버린다.

형식적 · 기계적 세계관을 '순수논리학'의 요구로 간주하는 모든 견해와 정반대의 방식에서 베르그송이 오류를 범하고 있다.[34] 그는 세계를 '사고하는' 것이 이미 세계를 '기계적으로' 사고하는 것이라는 점에서——예를 들어 동일성의 원리는 동질적인 공간과 이 공간 속에 절대적

---

33) 드리슈의 『질서이론』(Ordnungslehre, 1923), 제2판 참조.
34) 셸러의 『가치전도』에 수록된 「삶의 철학에의 시론」을 참조–편집자.

으로 불변하는 물체가 있는 곳에서만 타당하다──형식적·기계적 세계관의 견해와 일치한다. 다만 베르그송은 이 연관을──심적인 것과 유기적인 것의 영역에서뿐만 아니라 무기적인 것의 영역에서도──형식적·기계적 세계관의 견해와 같이 기계적 자연론에 유리하도록 배치하는 것이 아니라, 기계적 자연론에 반대되도록 배치한다. 그는 논리적 원리(이 원리를 그는 존재법칙으로서 인정하는 것이 아니라, 단지 주관적인 사고의 합법칙성으로서만 인정한다)를 삶의 도구로 삶의 원동력에서 도출해낼 수 있다고 가정함으로써, 이 가설적 연관도 마찬가지로 논리학에 반대되도록 배치한다. 그리고 동질적 공간과 동질적 시간, 실체, 고체(이것을 그는 순수논리학의 전제로 간주한다)가 '생명체가 환경세계에 대해 행위하는 실천적 도식'에 지나지 않는다는 이론을 기획함으로써, 베르그송은 사물 그 자체의 **형이상학적** 인식을 위해 사고 일반을 포기해버리고, 대신에 오직 참된 생성, (가능성Dynamis으로서) 운동, 힘, 새로 생겨남, 창조를 **직접적으로** 파악할 수 있는 '직각'과 '공감'이라는 비합리주의적인 인식수단을 설정하지 않으면 안 되었다.

그러나 이로써 그는 '이런' 사고 일반에 대항하여 싸움을 준비하기 위해 **사회학적으로** 제약된 사고양식과 사고기술(이것은 순수논리학과 논리학의 요구와 아무 관계도 없다)──즉 형식적·기계적인 이상에 의존하는 서양의 독특한 '이익 사회적인' 후기문명[35]의 사고양식과 관계론적이고 실체에 적대적인 사고기술──을 단지 사고와 논리학 일반에 등치시킨다. 베르그송은 형식적·기계적 자연인식이 상징적·실천적으로 함께 제약된 가치를 소유한다는 사실과 이 가치를 폐기할 때 그곳에서 철학과 형이상학이 비로소 **시작한다**는 사실을 매우 올바르게 인식했다.

그러나 그는 이 기계적 자연인식이 말하자면 삶에 현존재 상대적으로 관계하는 대상에 대해 '참'이며 '옳은' 것이라는 점을 오해하고 있다. 더욱이 그는 개념 일반을 완전히 유명론 내지 실용주의적으로 형상적인 표

---

35) 앞의 논문을 참조─편집자.

상의 진행을 향한 운동충동 및 이에 덧붙여 우리의 행위에 길을 지시하는 '고정된' 기호로 간주할 뿐이며, 모든 범주를 다만 우리의 행위에 결합시킬 수 있는 실천적·경제적인 통일구조를 설명하는 것으로 가정한다.[36] 또한 그는 자신의 측면에서 헤르바르트와 마찬가지로 엄밀하게 인과원리를 먼저 특수한 기계적 형식과 동일시하고, 다음으로 동일성의 원리로 환원시킨다. 그리하여 베르그송은 위에서 언급한 연구자들과 똑같은 오류에——다만 바로 이들과 반대되는 가치선취와 함께——빠지고 만다. 또한 그는 개념 속에서 다만 비물질적인 '도구'를 보고, '추리' 속에서 성공과 실패의 원리에 따라 잘 논증된 실험, 따라서 세습을 통해 고정된 '이념을 가지고 하는 실험'(사고실험)을 보고, 또한 '과학'(science) 속에서 기술과 산업에서 실현되는 자연의 생명적 지배의지에 따른 결과만을 본다. 인간의 '지성'도 그에게는 '공작인'(homo faber)의 결과에 지나지 않는다. 이 모든 오류를 우리는 이미 앞에서 여러 번 반박했다.

단지 이런 '오성'의 실천적 의미에 대한 베르그송의 이론은 오류를 범하고 있고 지지할 수 없지만, 동시에 다른 한편으로 그는 첫째로 철학 및 형이상학이 과학과 본질적으로 다른 것이며, 철학과 형이상학의 관조적·비실천적 인식의 이상이 과학의 이상과 나란히 그리고 과학의 이상을 넘어서 존립한다는 점을 정확하게 보고 있다. 둘째로 그는 형식적·기계적인 해명방법이 실천적이고 생물학적으로 함께 제약되고 있고,——그렇기 때문에 '삶'이 기계적으로 해명될 수 있는 것이 아니라는 점을 정확하게 이해하고 있다. 지성과 본능의 좀더 고차적인 총합으로서 '직관'에 의한 형이상학적 인식에 관한 베르그송의 실증적 이론 및 삶과 삶의 발전에 대한 그의 독자적인 이론에서 비로소 베르그송의 실제적인 오류가 시작

---

36) 『철학과 현상학적 연구를 위한 연보』(*Jahrbücher für Philosophie und phä-nomenologische Forschung*), 제5권에 수록된 잉가르덴(Roman Ingarden)의 「앙리 베르그송의 경우에 직각과 지성」(Intuition und Intellekt bei Henri Bergson, 1922)에서 심도 있고 적절한 베르그송의 비판을 참조.

되고 있다.

(3) 형식적 · 기계적인 자연관의 의미에 대한 이론의 세 번째로 독특한 유형은——물론 이 자연관은 뉴턴적 과학의 단계에서 나타나는 것이지만, 아직 완전하게 정식화가 이루어져 있지 않다——칸트와 이른바 신칸트학파의 철학에서 보인다. 이 유형은 시간과 공간, 운동(이것이 '순수'개념인지 '경험적' 개념인지는 칸트의 경우에도 동요되고 있다)이라는 직관형식의 선천성, 주관성 그리고 언제나 성립하는 대상적 ('선험적') 타당성을 통해 두 번째의 유형과는 다른 특성을 획득하며, 마찬가지로 또한 자연의 대상, 나아가 자연 그 자체의 대상을 경험하기 위한 가능조건들의 총체로서 '순수분석적인' 논리학과 구별되는 종합적 · 선험적 논리학의 구성적 개념에 의해 두 번째 유형과는 다른 특성(이른바 코페르니쿠스적 전회, 즉 '오성이 자연에 법칙을 규정한다')을 획득한다. 사고하는 인식작용이 종합적 **형식**이며, 자발적 · 법칙적으로 (경험연관으로서) 자연대상을 형성하는——대상의 본질존재를 단지 수동적으로 파악하는 것이 아니라는——것이라는 모든 칸트의 주도적인 사상 속에서——물론 문제사적으로는 충분히 그럴 수 있는 것이지만——'실용주의적' 동기를 우리가 간파하지 못한다면, 칸트는 다음과 같은 생각, 즉 기계적 세계상에는 실천적 · 기술적으로 함께 제약된 의미가 귀속되지만, 형이상학에는 순수이론적으로 함께 제약된 의미가 귀속된다는 생각을 버려야 한다. 이런 생각은 완벽하고 근본적인 것이어서 칸트는 위의 관계를 **완전히 역전시켜** 오히려 자연과학(과 연상심리학)의 기계적인 세계이론이 '순수이론적'이라고 본다. 이것은 '형식'이라는 새로운 인식개념에 의해 '인식'개념을 완전히 변형시켜버린다는 의미에서, 그리고 칸트에게서 형이상학은 몇 가지 주장(예를 들어 신, 자유, 불멸)을 도덕법칙에 기초한 '요청'에 의거함으로써 단지 유지될 수 있을 따름이다.

이 연관에서[37] 우리에게 중요한 것은 칸트가 첫째로 순수논리학 그

---

37) 기계적 세계상에는 실천적 · 기술적으로 함께 제약된 의미가 귀속되고, 형이상

자체가 형식적 · 기계적 세계상과는 전혀 다른 세계상을 생겨나게 한다
는 점——이것은 명백한 진보다——을 간파한 것이며, 둘째로 이런 자
연관은 '공간' '시간' '운동'이라는 세 주요여건이 사물 그 자체에 속하
지 않는 사물을 직관하는 '인간의' 형식에 지나지 않기 때문에, '물 자
체'에 대한 어떤 인식가치도 갖지 못한다는 점——이것은 확실히 좀더
큰 진보다——을 간파한 것이다. 물론 칸트의 증명, 즉 많은 점에서 옹
호하기 어려운 공간론, 시간론 및 (감각의 무질서한 혼돈만이 '주어져'
있다는 가장 큰 허위 외에 다른 것에 의해서는 전혀 지지받지 못하는)
종합적으로 형성되는 경험대상을 비로소 생겨나게 하는 사고와 이런 사
고를 다루는 독특한 학문인 '선험적 논리학'이라는 그의 개념을 우리는
전혀 근거 없는 것으로 간주한다. 또한 칸트는 뉴턴과 똑같이 공간과 시
간을 사물과 사물의 관계 내지 사건(Ereignissen)과 사건의 관계에 선행
하는 '자립적인' 공허한 형식으로 간주한다. 그렇기 때문에 칸트는 뉴턴
에게서 그 자체로 존립하는 형식을 순수 '인간'이 직관하는 순수형식으로
바꿔버린다.——따라서 뉴턴처럼 '신의 감관'(sensorium Dei)으로서
공간론에서 신의 직관형식으로 바꾼 것이 아니라——모든 경우에 인식
이 출발하는 올바른 공간론과 시간론의 생성은 공간과 시간이 사물과 사
건 및 이들의 관계와 무관한 것이며, 인간의 충동상상이 본 환영 외의 다
른 것이 아니라는 사실을 방해하지 않는다. 나아가 칸트는 공간과 시간
이 먼저 억동적으로 파악되는 '운동하고' '변화되는 것', 궁극적으로 '교
체되는 것'보다 근원적이며 단순한 여건에서 이해되어야 한다는——그러
나 예를 들어 운동이 공간과 시간의 요소를 전제로 요구하는 것이 아니
라는——점을 간과했다. 그럼으로써 칸트는 이론물리학에 대한 올바른
철학적 기초를 부여하려는 측면에서 강력하게 방해받았다.

　더욱이 칸트는 그의 선험적 관념론과 경험적 실재론 때문에 모든 이

학에는 순수이론적으로 함께 제약되는 의미가 귀속된다는 생각을 뒤집어 오히
려 자연과학과 연상심리학이 순수이론적이라고 보는 연관을 말한다－옮긴이.

론적 형이상학과 투쟁하고,──요청론의 공허한 구조는 형이상학에 대한 보상이 아니다──모든 철학함에 앞서 (뉴턴적 의미에서) 형식적 · 기계적인 세계관의 독단적인 타당성에 대한 자신의 확신에 근거하여 경험적 실재성 이론을 삶과 경험적 **영혼론**에 대해 '완벽하게 타당한' 것으로 간주한다. 그렇기 때문에 칸트는 전체적으로 볼 때 이 세계관의 형이상학적 타당성을 부정하는 한에서만(이것은 하나의 공적이다) 한계를 인식한다. 그밖에 칸트는 정신에 대한 이 자연관의 지배를 다른 철학자들보다 강력하게 주장한다.

따라서 칸트는 기계적 자연론의 대상이 현존재 상대적으로 관계하는 7개의 상대성 가운데서 앞부분의 3개만을 확실히 인식했고,──다른 4종류 상대성의 '한계'는 간과했다.

(4) 그런데 여기서 정말로 '칸트를 넘어서는 것'은──물론 다른 많은 점에서는 칸트보다 훨씬 뒤처져 있지만──**실증주의와 실용주의적 사상운동**의 대단한 공적이다. 형식적 · 기계적 자연론의 의미를 해명하려는 이 사상운동의 특별한 공적은 근저에 깔려 있는 두 방향에서의 철학적 오류에 의해 결코 손상되지 않는다. 실증주의는 (칸트의 가장 큰 허위를 나눠 가지고 있다) 처음으로 주어지는 것이 오직 자극에 비례한 감각뿐이라는 감각주의적 소여(所與)이론을 고집하는데, 이에 의해 이 공적이 손상받는 것은 아니다. 그러나 여기서 실증주의는 칸트가 이미 **명료하고 항상 타당하다고 보았던 것**, 즉 경험의 구조연관, 감각이 그 공허한 장소에 나타나고 또한 오직 거기서만 나타날 수 있는 경험의 구조연관이 실제로 감각보다 '앞서 주어져' 있다는 사실을──칸트가 이 구조연관을 그 기원에 따라 오성의 선천적 기능법칙성에 환원시켜버림으로써 잘못 설명할 수밖에 없었던 사실을──이해하지 **못한다**. 이 공적은 또한 예를 들어 아베나리우스(Avenarius)와 마흐가 사고의 모든 논리법칙을──(정확하게) 존재법칙으로 환원시키는 대신에──사고의 경제법칙으로 환원시키려 한 시도에 의해 손상되는 것이 아니다.──사고의 경제법칙에 대한 시도를 후설은 결정적으로 반박했다.[38]

나아가 그 공적은 **실용주의자들**이 '인식', 진리, 명증의 개념에 대해 시도했던 불가능한 새로운 해석에 의해 결코 손상되지 않는다. 왜냐하면 철학적 관습에서 공통적으로 일어나는 몇몇 오류는 정확한 자연연구(특히 이론물리학)의 인식실천을 통해 획득된 올바른 인식을 **인식** 일반의 본질로 **잘못** 일반화시킨 것일 뿐이기 때문이다. 여기서 잘못은 (정밀하고 철학적인) 인식의 **종류**를 구별하고, 인식을 '지식', 즉 다른 존재자의 본질존재에 대해 어떤 한 존재자가 관여하는 최고개념에서 도출하는 것이 아니라, 단지 **형식적·기계적** 자연연구의 인식실천에서 획득된 것을 지식, 인식 일반으로 이행시킨 것에 있다.

　본래적인 **실증주의자들**은——형식적·기계적 자연론의 인식가치에 대해 지금까지 다뤄왔던 전형적인 이론들과 달리——확실히 **상대화**라는 점에 훨씬 **다가서** 있다. 그들은 자연(과 마음)에 관한 이미지를 단지 생물학적으로 상대적인 것으로 보며, 기술을 통해 자연을 지배한다는 실천적 과제에 관계한다고 볼 뿐만 아니라, 더 나아가 이 자연관도 **역사적**으로 상대화된다는 사실에 이른다. 그들은 이 자연관을 관철시키는 데 개별적인 난점만을 보는 것이 아니라, 오히려 갈릴레이-뉴턴학파의 낡은 **실질적·'기계적'** 자연관의 입장에서 물리학, 화학, 생물학 등 모든 과학을 좁은 의미의 '역학'을 응용한 것으로 보려는 오류——이 입장은 오늘날 전기이론과 광학에 의해 완전히 폐기되었다——와 **형식적·기계적** 자연론 일반(이것은 절대적·불변적으로 운동하는 연장을 지닌 '것'을 결코 설정하지 않는다) 또한 과학사의 일시적인 현상에 지나지 않는다는 오류로 기울고 있다.

　이러한 의미에서 특히 마흐는 그의 인식론적 저작과 물리학의 역사에 관한 저작 속에서 뒤앙과 함께 인식이상으로서의 기계적 자연론의 이상을 반박하면서 기계적 자연론의 이상을 다음과 같은 저 이상으로 바꾸려 했다. 저 이상이란 순수정합적인 **수학화**, 좀더 좋게 말하면 물리학의

---

38) 『논리학 연구』(*Logischen Untersuchungen*, 1900~1901), 제1권 참조.

기하학화를 말하는데, 이것은 이미 데카르트가 생각했던 것이고, 최근에는 아인슈타인과 민코프스키(H. Minkowsky)라는 강력한 지지자를 확보하게 되었다. 이러한 이상은 힘-영향──즉 인과개념──의 모든 형식과 동시에 모든 종류의 실체개념이 물리학에서 배제되고, 관찰되는 현상들 상호간의 변화를 수학적인 **기능상의 의존성**(Funktionalabhängigkeiten),[39] 마침내 분석적으로 규정되는 기능상의 의존성으로서 '인식'되는 외에 아무것도 타당할 수 없다면, 비로소 우리는 이런 이상에 도달할 것이다. 그러나 실재론적이며 아리스토텔레스적인──철학자로서──훈련을 받은 뒤앙이 '수학적 물리학'에서 완전히 독립적인 자연의 형이상학을 최고의 방식으로 시인한 반면에, 감각적인 것 외에 모든 실재성을 부정하며 모든 형이상학을 무효라고 보는 마흐는 이런 인식이상을 우리가 자연에 대항하여 갖는 **유일한** 이상이라고 간주한다.

그렇다면 여기서 이런 인식이상과의 관계에서 기계적 자연관은 무엇이라는 말인가? 그것은 이런 이상을 달성하기 위해 역사적으로 이해되는 하나의 통과점에 불과할 뿐이다. 마흐의 견해를 요약하면 다음과 같다. 즉 '설명'이란 수학적 법칙성의 형식에 의해 자연을 일의적으로 규정할 수 있도록 하는 것 외에 아무것도 아니다.──설명은 그 이하다. 설명은 현상의 '원인'(본질존재적 근거와 현존재적 작용요소)을 인식하는 것이 아니라, '설명'이라는 이 말이 단지 다음과 같은 주관적인 **사고경제적인** 의미를 지닐 뿐이다. 즉 하나의 상대적으로 알려져 있지 않은 것을 이미 알려져 있는 것의 구성요소로서 어떤 상대적으로 알려져 있는 것에 환원시키는 것이거나 이미 알려진 것을 법칙적으로 변양(變樣)시키고 변경시킨 것인 하나의 상대적으로 알려져 있는 것으로 환원시키는 것을 말한다. 또는──최근 슐리크가 좀처럼 보기 드문 정합적 귀결에서 정식화한 것처럼──인식이란 어떤 지각된 복합체 속에 미리 주어진

---

39) 시간적 양과 공간적 양은 당연히 그 위치를 실질적으로 규정하는 것으로서 이 기능상의 법칙 속으로 파고든다.

것을 어떤 복합체 속에서 재발견하고, 그것을 가능한 한 일의적으로 기호를 통해 표시하려는 것에 불과하다. 갈릴레이 이후 서양 물리학은 그자체 우연한 '역사' 속에서 개선될 수 있는 물질의 운동현상을 시간적 · 역사적으로 처음으로 연구하고, 이 현상의 법칙이 비로소 '알려질' 때, 그때마다 덜 알려진 현상들을 모두 역학의 기본개념과 원리로 환원시키려 한다.──그러나 이때 그 절차에 의해 이 현상을 존재론적으로 '설명한다'고 생각하는 것은 잘못이다. 따라서 사정이 '우연히' 달라진다면, 예를 들어 빛과 전기의 현상이 '처음으로 먼저' 연구되거나 음향현상이 먼저 연구되었다면, 아마도 측정가능한 양의 운동현상이 물리적 광학, 전기학, 음향학의 내부에서 측정가능한 양의 운동현상에 대한 '유추'를 제공했을 것이라는 사실의 도움으로 '설명'될 것이다! 그러나 형성방식이 사고와 형성의 경제원리에 정확하게 따르는 이런 '유추'가 과학이 진보하는 가운데 아무리 발견적 가치가 있다고 증명해도,[40] 그밖에 이런 유추가 과학의 진보에 유해한 경우에는 과학의 완성된 구조 속에서 다시금 배제시킬 것을 촉구한다. 이것은 우선 우리가 현상을 존재적으로 '설명'할 수 있다고 생각하는 '기계적 유추'와 '모델'에 대해 타당하다. 따라서 과학의 완성된 구조 속에서──초감성적인 '가설'과 실재, 실체, 원인, 힘을 모두 제외시키지 않으면 안 된다! 그리고 이미 알려진 것을 측정할 수 있는 감관여건과 수학적 방정식으로 환원시키는 것, 즉 우리의 '예상을 제한하는' 이른바 '자연법칙'도 제외시켜야 한다!

이미 오래전부터 설명되어온 것처럼, 마흐의 이론은 무엇보다 다수의 난점과 모순을 지니고 있다.[41]

만약 우리 정신이 소유하는 모든 것이 유기체와 유기체의 변화에 관

---

40) 특히 마흐의 『인식과 오류』(*Erkenntnis und Irrtum*, 1905)에 있는 훌륭한 사례들을 참조.

41) 특히 게르하르트(K. Gerhard)의 『마흐의 인식론과 실재론』(*Machs Erkenntnistheorie und der Realismus*, 1914)을 참조. 또한 『형식주의』, VI. A. 3. e에서 마흐이론에 대한 나의 비판도 참조.

해 '감각'이라고 불리는 '요소'로 환원된다면, 요소들의 복합과 그 변화의 객관적인 의존성과 독립성은 도대체 어디서 생긴다는 말인가? 관계란 푸르다, 딱딱하다, 새콤하다와 같은 감관적 요소가 아니다! 우리는 그런 관계를 자발적으로 생기게 할 수 있는가?——그렇다면 그 관계는 객관적 존재에 대해 어떻게 진리를 부여할 수 있는가? 그러나 우리가 그 관계를 직관 속에서 '발견하는' 것이라면, 이때 원자론적 감각주의는 어떻게 성립하는가? 역시 비감성적 직관은 존재하지 않는 것일까? '요소'와 요소들의 복합은 지각현상에서 현존하듯이, 상호간의 변화를 엄밀하게 규정하는 '합법칙성'을 가지고 있는가? 비항상적(非恒常的)이고 덧없는 신체적 자극에는 결코 비례하지 않는 감각과 완전히 대조적으로——실제로 생각되는 상대적으로 불변적인 대상과 과정의 통일이 처음부터 이런 합법칙성을 지니고 있었던 것은 아닐까?[42] 자연의 법칙성에 대해 전제하는 것은 자연이 지닌 초의식적·지향적 대상성 (이것은 감각 속에서 '현상'하지만, 감각에 의해 부합될 수 있는 것은 아니다) 또는 자연이 지닌 초의식적 실재성을 이미 전제하는 것은 아닐까?[43] 둘 다 마흐의 주장과는 모순된다. 마흐는 순수성질과 감각 그 자체를 이미 실체화하고 구체화시켜두었기 때문에——흄과 유사하게——상대적으로 불변적인 요소가 곧 감각의 복합체라는 사실로 실체의 이념을 환원시키지 않으면 안 된다고 생각했던 것은 아닐까?

더욱이 마흐가 '사고경제의 원리'를 가지고 조작한 방법 속에는 오늘날 (후설에 의해, 다른 방식으로서 퀼페학파의 사고심리학에 의해) 엄격하게 반박된 오류, 즉 비직관적인 의미지향과 감각 그 자체 속에 있는 이

---

42) 슈툼프(Carl Stumpf)의 『과학의 분류에 대해』(Zur Einteilung der Wissen-schaften, Berlin, 1907)에서 훌륭하게 설명한 부분을 참조.
43) 나는 『형이상학』, 제1권에서 다음과 같은 사실, 즉 실제로 일어나는 것은 첫 번째의 경우이며, 두 번째의 경우는 일어나지 않는다는 점을 제시하려 한다. 비판적 실재론(베허, 퀼페)은 초의식적 실재가 자연이 지닌 합법칙성의 전제라고 생각한다면, 오류를 범한 것이다.

런 지향의 객관적 상관물을 부인하고, 개념이나 법칙을 가능한 감관 인상을 위한 '절약의 수단'으로만 간주할 뿐이라는 오류가 포함되어 있을 뿐만 아니라,——또한 마흐의 경우에는 원리를 **적용하는** 가운데 기묘한 모순이 숨겨져 있다. 예를 들어 (우리가 자연의 다른 근거는 모두 도외시하고) 자연의 초의식적 실재성을 가정하는 것이 경제적인 가정이라면,——그리고 사고경제의 원리가 논리학에서도 최고의 원리라면——마흐는 왜 이것을 논박하는가? 마찬가지로 실체나 인과성에 대해서도, 현상의 형식적·기계적 환원에 대해서도 이 원리는 타당한 것이 아닐까? 마흐는 이러한 근본적인 물음 속에서 실제로 자신의 경제원리를 간과함으로써 자신의 원리에 대해 깊은 회의를 나타낸다. 아니 그는 스스로 무척 힘들어한다. 마흐는 그 자신이 세계를 '단지' 경제적으로 사고하고 있을 뿐만 아니라, 소여성 자체를 순수 '논리적으로' 사고하는 경향을 나타낸다. 그러나 이 경우에 논리학이 경제원리 속에 나타날 수 없으며,——따라서 '순수논리학'은 이미 고유하게 승인되어 있다.

경제원리 그 자체의 본성과 존재적 가정에 대해 아베나리우스와 마흐에게 미묘한 차이가 감지된다. 이 원리 자체가 전적으로 **목적지향적**(teleoklines)[44] 원리임은 의심의 여지가 없다. 따라서 그때마다 최소한의 수단과 에너지를 사용할 수 있는 능력을 스스로 지니고 있다는 '경향'을 정신물리적 유기체에 인정한다면, 이때 삶과 유기체에 대해 기계론적으로 이해하고, 나아가 심적 체험을 엄밀하게 연상심리학적으로 설명하는 것은 이미 원리적으로 **폐기된다**. 다시 말하면 이와 같이 생각하는 사람들은——이 말의 의미가 본래 다의적이기는 하지만——활력론자(活力論者, Vitalist)다. 그러나 아베나리우스나 마흐는 그들의 저작 속에서 자신의 철학에 내포된 이런 '숨겨진 활력설'(Kryptovitalismus)[45]을 자각했음을 암시하는 어떤 시사도 하지 않는다. 베르그송의 경우에 비

---

44) 이 책의 1926년 판에서 'teleologisch'라는 단어는 저자에 의해 'teleoklin'으로 교정되었다. 이 쪽에서 저자의 교열이 명백하게 무시되었던 것을 편집자가 다시금 바로잡았다-편집자.

로소 이 관계가 **의식적으로** 제시된다. 메커니즘의 실천적인 의미가 극단적인 형식으로 주장되지만, 동시에 의식적으로 비실천적이며 순수 **이론적**인 세계상이 추구되는 (물론 '이지적인 것을 희생한다'는 전제 아래서) 여기서 비로소 형식적 · 기계적 법칙성은 '생명의 비약'(élan vital)이라는 목적지향적으로 방향 지어진 생명경향과 구체적 · 역사적인 진화의 인과성이라는 성격과 유형을 나타내는 모든 관계들의 아류, 즉 (세계의 생성과 발전에 대해서가 아니라) 단지 그때마다 세계과정의 시간적 횡단면에 대해 '근사하게' 타당한 아류를 나타낸다.

그러나 자연의 소여(所與) 그 자체 속에 존재적 불변과 실제적인 불변을 전제하지 않고 세계를 경제 원리를 통해 생각한다는 것이 도대체 어떻게 **가능한지**를 마흐나 아베나리우스, 베르그송도 아직 이해하지 못한다. 예를 들어 라이프니츠나 모페르튀이(Maupertuis) 같은 17세와 18세기의 일련의 위대한 사상가들은 존재적이고 **실제적**인 경제원리를 시인하고, 이로부터 (추론방법은 대부분 정상적인 것이 아니지만) 사물에 대한 창조주의 '예지'(叡智)와 '선성'(善性)으로 올라가려 한다. 신의 창조와 자연의 진행을 최대한으로 구성할 수 있는 원리(Prinzip eines Maximums von Kompossibilitäten)에 따라 자기모순이 없는 사물 속에 미리 생겨나게 하는 라이프니츠의 '최선의 원리'(principe du meilleur)는 절약의 법칙(lex parsimoniae)이라는 이 존재적 원리가 발견한 가장 추상적이고 가장 순수한 '존재론적인' 형식이다. 역학과 물리학에서 이 원리의 특수한 아류라고 생각되는 것은 '최소작용'의 원리, '최소구속'의 원리, '가상변위'(假想變位)의 원리, 관성의 원리라고 존재적으로 생각되는 원리들이다.[46]

---

45) 실증주의자인 그들이 자연 일반에 목적적이고 자발적인 능력이 있는 활력(Vitalität)을 인정한 것은 아니며, 셸러의 이런 비판은 활력설을 매우 넓게 해석한 것이라 하겠다―옮긴이.

46) 이 네 종류의 원리는 각기 모페르튀이(1747), 가우스(1829), 잔 베르누이(1717), 뉴턴(1680)에 의해 확립된 물리학상의 주요원리들이다. 물론 대상영

이런 원리들의 목적론적 성격은 그 당시에 분명히 의식되고 있었다. 이 "'신' 또는 '사물의 본성'이 이러저러하게 처신한다"는 것에서 현대의 실증주의자들은 '인간은 이러저러하게 생각한다'는 모토를 만들어낸다. 이것은 옳은가? 글쎄, 나는 그렇게 믿지 않는다! 내 생각에는 모든 자연법칙은 통계학적인 우연의 법칙과 역동적인 필연성을 기술하는 법칙으로 나뉘고, 저 '역동적인 필연성'을 다양한 방향에서 규정하는 최고원리는 막스 플랑크가 잘 지적했듯이, '최소작용의 원리'로 환원된다는 막스 플랑크의 사상[47]은 철학적으로도 가치 있어 보인다.

그러나 나는 이 환원이 가능하다는 것 속에서 하나의 개연성에 대한 증거를 보는데, 그 개연성이란 전체로서——낮은 단계에 있는 정신적인——모든 것이 지닌 그 자체 비기계적인 (비기계적이라고 해서 반드시 유기체적이라고는 말할 수 없다) 본성이라고 간주되는 경향이 있다. 왜냐하면 최소작용의 원리는 역학의 원리와 **동시에** 삶의 법칙이 기초하는 최고의 근거로서 그 자체 유기적 원리가 아니라 철저하게 **목적지향적인** 원리이며, 바로 이 원리를 가지고 기계적 원리에 따라 자신보다 앞서 일어나는 모든 것을 목적지향적 근본양식인——그렇다고 반드시 생명적이며 유기적인 것이 아닌——인과성의 **기술적 수단**으로 삼기 때문이다.

그런데 사고경제에 대한 모든 명제를 단순히 가능적으로 정초하는 주관적 원리는 이 우주적 · 목적지향적인 원리를 응용한 특수한 경우에 지나지 않는다. 이 원리는 그 자체 존재적으로 타당한 최소작용의 원리에 대해 적합함을 나타내는 것에 불과하다. 우리 마음이 알지 못하는 것을 잘 알려진 것으로 환원시키는 경향이 있다는 것을 의미하는 '심리학적

역은 다르지만, 자연에 관한 경제원리를 표현하고 있다는 점에서 모두 공통적이다. 예를 들어 '최소속박'의 원리는 어떤 질점(質點)이 곡선 위에서 운동할 때 이 질점은 그 곡선상에 있는 각 지점에서 곡률이 극소가 되도록 운동한다는 것이다-옮긴이.

47) 막스 플랑크의 『물리학의 전경(全景)』(*Physikalische Rundblicke*, Leipzig, 1922)에 수록된 '최소작용의 원리'를 참조.

경제의 원리'를 가지고 이 원리를 바꿔서는 당연히 안 된다. 왜냐하면 진리의 단순한 근거는 심리학적으로 대부분 시간적으로 최초의 것이 아니라 가장 늦게 발견되는 것이며, 여기서 '그 자체로서 최초'인 것이 '우리에게는 두 번째의 것'이 된다는 아리스토텔레스의 규칙이 타당하기 때문이다.

우리가 이처럼 미리 언급한 것에 따라 기계적 자연이론의 인식가치에 대한 마흐의 판단을 다시 한 번 자세히 살펴본다면, 그가 목표를 너무 지나쳐버렸음을 알 수 있다. '역사적 우연'에 대한 마흐의 판단이 오늘날 과학에서는 폐기된 17세기와 18세기의 (19세기의 헬름홀츠와 켈빈 경까지 포함해서) 오랜 경향에 대해, 즉 물리학이나 화학 등 모두가 연장된 물질의 역학을 적용한 특수한 경우로 삼는 경향에 대해 옳은 것이라 해도,――그것이 확실히 세계 일반을 형식적·기계적으로 고찰하는 것에 대해서는 전혀 옳은 것이 아니다. 역학적 고찰은 무게를 지닌 물질의 역학을 전기이론에 산입시키는 것에 의해 그리고 특수상대성 이론과 일반상대성 이론에 의해 결코 파기되지 않는다.

왜냐하면 역학적 고찰은 특정한 절대적으로 불변적인 '사물'을 가정하는 것도 아니며, 어떤 특정한 운동법칙을 가정하는 것도 아니기 때문이며, 공간, 시간, 운동 가운데 그 자체 궁극적으로 소여되는 것으로서 정초된 본질연관 외에 아무것도 가정하지 않기 때문이다. 그렇지만 공간과 시간 속에 있는 현상의 측정가능한 일치가 결코 자연현상의 본질은 아니지만, 이런 일치의 법칙이 그 현존재와 비존재, 그 우연적인 본질존재와 타자존재에 따라 종속되는 것으로서 파악되어야만 하는 본질을 구성하는 한에서 오늘날 물리학에서 말하는 이런 '형식적' 기계적 자연론은 또한 '기계적'이라고 부를 수 있다. 따라서 시간, 공간, 운동이 어떻게 파악되든 간에 모든 성질들에 대해 특수한 우위를 나타낸다.――(성질, 형식, 형태, 가치, 목표, 목적 등 '주관적' 본성에 대한 이론이라는 의미에서) 존재가 필연적으로 우위를 나타내는 것은 아니지만, 연구방향에서 고려해야 할 경우에는 언제나 우위를 나타낸다. 그러나 마흐의 감각주의적 요소론은 공간, 시간, 운동을 푸르다, 새콤하다, 딱딱하다 〔등의 성질과〕 다르지 않게 주어지게 하기 때문에 이 점을 이해할 수 없다.

사물의 역사적 진행도 기계적 자연론의 '역사적' 상대성에 대한 마흐의 주장을 옹호하지 않는다. 이런 마흐의 주장은 예를 들어 기계적으로 자연을 해명하려는 형식적 프로그램이 실제로 이 프로그램의 실행에 앞서 힘차게 나가고 있다는 점을 설명하지 못한다. 이미 고대에 데모크리토스 (Demoklitos)와 레우키포스(Leucippos)가 이런 자연론의 보편적 프로그램을 전개하지만, 이것은 경험적 연구에 의해 운동현상이 그들에게 특히 '잘 알려져 있었기' ——이 현상은 오히려 실증과학적 의미에서 그들에게 전혀 알려지지 않았다 ——때문이 아니다. 그리고 갈릴레이와 그의 (특히 뒤앙의 연구로 상세하게 알려진) 선배들이 미처 알지 못했던 이 세계관의 프로그램과 형식적 도식은 물리학, 화학, 생물학, (연상심리학으로서) 마음 이론이라는 특수한 부분에서 사실적 수행에 앞서 언제나 강력하게 행해진다. 따라서 사태는 마흐가 생각했던 것과는 정반대다. 먼저 무게를 지닌 물체의 운동현상이 필연적으로——또한 역사적으로——처음으로 '알려지고' 처음으로 연구된 적은 있지만, 현대의 동력학과 물리학의 창시자들 속에 있는 이런 세계관의 논리적 형태의 도식이 처음부터 거기에 살아 있었다.——어떤 포괄적인 대전제가 개별적인 가설이 되기 전에 이미 존재하고 있었던 것이다. 그리고 각 부분에서 경험적으로 수행되기 오래전부터 증명되어 있었던 것이다(그리하여 점차적으로 기계적인 음향학, 열역학, 광학 등이 생겨났다). 이런——경험의 발생적 진행에 의해 제약되기보다 경험, 관찰, 측정을 종종 무시하는 ——인식이상을 가진 완고함을 굳센 의지작용의 넉택으로 인식이상에 대해 거의 '증명'하거나 실증하지 못했던 시대에도 굳게 지니고 있었다는 사실은 마흐가 사물의 큰 흐름을 올바르게 보지 못했으며, 또한 역사적으로도 올바르게 보지 못했다는 사실을 나타낸다. 〔기계적 세계관에〕 완전히 반대인 아리스토텔레스의 '유기체적' 세계관이——이 유기체적 세계관은 모든 유기적 삶의 근원현상, 존재형식, 생성형식을 생명이 없는 세계와 정신적인 세계로 이행시켜버렸고, 본질적으로 **비실천적·관조적**이다──1500년 동안 지배해온 것과는 대조적으로 세계인식을 위한 이런 도식이, 크게 볼 때, 매우 **갑작스럽게 나타난** 것은 "운동현상을 좀더 자세하게 연구하라"는 것을 갑자기 몇 사람이 (우연히) 알아차렸다고 해서 이해되는 것이 아니다. 따라서 기계적 세계관이 단지 논리학과 수학으로만 요구된 것도 아니고, '순수' 비실천적인 명확한 경험과 관찰로부터 생겨나는 것도 아니라면, 기계적 세계관은 확실히 마흐가 '역사적 우연'의 이론으로 가정했던 것보다 훨씬 깊게 **사물과 인간 일반 속에 뿌리박고** 있는 근원의 근거와 근원의 가능성을 지니고 있음이 틀림없다.

물론 여기서 마흐 자신은 그의 역사적 서술에서 누구보다도 구체적으로 현대 서양의 기계적 자연론의 근원에 관한 역사적 이해를 위해 올바른 길을 제시했다.──그의 저작 가운데 끊임없이 반복되는 다음과 같은 논증, 즉 대부분 기초적 실험이 그때마다 **기술적인** 문제나 과제에 상응하여 스스로 생겨나듯이 생겨나며, 따라서 근대의 **자연지배에 대한 의지**와 이런 지배의지를 끊임없이 수행해온 가능성에 대한 근대의 **믿음**이 저 사고의 도식이 유래하는 근원의 **시초**에 서 있다는 논증을 통해, 그는 기계적 자연론의 근원에 관해 역사적으로 올바르게 이해할 수 있는 길을 제시했다. 자연은 그렇게 존재해야만 하고, 그렇기 때문에 자연은 인간의 의지와 운동에 의해 일반적으로 제약될 수 있고, 지배될 수 있으며 규정될 수 있는 것처럼 생각되어야만 한다. 이와 같이 생각된다는 것 그 자체의 비통찰적인 '믿음'의 근원은 실제로 저 도식의 갑작스런 출현을 우리에게 설명해주는 것이고, 그것은 인간의 **근대적 에토스**와 근대적 충동구조이며, 이에 따라 결과적으로 근대의 **사고양식**과 사고형식이 생겨난 것이다.

그러나 마흐는 그의 이론에서 모든 실용주의적 맹아에도 불구하고 완전한 '실용주의자'는 아니었다. 그렇기 때문에 지식의 진보를 억제하는 기술적 제약성에 대한 이런 종류의 많은 개별적인 관찰이 원리적인 인식, 즉 미지(未知)의 것을 기지(旣知)의 것을 통해 '설명한다'는 규칙이 아니라 자연에 대한 새로운 지배의지이며, 좀더 좋게 말한다면, 중세의 유기체적·관조적 세계관이 희생시켜버린 자연에 대한 인간의 지배를 새롭게 평가하자는 것으로 통합된다. 이 탁월한 지배사상은 신학에서(스코틀랜드학파와 프로테스탄티즘의 주의설[主意說], 특히 신 속에 있는 권력의지를 극도로 고도화시킨 칼뱅주의와 경건주의의 주의설), 심리학으로서의 인간이론(연상심리학)에서, 국가이론과 사회이론에서(보댕, 마키아벨리, 홉스), 정치학에서(중상주의와 절대주의 국가사상과 주권개념의 성립, 균형이론), 기계적 자연이론에서 똑같이 근원적으로 나타나고, 동시에 나타난다. 지배해야만 하는 대상의 형식적 원자론과 '객관적 형식'-이념의 해체도 자연인식(따라서 유명론)과 국가관, 사회관(원자론적 단원론과 원자론)에서 마찬가지로 또한 생물학(데카르트)과 심리학(연상심리학과 모자이크이론)[48]에서도 동시에 나타난다.

그러나 우리는 모든 역사적인 것에서 눈을 떼어 마흐의 인식론적인 오류에 대한 한층 깊은 근거를 살펴보자.

형식적·기계적 세계고찰(과 그 고찰의 단계구성)이 깊숙이 숨기고 있는 근원 가운데 하나는 연구의 역사와 '맨 처음에 알려진' 것의 특수한 상황에 근거하는 것이 아니라, 인간이 지닌 자연적 세계상의 형성방법에 대한 보편적·생물학적인 법칙과 실천적으로 제약된 법칙에——따라서 자연적 지각에——근거한다. 이 근원은 역사적으로 일정하며, 불변적인 것이다. 이 근원은 소박한 유물론이 생각하듯이, 절대적인 사물 그 자체의 본성 속에 들어 있는 것도 아니며, 순수논리학이나 선험적 논리학, 순수수학 속에 들어 있는(칸트) 것도 아니다.——일반적으로 자연적 지각과 환경세계를 소유한 모든 가능한 생명체에서 환경구조와 자연적 지각 또는 이 구조에 대한 자연적 사고가 형성하고, 또한 형성해야만 하는 가장 보편적인 법칙 속에 들어 있다. 우리는 또한 다음과 같이 말할 수 있

---

48) 이에 관해서는 이 책, 1권에 수록된 「지식사회학의 문제들」에서 설명한 것을 참조.

다. 즉 기계적 세계고찰과 그 '도식'은 우리 인간의 우연적인 감관경험의 결과가 아니라, 이런 경험에 대해 '아프리오리한 것'이다. 그러나 이것은 단지 생명체 일반의 합목적적이며 자발적인 운동에 대해 운동적·실천적으로 '유의미한' 것이거나 '중요한' 모든 가능한 경험에 대해서만 아프리오리한 것이다.——결코 모든 가능한 인식에 대해, 세계 일반의 모든 가능한 직관과 사고에 대해 아프리오리한 것이 아니다. 그것은 칸트가 생각했던 것처럼 합리적으로 아프리오리한 것이거나 인간 일반이 지닌 선천성이 아니라, 단지 **생물학적으로 상대적**이며, 단지 대상의 현존재와 본질존재가 지닌 이런 상대성의 한계 내에서만 '보편타당한' 선천성이다.

마찬가지로 그것은 인간 일반에 대한 선천성이 아니며, 특히 인간을 비롯하여 '인간'(이성적 동물)으로 대표되는 본질징표의 총체에 대한 선천성이 아니라, 단지 **'공작인간'**(homo faber)으로서, 즉 실천적·지성적 동물로서의 인간에 대해서만 이런 선천성이 생겨난다. 따라서 '실천적 지성'의 선천성이 문제이며, 이 실천적 지성을 제약하고 동시에 그 자체 우리의 자연적 지각세계를 형성하는 방법을 제약하는 충동구조의 선천성이다. 그러나 기계적 세계고찰은 단지 의식되고 정신적으로 의욕되는——이때 최고로 **평가되는**——자연에 대한 **지배**와 기술적 **목표설정**의 **원리**가 자연현상의 독립적인 변수로서 인식되어야만 하는 현존재와 본질존재에 따른 대상들에 대한 **선택원리**를 형성할 때, '자연적인' 세계고찰의 프로그램이 아니라 과학적·기교적인 세계고찰의 의식적인 프로그램이 될 수 있다.

이 명제를 자세하게 설명해보자.

물리학적·형식적-기계적 세계상의 의미내용과 이 의미내용을 실제로 정립하는 것이 인간의 자연적 환경세계와 환경세계의 지각 속으로 들어간다는 사실의 부족(Dürftigkeit)과는 아무리 동떨어진 것이라 해도,——이 두 종류의 세계관에서 소여성의 **형성법칙**과 **정초규칙**은 엄밀하게 동일하다는 점을 마흐는 간과하고 있다. 즉 형식적·기계적 대상성의 도식이 **자연적 세계관**의 주어지는 소여질서에 대해 **이상화되고 절대화된**

법칙이라는 것 외에——단지 자연적 인간중심주의를 제외하고, 따라서 인간의 독특한 감관조직의 특수성과 감관조직에 특수한 성질과 감관조직에만 의존하는 내용을 모두 제외하고——아무것도 없다는 점을 마흐는 간과하고 있다. 실재성, 가치, 공간, 시간, 운동, 실체, 힘, 생기의 동일성이라는 근본여건에 대해서도, 다양한 성질, 관계, 형식, 형태의 역할에 대해서도 이 점을 지적할 수 있다. 바로 '요소' 또는 '감각'이 발생적으로 보거나 경험적 근원의 순서에서 볼 때 원초적으로 '주어지고' 순수 '수용적으로' (즉 요소나 감각이 생겨나는 것을 함께 제약하며 이미 일정한 도식을 향한 충동적 주의작용 없이) '주어지며', 이 요소와 감각이 추후적으로 비로소 가공되거나, 사물-형태의 통일 및 다른 복합적인 통일로 '통합된다'고 가정하는 것은 마흐가 흄 및 칸트와 함께 범한 원리적 오류다. 진실은 이와 정반대다. 즉 감각이나 개별적인 성질은 **충동적 주의작용**과 우선하는 사랑, 우선하는 관심의 자발적 작용에 의해 미리 주어지는 유형적 도식, 즉 도식의 측면에서 볼 때는 비감관적이지만 확실히 '직관적'인 도식에 대해서는 언제나 '후에 주어지는' 것이다. 이와 같이 감각과 성질이 단지——동일한 자극조건과 엄밀하게 동일한 신경의 구심점을 향해 진행해가는 가운데——이 도식을 구체적으로 '충족'시키고, 이 도식의 빈 장소 또는 그때마다 공허한 채로 남아 있는 장소를 차지하기 위한 수단인 한에서만, 또는 감각과 성질이 동물의 **환경구조**에 속하는[49] 이러저러한 현실적인 특수도식의 현존재와 본질존재에 대한 기호인 한에서만 감각과 성질이 후에 주어진다.

위에서 서술한 마흐의 오류와 아주 긴밀하게, 아니 필연적으로 결부된 다른 오류는 다음과 같은 것이다. 즉 기계적 세계관의 근본개념을 충족시키는 직접적인 직관이나 직접적으로 '소유하는 것'의 여건이 추후에 '요소'로부터 비로소 도출된다는 것, 또는 이 여건 자체가 이런 요

---

49) 이에 관해서는 윅스퀼(J. v. Uexküll)의 『동물의 환경세계와 내면세계』(*Umwelt und Innenwelt der Tiere*, Berlin, 1909)에 있는 탁월한 설명을 참조.

소라는 (예를 들어 마흐의 공간감각, 운동감각) 것은 모두 오류다. 마흐는 뒤 부아-레몽(Du Bois-Reymond)의 '자연인식의 한계'에 대한 유명한 강연(뛰어난 심리학자이자 위대한 웅변가가 행한 강연이지만, 철학적으로 볼 때 전혀 무가치한 강연)을 비판할 때 이렇게 생각한 것이다.

우리는 '이그노라비스무스'(Ignorabismus)[50]를 가지고 푸르다, 새콤하다와 같은 '감각'이 뇌의 분자운동에서 어떤 방식으로 일어나는가 하는 물음에 대답할 수 없고, 우리는 어떻게 감각에서 운동의 개념에 도달하고, 더욱이 물질적 통일이라는 다양한 개념에 도달하는지의 물음만이 유의미하다고 생각할지 모른다. 우리는 최소의 물질요소가 운동하는 개념에 따라 우리의 감각에 '떠올리려는' 것이 아니라, 이 개념에서 우리의 궁극적 소여로서 감각으로 '내려'가야만 한다고 생각할지 모른다. 뒤 부아 레몽의 독단적인 기계적 자연이론에 반대하는 마흐의 의도 속에서 그에 의해 설정된 문제의 정신적 전회는 확실히 하나의 큰 진보를 의미한다. 그러나 마흐가 동일한 명제 속에서 (마흐의 의미에서) 순수 '요소'에서 운동현상과 운동개념에 도달하고, 그 위에 물리학적 근본개념에 도달하려는 길을 찾았다고 우리가 믿는다면, 그는 심각한 오류에 빠진 것이다.

바로 이런 오류를 극복하려는 것이야말로 내가 다음에 다루려는 방법적 실용주의의 주요 공적이다.

---

50) 뒤 부아-레몽이 말하는 네 개의 영원히 알 수 없는 문제—옮긴이.

IV. 방법적 실용주의

방법적 · 실용주의적 입장과 기계적 자연관의 철학적 의미에 대한
그 의의: 자연에 관한 지식의 종류들

일련의 물리학자들은 형식적 · 기계적 자연관을 평가하고 이해함에
있어서 우리가 지금까지 특징짓고 비판적으로 설명해온 마흐의 요소감
각주의를 훨씬 능가한다. 그들은 본래 철학적으로 실용주의자가 아니
라,──먼저 오직 그들의 특수과학과 **이론물리학에서**──**방법적으로 실
용주의자**일 따름이다. 이에 속하는 사람들로서 나는 맥스웰(Maxwell),
볼츠만(Boltzmann), 켈빈 경(Lord Kelvin)을 든다. 아마도 마이컬슨
(Michelson)의 시도('동시성')와 관련해볼 때 특수상대성이론을 발견한
초기연구에서 아인슈타인도 이들 범주에 속한다고 볼 수 있을 것이다.

이런 일군(一群)의 연구자들은 다음과 같은 점에서 마흐와 차이가 난
다. 즉 이들 연구자들은 자연현상의 형식적 · 기계적 환원을 필연적인
것, 아니 **지속적으로 필수적인** 것으로 보고,──따라서 이 환원은 관찰되
고 측정된 사실과 이 사실을 함수방정식으로 정식화하는 것 외에 아무
것도 아니기 때문에 단순히 폐기되지도 않는다. 그러나 이들 연구자들
은 낡은 합리주의와는 확실히 다르게 이 환원을 일의적인 것으로 보지 않
는다. 이들의 입장에서 볼 때 오히려 자연현상의 모든 총체에 대해 모두
잘 '설명'될 수 있는 무수히 많은 상이한──맥스웰이 애용한 용어인
── '기계적 모델'이 제공될 수 있을 것이다. 이에 따라 문제설정을 자

극하는 동시에 물리학적 세계상 가운데 가장 엄격한 통일성을 만들어내는 힘과 단순성이 이런 기계적 '모델들' 사이에 있는 선택원리일 수 있을 것이다. 이 방법적·인식론적 입장은 뉴턴에서 헬름홀츠까지 시대를 지배했던 낡은 합리주의 및 실재론과 함께 구성적 정신을 분담하지만, 마흐와 실증주의자들에게는 감각주의적인 방식으로 관여한다. 그렇기 때문에 이 입장은 기계적 '모델'에 의미를 부여하지 않고, 바로 일의성을 필요로 하는 자연현상의 배후에 있는 일정한 실재성을 모사한다.

여기에는 자연현상을 설명하기 위해 기계적 모델을 구성하는 것이 언제나 가능해야만 한다는 중요한 명제가 전제되어 있다.——이 명제를 마흐로서는 받아들일 수 없었다. 왜냐하면 마흐에 따르면 원초적 성질은 이차적 성질보다 존재론적으로나 소여에 따른 어떤 우위도 갖지 않으며, 기계적 자연관도 단지 역사적인 우연에 지나지 않기 때문이다. 이론 물리학적 원리이론(과 마찬가지로 수학적 공리론)에 관련한 이런 형식적·기계적 자연론의 타당성에 대한 새로운 견해는 철학적 실용주의자들이 말하는 일반적 입장을 공유한다. 그리하여 사상연관에서 생겨나는 어떤 이해도 원리 및 공리와는 관계가 없고, 이를 정식화하는 명제에는 어떤 '진리'도 그 자체로서 귀속되지 않고, 원리와 공리는 현명하게 선택된 '잠재적인 정의'일 뿐이며,——그리하여 원리로부터 이끌어냄으로써 발견되는 명제와 정리에는 논리적으로 가장 단순한 '무모순적인' 연관이 주어진다. 이것은 '물질'과 '힘'이 지닌 가정적인 궁극성에 대해서도 마찬가지로 타당하다. 즉 물질과 힘은 그때마다 화학과 물리학이 문제로 삼는 특수한 현상영역의 해명에 대해 언제나 상대적이며, 앞으로도 상대적으로 남아 있을 것이다. 이런 인식론에 따르면 물질을 '절대적'이고 궁극적으로 구성하는 요소란 없다. 이 요소는 우리가 이런 '절대적인' 궁극성을 나타낼 수 없다는 점을 책임지는 아직 불충분한 연구라기보다 오히려 '불가분성' 그 자체가 그때마다 규정되는 법칙적 관계와 힘에 본질적으로 상대적인 개념(분자, 원자, 음과 양이라는 전자 등)인 것이다.

이들 연구자들은 실제로 활동적인 물리학자이긴 하지만 철학자는 아니다.――이들이 전혀 대답하지 못했던 다음 세 가지 물음에 대답한다면, 여기서 요약된 이 입장에 관해 아직 명료하게 인식하지 못했던 **철학적 의미**가 분명하게 떠오를 것이다.

1. 자연현상의 형식적 · 기계적 환원은 (마흐와 반대로) 왜 **끊임없이** 필요한 것인가?
2. 이 환원은 왜, 어떻게 **언제나** 가능한 것인가?
3. 이 환원은 왜 결코 일의적인 것이 아닌가?

보유 1: 감관지각과 사고에 관한 운동형 이론이 타당하다면, 해당 사태가 주어지는 동일한 대상이 우리의 신체적인 조직에 어떤 운동을 (넓은 의미에서 '자극'을) 규정하고, 이 운동이 적어도 어떠한 '반응운동'(Gebenbewegung)의 최초 실마리, 즉 이 운동에 대한 운동의 사태를 규정한다는 사실 없이는 우리가 당연히 어떤 자연의 사태도 지각하고 관찰할 수 없을 것이다. 운동과 반응운동이라는 모든 순환과정은 먼저 지각내용과 상응한다.[1] 따라서 자연에 대해 행하는 우리의 모든 가능한 사상은 바로 이런 반응운동 내지 직관적이고 사상적인 예비구상과 도식을 사상에 불러일으키는 데 적합한 그런 운동과 이 운동의 가능한 연관에 다만 지속적으로 관계할 수 있을 따름이다.

오직 우리 운동의 태도에 대해서만 가능한 직 · 간접적인 자극으로서 자연은 우연적 본질존재로서, (여기-지금에 있는 사태로서) 그때마다 우리에게 알려질 수 있는 것이다.[2] 이때 사상은 그 자체 자연의 실재적인 것과 현실적인 본질존재에 대한 직접적인 **지향관계**에 놓여 있는 것이 아니라 인과적 관계에 놓여 있고, 더욱이 현재적인 지각에서 기대할 수

---

1) 『동정』, V 참조―편집자.
2) 푸앵카레, 『과학과 가설』(1906)을 참조.

있는 어떤 지각을 가능하게 하는 저 운동에 대한 우리의 자의적이거나 비자의적인 운동태도에 대해서도 인과적인 관계에 놓여 있다. 그러나 사상이 특히 지각 속에 나타나는 실제적인 것과 '일치하는가', 일치하지 않는가 하는 문제는 이 수행가치에 대해 전혀 무관한 것이다. 이때 수행가치는 교환가능한 어떤 임의적인 주관에 작용하는 가능한 자극운동을 (더욱이 임의적이고 가변적인 목적을 위해) 지배할 수 있는 자발적 운동으로 우리를 이끌어가기 위해 동기를 부여한다. 따라서 형식적 · 기계적인 자연해석의 **필연성**은 가능한 **운동충동**을 우리들 속에 불러일으킬 수 없는 것과 ——충동의 존재와 본질존재 그 자체를 도외시한다면—— 저 충동을 불러일으키는 운동을 우리에게 표시할 수 없는 것을 우리가 지각하거나 이해할 수 없다는 사실로부터 생겨난 **결과**인 것이다. 그렇기 때문에 자연현상의 기계적 환원이 필요한 이유를 우리는 이런 두 조건, 즉 자연현상만이 우리에게 **가능한** 경험의 대상이 될 수 있다는 조건 아래서 충분히 제시할 수 있다. 자연을 진리에 따라 이해한다는 것은 운동형 지각이론과 지성이론을 전제로 하여 어떤 기계적 모델을 고안해내는 것과 다른 것이 아니며, 이 모델에 따라 우리가 자연현상을 엄밀히 동일한 현상으로 직접 창조하거나 창조해낸다고 생각할 수 있다.

볼츠만은 맥스웰보다 한층 더 예리하고 명료하게 이 사상을 설명한다. 볼츠만은 이론물리학의 방법에 관한 논문[3]에서 세 가지 중요한 방법을 구별한다. (1) 경험적 · 귀납적 방법. 이것은 관찰한다는 사실에서 출발하여 어떤 개념, 이를테면 물질의 개념을 규정하여 연구해야만 하는 법칙관계에서 문제되지 않는 (예를 들어 자유낙하의 경우에 지상과 거리가 다른 높이에서 측정한 무게) 계속적인 성질들을 주어진 물체에서 삭제해버리는 방법이다. (2) '유클리드적' 방법. 이것은 선천적으로 통찰적이고 명증적인 것으로 간주되어온 원리로부터 연역하는 방법이다. (3) 그 자신의 역학에서 사용한 방법.[4] 이 방법에서 우리는 선천적

---

3) 볼츠만, 『통속적 저작』(*Populäre Schriften*, 1905)을 참조.

이거나 명증적일 필요가 없으며 단지 알려진 이론과 사실을 가능한 한에서 단순히 연역하기 위해 선택한 **임의의** 전제를 받아들인다. 이에 상응하여 볼츠만은 다음과 같이 단정한다. 즉 "무엇이 참인지, 거짓인지를 결정하는 것은 논리학이나 철학, 형이상학이 아니라 결국 행위(Tat)다. 그렇기 때문에 나는 기술의 성과를 자연과학의 부차적인 부스러기라고 보지 않고, 자연과학에 대한 **논리적 증거**라고 본다. 실천적 성과를 목표로 삼지 않는다면, 우리는 어떻게 추리해야만 하는지를 알지 못할 것이다. 실천적 결과를 지닌 그런 추리만이 올바른 것이다." 마찬가지로 물리학자 프랭클린(W.G. Franklin)의 말을 제임스가 인용한 다음 구절도 물리학을 이와 같이 이해해야 한다는 점을 정확하게 밝혀주고 있다. "물리학이 물질과 분자와 에테르에 대한 과학이라는 견해는 비록 학자들이 이런 견해를 가지고 있다고 하더라도, 물리학에 대한 가장 불건전한 이해라고 나는 생각한다. 이에 반해 비록 학자들이 이런 견해를 전혀 가질 수 없다고 할지라도, 물리학이 사물을 우리의 위력 속으로 받아들여 운동 속에 설정하는 그런 수단에 대한 과학이라는 견해가 가장 건전한 이해다"(『과학』Science, 1903. 1. 2.).

이 이론과 견해가 마흐나 아베나리우스의 이론과 매우 다르다는 것은 이미 언급했다. 감각주의적 인식론자인 이들은 **운동**의 근원현상이 왜, 어떻게 해서 오늘날 모든 형식적 · 기계적 자연해석의 궁극적 독립변항(獨立變項)이 되는지에 대해 어떤 변명도 할 수 없지만,──이 물음에 대한 그들의 최후변론은 "그것은 역사적 우연이다"라는 말이다──이미 언급한 견해만으로도 충분할 것이다. 왜냐하면 그들에게 운동은 마흐의 경우처럼 감각내용, 즉 임의적인 다른 감각들이나 '요소들' 가운데 있는 한

4) 귀납적 · 연역적 방법에 대해 형식적 공리주의라 불리는 입장의 방법을 말한다. 이런 방법을 푸앵카레, 듀이는 '인습주의'(Konventionalismus)라 부른다. 그 가장 극단적인 표현은 카르납의 '관용의 원리'(principle of tolerance)에 잘 나타나 있다. 카르납의 『언어의 논리적 구성론』(*Logische Syntax der Sprache*, 1934)을 참조─옮긴이.

'요소'가 아니라, (자극운동으로서) 객관적이고 (운동형의 신경지배 또는 사상적인 운동도식으로서) 주관적으로 오직 가능한 모든 감각과 지각이 **출현하기** 위한 최상위의 가장 필연적인 **기본조건**이기 때문이다.

그러나 운동현상의 저 특수지위에 대해 순수논리적인 동기가 책임을 져야 하고, 자연을 **무모순적**으로 이해하는 것과 자연을 **형식적·기계적으로** 이해하는 것이 동일하다고 주장하는 낡은 합리주의와 구별되는 이 견해의 차별성——과 특징——은 매우 명백하다. 분명히 잘못 적용된 논리적 원리 대신에, 여기서 모든 가능한 지각이 지각하는 어떤 **생명체**에 나타난다는 조건을 달고 있는 어떤 법칙이 나온다. 이 법칙에 따라 지각과 이에 못지않게 운동의 도식을 미리 구상하는 '지성'은 우리의 정신물리적 주관에 대한 자연의 작용과 **자연에 대한 주관의 반작용** 사이에서 활동하는 **중계작용**(Zwischenakt)에 지나지 않는다.[5]

칸트의 이론과 함께 이 이론이 공유하는 특히 중요한 원리는 자연**경험**의 조건이 또한 과학에 의한 **자연해석의 최고법칙**을 자기 자신 속에 포함하지 않으면 안 된다는 원리다. 이 원리는 결국 우리 자연경험의 근원이며, 더욱이 (경험하는 주관의 모든 개별적 특수성과는 무관한) 본질법칙적인 근원이다. 이 원리에 따라——사상 그 자체가 아니라——가능한 경험의 대상으로서 자연을 어떻게 해석할 것인가 하는 방향이 결정된다. 확실히 이 경험이 이중으로 주어지는 방향이라는 의미에서, 즉 바로 지각과 공간·시간적 직관으로서 그리고 사고로서 **운동형-실천적**으로 제약되고 있다는 통찰은 새로운 것이다. 따라서 칸트의 중요한 원리가 말하는 궁극적 의미에서 원칙적으로 새로운 적용을 모색한다. 나아가 공간과 시간에 대한 운동의 관계를 규정하는 것도 새로운 것이다. 칸트에게——이 점에서 뉴턴의 경우도 마찬가지로——자연에 대해 가정하는 운동과 그 법칙이 이와 같이 생각된 결과, '순수' 공간적·시간적 직관에

---

5) 우리는 ① 우리 자신을 향해 운동하지 않는다는 것, ② 우리가 어떤 의미로도 운동 '시키고 싶지' 않은 것을 모두 지각할 수 없기 때문에, 우리의 가능한 지각의 내용도 운동도식에 의해 항상 명료하게 규정될 수 있어야만 한다.

의해 가능한 선천적 종합판단은 무조건 유지되어야만 한다. 오히려 운동현상, 즉 가능한 운동의 총체가 지닌 각기 다른 차원들에서 비로소 공간과 시간이 도출된다는 우리의 이론에 따르면 거꾸로 공간과 시간이 이와 같이 생각된 결과, 가정할 수 있는 운동과 운동의 법칙이 유지되고 생각될 수 있는 것으로 남아 있다.

보유 2: 그러나 지각과 사고에 관한 이 견해에 따르면 형식적·기계적인 자연해석의 필요성과 함께 언제나 자연현상을 설명하기 위한 어떤 기계적 모델을 발견할 확실한 **가능성**이 이미 주어져 있다. 왜냐하면——어떤 감관여건에서 언제나 나타나는——외적이고 내적인 **운동현상**이 아무런 존재우위도 소유하지 않지만, **소여성**에서 **우위**를 차지할 때 또는 그밖에 다른 모든 가능한 지각의 소여성이 나타내는 서열에서 우위를 차지할 때, 이 가능성은 필연적으로 있어야만 하기 때문이다. 그러나 이런 우위는 이중적 의미에서 나타난다. 먼저 [첫째로] 감각여건에 의해 표시된 징표가 우리에게 더 이상 분리될 수도, 구분될 수도 없는 공간적 간격과 시간적 간격이 이미 **운동의 통로**로서 (또는 변화로서) 간격이라는 점을——그리고 이것이 모든 감관의 양태 내부에서 그렇다는 점을——우리는 알고 있다. 나아가 정지하고 있는 간격으로 주어져 더 이상 어떤 구별된 체험도 생겨나지 않는 간격도 운동의 통로로서 주어질 경우에는 이들 사이의 비교가 훨씬 수월하다는 점을 우리는 알고 있다.[6]

따라서 운동에 대해 지각할 수 있는 최소한은 자연 일반에 대해 가질 수 있는 다른 모든 인상에 대해 지각할 수 있는 최소한보다 상당히 작은 것이다. 그러나 둘째로 감각과 지각의 운동이론은 (어떤 **충동자극**의 형

---

6) 카츠(*Der Aufbau der Tastwelt*, Leipzig, 1925)에 의해 진동감각과 촉각이 다르다는 것이 발견되고, 이 두 감각을 구별하는 식역(識閾)이 발견된 이후—진동감각의 식역이 촉각의 식역보다 상당히 높은 것으로 카츠는 촉각에 대항하여 진동감각을 원격감각이라고 불렀는데, 이것은 정당한 것이다—우리는 진동의 운동체험(가장 단순한 여건으로서 '매끄럽다' '까칠까칠하다')이 촉각('딱딱하다' '부드럽다'와 같은 성질)보다 우위에 있다는 점을 인정한다.

식에서) 변경된 운동적 입장의 체험이 조건으로서 모든 새로운 지각작
용에 선행한다——동시에 이 충동자극의 서열이 또한 지각의 순수감수
적이고 양상적·질적으로 규정된 지각재료에 선행한다——는 사실을
보여준다. (어떤 공간직관의 생성에 대해 구성적인 공간위치를 감각내
용과의 분리가능성 및 감각의 변전과 무관한 이 공간적 위치를 불변적으
로 배치하는 것은 감각내용과 무관한 동시적 존재 및 순서라는 충동자극
의 서열로 환원된다.) 그러나 우리가 자연현상을 원리적으로 (그 가능한
경험의) 독립변수로서 요소, 즉 모든 자연현상이 임의로 나타날 때 소여
성의 서열 속에 있는 가장 무조건적이며 엄밀하게 법칙적으로 선행하는
이 요소로 환원시켜야만 한다는 사실은 일반적으로 자연의 가능한 인식
과 경험의 본질법칙적 서열이——그러나 우리에게 알려지지 않고, 가능
한 관찰에 의해서도 결코 인식될 수 없는 자연존재의 서열이 아니라——
우리 자연 해석의 목표와 방법을 규정한다면 자명한 것이다. 따라서 관
계하는 사고의 도움을 받아 모든 형식적 메커니즘이 현상의 재료로부터
구축되는 현상이——운동현상이——소여성의 질서에서 다른 모든 가능
한 현상에 앞서 주어지는 경우에[7] 형식적·기계적 모델은 언제나 어떤 자
연현상의 인식근거로서 가능해야만 한다.

따라서 이에 따라 다른 모든 현상들과의 관계에서 운동의 존재적인
'근거가 되는 것'도 아니고, 좀더 낫다고 추측되는 논리적·수학적인
'개념적 명백성'(Begreiflichkeit)도 아니며, '역사적인 우연'도, 자의적
인 '유추'(마흐)도 아닌, 자연이 항상 자신 속에서 자신에 따라 창조하
듯이 존립하고 있는 바로 이런 소여질서의 법칙만이 언제나 형식적·기
계적인 해석을 가능하게 한다.

보유 3: 그러나 또한 형식적·기계적 자연해석의 필연성과 절대적으
로 보증되는 가능성에도 불구하고, 이 해석은 결코 일의적일 수 없다.——

---

7) 그리고 다른 한편으로 지배할 수 있다는 조건을 충족시키는 것만이 우리에게
지각이 가능하기 때문에, 모든 지각가능한 것은 기계적으로 설명될 수 있어야만
한다.

사물은 다만 '세계상의 통일', 선택된 원리의 단순성, 경제성, 합목적성, 논리적 설명능력처럼 다른 방법으로 확보된 가능한 한 많은 명제나 공리들에 대해 선택된 원리를, 다시 말하면 순전히 존재적인 **사상**의 진리에 대해 전혀 무의미한 이론의 인식가치 기준을 논리적으로 **동등한** 형식적·기계적 모델들 중에서 하나를 **선택**하는 것을 허용하고, 요구할 뿐이다. 이런 세 번째 주장은 형식적·기계적으로 자연을 해석하는 이 견해에서 이해되며, 그것도 본질법칙적이고 필연적으로 이해된다. 이 원리적인 비일의성, 즉 모든 기계적 모델이 설명을 통해 동일한 것을 수행하는 다른 모델을 무한히 열거함으로써 치환될 수 있다는 바로 이 사실은 운동이 자연의 다른 현상보다 존재적으로나 순수합리적으로 우위를 —— '개념적 명백성'의 우위를 —— 나타낸다면, 당연히 선천적으로 배제될 것이다. 이때 형식적·기계적 해석은 확실히 바로 사실적으로 엄밀하게 규정된 **일의적인** 해석임이 틀림없다. 그러나 비록 필연적이고 파괴되지 않지만 오직 '**소여성의 질서**'만이 —— 따라서 그 자체 현실적인 대상성으로서 자연이 아니라, 모든 **생명체** 일반에 대해 **가능한 경험**의 대상 '에 **불과한**' 것으로서 자연의 서열만이 —— 형식적·기계적 해석을 요구하고 동시에 언제나 **가능**하게 하는 경우에 사태는 전혀 달라진다. 이런 경우에는 모든 자연현상에 대해 구체적으로 **하나의** 기계적인 해석이 있는 것이 아니라, 한없이 무수히 고안해낼 수 있는 메커니즘이 자연현상의 근저에 틀림없이 놓여 있을 수 있다. —— 동일한 기술적 목표에 대해 그 자체 무수히 많은 '기계'가 제조가능한 것으로 생각될 수 있다는 것과는 원리적으로 다른 의미다. 이 경우에 기계적 자연해석이라는 과제의 다의성은 자연과정을 파악하는 모든 임의적 지각에 대해 타당한 **소여질서**의 **본질법칙**이 기계적 모델을 사고상으로 구성할 수 있는 가능성에 대한 최고근거로부터 나온 결과다. 이 기계적 모델의 안내에 따라 우리는 자연에 실천적으로 개입할 수 있으므로 이 기계적 모델 위에 구축된 우리의 사상적 기대는 다음에 오는 지각으로 충족되고 확인된다.

따라서 이런 기계적 모델 자체는 우리 의식 바깥에 있는 **실재성**을 모사한 것이거나 우리 인간의 감각내용에 의해 단지 주관적 의미 속에 그 '자리'가 지정된 형식적인 종류의 관계구조도 아니며, 또한 그래서도 안 된다.──이런 형식적인 종류의 관계구조는 이른바 언어로 번역되거나 유기체의 임의적인 감각적 기관조직과 기능조직의 지표로 번역될 수 있지만, 그 자체로 존립하는 형식적·기계적 관계구조와 동일한 것이고 일의적으로 부합되는 것이다. 이런 모델은 오히려 하나의 순수사상의 구성 물이며, 자연의 실재성과 그 현실적 본질존재에 대해서 의미를 요구하는 것이 아니라, 우리의 기대에 부합하고 또한 이에 부수하는 미래의 지각에 대해서만 의미를 요구한다. 그러나 동일한 자연현상이 그 결과로서 구성될 수 있는 모델의 전 계열 속에 계속해서 동일한 것으로 남아 있는 것은 이 모델 모두를 공통적으로 지배하지만, 유감스럽게도 추상적인 수로서 공간·시간·운동이라는 모든 종류의 양에 관계하는 같은 **함수 방정식**(Funktionalgleichungen)뿐이다. 오직 이 함수방정식에 대해서만──형식적·기계적 모델에 대해서가 아니라──우리는 일의성을 이전과 다름없이 요구하는 것이다.

자연에 대한 이상적으로 완수된 형식적·기계적 해석이──따라서 자연을 마음대로 지배하는 것이 우리에게 허용되는 그런 해석이──주어진다 하더라도, 본질존재의 직관적 충족에서 어떤 자연현상도 일의적으로 규정되지 않는다는 이 명제는──단지 다른 형식으로──위와 동일한 것을 표현하고 있을 따름이다. 동일한 이상적으로 완수된 형식적·기계적 자연해석을 충족시키는 무한수를 근본적으로 다르게 직관하는 자연도 또한 언제나 주어질 수 있다. 따라서 유명한 라플라스의 세계정식(Weltformel)[8]은 '모든' 자연현상을 더 이상 일의적으로 규정하지 않으므로 가장 단순한 현상조차도 일의적으로 규정되지 않는다. 라플라스의

---

8) 이것은 라플라스의 철저한 결정론적 자연관을 가리킨다. 다만 그는 결정론에 덧붙여 확률론적 관점에서 극단적인 다양성을 자연에 인정하기 때문에 일의적인 사상연관이란 다만 이념적으로만 이해되고 (유명한 '라플라스의 영혼'에 의해서만 이해되고) 본질존재적으로는 규정이 불가능한 것이 되고 만다─옮긴이.

정식은 우리의 자발적이고 자유로운 의욕과 운동이 개입하여——자연 그 자체가 아니라——우리가 원리적으로 **접근할 수 있는** 자연현상을 마음대로 제어할 수 있는, 즉 자연현상을 회피하거나 다시 불러올 수 있는 전체성에 대한 자연의 위치와 점(点)을 압축적으로 지정하고 있을 뿐이다.

그러나 언뜻 볼 때 **일의적인** 자연해석을 추구하는 오늘날 이론물리학이 폐기시켜버린 것처럼 보이는 이 이론은 '일반상대성 이론'이라 부르는 이론물리학의 매우 본질적인 부분과 본래 다른 어떤 것을 의미하는가? 확실히 아인슈타인의 이론이 출발하는 점과 그 특수한 수학적·물리학적 성과는 영국의 연구자들이 설정했던 과제와는 근본적으로 다른 것이고, 본질적으로 다른 것이다.——그러나 **철학적인 궁극내용**에서는 다르지 않았다. 도대체 공간, 시간, 운동에 관한 모든 외연적 양과 내포적 양이 순전히 4차원적 공간·시간체계 속에서 '관찰자의 입장'과 관련한다는 이 명제는 다른 좋은 말로 표현할 때, 결국 모든 자연현상이 무수히 많은 메커니즘으로 설명될 수 있다는 말에서 표현되는 것과 무엇이 다른가? 단지 로렌츠 변환(Lorentztransformationen)만이 하나의 논리적 통일을 위해 이 세계상을 서로 결부시킨다. 이때 통일 그 자체는 물론 절대적인 통일이다.

그러나 위에서 언급한 형식적·기계적 자연이론에 대한 이해는 또한 다른 관점에서 그런 이론의 **인식가치**를 매우 심오하게 바꿔놓는다.

이런 자연이해는 **존재론적으로** 생각되어온 이른바 제1성질과 제2성질의 구별을 완전히 폐기해버린다.——그렇지만 이 구별은 (흄, 마흐, 아베나리우스의 감각주의적 이론과 분명히 구별되는) 소여의 질서에 따른 **구별**로서 유지된다. 또한 외연량(및 직접적으로 측정가능한 외연량으로 환원되는 한에서 내포적이고 동적인 양)은 아무 절대적인 불변성도 지니지 않는다. 연장을 지닌 '물질'도 이 점에서는 마찬가지다. 일찍이 라이프니츠, 칸트, E. v. 하르트만이 시도했던 것처럼 물질의 형이상학적·

동적인 구성만이 아직 사변적 가능성을 남겨두고 있다.[9] (공간·시간형태를 여전히 참된 존재형식으로 간주하는 아리스토텔레스 및 스콜라학파와 반대로) 낡은 기계적 자연론이 제거하고 그 대표자들이 그런 직관적·현상적인 드러남을 '마음'의 산출적인 힘 때문이라고 주장하는 공간형태와 시간형태뿐만 아니라 현대의 유명론이 인간주관의 산출적인 힘에다 보편적으로 부여했던 자연대상의 관념적 의미, 끝으로 이에 못지않게 이른바 감각성질도 (그 가장 단순한 내용과 그 이념적인 합법칙성이 문제되는 한에서) 자신의 존재론적 타당성을 회복한다.

그러나 이때 이 모든 것과 '제1'성질을 함께 (버클리나 리케르트처럼) '의식 일반'의 우리에 감금하는가——아니면 반대로 모든 그런 현상적 규정 속에 주어지거나 가능한 '물체형상'에다 모든 '의식'의 피안에 있는 (이념적인) 실존을 덧붙이는가, 즉 이 현존을 아무리 사변적으로 규정한다 해도 생명체에 대한 현존재 상대적인 관계에서 이런 물체상에 나타나는 모든 힘의 '객관적 현상'의 실존을 덧붙이는가?——이것은 모두 유의미한 철학적 물음이다.

이 물음의 해결은 무엇보다도 우리가 초개인적인 동시에 종을 넘어선 유일한 삶의 동인을 (생물학의 문제에 근거하여) 가정하는지 않는지의 여부에 달려 있다. 낡은 기계적 생물학이 영원히 몰락해버리고, 존재와 사건의 초기계적인 형태의 합법칙성을 일찍이 물리학에 도입하려고 한 쾰러의 새로운 '물리학주의'(Physikalismus)도 '활력설'(Vitalismus)

---

9) E. v. 하르트만, 『범주론』(*Kategorienlehre*)과 『현대 물리학의 세계관』(*Die Weltanschauung der modernen Physik*) 참조. 나아가 『자연과학』(*Naturwissenschaften*, 1924), 제12권, 28~30호에 수록된 바일의 논문, 「물질이란 무엇인가?」(Was ist Materie?)에 들어 있는 철학적으로 매우 계발적인 논술을 참조.

10) 드리슈가 아리스토텔레스의 엔텔레키아(Enthelekia)에 착안하여 자신의 활력설의 기본개념의 하나로 삼은 것을 말한다. Entelechie 또는 Psychoid는 심적인 에너지의 근원이 되는 그 자체 목적적이고 전체적으로 비물질적인 힘이다. 드리슈의 『활력설』(1922), 제2판을 참조-옮긴이.

의——활력설이 특수한 형식을 형성하는 요인(Entelechien)[10]의 도입을 요구하는 한에서(드리슈)——유의미하며 부분적으로 효과적인 비판에도 불구하고, 비판의 측면에서 볼 때 객관적이고 주관적인 측면에 따라 유기적인 삶을 이해시키는 데 불충분하다고 확신한다면, 형식을 형성하는 삶의 동인이 아니라 기능을 규정하는 삶의 동인을 회피하지는 않을 것이다. 그밖에 스스로 잘 조직된 이런 삶의 동인, 즉 종적 삶 속에서 작용할 뿐만 아니라 다양한 생산과정 속에서——동인이 시간적으로 그 구조를 형성하는 유기체의 경험을 끊임없이 새롭게 이용하면서——말하자면 '학습하는' 삶의 동인이 지닌 초개인적이며 종을 넘어선 통일을 우리에게 유발하는 강압적인 사실이 있다면, 우리는 물체의 '이미지'에 인간의 의식과는 무관한 존재를 부과하지 않으면 안 될 것이다.[11] 즉 무기적인 '물질화'의 동적인 요인이 삶의 일반적 동인에 대해 갖는 관계와 관련된 존재를 부과하지 않으면 안 될 것이다.[12] 왜냐하면 그 자체 비실재적인 외연적 물체형상이 어떤 경우에도 이미지가 현상하는 **활력적인**——결코 '정신적'이거나 '의식적'이지 않은——주관을 요구한다는 것은 그만큼 확실할 것이기 때문이다. 또한 상대적인 공간, 상대적인 시간, 상대적인 운동이 이성(Ratio)에 상대적인 것이 아니라, 직관적 이미지의 내실로서 (오로지 '실제적' 동적인 요인 속에서 그 '사물 속에 있는 토대'fundamentum in re를 도외시하면) **활력적인 마음**과 그 정돈된 **합목적적인 충동충격**에 상대적이기 때문이다.

배고픈 사람과 허기를 상상하는 사람 앞에 이미지로서 음식이 떠오르

---

11) 앞의 논문, 146쪽 이하에 해당하는 설명을 참조. 그리고 이 논문 VI을 참소-편집자.

12) 이 점에 대해서는 『동정』, A. IV. 5에서 하나의 통일적인 초개인적 삶을 가정하는 것으로 나를 이끌었던 독특한 심리학적 근거를 참조. 그리고 베허, 『식물분노가 지닌 타인에게 유용한 합목적성』(*Die fremddienliche Zweckmäßigkeit der Pflanzengallen*, 1917)과 드리슈의 『유기적인 것의 철학』(*Philosophie des Organischen*, 1921), 제2판, 특히 B. IV. 2 「엔텔레키언 수의 문제」(*Das Problem der Zahl der Entelechien*)를 참조.

는 것에서 유추하여 다음과 같이 생각할 수 있을 것이다. 즉 비유기적인 힘의 요인이 삶을 역동적으로 동기지어준다면, 어떤 삶의 우주적인 충박(Drang)이 그 자신 속에 내재하고 모든 활력적인 마음에 귀속되는 산출적인 구상력 덕분에 물체형상을 스스로 나오게 하는 것이다. 비록 모든 규정에도 불구하고 이런 경우에는 이 '이미지'가 인간의 주관과 의식에 대항하여 독립적이고 법칙적으로 정돈된 존재를 지닌다 할지라도,——순전히 '이념적'일 뿐이라 하더라도——그 이미지는 이미 **활력적으로 존재상대적**이고,——바로 하나의 우주적인 삶 그 자체에 대해 존재상대적이다. 이 이미지에 대한 우리의 지각과 표상 및 모든 동물들의 지각과 표상은 이런 객관적인 이념적 이미지 세계의 불완전한 측면도이고, 부분적인 내용에 지나지 않으며, 우리와 동물 종의 특수한 정신물리적 조직에 의존하는 것이다.——그것은 또한 우주적 삶을 우리의 종 또는 우리의 유기적인 개별존재로 데려오는 특히 활력적인 기능의 뭉치이고, 충동의 뭉치에 상응하는 것이다.

다음으로 공간, 시간, 운동 및 이들의 합법칙성에도 우리는 전체적인 삶(Alleben)[13]에 대해 상대적인 실존을 부과해도 좋을 것이고, 인간을 포함한 모든 유기체와는 독립적이며, 다만 객관적으로 관념적이지만 실제적으로 존재하지 않는——말하자면 보편적 삶이 **생산적으로 바라보는** 형식으로서——실존을 부과해도 좋을 것이다. 이에 따라 운동과 변화의 가능한 존재차원, 좀더 예리하게 말하자면 **정돈된 형상이 변전하는 현상을** 가능하게 하는 존재의 차원으로서 공간과 (상대적인) 시간은 신 그 자체의 직관형식(신의 감관sensorium Dei)이라 간주했던 형이상학자로서 뉴턴이 그랬던 것처럼, 절대적·현실적으로 현존하는 것도 아니고, 또한 칸트에게서처럼 인간이 지닌 단순한 선험적인 직관형식도 아닐 것이

---

13) 전체적인 삶이란 이미 언급한 우주적 삶(das universale Leben)과 거의 같은 말이며, 소우주(Mikrokosmos)로서 개체적인 삶의 현존재와 본질존재의 근거가 되는 이념적인 전체적 삶을 말한다. 나아가 이 말은 셸러의 존재론을 이해하기 위한 열쇠인 기본개념이다—옮긴이.

다. 왜냐하면 일찍이 공간과 시간은 일반적으로 직관형식이 아니라, 원초적인 **활동형식**이고, 무엇보다도 이 활동의 결과가 직관되기 때문이다. 그것은 힘과 충동의 형상-현상이 나타나는 '형식'이다. 나아가 **절대적·실제적으로** 현존하는 것은 공간, 시간, 운동에 부과되는 것이 아니라, 객관적으로 현상하는 형식인 힘(힘의 중심과 힘이 나타나는 장소)이거나 역동적인 힘의 관계에 부과되는 것이다. 공간, 시간, 운동은 확실히——유신론자인 뉴턴이 생각했듯이, 신은 정신적인 존재이고, **오직** 정신적인 존재여야만 하는 한에서——뉴턴적 의미에서 신의 직관형식이 아니다.

왜냐하면 (적극적으로) 이들은 바로 정신적으로 관련된 것이 아니라 **활력적·충동적으로 관련된** 것이기 때문이며, 또한 (소극적으로) 순수정신적인 주체는 그 상관항으로서 어떤 '감관'(sensorium)을 갖는 것이 아니라, 오직——'형상'이 아니라——'본질성'과 '이념'을 가질 수 있기 때문이다. 감관(과 운동기관 motorium)은 본질법칙적으로 **생명체**에 속하고, 오직 생명체(아니 '동물')에만 속한다. 그러나 동물과 어쩌면 모든 생명체까지도 어떤 시간적·공간적이고 변화·운동하는 환경세계를 이미 '소유하고 있기' 때문에, (이때 '환경세계 속에 있는 존재'는——환경세계를 몰아적으로 파악하거나 '소유함'으로써——아직 지식으로서 파악한 것을 의미하지 않고, 하물며 '의식'으로서 파악하지 못하는 것이 틀림없다) 공간과 시간이 **오직** '인간'만의 직관형식일 수 없다. 인간으로서 인간, 즉 동물과 **구별되는** 인간 덕택에 공간직관과 시간직관을 지니는 것이 아니라, 비록 인간이 동물과 다른 형태를 갖추고 있다고 하나 **생명체로서** 인간이 공간직관과 시간직관을 지니는 것이다. 그러나 유기적인 것이 직관하는 오직 주관적인 형식으로서만 직관형식은 공간·시간의 체계일 수 없다. 왜냐하면 시간·공간의 전제 아래서 무기적 자연을 형상의 세계로 설정하는 현실적인 힘은 단지 인간의 조직에 의해서만 제약되는 순수 '주관적'인 여건(Daten)으로서 운동과 운동법칙에서 추론할 수 있는 것이 아니기 때문이다.——그리고 본질적으로 존재할 수 있고 본질존재적으로 존재할 수 있는 '물 자체'는 모순이기 때문이다.

공간(과 상대적 시간)이 하나의 '잘 정초된 현상'(phaenomenon bene fundatum)이라는 라이프니츠의 규정은 그의 관념론적·유심론적 형이상학이 아무리 존립하기 어려운 것이라 해도, 칸트와 비교해볼 때 옳은 것으로 남아 있다.

그러나 기계론적 해석의 필연성과 가능성, 다의성이라는 세 가지 주요명제를 지닌 형식적·기술적 자연관의 실용주의적 최종적인 형식도 또한 실용주의의 측면에서 볼 때 생명체에 대한 기계론의 현존재 상대성을 무조건 요구한다——즉 동시에 생명체 또는 생명과정의 기계론적 설명을 필연적으로 배제한다——는 사실도 적지 않게 주의해야 할 만한 가치가 있다. 왜냐하면 다의적인 기계론적 모델은 자발적인 생명운동을 통해 자연을 지배할 수 있고, 제어할 수 있게 하기 위해 다만 '구성되어 있을' 뿐이며, 자연현상의 존재적(이고, 일의적·절대적인) 근거와 '원인'으로서 '인식되는' 것이 아니기 때문이다. 따라서 이 모델의 모든 총체는 생명체 일반의 가능한 (상대적으로) 자유로운 지배에 대해 현존재 상대적인 모든 형식적인 자연의 메커니즘이며, 지식상대적인 자연메커니즘의 인식이기 때문이다. 아니 소여성의 서열뿐만 아니라 이런 구성을 가능하게 하는 운동과 공간·시간체계의 선소여성도 살아 있는 것 일반의 본질에 대해 현존재 상대적이다. 그렇다면 대상 A가 현존재 상대적이고, 그 결과 A의 인식이 인식상대적인 X는 대상 A와 동일한 존재론적 원리와 지식-원리에 의해 결코 설명할 수 없다는 점과 다른 한편으로 A의 X 자체에 대한 현존재 상대성이 인식가능해야만 한다면, X의 인식도 가능하지 않으면 안 된다는 점은 일반적인 인식론의 매우 명증적인 명제이기 때문에,——따라서 형식적인 자연의 메커니즘에 대해 현존재 상대적인 '삶'은 결코 그 자체 기계론적으로 설명될 수 없다는 것은 분명하다. 삶이 자신의 자발적인 지배운동을 위해 수행하는 구성은 그 자체 다시금 삶에 적용될 수 없다.——기계론이 오직 이성적·정신적인 주관에만 상대적이라면, 다시 말해 논리학과 분석이 이미 이 기계론을 필연적으로 요구한다면, 이것은 겨우 가능하거나 의미가 있을지 모른다. 그러나 기계론이 자신에 대해 자명하게 현존재 상대적인 것과 함께 감각 · 운동형의 생명조직 일반과 그 '가능한 관찰자로서의 입장'에도 또한 상대적이라면, 즉 기계론이 실천적이고 생물학적으로 상대적이라면, 기계론적인 삶의 해석은 원리적으로 불가능하다. 삶은——그것이 제아무리 자율적이고 생물학적인 법칙에 따라 합법칙적으로 규제된다 하더라도——자연의 메커니즘에 대립해 있는 **자유롭고 자발적인 운동**인 것이다.

적어도 초개인적인 삶을 기능적인 방식의 자립적 동인으로 삼는 형이상학적 가설을 거부한다면, 형식적인 자연메커니즘은 인간의 실천적인 목적을 위한 구성물, 즉 순수주관적인 인간적 구성물이다. 이 가설을 허용한다면, 사정은 다르다. 이때 우리가 존재론적 의미에서 인식할 수 있는 자연의 일의적이고 형식적인 메커니즘이란 존재하지 않는다. 그러나 이때 한 유기체의 살아 있는 전체성에 대해서는 물리학적인 기능체계와 기관체계에 관계하는 것과 다르지 않게 전체적 삶에 관계하는 (객관적 · 관념적인) 형식적 · 기계적인 체계가 현존한다. 하지만 이 체계는 모두 능산적 자연(natura naturans)의 기술만을 형성하고, 그 논리를 형성하는 것이 아니며, 하물며 목적지향적이며 목적론적인 의미를 형성하는 것은 더욱 아니다.——이 체계는 중간세계를 형성하고, 중간세계를 가지고 이미지를 창조하는 삶이 무기적인 힘의 요인의 자극에 자신의 물체상을 전(前)의식적으로 창조하고 구성한다. 그러나 이때 이 메커니즘, 또는 좁더 좋게 표현하면, 이 사실적 메커니즘은 일의적으로 절대적인 것이 결코 아니다.

형식적 · 기계적인 구조를 지닌 자연법칙은——그것이 실제로 자연법칙이고, 순수 형식적 · 수학적이며 운동학적인(kinematische) 본질연관이 아닌 한에서, 즉 사건의 형식적 · 기계적 법칙성에 어떤 체계구조의 유지를 미리 규정하는 본질연관에서 도출되거나 정적이고 동적인 참된 형태법칙이 (대수의 법칙, 아리스토텔레스적 의미에서 ὡς ἐπὶ τὸ πολύ의 법칙) 아닌 한에서,——이런 경우라면 오직 **통계학적인 성격을 띤 법칙**에 불과하다. 이 법칙은 사상의 객관적 가능성에 관한 개연성의 규칙이다.[14] 현대 물리학이 적어도 형식적·기계적 성격을 띤 모든 '자연법칙'에 관해 (즉 현상의 직접적인 시간계기繼起와 사건의 공간적 접촉을 구조로서 가지는 모든 법칙에 관해) 이미 상당히 접근해 있는 이런 결과는 형식적·기계적 '자연법칙'에 대한 우리의 믿음이 생겨나는 근원에 대해 실용주의적 인식론이 가르쳐주는 바와 엄밀하게 부합한다. 실용주의 인식론이 가르쳐주는 것은 이런 믿음이 연역적으로도, 경험적·귀납적으로도 정초될 수 없고(밀), 마찬가지로 (칸트가 가르쳐주는 바처럼) '가능한 경험'의 이념에서 근본명제를 연역한다는 원리에 따라 현상 일반의 객관적 시간계기를 정돈하기 위한 조건도 아니라는 것이다. 오히려 이런 믿음은 살아 있는 존재의 욕구와 그 충동구조에 의해 이미 함께 규정된 시간 속에 있는 동형적(同型的)인 것을 선택하는 단순한 결과이며, 이 선택에 의해 환경세계의 사물이 세계로부터 형성되고, 생명체의 가능한 지각에 대해 그렇게 존재할 수 있는 것이다. 이때 수학과 운동학의 본질연관, 나아가 물리적인 (정적이고 동적인) 형태법칙만이 순수합리적인 것이다.[15] 이에 반해 고전시대(데카르트-뉴턴-헬름홀츠)에 서로 협

---

14) 이에 관해서는 네른스트, 『자연법칙의 타당성 영역에 관하여』(*Zum Gültig-keitsbereich der Naturgesetze*, 베를린대학 학위논문, 1921)를 참조. 나아가 막스 플랑크, 『물리학의 전망』(*Physikalische Rundblicke*, Leipzig, 1922)에 수록된 논문 「동적이고 통계적인 합법칙성」을 참조.

15) 동학적 형태법칙, 즉 사상(事象)의 리듬에 대한 법칙은 양자론을 최고전제로서 필요로 한다. 조머펠트는 이에 대해 다음과 같이 판단한다. "이런 강도규칙에서는 최초상태와 최종상태의 치환가능성에 특히 주목해야 한다. 사건(das Geschehen)이란 원자의 최초상태에 대한 개연성과 최종상태로 이행하는 데 대한 약간의 개연성에 의해 주어지는 것이 아닌 것처럼 보인다. 마치 최초상태와 최종상태가 해당 양자의 비중에 의해 사건을 동등한 권리로 규정하고 있는 것처럼 보인다. 이것은 우리가 마음대로 생각했던 최초의 여건에 의해 과정의 결말을 확정하려 한 지금까지 인과성 감정과 상당히 모순되는 것 같다. 이 점에서 양자의 경험이 우리의 사고방식을 바꿀 수 있다는 것은 배제될 수 없는 것처럼 보인다. 확실히 보아의 방출조건 아래서는 원자가 방출되기 전에 미리 최종적으로 어떤 상태로 전이할 것인지를 알지 않으면 안 된다는 문제가 종종 제기되어왔다. 또한 최소작용의 원리에서도 우리는 인과적인 입장이 아니라

조적인 '자연법칙'이라고 불렀던 모든 것은 '객관적인 우연'의 법칙이다. 그러나 전체적 삶의 가설을 거부하고, 주관적이고 관념론적인 실용주의로 만족한다면, '자연법칙'의 의미는 당연히 한층 더 줄어든다. 이때 자연법칙은 어떤 지각의 소여성에서 어떤 다른 지각을 체험하기 위해 자연에 개입한다는 실천적인 '노동'원칙의 형식에서 기대의 형성을 주관적으로 제한하는 것 외에 아무것도 아니다.

그러나 끝으로——철학적으로 가장 중요하고, 지금까지 서술된 그 어떤 것보다 중요한——형식적·기계적 자연법칙, 즉 형식적·기계적 구조를 지닌 자연법칙이 결코 존재적 의의를 갖지 못한다는 것은 분명하다. 바로 이 법칙은 생물학적이고 실천적인 타당성에 대해 상대적인 것이다. 이런 모든 종류의 가능한 자연법칙의 이상적인 앎에서 바로 이 법칙은 또한 내용적·본질적·형상적·형태적으로 다른 무수히 많은 '자연'에 활동공간을 남겨두고 있으며, 이런 자연 가운데 어느 하나도 일의적으로 규정하지 않는다. 순수하고 비실천적이며 생물학적으로 비상대적인 '자연법칙'은——자연법칙을 우리가 이렇게 부르고자 한다면——오로지 (1) 순수논리학을 정초하는 형식적 존재론의 법칙, (2) 분석의 법칙과 (아마도) 위상기하학(位相幾何學)의 법칙, (3) 자연의 물리학적·화학적·생물학적 형태법칙——그중에서도 특히 동적인 형태법칙(왜냐하면 정적인 형태법칙은 동적인 형태법칙에 의해 설명되기 때문이다), (4) 구체적인 물체의 우반적이고 자의적인 '형상'의 가능성을 제한하는

목적론적인 입장을 취한다. 이런 인과성을 목적론적으로 바꾸는 것은 나에게 고전이론보다 양자론에 덜 모순적인 것처럼 보인다.
자연과학이 주어져 있는 한, 확실히 우리가 요구해야 하는 것은 관찰가능한 사건의 일의적인 명확함이며, 자연법칙의 수학적인 확실성이다. 이런 일의성은 어떻게 성립하는가, 또는 그것은 오직 최초상태에 의해서만 주어지는가, 아니면 최초상태와 최종상태의 공통적인 것에 의해 주어지는가? 이 모든 것을 우리는 아프리오리하게 알 수 없고, 자연에서 배우지 않으면 안 된다." 조머펠트, 「양자론과 보아의 원자모델의 정초」, 『자연과학』(Naturwissenschaften, 1924), 제12권, 47호를 참조.

실질적인 본질연관(이념연관과 근원현상의 연관)뿐이다.

그러나 바로 이런 것이 자연철학의 본래적인 대상, 즉 순수 비실천적인 자연인식의 본래적인 대상이다. 그리고 원리적으로 일의적이 아닌 형식적·기계적인 자연구성에 자연철학을 부가하지 않는다면, 결코 자연에 대한 우리의 지식은 분명하게 드러날 수 없다.

하지만 자연철학의 부가도 (이미 현대 이론물리학의 대부분에서 이해되고 있는 것처럼) 우리의 자연인식을 아직 완전히 드러내지 못한다. 적어도 이념적으로 이 명료성을 완성시키기 위해 자연과학과 자연철학에 추가시켜야만 할 것이 두 가지 있다.

첫째로 우연적·개별적인 형상내용 그 자체와 관계있는 박물학(博物學, Naturkunde)이다. 이 형상내용은 객관적·관념적인 형상에 의해 우리에게 주어지고, 우리는 이 형상을 '파악'하거나, '이해'하거나, '설명'할 수 없다 하더라도 상이한 충전성의 정도(Adäquationsgraden)에서 다만 그 형상을 '알' 수 있다. 모든 개별적인 전자(Elektron)도 지구나 독일처럼 일종의 유일한 '형상'이다. 그러나 전자에 대해 '아는 것'(見聞, die Kunde)[16]은 인간에게 영원히 불가능한 일이다. 별에 대한 고유한 '지식'이 있고,——우리 자신이 살고 있고, 지리학에서 이에 대해 '배운' 지구행성을 도외시하더라도——상당한 정도로 달에 대해 알고 있고 (Selenographie), 화성에 대한 독자적인 '지식'도 있다. 모든 별에 대해 가능한 지식이 있긴 하지만, 그것은 우리 인간이 획득할 수 있는 것이 아니다. 천체는 우리에게 거의 물리학적·화학적이고, 일반적·기계적인 합법칙성에 대한 '실례'(實例)로서만 나타난다. 우리의 박물학은 자연과학과 자연철학에서의 의미와는 전혀 다른 의미에서 보는 입장에 따라 제약되기 때문에, 매우 제한적이다. 그러나 물체의 형상을 항상 객관

---

16) 원어 die Kunde는 단지 경험적으로 축적된 것, 아직 조직화되지 않은 직접적인 지식을 의미한다. 같은 맥락에서 박물학도 이해될 것이다. 이처럼 근대과학에서 견문이나 박물학의 지위가 격하된 것에서 셀러가 과학의 일면성을 본 것은 매우 특징적이라 하겠다—옮긴이.

적·이념적으로 현존하는 것으로 보는 사람은——이른바 '관념론'과 '비판적 실재론'이 그렇듯이, 인간적으로 의식되는 감각에 대한 미지의 자극원천을 나타내는 단순한 상징으로 간주할 뿐만 아니라——모든 전자에 대한 지식과 가장 멀리 떨어진 성운의 모든 부분에 대한 지식의 객관적인 가능성을 또한 허용해야만 한다.

그러나 이로써 자연은 아직 일의적으로 파악되지 않을 것이다. 모든 형식적·기계적 성격의 자연과학의 피안에는, 그리고 모든 자연철학과 박물학의 피안에는 '능산적 자연'으로서 자연에 대한 인간(과 모든 생명체)의 네 번째의 지식관계 및 이에 기초한 소유관계가 들어 있다. 네 번째의 관계란 형상을 창조하는——역동적으로 질료화하는 요인과 이 '요인'이 최소한 전체적인 삶 그 자체로서 기능하는 것이 아니라 그 부분적 기능인 어떤 영원한 '충동'에 근거하여 형상을 창조하는——전체적인 삶을 표현하는 장으로서 자연의 순수동적이고 정서적인 이해를 말한다. 단지 인간의 심정, 동감에 대해, 기껏해야 (힘의 개념적 규정이 아닌) '힘' 그 자체로서 인간적 힘과의 일체감 및 일체적 활동에 대한 자연의 생산적이고 동적인 영원한 근원을 우리는 형상에서 파악될 수 있는 '성격'을 통해 해명한다. 이 근원은 오성도, 감관도 보증해줄 수 없고, 이념파악도, 근원현상의 직관도 보증해줄 수 없다.[17]

자연은 다만 소유, 지식, 의식, 인식, 이해, 본질직관과 이념적 사고, 설명, 인지작용의 이념적 협동을 통해, 그리고 영원한 충동과 그 특징적인 근본방향을 나타내는 범관상학적인 표현의 장으로서 자연에 대한 이해적 동감의 이념적 협동을 통해 우리에게 분명해지거나 관여하게 될 것이다.

---

17) 이런 의미에서 오늘날도 여전히—모든 시대와 마찬가지로—감정적인 삶과 충동적 삶에서 디오니소스적 황홀(Ekstasis)이 자연 그 자체에 이르는 유일한 길이자 열쇠이며, 또한 자연에 관여하는 유일한 형식이다. 이 점에 관해서는 나의 『동정』, 96쪽 이하 참조.* 특히 이해의 일반적인 문법과 해석학으로서 자연의 일반적 관상학과 성격에 관해 말한 것을 참조.
   *『동정』A. V를 참조—편집자.

그리고 궁극적인 자연인식의 양식으로서 최근에 다시금 부활하고 있는 자연형이상학이 자연에 대해 지금까지 언급해온 모든 종류와 방법에 첨가되어야만 할 것이다. 자연형이상학의 과제는 특히 자연에 대해 지금까지 언급해온 모든 다른 종류의 지식을 **종합**하는 동시에——자연 및 살아 있는 자연과 죽은 자연이라는 두 주요영역의 실질적인 본질존재론에 의거하면서——**자연을 위해 모든 사물의 근거에 어떤 속성을 가설적**으로 부과할 것인지를 탐구하는 것이다.

여기서는 다음 두 가지 문제가 핵심적이다. 첫째로 우리가 모든 물리학적 판단의 궁극적이고 현실적인 주체로서 만나는 힘의 **중심**과 힘의 장(場)이란 어떤 상태인가? 우리가 그 힘에 의해 실현된 것을 발견하는 형태와 존재는 자연의 궁극적인 이념원리와 실제원리로서 **자체적으로 존재하는 것**(Ens a se)과 어떻게 관계하는가? 둘째로 철학이 유기적인 세계를 가정하도록 우리에게 강요하는 **하나의 우주적인 삶의 동인**은 자체적으로 존재하는 것과 어떻게 관계하는가? 이 물음에 대해 어떤 대답이 가능한지는 여기서 아무것도 언급할 수 없다.[18]

이 문제영역에서 우리에게 중요한 것은 다른 곳에 있다. 여기서 우리는 위에서 언급한 형식적·기계적 자연해석과는 전혀 다른 자연에 대해 가능한 네 종류의 '지식', 즉 (1) 자연철학 (2) 박물학 (3) 자연이해 (4) 자연의 형이상학과 관련하여 오직 하나만 지적해둔다. 즉 **형식적·기계적 자연해석의 타당성**에 대해 가해지는 점점 더 엄격한 제한과 그 대상의 현존재 상대성에 대한 매우 더디지만 점점 증대해가는 통찰은 (방금 언급한 그 제한의 궁극적인 형식에 이르기까지) 다시금 우리가 자연에 대해 가지는 이 네 개의 다른 인식과제의 **자립적 본질**에 대한 우리의 정신적인 눈을 뜨게 한다. 왜냐하면 이것은 충분히 밝혀진 것이기 때문이다.

형식적·기계적 자연관이 근대에 처음 나타났을 때 발견된 인식가치

---

18) 여기서 나는 머지않아 간행될——희망사항이지만——나의 『형이상학』을 참조하도록 언급해두어야겠다(실제로 이 책은 간행되지 못했다—옮긴이).

의 그릇된 절대적 · 형이상학적인 해석은——이런 희생(이것은 우선 칸트의 위대한 공적이다)을 치르고도 여전히 변함없이 남아 있는 자연인식의 상대성에 대한 심각한 과소평가는——위에서 언급한 근본적인 네 종류의 다른 자연에 대한 우리 지식이 모든 역사적 시기를 통해 일반적으로 더 이상 고려하지 않을 뿐만 아니라, 진지하게 평가하지도 않는다는 사태를 필연적으로 동반한다. 형식적 · 기계적 자연관의 이런 그릇된 해석은 자연철학과 박물학, 자연이해, 끝으로 자연 형이상학에 대한 모든 길을 그때마다 완전히 차단해버린다.

다음과 같은 것은 전적으로 자명하다. 즉 자연의 모든 형태와 형식, 나아가 자연 속에 들어 있는 목적지향적 관계의 모든 영역을 인간 '마음'이 산출한 '의인관'으로서 자연 속에 담지된 것으로——이런 자연관의 형이상학적 · 절대적인 해석을 모두 믿고 있고, 좀더 나은 통찰의 흔적이 있음에도 불구하고 칸트조차도 그렇게 믿고 있었던 것으로——간주한다면, 도대체 누가 비실천적인 방식의 순수 자연인식을 수행하려 할까?[19] 나아가 기계론에 대한 잘못된 존재론적 해석이나 순수합리적인 해석을 위해 이런 본질성과 이념이 다만 귀납적으로 얻어지는 개념과 마찬가지로 또한 인간에 의해 만들어지거나 인간의 감관조직과 뇌조직에 의존하는 것이라고 믿는다면, 자연생성의 과정에서 형식적 메커니즘의 모든 기술(Alltechnik)을 통해 우리의 경험에 대해 실현시키는 비직관적 이념과 지관적인 근원현상은 두대체 어떻게 자연의 실질적이 본질존재론에서 각별하게 연구될 것인가? 그리고——진리를 완전히 역전시켜버린——형식적 · 기계적 구조의 자연법칙이 통계법칙으로 간주되지 않고, 창조적인 사건과정에 선행하는 동적인 필연성을 지닌 사태필연적인 현실법칙, 즉 그 힘이 단지 '우연적으로' 이러저러한 형태, 이러저러한 근원현상과 이념을 현실화하는 현실법칙으로 간주된다면, 어떨까? 이때

---

19) 래들, 앞의 책 참조. 새롭게는 뮐러(A. Müller)의 논문, 「개별성의 문제」(Das Individualitätsproblem usw. 『심리학회지』, 48권 3호)를 참조.

자연의 관념발생적 형태학도, 자연의 본질존재론도 어떤 이해와 관심을 고려하지 않는다. 더욱이 생명체와 생명체의 자발적인 자기 운동에 대한 형식적 메커니즘의 현존재상대성이 간과된다면, 또한——이 모든 대상의 생명상대성을 인식하는 대신에——(이미 물리학에서) 절대적이고 무한한 공간과 절대적이고 무한한 시간, 절대적인 운동 등과 같은 '실재하지 않는 것'(Undinge, 라이프니츠)을 생각한다면, 도대체 자율적인 생명법칙의 이념은 어떻게 성립할까?[20]

더욱이 예를 들어 풍경과 같은 구체적 형태와 모든 성질, 모든 색(色), 모든 음(音), 모든 향(香) 등을 어떤 절대적인 자연메커니즘이 완전히 신비적인 방법으로 우리 신경조직이나 이른바 '마음'속에 생겨나게 하는 드문 '효과'라 간주한다면, 그리고 자연의 모든 구체적인 통일형성을 다만 주관적인 인간적 종합으로 간주한다면, **구체적인 자연**에 관해 사랑을 가지고 헌신하며 진정으로 **탐색**하는 것에 대한 현실적인 진지함은 어떻게 생기는 것일까? 또는 우리가 엄밀한 논증을 통해 전혀 지지받지 못하는 상상에 몸을 맡기는 경우에, 자연은 "법칙에 따르는 현실성"(빈델반트와 리케르트) 이상의 것이 아니며, 개체로서 현실성은 그 자체 이미 역사의 대상인 것이다.[21] 자연의 개체화단계의 모든 영역과 다양한 무기적 · 유기적 · 심적이고 정신적인 '개체'의 전혀 다른 현존재상대성은 철학의 근본문제이지만, 이 근본문제는 절대적인 메커니즘이라는 전제 아래서는 궁극적으로 완전히 사라지고 만다.

---

20) 왜냐하면 어떤 대상이 현존재상대적이라는 사실이 (동일한 원리에 의해) 다시금 저 대상과 동일한 설명의 기초가 될 수 없다는 것은 인식론의 명확한 원칙 중의 하나이기 때문이다. 따라서 형식적 · 기계적인 자연해석의 대상이 생명체에 현존재적으로 상대적이라면, 생명체 그 자체의 형식적 · 기계적 해석은 불가능한 것이 틀림없다.

21) 베허, 『정신과학과 자연과학』(*Geisteswissenschaften und Naturwissenschaften*, München, 1921)과 나아가 이미 딜타이의 「개별성의 연구」(1895~96년, 전집 제5권에 수록)에서 행한 가장 공허한 이런 모든 환상에 대한 아주 적절한 비판을 참조.

이것은 인간의 의지작용을 포함한 사건과정의 **자유단계**와 자유의 정도에 대해서도 마찬가지로 타당하다. 박물학, 즉 객관적이고 이념적으로 인간의 의식과 독립해 있는 자연상과 그 구체적인 관계에 대해 적절하게 인식하고 서술하는 것은 법칙인식이라는 목표를 지닌 단지 '일시적인' 과제에 불과한 것이 아니다. 어떤 형상도, 형상의 어떤 작은 부분도 형식적 · 기계적인 성격을 띤 자연법칙에 의해 일의적으로 규정되지 않는다. 라플라스의 세계정식의 이념은 결코 현실화될 수 없는 것이 아니다.──그것은 의미모순적 이념이며, 완전히 상대적인 형식적 · 기계적 자연설명의 절대적 해석에 근거한다. 다른 한편으로 박물학이 단지 의인적인 인식이 아니므로 오히려 반대로 우리가 자연에 관해 소유할 수 있는 최소한의 견문과 인지야말로 우리 인간적 인식에서는 가장 슬퍼할 만한 한계인 것이다.

똑같은 것이 **자연의 미적 가치들과 형식들**에 대해서도 타당하다. 이들은 결코 '주관적'이지 않고, 감정이 풍부한 우리 가슴속에 품고 있는 선물이 아니므로 오히려 반대로 우리의 감관과 감정은 객관적이고 진실로 현존하는 이상적인 아름다움과 자연의 기교에 대해──비록 의식적인 문화와 교양을 통해 상당히 확대할 수 있다 하더라도──아주 작고 협소한 것이다. 자연과학에서 이런 미적 가치가 고려되지 않는 것은 충분히 이해할 수 있다.[22]──사건의 목표법칙, 이른바 2차적인 성질의 **목표법칙, 형상과 형태의 목표법칙**이 고려되지 않는 것도 마찬가지로 이해될 수 있으면서, 필연적이다. 이런 모든 대상규정성의 인식은 바로 인간이 사물을 지배하는 데 전혀 도움이 되지 않는다! 그럼에도 순수철학적인

---

22) 자연 속에 있는 미적 구조법칙과 미적 가치의 객관적 성격에 대해서는 래들의 『근대생물학 이론사』(Geschichte der biologischen Theorien in der Neuzeit, 제II권)의 적절한 설명을 참조. 이 책에서 그는 성적 도태(淘汰)에서 그때마다 생겨나는 감각과 감정으로서 이 가치를 이해하려 한다. 그리고 외스터라이흐 (T.K. Österreich), 『현대의 세계상』(Das Weltbild der Gegenwart, 1925), 제2판; 블로일러(E. Bleuler), 『마음과 마음의 의식화에 대한 자연사』(Natur-geschichte der Seele und ihres Bewußtwerdens, Berlin, 1921) 참조.

자연인식에 대한 이 모든 규정성은 바로 존재적으로 현존한다. 세계 근거 속에는——인간 가슴속에 들어 있는 비웃음을 살 만큼 과대평가된 '풍부함' 속에 그런 것이 아니라——이런 가치 자체와 이에 덧붙여 우리의 한정된 감관과 한정된 가치를 느끼는 힘을 우리에게 이해시키는 것——이런 가치의 완전성과 우리의 한계를 이해시키는 것——이 들어 있음이 틀림없다. 바로 형식적 · 기계적인 자연관의 존재론적 · 절대적인 오해를 불러일으킨 인간의 무서운 **자연소외**는 특히 **자연의 객관적 · 미적 구조법칙**의 올바른 인식을 방해해왔다. 이에 못지않게 '**윤리학**'도——윤리학은 인간에 특수한 것인 동시에 정신적 · 신적이다——기초나 토대 없이 '몰가치적인'(wertfreien) 자연 속에서 표류하는 것이 아니다. 윤리학은 **보편적인 가치론**(과 성격학)에 기초해 있다. 윤리적 가치는 존재 그 자체의 질서와 동일하지 않아도, 존재질서와 동등한 정도의 객관적인 가치질서에서 우리에게 알려지는 가치의 정점이다.

더욱이 시간적으로 형태화되고 리듬화되는 세계의 **사건과정**에 대한 '**규정**'과 **궁극적인 상태**는——양자론이 나타내듯이——사건과정에서 최초의 상태와 완전히 똑같이 규정된다. 그리고 사건과정을 오로지 최초의 상태→궁극상태라는 방향으로 일의적으로 규정된다고 보는 것은 다시금 근대의 자연지배를 목적으로 한 인간의 **실천적 동기**에 지나지 않는다. 왜냐하면 우리는 우리 삶의 흐름을 향해 방향을 잡기 위해 자연이 그 과정에서 실천적으로 직접 파악될 수 있는 **운동인**(運動因, causa efficiens)에 의해 규정되는 한에서만 당연히 자연을 **지배**할 수 있기 때문이다. 자연이 이런 것이 아니라면, 우리는 일어나는 것을 단지 앉아서 기다리고 있어야만 한다! 그러나 이런 우리의 실천적 요구에 자연이 복종한다는 사실을 도대체 누가 '요구'하고, '요청'하는가? 양자론에서 요구되어야만 하는 유형에 관한 법칙의 실현을 이해하기 위해 어떤 힘을 가정한다면, 우리는 이 힘을 객관적 시간에 대해 이른바 수직으로 작용하는 것으로 표상한다. 바로 그렇기 때문에 존재적 무기적인 요소의 사건과정과 요소적 기능을 지닌 생명의 사건과정, 예를 들어 드리슈와 같은 현대의 형식적 활력론이 가정하듯이 보이는 생명의 사건과정 사이에 절대적 차이란 결코 생겨나지 않는다. 무기물의 인과성에 대한 특히 기계적인 인상(印象)은 생명의 사건과정에 대한 특히 목적론적 인상과 의인적으로 똑같다. 자연은 자신의 자기 존재에서, 어쩌면 기계적인 인상에 대해서도 목적론적 인상에 대해서도 아는 것이 전혀 없다. 자연은 순수기계적으로 작용하는 원인이나 목적을 알지 못한다. 생명의 영역을 무기물의 영역과 구별하는 것은 요소들이 생겨나는 존재적 법칙구조와 다른 방향에 들어 있다.

인간에 대한 '규정'이 다른 모든 유한한 사물의 규정보다 숭고한 것이라 할지라도, 모든 사물은 각자 자신에 대한 규정, 즉 "네가 무엇인가가 되라"(Werde, was du bist)라는 규정을 지니고 있다. 형식적 · 기계적인 자연관의 절대적 · 존재적인 해석이 비로소 인간을 완전히 자연 밖으로 내몰아 자연이라는 고향을 빼앗아버리고 심지어 뿌리마저 잘라버렸다. 그리하여 인간은 자기 자신을 동물로까지 전락시켜버리는 웃기는 유물론과 자기 자신에게서 자연과의 형제애를 빼앗아버리는 똑같이 웃기는 정신주의 사이에서 술 취한 사람처럼 비틀거리기 시작했다. 데카르트에게 이미 인간의 마음은 근본적으로 '뛰어난' 순수기계적인 모든 것, 즉 신에게서 이른바 그물을 드리운 순수정신적인 영혼이 사고하는 지점이다. 이보다 더 기괴하고 부자연스러운 표상이 있을까?

형식적 · 기계적인 자연이론을 그 모든 피제약성에서 인식하지 않는다면, 즉 그 제약하는 것 가운데 하나 또는 몇 개, 아니면 모두를 간과한다면,——오직 이런 경우에만——자연의 이해, 자연에 대한 표현이론, 성격학, 범관상학은 완전히 무의미한 계획이 되고 만다. 이것은 자명한 것이다. 왜냐하면 이때 모든 표현은——즉 우리가 모든 사물에 대해 체험하는 (확인된) 최초로 소여되는 것, 원시인이나 어린아이가 단지 '우선적으로' 체험하는 것은——물론 가상적인 것(Schein) 외의 아무것도 아니며, 우리 인간의 가슴속에 있는 내용과 충동충격을 사물의 존재 속에 투영적으로 감정을 이입시키는 것에 지나지 않기 때문이다. 이때 우리에게 가능한 것은 단 하나뿐이다. 즉 이 '가상'을 다시금 그 근원적 땅으로, 전능한 우리의 마음속으로 되돌리는 것이고,――모든 지향적 감정, 모든 종류의 공감, 따라 느낌(追感, Nachfühlen), 일체감과 그 인식적 권리까지도 남김없이 부정하는 곳에 이르기까지[23]――모든 감관과 우리 심정의 감관법칙을 원리적으로 믿지 않는다. 즉 〔형식적ㆍ기계적인 자연이론의 모든 피제약성이 인식되지 않을 때 우리에게 가능한 것은〕 이런 우리 능력의 한계를 엄밀하게 연구하는 것도 아니며, 다양한 양식의 사물(동물적인 것과 식물적인 것, 무기적인 것)과 그 내재존재와 대자존재(우리 인간이 사물의 이런 성질들을 사물의 '표현'에서 파악할 수 있는지 없는지에 관계없이 '실제적'인 모든 사물, 즉 다른 사물에 대해 순수 '객체' 이상의 것인 사물을 모두 소유해야만 하는 것이다)에 대한 수행능력을 엄밀하게 연구하는 것도 아니다. 더욱이 '체험'(내적 상태)과 '표현현상'에 대한 기본적인 본질법칙을――이 기본적인 본질법칙은 기본적인 생물학적 본질연관처럼 인간에게 특수하거나 귀납적인 것이 아니지만, 형식적ㆍ기계적인 유형의 '자연법칙'이라 불리는 통계적 법칙보다 훨씬 큰 존재론적 타당성 범위를 지닌다――엄밀하게 연구하는 것도 아니다. 그 대신에 이런 법칙에 근거한 모든 직접적인 표현을 이해하는 것은 이해가 아니라 아프리오리한 오해이자 착오라고 우리는 상상한다. 더욱이 이때 우리의 감정이입이나 이해를 형성하고 확장시키는 것이 문화에 대해 고려해야 할 것은 없다. 또는 실제적인 우리 체험의 투영적 감정이입이나 유추가――유추는 타인의 마음속 영역과 마음의 법칙을 실질적인 전제로서 이미 가정하고 있으며, 전제를 공허한 것에 포함시켜서는 안 된다――비로소 다른 사람의 심적 생활을 가정하는 것으로 우리를 인도한다고 우리는 생각한다. 이와 반대되는 것이 일어날 가능성,――이것도 마찬가지로 엄밀한 근거 없이 가정되어서는 안

---

23) 지향적 감정의 인지적 정당성에 관해서는 『형식주의』, 특히 V. 2 참조. 나아가 저자의 『동정』 참조―편집자.

된다——즉 모든 사물은 이른바 생명 없는 사물을 원리적으로 이해할 수 있는 내부상태를 지니고 있고, 다만 지금까지 말한 우리 심정의 옹색함 때문에 여기서 (아니 이미 식물의 경우에도) 우리 이해력이 작동하지 못할 뿐이라는 가능성은 형식적·기계적인 자연이론의 의미가 이토록 잘못 평가될 때는 당연히 진지하게 고려될 수 없다. 이런 별난 사고 방식에 대한 근거를 이끌어내는 연구가 아니라 역사적·사회적인 본성의 인식외적 원인이라는 점은 지극히 명백하고, 새삼스럽게 말할 필요도 없다. 또한 이런 결과에 대해 근본적으로 회의하는 심정적 태도가 인간의 인간에 대한 관계에 대해서도 그리고 자연의 모든 삶에 대한 인간의 관계에 대해서도 일어났고, 또한 일어나지 않으면 안 되었다는 점을 나는 다른 곳에서 상세하게 지적했다.[24]

끝으로 자연의 절대적 존재 또는 오직 우리에게만 인식될 수 있는 자연에 대한 자연 그 자체의 형식적·기계적·기술주의적인 고찰형식이 요구된다면, 자연의 형이상학은 전혀 필요 없을 것이다.[25] 자연은 '수학적 분석'이 완벽하게 제시하는 '외적인 관계' 외에 다른 것이 아니라는 할러(Haller)시민과 '자연의 내면'에 대한 칸트의 조소적인 언어에 상응하여,——"자연의 핵심은 마음속에 있는 인간이 아닐까?" 하는 괴테와는 반대로——우리는 수학적 물리학을 모든 자연인식의 원형으로 간주한다. 자연존재의 '인식'을 자칭하는 (자연의 지배를 목적으로 하는) 다의적인 모델의 실천적·형식적·기계적 구성은 그 자체 이미 자연의 형이상학적 지위를 불법으로 점거했다는 이유 때문에 모든 자연 형이상학을 거부할 수 있었고, 또한 거부해야만 했던 것이다. 그러나 그렇게 하지 않은 경우에 이 낡은 견해는 다만 다양한 종류의 의식관념론 속으

---

24) 이 점에 관해서는 나의 『동정』에 있는 이해과정의 상세한 연구를 참조.
25) 자연의 형이상학을 (세계근거의 두 번째 속성으로서) 영원히 자연 창조적인 충박의 얼굴과 표현의 장으로서 자연이해와 혼동한 것은 베르그송의 근본적인 오류였다. 이 점에 관해 여러 방면에서 공적이 있는 클라게스도 이런 오류를 범하고 있다.

로 도망쳐버리고, '인식'과 '지식'이라는 말의 의미를 희생시킨 혼란스러운 인식론, 즉 모든 인식을 대상의 산출로 보거나(코헨), 무형식적인 직관적 재료의 형성(리케르트), 허구(ficta)의 창출(파이잉거), 재인식된 것의 일의적인 기호화(슐리크)로 '만들어버리는' 인식론으로 도망쳐버린다. 그러나 서로 대체되지 않는 종류의 자연인식에 대해 그리고 궁극적인 자연 형이상학에 대한 타당질서에 관해 분명히 한다면,——특히 위에서 서술한 형식적 · 기계적인 자연해석의 모든 한계와 그 기원, 근거 및 동기를 분명히 하고, 자발적이고 실천적인 생명 일반에 대한 그 대상의 현존재상대성에 대해 분명히 한다면, 당연히 머지않아 자연의 형이상학을 위한 자유로운 장이 다시금 생겨날 것이다.

이때 실용주의적 인식론은 그 상대적인 권리가 충족됨으로써 동시에 철학적으로도 완전히 극복된다.

따라서 지금까지 서술한 모든 것에 따르면 자연에 관한 지식은 그것이 오직 형식적 · 기계적으로 형성되는 한에서만, 인간의 실천적인 삶에 대해 효과적이고 지배적이며, 인간의 고차적인 생명가치[26]와 이 생명가치에서 이끌어낼 수 있는 생물학적으로 제약된 목적의 설정을 실현하는데도 효과적이고 지배적이다.

그러나 두 가지 물음이 여전히 남아 있다. 즉 이 사실 자체가 단지 형이상학적 우연이란 말인가? 아니면 자연에 관한 지식이 거꾸로 이런 지배적인 목표설정을 위해 그리고 인간을 시 · 공간적 체계 속에 '정향'하려는 이 영원한 충박의 권력욕구와 삶의 욕구를 위해 더 이상 수행되지 않는다면, 그럴수록 더욱더 순수하고 '이론적인 것'이 된다는 사실이 하나의 형이상학적 우연이란 말인가? 좀더 순수한 지식과 가장 순수한 지식, 그리스적 의미에서 모든 '관조'(Theoria)는 순수정신적인 인간의 영혼, 좀더 좋게 말하면, 인간 속에 있는 순수정신적인 주체가 힘의 충

---

26) 이 점에 관해서는 나의 『형식주의』, V. 가치의 상대성 단계에 대한 절을 참조.

동과 저 사물에 대한 지배를 평가하고 의지하는 사정(査定)에서 세계와 가능한 모든 사상내실 및 가치내실에 대한——실천적이고 생명가치라는 척도에서 보면 전혀 '차이가 없는'——순수사랑(amour pur)으로 단호한 전향을 감행할 때 비로소 일어난다. 이것은 형이상학적 우연인가? 라이프니츠는 순수사랑을 "나는 거의 아무것도 가볍게 보지 않는다"는 말로 나타냈다. 사랑이란 인간조직에 나타나는 우연에 지나지 않는 것일까? 아니면 모든 사물의 근저에 정초된 것이고, 존재양식 그 자체의 존재론 속에 정초되어 있는 것일까?

실용주의적 과학과 비실천적·순수이론적인 철학의 이런 궁극적이고 고차적인 문제를 정초하려는 사람은 모두 각자의 철학에서 아마도 가장 불가해한 물음의 하나인 다음과 같은 물음을 제기할 것이다. 즉 그것은 '실재성'의 본질에 관한 물음, 또는 우리 인간이 '실재성'이라는 이름으로 부르는 특수하고 의심의 여지없이 언제나 독특하고 자립적인 양식의 존재에 관한 물음이다. 말하자면 실재하는 것(Realsein) 그 자체는 이 물음을 탐구할 때 어떤 내적이고 외적인 사상의 복합 자체가 우리 노력충동(충박과 의지충동)에 대해 주장하는 저항 속에서만 근원적으로 주어진다는 사실이 지적되어야만 한다.——일반적으로 자연에 대한 순수이론적인 지식관계가 아니라 오직 자연에 대한 우리의 투쟁관계와 지배관계만이 사물의 근원적인 실재체험과 작용체험을 매개한다는 사실이 지적되어야만 한다. 그렇다면 자연에 관해 실용주의적으로 제약된 지식도 세계존재의 근원현상 속에서 충분히 정초될 것이다.

이때 실재의 본질에 대한 이론과 실재를 갖는 것에 근거하여 비로소 후설이 '현상학적 환원'이라 부른 것을 우리가 완수할 수 있음으로써 성신의 기술과 방법을 우리는 또한 제시할 수 있을 것이다. 후설 자신이 그의 연구에서 적절하다고 알고 있었던 정신적 태도와 이에 대한 서술과 이론은 다음과 같은 이유 때문에 완전히 실패하고 만다. 즉 이런 정신적 태도가 후설에게는 전혀 명료하지 않았고, 그것이 주어진 한에서——실재란 시간 속에 어떤 위치를 가진다는——명백하게 잘못된 실재이론을 수행했기 때문이다. 오직 실재의 계기를 부여하는 작용과 심적 기능의 배제를 통해서만 실재를 도외시하는 것, 즉 후설이 정당하게 모든 본질 인식의 예정조건으로 간주한——가장 순수한 이론적 태도 일반으로 간주한——실재하는 것을 미결정인 상태로 방치하는 것, 괄호 치는 것이 나타날 수 있다. 따라서 여기서는 다음과 같은 두 가지, 즉 (1) 본질인식 의 **기술론**(Technologie)과 (2) 본질인식의 **방법론**이 필요하다. 그러나 기술론은——다른 곳에서 상세하게 기술했다고 생각한다[27]——실재의 계기를 부여하는 작용의 **배제**(Ausschaltung)를 필요로 할 뿐만 아니라, 동시에 세계에 대한 지배관계를 새로운 정신적인 근본관계로 바꿔 놓는 모든 것의 존재와 가치존재에 대한 욕망으로부터 자유로운 **사랑** (지적 사랑amor intellectualis)을 **편입**(Einschaltung)시킬 것을 필요로 한다. 이 기술론은 동시에 자연에 대한 지배관계에 계류된 **활동에너지**(이 활동에너지는 궁극적으로 언제나 충동에너지다. 왜냐하면 작용과 기능은 그 자체 결코 등급을 매길 수 있는 활동성이 아니라 충박 Drang과의 결합을 통해 비로소 등급을 매길 수 있는 에너지이거나 '활동성'을 지니게 되기 때문이다[28])를 자연에 대한 **사랑**의 관계로, 즉 '순수'이론적인 태도 대신에 순수객관적인 사상 그 자체에 헌신하는 태도 일반의 최고조건으로 정신기술적이고 영혼기술적으로 이끌어줄 필요가 있다.

그런 한에서 **실재론**은 **실용적으로** 규정된 모든 지식의 토대인 동시에 순수하고 특별한 의미에서 **철학적인** 지식의 토대가 된다.[29]

---

27) 이에 관해서는 유고, 「현상학과 인식론」(Phänomenologie und Erkenntnis-theorie), 「세 가지 사실에 관한 학설」(Lehre von den Drei Tatsachen)을 참조. 셸러, 전집 제10권, 『유고집』, 제1권(Schriften aus dem Nachlaß, Band I: Zur Ethik und Erkenntnistheorie)에 수록—옮긴이.

28) 이 책, 1권에 수록된 논문, 「지식사회학의 문제들」, 제1부에서 이와 관련된 서술을 참조.

29) 이에 관해서는 이 논문 VI장 참조. 수고에서는 이 논문 IV장 말미에서 다음과 같이 말하고 있다. "그렇기 때문에 우리는 이 논문을 최초로 실재성의 문제에

우리는 이 점에 관해 말하기 전에, 기계적 자연관의 의미해석에 대해 이 장에서 얻은 성과에 대한 **지각과 감각의** 철학적 문제란 어떤 것인지 하는 물음을 제기해야만 한다.

한정시키면서 끝맺어야 한다." 이에 관해서는 재판(2판)에 대한 편집자 후기 참조—편집자.

V. 지각의 철학에 관하여

먼저 **실용주의적** 경향을 지닌 철학자들——이름을 들면 멘드비랑, 베르그송, 뮌스터베르크 등——이 포괄적인 이론으로서 다양한 형식과 다양한 인식론적 전제 아래 가공한 충동운동적(triebmotorisch)[1]인 감각이론과 지각이론은 일련의 의심할 수 없는 **진리요소**를 포함한다. 이 이론은 또한 동물적인 지각세계와 인간적인 지각세계 및 지각이 성립할수 있는 조건들을 취급하는 세분화된 실증과학들에서 언제나 매우 광범위하게 확인될 수 있다. 여기서 우리가 문제 삼는 것은 동물과 인간의 감각기능에 관한 계통발생학, 개체발생학, 비교감각생리학, 생리학과 심리학, 나아가 지각의 병리학이——지금까지 이들은 아직 이론적으로 통일되어 있지 않지만——축적해온 간과할 수 없는 많은 개별적 사실들에서 저 진리요소를 예리하게 직관해온 몇몇 특징적인 사례들을 선택하는 것과 **감각 및 지각의 충동 · 운동적인 것의 조건**에 관한 이론에서 근본적으로 상이하고 서로 독립적으로 수행된 연구 결과들 사이의 일치점을 제시하려는 것이다.

---

1) 운동적(motorisch)이란 셸러 지각감각이론의 중요한 특징을 나타낸다. 그것은 지각이 단순히 감각을 수동적이고 평면적으로 받아들인다는 심리학적 이론에 대해 감각-지각-행동-사고……를 그 상호관계에서 역동적으로 파악하려는 입장을 말한다. 생리학적으로도 단순히 수용관계보다 작용-반작용의 관계를 중시하고, 운동을 넓은 의미에서 실제적인 것을 규정하는 기본으로 삼고 있다는 점이 특징적이다-옮긴이.

지각의 충동·운동적인 조건에 관한 모든 이론이 출발하는 기본입장은 다음과 같은 명제로 요약될 수 있다. 즉 감각기능과 그 부속기관은 자연을 공평하게 다루는 이론적인 지식의 도구일 뿐만 아니라 자연에 대한 우리 행동을 규제하고 변경시키는 과정이다. 나아가 이 감각기능과 기관은 유기체 전체 및 그 전체적인 생리학적 생명유지능력과 고립되고 격리되어 있는 것이 아니라——유기체의 다른 모든 기관과 기능과는 달리 자기 보존과 종의 보존 및 발전이 그 유기체에 대해 전혀 무관하며 사심이 없고 유기체의 반작용을 위해 이용될 수 없는 자연에 관한 '지식'을 매개하는 것이 아니라——오히려 다른 모든 기관 및 기능과 똑같이 이들과 긴밀한 기능적 통일과의 결합을 유지하면서 유기체의 적절한 삶의 과정에 봉사한다는 동일한 목적지향적 전체성의 의미도 지니고 있다.

또는 기능적·통일적인 작용으로서 지각의 이른바 '내용'은——(보고, 듣고, 냄새 맡고, 느끼는) 기능과 달리——아리스토텔레스와 스콜라 철학이 '감각적 형질'(species sensibilis)이론에서 전제한 것처럼 환경세계사물의 본질존재를 모사한 비물질적이고 실증적인 '모조품'도 아니고, 뇌나 심적 실체에서 성립하는 물질적·화학적 자극으로부터 일어나는 일의적이고 비례적인 인과적 결과도 아니다. 그것은 결코 단순한 '감각의 복합'(Empfindungskomplex)이 아니라 심적 작용에 의해 행해진 변화무쌍한 무제한적인 절단면, 즉 사물 그 자체의 직관적 본질존재의 부분내용에 불과한 것이다. 〔이 지각내용은〕 물론 다만 그것이 '환경세계-사물'(또는 환경세계-과정)인 경우에만 그리고 그런 한에서만 이 사물에 귀속된다. 즉 그것은 해당 유기체에 종적이고 개체적인 본질존재와 현존재에 본질존재적·현존재적으로 상대적이고 나아가 작용적으로도 상대적인 대상성——물리학적 세계의 대상성과 근본적으로 다른 대상성——에 귀속된다. 그러나 지각의 성립은 유기체의 어느 정도 비자의적이고 자발적인 태도에 의해——이 태도는 수동적인 주의작용과 주의작용을 규제하는 충동충격에서 심리적으로 설명되고, 생리학적으로는 운동적인 것의 신경지배에서 설명된다——언제나 함께 제약되며, 자극, 오직 자극과만 결합된 감각적 과정에서 생겨난 단지 비례적이고 일의적인 결과가 아니다. 따라서 어느 정도 어느 방향으로 향한 **충동적 주의작용** 없이, 가치파악 없이, 나아가 운동적 과정의 개시 없이 지각은 아무리 사소한 것이라 하더라도, 일반적으로 생겨날 수 없다.

이 명제들은 모든 유럽철학에서 행해진 지각의 **전통적인** 견해와 이론에 매우 첨예하게 모순된다. 감각 속에 '수용되는' 어떤 것만을 본다는 것, 또한 자극에 비례하고 질적으로 명백하게 자극에 종속된 자극의 결과, 즉 지각과 지각내용 그 자체가 **감각으로부터 구성된다**고 생각하는――동시에 비록 '저급한' 것일지라도 지각 속에서 '인식능력'을 본다는――점에 관해서는 감각주의와 마찬가지로 합리주의도 수세기 동안 일치해왔다.

먼저 개체발생학과 계통발생학적 접근 없이, 지각과 감각에 관한 우리의 이론적 파악이 나타내는 심오한 변화를 설명해보자.

1. 지각과 감각

'순수한', 즉 엄밀하게 자극비례적인 감각은 현상적인 모습으로서 존재하지 않고, 나아가 '고립된' 감각, 즉 기능적으로 통일된 지각작용의 피안에 있는 감각이란 존재하지 않는다. 동시에 지각의 본래적인 내용도 현존하는 '감각'과는 전혀 무관하다는 통찰은 〔감각에 대한〕 순수철학적으로 가장 유의미한 변경――그 영향권에 관해서는 거의 파악된 것이 없다――을 나타낸다. 우리는 세 번째 관점에서 출발해보자.

(1) 지각내용, 감각, 초의식적인 '물체의 형상'

자연언어에서 '감각'(Empfindung)이라 부르는 것은 우리가 신체의 변경으로서 체험하고 직접 신체에 관련된 것으로서 체험하는 어떤 변화 속에서 체험된 상태성이다. 이른바 기관감각과 감정감각을 말한다. 그리고 자연적 의식은 막연한 경험에 기초하여 엄밀한 공간적·시간적 접촉 속에서 감촉된 대상이 우리의 신체적 조직의 한 부분에 대해 존립하는 것을 받아들이는 것이기 때문에, 감각내용들 ——이것은 본래 대상적으로 관련된 것들이다—— 중에서 가장 원시적인 감각은 접촉감각이다. 오늘날 철학과 심리학이 여전히 '감각'이라 부르는 다른 것들은 감각으로서 체험되는 것이 아니라 가설적으로 설정된 사고의 구성물이다. 소리와 색깔, 아니 과일의 맛과 향기를 '감각'이라 부르거나 이런 성질들 ——이들은 사물의 성질로서 우리에게 원초적으로 주어진다—— 을 우리가 지니기 위해서는 먼저 감각되어야 한다고 생각하는 것은 자연적인 의식과는 무관하다. 따라서 느껴진 감각은 그 감각에 비례하여 고안되고, 그 '모범'에 따라 고안된 감각과는 다른 것이다.[2)]

그러나 무엇이 원초적인 감각개념을 가설적으로 사고에 합당하게 확장해가는가? 이런 확장에 대한 단초를 처음 부여한 것은 결코 특정한 생리학적·심리학적인 경험과 실험이 아니라 오히려 우리의 의식 밖에서 진행되는 절대적이고 '참된' 자연과정에 관한 형이상학적 가설——즉 형이상학적으로 파악된 기계적 자연관——이라는 사실은 우리에게 거의 알려져 있지 않다.

이런 종류의 가설을 고안하고, 이런 성질들의 주관적이고 2차적인 본성에 관한 이론을 그 형이상학의 순수귀결로서 제기한 최초의 사람은 데모크리토스다. 그는 사물과 그 심상적(心想的, bildhaften) 본질존재의 원격지각(Fernperzeption)이 있다는 점을 근본적으로 부정하고, —— 즉 자연적인 인간이 사물의 본질존재를 지각(wahr-nehmen)하는 것으로서 의문의 여지없이 체험하고, 감각과 명확하게 **구별**되는 것이 있다는 점을 부정하며, 지각의 '외관상의' 원격지각이 바로——외관상으로!——어떤 내용을 지닌 **접촉** 인상이 일어나는 것에 대한 유추를 통해 이해되고 설명되어야만 한다는 점을 요구하는데, 그 내용은 동시에 사

---

2)『형식주의』, II. A에 있는 '감각'의 현상학적 개념과 비현상학적 개념에 관한 셸러의 서술을 참조-옮긴이.

물의 규정성(부드러움과 딱딱함, 매끄러움, 울퉁불퉁함)과 신체적으로 관련된 기관감각으로서 바로 신체의 가장 말초적인 층에 지나지 않는다는 것이다. 따라서 원격지각으로서 체험되는 시각작용도 또한 여기서는 근본적으로 **접촉과정과의 유추**를 통해 생각되어 '야만' 한다는 것이다. 그 이유는 형이상학적 실재성, 즉 '원자'가 여기서 지니는 몇몇 성질들, 다시 말하면 절대적인 강함, 견고함, 딱딱함, 불가입성이란 다만 이념화된 접촉성질에 불과하기 때문이다. 따라서 사물의 심상적 본질존재의 공간·시간적 원격지각을 부정하는 원자론적 유물론과 감각개념을 색깔과 소리 등의 감각에 대해 사고상으로 확장해가는 2차성질론은 논리적으로 연관된 **하나의 기원**을 지니고 있고,──근대에 이르러 원자론적·기계론적 자연관이 부활하게 된 덕분에──오늘날까지 서로 분리된 적이 한 번도 없었다.

현대의 감각생리학과 감각심리학이 이런 감각개념과 자극개념의 기원을 좀처럼 의식하지 못한 것은 단순한 사상의 **전통**이 지닌 힘이 얼마나 강력한지를 보여주는 증거다. 이 전통의 직물은 현대 물리학, 생리학, 심리학적 표상이 겪어온 전대미문의 변화에도 불구하고, 지각과 감각에 관한 철학적 문제들을 언제나 은폐시켜왔다. 현대 물리학은 오래 전에 '연장을 지닌 물체'를 파기해버렸으며, 존재론적 의미에서 제1성질과 제2성질의 구별도 파기해버렸다. 이에 덧붙여 절대적 공간과 절대적 운동도 파기해버렸는데, 말하자면 이것들은 모두 바로 지각과 감각의 파악을 위한 논리적 전제에 불과한 것들이었다. 심리학이 우리에게 제시하는 것은 객관적 공간──그것이 유클리드적 공간이든, 비유클리드적 공간이든──과 우리의 현상적 지각공간 사이에는 매우 일의적인 귀속관계가 있다는 것이다. 따라서 이 직관적 공간은 색깔과 소리처럼 물리적으로 전혀 다른 것이지만, 다른 한편으로는 모든 양태의 감각성질들 영역이 '현실적인' 것과 '외관상의' 것이라는 현상적인 구별을 나타내는데, 이 구별이 옛날에는 형태·거리·지속에 대해서만 받아들여졌다. 나아가 감각내용과 대상성질은 현상적으로 결코 부합되지 않는다.

──또한 대상의 주어진 딱딱함과 부드러움이 (예를 들어 종이의 표면에 접촉하여 얻어지는) 일회적인 체험 속에서 기관감각의 극한인 접촉감각과 현상적으로──동시에──구분되는 가장 단순한 접촉에서도 감각내용과 대상성질은 서로 부합되지 않는다. 카츠가 색깔에 관해 제시한 현상양식은 접촉현상(카츠)과 유사한 방법으로 소리에 관해서도, 아니 냄새에 관해서도(헨니히Hennig) 제시된다. 여기서도 중심적인 제약요인과 말초적인 제약요인은 구별되지 않는다.

　이런 인식과는 다른 전도된 인식임에도 불구하고 데모크리토스의 잘 알려진 사고도식이 당연히 지배적이기 때문에 일련의 **편견**이 계속 신봉되어온 것이다.

　1) '붉다' '딱딱하다' 등은 다만 감각작용의 내용에 불과하다.──그것은 그때마다 동일한 요소를 지닌, 심적·물적으로 차이가 없는 단순한 성질로 구성된 **등근원적인 대상의 규정성**이 아닐 뿐만 아니라 구체적으로 체험되는 감각내용도 동시적으로 체험되는 대상의 규정성과 **결코**부합하는 것이 아니다.

　2) 성질 그 자체는 '**주관적**'이고, 그것이 신경조직에서 '유래'하든, '마음'에서 유래하든 또는 양자 모두에서 유래하든,──이때 (보고, 듣는 등) 성질의 **감각작용**은 다만 신경기능에 의존한다.

　3) 이 직관적 본질존재의 대상적 풍부함 속에 있는 물체적 형상의 객체──기능적으로 통일하는 작용인 지각의 지향대상──는 '감각' 또는 오직 감각작용의 내용으로서만 **주어지고**, 또한 그런 내용일 뿐인 성질들로 구성되어 있다.

　4) 물리학적인 **자극과정**의 이런 사고상으로 확장된 오직 감각적인 성질들에 대한 관계는 원리적으로 볼 때 **실제로 작용하는** 원인의 결과에 대한 관계와 같다. 그리고 물체의 형상(Körperbilder)은 바로 이런 성질들로 '구성'되어야만 하고, 물체의 형상 그 **자체**로 존속해야만 하기 때문에, 이런 물체의 형상이 결코 우리 의식의 피안에 있는 객관적인 현상으로서 지각되는 것과 무관하게 성립하는 것이 아니다.──오히려 물체의

형상 대신에 그때마다 다른 종류의 운동과정(에테르의 진동, 공기의 파동 등) 또는 '지각가능성'이 성립하는데, 이것을 우리가 현실적인 본질존재의 현실성 범주로 이행시키는 것은 잘못이다.

그러나 이런 기묘한 편견들 중의 몇몇은 타당하지 않다. 이 타당하지 않은 편견들을 해명해보자.

첫째로 **물체의 형상** 또는 형상적이고 직관적인 물체의 본질존재를 완전히 지각하거나 '가능한' 지각으로 만든다는 것은 오류다. 물체의 형상은 그 본질존재가 아무리 풍부해도 인간의 '무엇에 관한 의식'과는 완전히 **초월해** 있고, 또한 '정신 속에' 객체로서 불완전하고 오직 부분적으로만 존재할 수밖에 없다. 물체 일반에서 지각되고 표상될 수 있는 것은 모두 확실히 '형상'과 형상의 규정성뿐이다. 이것은 연장, 공간적 · 시간적 성질, 형태, 색깔, 딱딱함 등에 관해서도 똑같이 타당한 것이다. 운동도 동일한 본질존재의 장소변화, 장소변이로서 다만 형상일 뿐이고, 형상 외에 다른 것이 아니다.

'형상' 또는 '객관적 현상'은 2중의 대립에서 논의된다. 첫째로 오직 **실재적인**──따라서 현상적인 것도 아니고 형상적인 것도 아닌── '힘'과의 대립에서 논의된다. 이런 힘의 나타남이 '형상'(과 형상의 척도상의 공간적 · 시간적 관계, 나아가 연장과 형태)이다. 그렇기 때문에 '형상'은 의식을 초월해 있고, 동시에 완전히 비실재적이다. 둘째로 그 의식을 **초월해 있는 대상들**이 '형상'인 **지각내용**──따라서 이 형상은 결코 그런 내용 속에는 없다──과의 대립에서 논의된다. '형상'을 다만 가능한 의식의 대상으로만 간주하고, 모든 힘──여기서 힘이란 일반적으로 순수 지적인 어떤 조작이 아니라 오직 우리의 의욕과 노력에 대해 경험된 저항만이 우리에게 전달되는 개념이다──속에서 형상의 실재적인 기저를 거부하거나('관념론'), 또는 형상을 (모든 형식의 '비판적 실재론'과 함께) 유기체와 유기체의 신경조직, '마음' '의식'을 향한 운동의 결과로 간주하는 것은 모두 똑같은 큰 오류다. 철학적 논의의 대부분은 지금까지 이런 두 방향의 오류 속에서 동요해왔다. 풍부한 사상규정성을 지

닌 내 앞에 놓여 있는 잉크병이 다른 조건이 같다면(ceteris paribus)
——즉 내가 반대의 경우를 가정하는 특수한 근거를 갖지 않을 때도——
이미 존속하고 있고 본질존재적으로 존재하고 있다는 자연적 의식의 확
신, 이런 존재에 대해 나의 지각이 아무것도 부가하고 제거하지 않는다
는 자연적 의식의 확신, 객체로서 이런 존재가 단지 모든 가능한 지각보
다 언제나 풍부한 내용을 지닌다는 자연적 의식의 확신,——이런 자명
한 확신은 현상적 여건으로서 어떤 것으로도 동요되지 않는다.

어떤 형상의 존재와 본질존재가 일찍이 어떤 지각에 기초하여 나에게
확실해질 때 나는 일정한 조건 아래서 동일한 형상을——지각에서든 상
기의 형식에서든——다시금 갖는다는 것, 즉 이러저러한 형상의 국면을
다시금 갖는다는 것을 '기대'하지만, 이 형상의 존재와 본질존재를 가정
하는 것은 버클리, 밀, 코르넬리우스 등이 말하는 의미에서 '지각가능
성'과 같은 것을 의미하는 것이 아니다.[3] 그러나 의식되는 것은 이념적
존재이고, 모든 운동과 자극과정은 이념적으로만 존재하는 것——바로
'형상'일 뿐인 것——이 아니지만, 인과관계는 다만 실제적인 존재, 즉 힘
과 힘의 중심들 사이에 주어지기 때문에 우리 주관에 나타난 '결과'가 곧
형상일 수는 없다. '의식된 것=의식의 소유'라는 의식되는 것과 언제나
오직 지향적 관계에 있고, 결코 인과적 관계에 있는 것이 아니다. 그러나
'형상'은 지각 그 자체의 동일한 통일적인 지향대상——과 그때마다 부
분적으로는 그 내용——이지만, '지각'을 '생겨나게 하는' 인과과정의
출발점(자극), 즉 지각의 '원인'은 아니다. '지각'은 형상 그 자체와 다
른 어떤 것(비물질적 모사, 자극계열 등)이다.

이런 수많은 애매함이 생겨나는 것은 특히 기본적으로 서로 다른 세 가
지 자극개념, 즉 1) 생물학적 자극개념(환경세계사물로서 자극), 2) 물리

---

3) 콘라드-마르티우스(Hedwig Conrad-Martius)는 『철학과 현상학적 탐구 연보』
   (제3권, 1916)에 수록된 그의 노작, 「실제적인 외부세계의 존재론과 현상론」
   (Zur Ontologie und Erscheinungslehre der realen Außenwelt)에서 지각가
   능성에 관한 이런 논의를 신랄하게 비판한다.

학적 · 화학적 자극개념, 3) 형이상학적 자극개념을 서로 명료하게 구별하지 않기 때문이다.

내가 초인종소리를 듣는 경우에 이 소리를 내는 방울 그 자체, 즉 이 환경세계사물은 자극이라 불릴 수 있다. 나는——파블로프가 처음으로 체계적으로 행한 것처럼[4]——그렇게 변화해야만 하거나 그 속성에서 변화하는 환경세계사물 속에서 유기체(Organismen)가 변화하는 태도와 유기체 속에서 일어나는 생리학적 과정을 그 자체로서 검토하고 합법칙성을 확립할 수 있다. 이와 유사하게 나는 색채현상의 변화, 눈의 망막과 신경조직에서 생리학적 과정의 변화, 이 변화들 사이의 의존관계를 연구할 수 있다.——그것도 바로 물리학적 자극개념에서 출발하는 헬름홀츠와 대조적으로 헤링이 처음 행한 것처럼 말이다.[5]

나아가 나는 자극에 관해 다음과 같이 말할 수 있다. 예를 들어 소리와 음향에 대해서는 공기의 파동, 에테르파로, 또는 좀더 예견적으로 눈에 대해서는 광파로 말할 수 있다. 이러한 파동과 그 운동은 물론 '심상'이다.——그것도 원초적인 환경세계사물의 속성이 탈락된 형식적 · 기계적으로 환원된 심상(Bilder)이다.

나는 이 두 자극개념을 혼동해서는 안 된다는 점을 분명히 해야겠다. 울리는 방울이라는 환경세계사물로부터 공기의 파동이 나타나고, 그 파동이 내 귀에 닿았다는 것이 아니다. 이 '푸른 공'에서 에테르파동——'에테르'가 존재한다면——또는 광파가 나오고, 그것이 내 눈에 닿았다는 것이 아니다. 이런 설명은 무의미하다. 왜냐하면 울리는 방울이 여전히 존재하는 대상성의 (특히 현존재상대적인) 층에는 오직 이 울리는 방울의 원격지각만이 존재하는데,——이런 관계구조 속에는 '공기의 파

---

4) 『형식주의』에서 (파블로프, 헤링, 헬름홀츠)에 관한 설명을 참조. 『형식주의』, 제4판 색인을 참조-편집자.
5) 이에 관해서는 체르마크(A. v. Tschermak)의 『새로운 감각심리학에서 엄밀한 주관주의』(Der exakte Subjektivismus in der neueren Sinnesphysiologie, Berlin, 1921)를 참조.

동'이라는 현상은 없기 때문이다. 그리고 공기의 파동과 광파 또는 에테르파동이 있는 곳에는 '울리는 방울'이라는 환경세계사물도, 푸른 공도 없고, 다만 분자 · 원자 · 전자로 구성된 매우 복합된 체계만 있고, 그것은 객관적 · 비직관적인 공간 속에 있는 다만 그 형식적 · 기계적인 모델로서 주관에 '동기를 부여하는' 환경세계사물에 대응하는 것이다. 그러나 이때 이 복합적인 체계는 연속적으로 그 환경과 형식적인 모든 세계조직과 관련해 있다. '눈'과 '귀'는 대상의 이런 질서 속에 존재하지 않는다. 아니 눈과 귀 자체는 해부학자와 생리학자가 이에 관해 확립한 모든 것의 부분통일과 함께 통일로서 바로 환경세계사물에 불과한 것이다.

끝으로 힘의 직관되지 않는 질서가 있다. 이 힘은 이론물리학이 오늘날 어떤 형식에서 고압적으로 요구하는 것처럼 물질과 운동의 동학적 이론에 따르면, 형식적 · 기계적 '자극'을 포함한 이 모든 '심상'의 기초를 이루는 것이다. '바로 여기서 실재성'이 처음으로 시작하기 때문에, ──다른 모든 것은 이미 심상이고, 바로 이념적인 심상 외에는 아무것도 없다──이 힘에서 비로소 '인과적' 작용에 관해 논의할 수 있다.

그러나 위에서 끝으로 거론된 (형이상학적) 자극개념과 다른 자극개념의 관계는 우리가 흔히 고찰해온 것과는 전혀 다른 것이다. 바로 어떤 심상과 그 형태, 연장, 그 공간적 · 시간적 배열을 처음으로 인과적으로 생겨나게 하는 힘의 중심과 힘의 장(場)은 말하자면 첫 번째 의미에서 자극, 즉 환경세계사물과 또한 두 번째 의미에서 형식적 · 기계적 '자극과정'의 공통된 원인이다. 그리고 이 힘이 작용하는 곳은 바로 그 자체 많은 심상들 가운데 하나의 심상인 물체적 유기체가 아니고, 유기체 자체의 근저에 놓여 있는 어떤 생명 없는 것이지만 때로는 생명 있는 힘의 요인 내지는 충동요인들의 체계다. 그러나 (두 번째 개념의 의미에서) 형식적 · 기계적 자극은 결코 '푸른 공'이라든지 '울리는 방울'처럼 눈에 보이는 환경세계사물을 규정하는 것이 아니다. 이 형식적 · 기계적 '자극'은──이것도 다만 이 자극의 운동이 유기체에서 대뇌피질까지, 그리고 대뇌피질에서 다시금 주변부에까지 설정된 구심적이고 원심적인 모든 신경과정과 함께 자극의 출발점에서 **총괄**되는 경우에만——보고, 듣는 **감각작용의 기능**만을 논리적으로 (그러나 인과적이 아닌) 규정하고, 마침내 그때마다 이 기능의 전체에서 환경세계사물의 '**지각작용**'을 규정한다. 따라서 이 형식적 · 기계적 자극이 규정하는 것은 객관적인 현상으로서 '심상'이 아니라, 언제나 다만 불충분하고 상호간에 요구되는 국면들에 그때마다 부분적으로 주어지는 심상의 **지각내용**들이다. 보고, 듣고, 감각하며 (지도적인 상위기능으로서) 지각한다는 저 정신생리학적으로 통일된 기능들이 매우 두드러진 지향적 성격을 가지고 심상내용과 상황적인 시 · 청 · 접촉사물로 세분되지 않는 통일적인 심상내용의 핵심에 관해 행하는 선택보다 이 심상 자체가 **선행적**으로 존재한다.

따라서 이 관계는 다음 도표와 같이 표현될 수 있다.

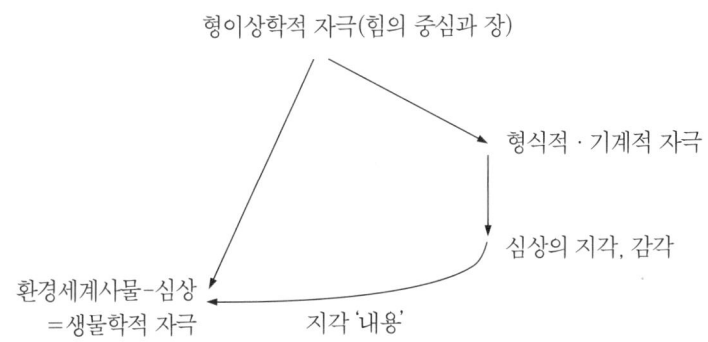

그리하여 문제되는 것은 다음과 같이 네 개로 **충분히 구별**될 수 있는 존재의 단계들이다. 그것은 1) 힘, 2) '객관적 현상'과 '심상세계', 3) 형식적 · 기계적으로 환원되는 심상, 4) 의식현상이다. 이에 상응하여 다음과 같은 세 가지 오류를 피할 수 있다. 즉 1) 지각 '내용'을 심상의 충족, 객관적 현상에서 절취하고 한정하는 **기능뿐**이라고 말하는 대신에——형식적 · 기계적 자극과정이 **지각내용**을 일의적으로 규정한다고 생각하는 것, 2) 이 자극과정이 객관적이고 초의식적 현상으로서 '심상' **자체**까지 규정한다고 생각하는 것, 3) 이 자극의 출발점과 신경조직의 **모든** 반작용 사이에서 구심적이고 원심적으로 일어나는 모든 순환과정의 단지 구심적으로 일어나는 물리학적인 부분만이 감각하고 보고, 듣고 맛보고 마침내 지각한다는 정신생리학적 기능에 일의적으로 비례한다고 생각하는 것이 그것이다. 왜냐하면 동일한 '심상'을 객관적·이념적으로 가능하게 해주는 지각의 다른 가능한 부분내용 및 그때마다 구별되는 지각의 부분내용과 기능에 일의적으로 속하는 것에는——좀더 상세하게 살펴본다면——물리학적 자극이 있는 것이 아니라 다만 자극에 따른 구심적·중심적이고, 원심적인 과정의 모든 계열을 부과하는 자극만이 있기 때문이다.

따라서 물리적 자극과 구심적 과정, 대뇌피질의 과정이 뇌 '속에' 또는 '마음'속이나 의식 '속에' 있는 '최종점'(Endstelle)인 감각을 규정한다는 것, 나아가 지각은 이런 감각의 **총합**이거나 어떤 복합물이고, 물체의 형상은——'현존한다'는 것은 잘못된 설정이다——정돈된 일군의 지각**가능성**에 불과하며, 의식의 피안에 다만 공기의 파동, 에테르파동 등이 현존한다는 이 불가해한 신화적 견해는 본말이 전도된 조잡한 오류들의 조합일 뿐이다. 본래 물리적 자극에 의해 정립되는 신경과정의 어떤 '최종점'에서 예를 들어 붉다는 감각이 생겨난다는 (또는 정신적인 마음이 '소질'이라는 숨겨진 질qualitas occulta에 의해 이 감각을 생겨나게 한다는) 사고방식은——우리가 이를 언제나 역전시켜버리는 것처럼——매우 불분명하고 불충분한 것이다.[6] 이런 사고방식은 예를 들어 감각의 '투영'이라는 모든 불가능한 구성에 통용되는 것이고, 또한 근원적으로 '점차적인' 감각이나 대상(예를 들어 붉은 공)이 원인으로서 비로소 주어져야만 하는 '무의식적인' 추리기능(쇼펜하우어, 헬름홀츠)을 가정하는 것에도 통용되는 것이다. 그것은 또한 '근원적으로' 나의 상태에 불과한 감각을 '대상화하는' 기능의 가정에도 통용되는 것이며, 내포적인 것에서 외연적인 것이 생성된다는 신화에도 통용된다.——다

---

6) 프리사이젠-쾰러(M. Frischeisen-Köhler)의 『과학과 현실』(*Wissenschaft und Wirklichkeit*, Leipzig, 1912), 416쪽 이하에서 이런 사고방식에 대해 다방면에서 적절하고 상세한 비판적 논술을 참조.

시 말하면 그것은 전혀 간파될 수 없는 모든 의미에서 조잡하고 검증이 불가능한 가설에도 통용되는 것이고, 이런 가설들 중에서 어떤 것은 엄밀하게 반박될 수 있고 또한 반박되기도 한다.[7]

오히려 구심적인 신경과정이 운동적인(motorischen) 신경과정으로 전환되지 않는다면, 이른바 '최종점'에는 특수한 것이 아무것도 생겨나지 않는다는 사실은 분명하다. 좀더 좋게 표현하면, 이런 '최종점'은 없는 것이고, 다만 그 자체 언제나 **동시에** 구심과정, 수평과정, 원심과정인 일정한 기능통일의 좀더 많이 우선하거나 좀더 적게 우선하는 국한성의 (zirkumskriptes) 생리학적 기능의 장(場)만이——예를 들어 심적으로 (붉게 보이는 것처럼) 어떤 특수화된 시각작용이 일의적으로 대응하는 상태가——있을 따름이다. 이때 붉음은 심적인 시각기능에 의해 구체적인 물체의 모습에서 나온 이 시각적 사물의 국면인 시각사물의 규정성이다. 그리고 이 시각사물은 본래 시각작용이 향하는 지각통일의 첫 번째 지향대상이고, 지향대상으로 남아 있다. 그것도 변화하는 시각적 내용 속에 다시금 현저한 지속성을 지닌 시각작용의 변화에도 불구하고 남아 있다.[8] 여기서 불명료한 것이란 아무것도 없고, 모든 것은 원리적으로 분명하다. 심적인 기능수행과 분명히 이에 속하는 생리학적인 기능수행(그 구성부분은 언제나 위에서 말한 세 과정의 단면을 포함한다)의 정리된 (상위기능, 하위기능 등에 의해 정리된) 통일이 그 정리 속에서 국한성의 기능영역과 **확실히** 결합된 것은 거의 없다. 그리고 정상적인 기능영역의 손상에 즈음하여 (이전에는 거의 상상도 하지 못했을 만큼) 대단한 정도로 신경조직의 다른 기관부분이 이 영역의 성격을 인계할 수 있지만, 이때 현상의 **구조**는 동일하게 남아 있다.[9]——이런 사실

---

7) 헤링의 저작들을 참조.
8) 어떤 한 장소에 있는 실재의 표면을 볼 때, 가로놓인 '감각'을 둘러싼 어둠에도 불구하고 여러 색깔에 대한 망막의 감수성이 줄어들기 때문에 보는 현상은 당연히 같은 형식으로 붉게 된다.
9) 이에 관해서는 『독일신경의학잡지』(Deutsche Zeitschrift für Nervenheilkunde),

들은 일정한 국한성의 '편재화될 수 있는' 현상이나 이 현상을 제약하는 기능의 장이 적어도 계통발생에서 정돈된 기능복합의 통일에 의해 비로소 창출된다는 것, 즉 신경조직에서, 그중에서도 인간의 대뇌피질에서 형성되는 것보다 기능의 구조를 형성하는 힘이 강한 곳은 어디에도 없다는 사실과 상응한다는 것을 가리킨다.[10] 이런 이해에 따르면 우리의 지각, 즉 1차적인 지각현상과 2차적인 표상현상이 나타내는 현상내용을 어떤 일의적인 방식으로 뇌부분과 뇌기능에 귀속시키는 것은 일반적으로 중요한 문제가 아니다. 왜냐하면 1차적으로 심적인 기능과 생리적인 기능은 언제나 다만 일의적으로 결합되어 있고,──이 결합은 엄밀하게 일의적이고 엄밀하게 평행적이다──우리의 견해에 따르면 존재론적이고 형이상학적으로 마음(Psyche)과 그 기능적 구조가 신경과정의 기능적 계층과 동일하다는 점에 근거한 결합이기 때문이다. 물론 이때 우리는 지금까지 그렇게 분명하게 이해되지 않았던 기능개념을 심리학적으로 정초하지 않으면 안 된다.[11]

77권에 수록된 골트슈타인의 논문, 「임상적 의미에서 대뇌피질의 위상론」(Die Topik der Großhirnrinde in ihrer klinischen Bedeutung)에서 든 사례들을 참조. 또한 『심리학연구』에 수록된 겔프와 골트슈타인의 논문, 「뇌병리학적 사례의 심리학적 분석」(Psychologische Analysen hirnpathologischer Fälle, Berlin, 1924)을 참조. 나아가 『심리학잡지』, 74권 2/4호에 수록된 골트슈타인의 논문, 「신경조직의 기능이론」(Zur Theorie der Funktion des Nervensystems) 중에서 위에서 말한 것에 대한 풍부한 사례를 참조.

10) 이에 관해서는 에렌베르크(R. Ehrenberg)의 『이론생물학』(Theoretische Biologie, Berlin, 1923)을 참조.

11) 현상과 기능의 분리는 일반적으로─슈툼프가 「현상과 심적 기능」(베를린학회보, 1907)에서* 적절하게 지적한 것처럼─두 규정성이 '서로 독립적으로 변화'할 수 있는 것에 기초하지만, 이 명제는 엄밀하게 모든 구체적인 심적 기능이 성립하는 가장 기본적인 부분적 기능에 관해서만 타당하다. 우리는 이 구별을 처음부터 지니고 있다고 말할 수는 없더라도 다양한 심적 작업에 대해 이런 구별을 행하려고 시작한다. 이에 반해 복합적인 기능통일─그 자체 언제나 상위기능, 하위기능이라는 분류법칙에 따르는, 즉 계층적인 기능통일─에 대해서는 이 기능통일에 상응하는 현상들이 바로 이 복합체에 일의적으로 '귀속'하고, 다른 것에는 귀속하지 않는다는 것이 타당하다. 모든 작용, 예를

'최종점'에 관한 주장과 감각이 성질적·사물적인 것으로서 성립한다는 주장과 마찬가지로 감각의 복합이 지각이라는 이론도 잘못이다. 물론 이것은 다음과 같은 경우에만 완전히 통찰될 수 있다. 즉 물체의 직관적 본질존재, 다시 말하면 '물체의 형상'은 결코 실재성을 지니고 있지 않지만,——실재성은 그 근저에 놓여 있는 힘에만 귀속된다——초의식적 실존을 지니고 있다는 사실이 미리 통찰되고, 또한 지각내용이 그 자체 감각의 복합이 아니듯이 물체의 형상도 단순한 지각내용이나 '가능한' 지각이 아니라는 사실이 미리 통찰된다면 말이다.

그런데 여기서 '심상' 또는 '객관적 현상'이라 부르는 것은 무엇인가? 물체의 형상은 본질법칙적 규정의 한계 내에 있는 그때마다 특수하고 일회적인 본질존재 규정성(형태, 성질 등)의 구조배열(Aufbauordnung)이고, 주관적 조직이 아니라 궁극적으로 역동적인 요인의 일정한 상태에 뿌리내리고 있는 구조배열이다. 물체의 형상은 이런 구조배열로서 결코 단순한 '총합'(Summe)도 아니고,——흄과 마흐가 생각하듯이——감각들의 총합도 아니다. 언제나 미리 주어지는 이 '형상'의 공간·시간형태를 내 좋을 대로 제거해버린 성질들도 또한 어떤 감각이 아니다. 그런 성질들은 본래 심적·물적으로 무차별적인 이념적 내용이기 때문에, 또한——한정된 수와 종류의 모든 유기적인 종에서——감각한다는 기능의 내용이 될 수 있다. 그러나 성질은 이런 감각기능의 내용이 된다 하더라도 언제나 변하지 않는 심상 그 자체의 객관적 규정성일 수 있다. 우리 지

들어 주목작용은 다른 것이 (현상으로서) 주목되는 것에 따른 다른 주목작용이다. 시각기능뿐만 아니라 붉은색을 보고, 노란색을 보는 기능도 있다. 이 기능이 '심상'의 본질존재 또는 객관적 현상의 본질존재에서 주관적인 심적 '현상'을 한정하고, '선택하고' '축복해준다.' 이 기능이 이 현상을 비로소 (자아관련성을 지닌) 주관적 현상으로 형성해준다. 그리고 상상기능의 경우에 이 기능은 개체 또는 종과 결부되어 있고, 또한 그 지각되는 심상 내용을 함께 구성하는 성질영역에 있는 동일한 원자료(Urmaterial)에서 새로운 현상을 창출해내는 것이다. 상상에 관해서는 이하의 서술을 참조.

* 『형식주의』에 나타난 슈툼프의 연구에 관해서는 제4판, 398쪽 참조—편집자.

각기능의 다발이 구체적인 심상을 매우 다양한 관점에서 주관적인 현상 양식과 국면으로 분해하고 해석한다 할지라도, 이때 심상은 그 존재적 자기 존립이라는 점에서 아무 상처 없이 남겨져 있다. 최소한 기능이 심상을 창조하거나 산출한다.

따라서 자연의 초의식적인 존재 속에서 다음과 같은 존재의 단계계열들이 구별된다.

1) 오직 자연의 실제적인 것을 구성하는 힘의 요인
2) 공간 · 시간의 체계와 (선택해야 하는) 형식적 메커니즘
3) 초월적 · 이념적 '심상'과 그 본질법칙적으로 규제되는 구조의 배열
4) 종적으로 관련되는 환경세계의 구조와 환경세계의 형상

이 계열에 따르는 지식의 영역에서

1) 본질가능한 지각
2) 현실적이고 실제적으로 '가능한' 지각
3) 감각적 현상이 추론된다.

이처럼 심상은 힘요인의 '결과'이거나 이에 의해 비로소 정신물리적 주관을 향하는 메커니즘의 '결과'도 아니다. 우리가 지각내용을 분해된 심상 그 자체의 부분으로 간주한다면, 이 명제는 당연히 우리가 심상의 현 존재 상대성의 단계를 정확하게 구별하고, 특히 '환경세계의 형상'을 '세계의 형상'과 구별할 때만 그 의미를 획득한다. 달은 천문학과 월리학(月理學, Selenographie)이 생각한 것처럼 세계 형상의 일부이고, 그 자체 하나의 '심상'(심상 I)이며, 일정한 힘의 요인에 따른 '객관적 현상'이다. 달은 본질에 따른 지각이 아니지만, 지상에 살고 있는 우리 인간의 지각기관(그 자극대역과 변별대역 등)에는 미칠 수 없다. 다만 간접적인 사고에 의해, 즉 지리학적이고 형식적 · 기계적이며, 동적 · 광학적 · 화학

적인 (스펙트럼 분석의) 법칙들을 응용함으로써만 우리는 달의 개념을 형성할 수 있고, 2차적으로 그 의의를 상상을 통해 직관하고 통합하려고 노력한다. 우리의 사실적 지각은 이 심상의 어떤 부분도 포함하고 있지 않고, 다만 달이라는 **환경세계** 형상의 각 부분만을, 즉 때로는 노란색의 보름달이고, 때로는 반달이고, 때로는 숨었다가 때로는 나타나기도 하고, 때로는 밤하늘에 여기저기로 떠다니기도 하며, 극지방에서 보는 것과 적도지방에서 보는 것이 다르다는 큰 변화를 나타내는 부분들을 포함한다. 그러나 이 환경세계의 형상은 단순한 지각, 즉 '지각가능성의 총체' 외에 아무것도 아니다. 그것은 우리의 심적 · 물적 조직과 지구라는 '심상'의 일정 부분인 우리 입장에 **현존재** 상대적이다.

그러나 이 현존재 상대성은 '의식의 내재'와 전혀 무관한 것이고, 또한 주관적 관련성과도 무관한 것이다.——주관 속에서 인식론적이거나 심적인 '자아'가 이해되고, 오히려 심적 · 물적인 모든 유기체는 이해되지 않을 때 그렇다는 말이다. 또한 환경세계의 형상은 하나의 심적 · 물적 유기체, 즉 어떤 '감각복합'이 아니다. 감각복합은 심상 I로서 달에 의해 그리고 심상 I로부터 나타나는 자극과정에 의해 우리 내부에서 생겨나는 것이거나 또는 감각복합에서 우리는 심상 I에 대한 '인과추리'를 수행한다.[12] 본질존재적 상대성과 현존재적 상대성의 개념 속에는 이 모든 것이 들어 있지 않다. 환경세계의 형상은 또한 심상 I의 기초가 되는 **역동적인** 요인과 정신물리적인 모든 종적 생명체의 입장 및 상태(즉 개체적 징표가 아니라 종적인 징표인) 사이에 있는 작용관계(Wirkverhältnis)와 분명히 결합된 '객관적 현상'이다. 거울 속의 형상이 거울과 거울에 비친 물체의 형상에 '현존재 상대적'인 것과 유추적으로 환경세계의 형상은 달의 현실적인 존재와 지상에 살고 있는 인간의 현실적인 존재에 현존재 상대적이다(양자는 모두 사물 그 자체의 영역에서 고찰된 것이다). 또

---

12) 심상이 작용시킬 수 없다는 것을 우리는 이미 보았다. 마찬가지로 형식적 · 기계적 과정이 심상 I로부터 나오고, 그것이 예를 들어 '눈'에 이르게 한다는 것이 불합리하다는 것도 이미 보았다.

한 환경세계의 형상은 우리의 의식, 우리의 지각과 감각에 기초하여 비로소 '생겨나는' 것이 아니라 달의 심상 I에 못지않게 이런 의식을 가지는 것과 아는 기능에 앞서 현존하는 것이다. 그러나 우리가 지상에 살고 있는 인간의 현존재와 상태를 파기할 때 이 환경세계의 형상은 소멸되고 만다.──그러나 심상 I은 결코 이에 의해 소멸되는 것이 아니다.

그러나 가능한 환경세계 형상의 구조형식은 그 자체 모든 심상들 가운데 있는 하나의 심상에 불과한 유기체적 물체(신체)의 형태학적 구조와 마찬가지로 각기 생명체의 기능적이고 역동적인 종적 조직(생명체의 기능구조법칙)에 의해 근본적으로 확정된다. 따라서 환경세계의 구조는 심상으로서 신체물체에 일면적으로 존재상대적인 것이 결코 아니다. 신체물체의 구조법칙──즉 지속적이고 발생적인 의미에서 유기체의 형태학적 형성법칙(Formgesetz)──과 환경세계의 구조는 오히려 언제나 '적응'이라 불릴 수 있는[13] 서로 가역적인 법칙관계에 있다. 그러나 그것은 그때마다 생리적·심적 구성요소를 소유한 구조를 형성하는 역동적 기능들의 특수한 종적 위계를 통해 명료하게 두 방향을 규정한다. 따라서 우리는 또한 환경세계사물과 '심상' 및 그 속성과 상호관계의 변화에서 유기체의 변화하는 생리학적 과정과 그 '태도'의 변화를 어떤 확대된 생리학(파블로프)이라는 의미에서 전적으로 그 자체를 위해 연구할 수 있고, 이 의존성의 법칙을 탐구할 수 있다. 여기서 생리학적인 기능의 통일성과 과정의 통일성(과정의 통일성 자체는 화학적인 것과 물리적인 것으로 해소되지 않는다)을 표현하고, 우리 경험에 대해 실현하는 과정들, 바로 물리적·화학적으로 정의되고 정의가능한 과정들에만 관계할 수 있는 물리적이고 화학적인 자극을 (두 번째 자극개념의 의미에서) 도입하지 않고도 우리는 얼마든지 이 연구를 할 수 있다. 나아가 점차적으로 의식되는 심적인 기능들을 '태도'의 관찰가능한 변화를 규정하는 연구에 덧붙이지 않고도 이 연구를 얼마든지 할 수 있다.

---

13) 이에 관해서는 『형식주의』, III. 4를 참조─편집자.

따라서 지각은(이 말의 본질적 의미에서 볼 때) 다만 국면에 따라 해체되지만, 언제나 그 본질존재 '그 자체'에서 도달하고 파악하는 '심상'이 절대적인 존재는 아닐지라도, 객관적이고 의식초월적인 현존하기 위한 결정적인 논거는——내가 언급한 것처럼——먼저 본질존재의 규정성에서 나온 심상의 존재론적으로 타당하고 본질법칙적으로 규제되는 구조배열이다. 모든 물체가 연장을 지니고 있고, 하나의 공간을 (그 공리적公理的 구조는 미결정인 채로) 점유하고 있고, 지속하며, 일정한 형태를 지니고 있으며, 공간존재와 지속존재로서 무한히 분열이 가능하다는 것과 모든 물체가 색깔이라는 성질의 체계로 규정된 색깔을 띤다는 것, 또한 우리의 정상적인 감각작용의 가장 단순한 내용으로서 주어지는 성질들이 적어도 (그러나 아마도 훨씬 많은 성질이) 모든 물체에 그 '특성'을 실현시키는 것으로서 귀속된다는 것, 하나의 물체가 다른 물체에 대해 장소·위치·거리 등과 시간적 위치, 시간적 관계를 지닌다는 것, 모든 물체가 자신이 처한 장소를 변경시킬 수 있다는 것, 그밖에 많은 것들, 이 모두는 귀납적 경험에 의존하는 규정들이 아니다. 이것은 모두 물체의 존재적 본질을 구성하는 것들이다.——이런 물체의 본질을 영원히 확립하기 위해서는 하나의 물체만으로도 충분하다. 그러나 물체 또는 '심상'을 이른바 구성적으로 규정하는 것은 임의로 상호의존적으로 구성되는 것도, '정초'되는 것도 아니며, 그 규정이 특별히 구별될 수 있을지라도 우리 인간의 조직에는 의존적일 수 없고, 게다가 그 자체 본질규정에 대한 물체존재를 지닌 본질적으로 존재적인 구조배열을 지니고 있다.

이 존재적 구조배열은 물체적 대상 또는 '심상'의 구성적 규정성이 본질법칙적으로 소어되는 것의 배열에 정확하게 대응한다. 그러나 존재적 구조배열은 소여의 배열을 결정하거나 소여의 배열에 대한 틀을 결정하는데, 소여되는 것은 이 틀을 벗어날 수 없다. 그리고 이 존재적 구조배열은 동시에 실제적이거나 작용능력을 지닌 (즉 물체 형상의 기초로서) 어떤 주관의 현상적인 본질존재 태도의 특수한 규정을 생성하고, 이 생성 가운데서 규정되는 우연적·사실적인 배열에 대해 골격을 부여한다.

따라서 구조의 본질적 배열은 물체세계의 소여배열과 우연적인 현존재의 배열을 등근원적으로 포괄하며, 서로 본질법칙적으로 결합한다. 이런 배열로서 구조배열은 우리 경험의 반복에 전혀 의존하지 않는다는 사실에 의해 분명히 설정된다.

물체세계의 이런 정초질서(그 자체는 여기서 연구될 수 없다)에 관한 명제들에 대해 약간 예를 들어보자. 1) 동시에 스스로 연장하는 것의 상태로서 그리고 그 작용(Actio)으로서 파악되는 (아직 비동질적인 질에서 질로 변화하는) '연장'은 모든 물체의 형상을 최종적으로 정초하는 본질존재 요인이다. 2) 이런 본질존재 규정성의 '교차'라는 현상(근원현상)이 따라 나온다. 3) 교차는 가역적인 것으로서 순수 '운동'이고, 비가역적인 것으로서 '변화'다. 4) '공간성'은 운동의 순수가능성(즉 가능존재)이고, '시간성'은 변화의 순수가능성이다. 5) 운동과 마찬가지로 변화는 존재론적으로 볼 때 그리고 소여의 배열에 따르면 그 '사이에서' 생겨나는 공간적·시간적인 질점(質點, qualitative Punkterfüllungen)의 충족보다 선행한다. 6) 따라서 변화와 운동은 '공간'과 '시간', 지금-여기-시점(Jetzthierpunkte)의 4차원적 배열 속에 있는 상호관계를 정초한다. 7) 물체의 본질존재 규정성에서 볼 때 '떨어져 있음'(Auseinander)은 '따라 존재함'(Nacheinander), '함께 병행해 있음'(Nebeneinander, 무정형적인 시간성과 무정형적 공간성 일반)의 특수한 형식들과 무관하고, 이들보다 선행하며, 교차의 법칙이 비로소 따라 존재함과 함께 병행해 있음을 그때마다 결정한다. 8) 물체의 공간적·시간적인 무정형적인 규정성이 주어진다면, 다음으로 그 물체의 '공간·시간의 형태', 즉 그 가능한 변화의 그때마다 공간적 형태와 유동적 형태의 핵심이고 근거인 '공간·시간의 형태'가 규정된다. 9) 공간적 형태는 존재의 배열과 소여의 배열에서 모든 성질들(색깔, 소리, 따뜻함, 차가움, 맛, 냄새 등)의 근저에 이미 들어 있고, 이로써 어떤 감각이 (지각과 감각작용의 정신물리적 기관의 임의적인 변경에도 불구하고) 비로소 '가능하다'는 것을 규정한다. 이와 유추적으로 시간형태와 리듬학(Rhythmik)도 변화의 체험을 자신 속에 받아들일 수 있는 모든 질적으로 가능한 교차 속에 이미 들어 있다. 10) 우리의 가능한 직관에 대한 공간형태와 시간형태의 어떤 한 계점을 충족시키는 원초적 질은 (가능한) 색채성(Farbigkeiten)이다. ——따라서 예를 들어 촉각, 소리, 냄새, 맛의 성질이 아니다. 물체에서 색채성은 소리, 촉각, 냄새, 맛보다 '본질적'이고——적어도 '기초적'이다. 예를 들어 거울 속의 형상·그림자·무지개·신기루·푸른 하늘 등도 색깔을 띠지만, 그것은 '평면적인' 피막에 불과하고, 물체의 '표면'을 충족시키는 것이 아니다.[14] 색깔 없는 물체세계를 생각하는 것보다는 접촉되지 않고, 소리 없고, 냄새 없고, 맛없는 물체세계를 생각하는 것이 훨씬 더 쉬울 것이다. 모든 딱딱하고 부드러운 것, 소리를 내는 것들도 색깔을 띠지만,——그 역(逆)은 성립하지 않는다. 11) 색채성 가운데서도 표면색에 관련된 **명암현상**을 나타내는 **흑백계열**의 질적 차이는 존재와 소여성의 **특별한** 우위를 나타낸다. 여러 색깔들은 자신의 특별한 밝기가 주어지고, 다시 말하면 미리 주어질 때만 존재할 수 있고 주어질 수 있다. 따라서 가능한 물체의 명암치(Hell-dunkel-Werten)의 교차 (이른바 '빛')를 규정하는 X가 다른 **감각적**으로 지각가능한 모든 객관적인 현상내용에 대해 미리 규정하기 때문에, 이 미지(未知)의 어떤 것은 모든 종류의 가능한 감각적 현상의 장소 차이와 시간 차이에 대해 **구성적** 성격을 띠고, 그중에서 또한 **일반적으로** 가능한 방법으로 감각적으로 지각할 수 있는 물체와 그 공간적·시간적인 물리학적 특성에 대해서도 구성적 성격을 띤다. 공간이 다만 '순수' 운동의 가능성의 총체에 불과하고, 시간이 오직 '순수' 변화가능성의 총체에 지나지 않기 때문에, 또한 그때마다 (과학의 단계에서) '가장 민첩한 것'으로서 타당한 운동과 시간은 적어도 가능한 모든 성질들에 대해 그리고 (그렇기 때문에 당연히) 이 성질들의 가능한 감각적 경험에 대해 형식규정성——공간성과

---

14) 셸러는 평면색(Flächenfarben)과 표면색(Oberflächenfarben)을 구별한다. 평면색이란 우리 눈에 평면적으로 주어지는 색깔(푸른 하늘)이고, 표면색이란 물리학적으로 흔히 표면이라 부르는 것(책상 표면)의 색깔을 말한다-옮긴이.

시간성(이것은 무정형적인 함께 병행해 있음과 따라 존재함amorphes Neben- und Nacheinander 외에 아무것도 포함하지 않는다)이라는 보편적 본질을 2차적으로 획득할 수 있는 공리적으로 가능한 형식규정성——의 척도이고, 의미다.[15] 따라서 각종 노출가능성은 감각적으로 지각될 수 있는 자연사건(Naturereignisse)의 동시성을 규정할 뿐만 아니라 마찬가지로 감각적으로 지각될 수 있는 공간적 거리의 다른 존재 일반의 가능성을 규정한다. 12) 물체의 규정성이 될 수 있는 다른 성질들을 그 생성 질서와 소여의 배열에서 검토하는 것이 여기서 우리의 목적은 아니다. 그러나 이 다른 성질들, 특히 온도와 열량의 성질, 우리가 접촉성질보다 앞서 파악하는 진동의 성질, 다른 음향적 성질보다 앞서 파악하는 사물의 고유한 소리로서 음향적 성질, 접촉성질, 아마도 똑같이 근원적인 냄새와 맛의 성질도 또한 우리의 (또는 다른 동물의) 정신물리적 조직에는 결코 근거하지 않는 본질적 구조를 지니고 있다.

특히 심상에 관한 하나의 본질존재 규정을 완벽하게 해명했다고 생각하는 것은 심상들에는 **초의식적으로 현존하는 것이** 고유하게 있다는 것, 지각은 다만 **심상을 분해할 뿐이고 산출하는 것이 아니라는 것**이고, 이 모두는 심상의 **피형성체**라는 것이다.

아리스토텔레스와 스콜라철학은 **대상규정성인 형태**를 '형상'(forma)이라는 존재적 요인(심상의 형식으로서 '감각적 형상'forma sensibilis), 즉 제1질료(materia prima)와 함께 모든 물체를 구성하는 요인들로부터 유래하는 것에 부과했다. 의미(Bedeutung)와 형태(Gestalt)는—— 우리가 오늘날 분명히 인식하고 있듯이—— '형식'(Form)이라는 이 애

---

15) 따라서 다음과 같은 네 가지 요인이 상응한다. ① 빛의 감각은 공간과 시간의 차이에 대한 가장 정교한 감각이다. ② 빛은 우리가 알고 있는 가장 강한 운동이고, 절대적·불변적인 운동이다. ③ (정지요소에 의해서도, '운동'으로서 주어지는 다른 성질들의 장소변경에 의해서도) 다른 어떤 공간적 차이도 없는 하나의 조명권 안에 있는 두 공간점은 (장소 변화로서) 느껴진다. ④ 빛은 물체세계의 임의적인 부분들 사이의 다른 '교통'(Kommerzium, Kant)의 최고 조건이다.

매한 개념 속에 잘못된 형태로 서로 결합되어 있고, 의미가 형식을 규정하고, 감각적 소재인 질료(Hyle)에서 비로소 형태를 특징짓는 한계(ὅροι, 플라톤)를 창출한다는 의미에서 서로 결합되어 있다. 그러나 스콜라철학에서는 어떤 경우에도 (공간과 시간, 운동의 변화형태로서) 형태는 존재적인 것이고,——인간의 주관 속에 있는 것이 아니라 주관이 비로소 형태를 만들어내는 것으로 생각했다. 근대의 기계론적 자연관은 먼저——데카르트의 가장 예리한 방식의 기하학주의에서——의미, 가치존재, 목표추구, 목적활동, 성질들뿐만 아니라 형태에서 존재적 성격을 근원적으로 제거해야만 했다. 데카르트는 분명히 그렇게 했다.

그는 본래 오늘날 우리가 '형태의 생산설'(베누시V. Benussi)이라 부르는 형태이론의 아버지다.——형태생산설이란 형태현상이 앞서 주어진 인상에서 무의식적인 심적 과정을 통해 비로소 생겨난다는 이론이다. 이 이론에 따르면 삼각형·사각형을 성립시키는 점과 선분만이 물리적 자극의 상관물을 지니고 있고, '형태'라는 새로운 현상은 그 새로운 특성과 함께 마음이 자신 속에서 비로소 산출해낸 것이다. 그 이후 형태개념이 실증과학의 진행 속에서 언제나 존재론적 타당을 요구할 때마다 이 개념은 언제나 처음부터 예를 들어 입체화학, 결정학, 생물학에서 적대적인 큰 편견과 싸워야 했다. 오스트발트의 '형태에너지'는 물리학자들에 의해 특수한 종류의 에너지로서 즉시 거부되었다. 칸트철학 또한——카트는 흄의 감각주의에 대항한 오성개념의 도식론에 관한 '비판'의 의미심장한 장에서 한편으로 감성적 성질들에 선행하고 다른 한편으로 오성범주에 선행하는 형태규정성의 선소여성을 인식했고, 마찬가지로 공간도식에 앞서 시간도식이 지닌 탁월한 의미를 (시간형태는 '감성과 오성'의 매개를 형성한다) 인식했다—— '구상력의 은밀한 깊이'에서 형태의 주관적 유래를 설명한다.

이런 상황에서 본래 에렌펠스와 코르넬리우스의 제창에 기초한 새로운 형태심리학(Gestaltpsychologie)의 옹호자들이 형태지각과 형태표상에 관한 그들의 풍부하고 다면적인 실험적 연구의 최종국면에서 형태

지각을 순수심리학적으로도(생산설), 순수생리학적으로도 정초하지 않고,[16] 특수한 종류의 물리학적 자극과정 그 자체에——또한 이 자극과정을 구성하는 개별과정의 결과법칙에 따르지 않는 그런 종류의 자극과정에——정초한 것은 동시에 자연철학과 이론물리학, 생리학, 지각이론의 심오한 궁극적인 문제에까지 도달한 쇄신이다. 형태지각에 관한 낡은 가설은 나 자신이 이미 몇 년 전에 확실하게 제기한 매우 단순한 근본문제를 간과하고 있다. 쾰러는[17] 다음과 같이 서술한다. "잉크병이 눈에 반영하고, 그 표면부분에 대응하는 개별적인 감각과정이 피질영역으로 전달되고, 이때 잉크병이 보인다고 우리는 말한다. 그럼에도 우리는 사고를 통해 그렇게 받아들인 요소적 과정들을 비교하고, 그 전체성을 잉크병의 환경에 대응해 있는 요소적인 과정에서 분리시킨다. 바로 이때 우리의 기본전제에 따르면 저 잉크병 요소가 실제로 속하는 곳은 아무데도 없고, 따라서 거기서〔대뇌〕 피질의 최종 과정이나 또한 피질의 가까이 있는 요소적 과정도 결코 실제적인 연관을 지니지 않는다는 점에 관해 우리는 전혀 고찰하지 않았다.

'잉크병에' 대응하는 어떤 사건이 신체영역에 있는 어떤 종류의 고립된 통일로서 생겨나는 것은 아무것도 없고, 다른 가까이 있는 것과 같은 정도로 서로 차이가 없는 개별과정, 예를 들어 가까이 보이는 책상의 표면에 대응하는 다수의 개별과정이 생겨난다. 그러나 잉크병, 돌과 같은 사물의 통일을 보는 것과 다른 한편으로 책상 위에 있는 잉크 얼룩 등과

16) 『심리학잡지』(Zeitschriften für Psychologie, 1912)에 수록된 「운동에 관한 시각작용」(Sehen von Bewegungen)에 관한 훌륭한 연구에서 베르트하이머(M. Wertheimer)도 마찬가지다.

17) 『종합생리학 연보』(Jahresbericht für die gesamte Physiologie, 152쪽)에 수록된 쾰러의 논문, 「형태의 문제들과 형태이론의 단서」(Gestaltprobleme und Anfänge einer Gestalttheorie)를 참조. 그리고 형태이론을 반박한 뮐러(G. E. Müller)에 대한 쾰러의 대답, 즉 『심리학연구』(Psychologische Forschung, hrsg., von Koffka, Köhler usw.)에 수록된 논문, 「복합이론과 형태이론」(Komplextheorie und Gestalttheorie)을 참조.

같은 사물의 통일을 보는 것이 우리에게는 언제나 거의 자명한 사실이기 때문에, 저 자연의 통일이 우리의 심리학적 근본가정 속에서 어떻게 소멸되는지, 또한 저 가설에 의해 자연의 통일이 전혀 일어날 수 없는 가설을 어떻게 설정할 것인지를 전혀 깨닫지 못하고 있다."

그렇기 때문에 시각사물세계의 조직화를 자립적인 심상의 통일과 사물의 통일로 규정하는 것은 (이것은 심적 삶이 발전함에 따라 점점 더 뚜렷해진다) 흄과 마흐가 생각했던 것처럼 단지 번잡한 복합경험일 수 없고, 따라서 일정한 개별자극과 이에 비례하는 감각이 종종 함께 나타난다는 사실도 아니다. 베르트하이머의 수많은 시도도 이에 날카롭게 모순된다. 그의 시도에서 조직화는 이미 **최초의 경우**에 매우 확실하게 일어날 뿐만 아니라 특수한 빈도를 지닌 복합경험과 결정적으로 대립하여 매우 확실하게 일어난다는 것을 나타낸다. 다른 양상의 감각기능, 즉 접촉감각, 운동감각(kinästhetischen Sinnes)의 경험을 끌어들임으로써 시각사물의 조직화를 이해하려는 것도 마찬가지로 충분한 것이 아니다. 다음과 같이 서술할 때, 쾰러는 매우 정당하게 판단한 것이다.[18]

"(예를 들어 잉크병의) 많은 감각점뿐만 아니라 함께 형성된 전체가 '둥글다'는 특성을 파악하는 것이라면, 이때 이 특성은 같은 지각의 계속적인 반복을 통해 만들어지는 것이 아니다. 내가 예를 들어 촉각과 운동감각적인 다른 감각영역의 도움을 받아 만져보고 느낀 잉크병에 관해 재생된 경험으로서 '둥글다'는 특성을 시각적 영역으로 이동시킨다면, 반복은 나에게 아무 필요도 없다. 왜냐하면 나는 이때 다른 감각영역에서 그 특성을 파악해야 하는 바뀐 과제에 직면해 있기 때문이다. 그러나 끝으로 잉크병이 시각적이고 직접적으로 규정된 특수형식의 특성을 지니고 있지 않다면, 이 잉크병은 일정한 촉각·운동감각적 형식의 성질을 모두 어떻게 재생할 수 있을까? 왜냐하면 시각적 형식은 바로 '올바른' '경험의 추후작용'(Erfahrungsnachwirkungen)이 언제나 다른 감

---

18) 앞의 논문 참조. 이 논문에 나타난 다른 관련논문을 참조.

각영역으로부터 환기되는 가장 본질적인 '재생적인 계기'이기 때문이다. 잉크병이 순수시각적으로 일정한 수의 검은 감각요소에 불과하다면, 내가 적당한 거리에서 보는 한, 검은 연필, 검은 책과 잉크병은 완전히 일치할 것이다. 그리고 이런 전제 아래 다른 감각영역에서 '잘못된' 경험이 왜 계속적으로 재생되지 않는지도 전혀 통찰되지 않는다. 따라서 이 설명은 순환으로서 증명된다. 지각에서 형태의 문제는 경험적 환원을 허용하지 않는다."

그러나 이미 주어진 형태경험은 그다음의 형태경험에 대해 하나의 매우 강력한 영향을 미친다. 나는 이 사실을 다음과 같이 표현한다. 형태경험은 존재형식 일반의 경험과 마찬가지로 '기능화하는' 경향이 있고, 다음으로 가능한 형태경험을 광범위하게 규정한다. 상세하게 연구되어야 할 이 기본적인 과정 속에서 나는 흄에 대항하여 칸트가 '범주적 기능'이라 불렀고, 흄의 심리학적·발생학적 성립을 아주 정당하게 부정했던 것처럼 이해되는 수단을 본다. 그러나 이 수단은 칸트가 가정한 것처럼 인간의 '이성능력'이 지닌 초역사적으로 불변적이고 더 이상 설명될 수 없는 구조가 아니라 그 자체 존재형식과 형태를 기능화된 근원적 직관에 의해 파악할 때 비로소 생겨나는 것이다. 이 '경험'은 형태지각 일반을 규정하는 것이 아니다. 오히려 경험은 다만 좀더 복잡한 형태지각을 형태화의 단순한 법칙으로[19]——그것도 물리적·생리적·심리적 영역에 처음부터 공통적으로 속하고 있는, 즉 참으로 존재론적인 본성의 법칙으로——환원시킬 수 있다.

또한 다른 방향에서 볼 때 시각적인 시각사물영역의 조직화를 물리적으로 제약한다는 사실에 관한 쾰러의 이론은 일면적으로 과대평가된 것이 아니다. 쾰러의 이론은 (인간이라는 동물도 포함하여) 그때마다 전혀 다른 동물의 종에 대해 지각과 환경세계 구조가 전혀 다른 가장 단순

---

19) 베르트하이머는 최근 『심리학 연구』(1924~25)에서 크게 주목을 받은 일련의 논문에서 형태파악의 이런 가장 단순한 법칙을 찾아내고 서술하려는 시도를 했다.

한 형태법칙이 있다는 사실을 배제하는 것이 아니다. 그리고 이런 상이함은 확실히 물리학적으로 정초될 수 있지만, **일의적으로 물리학적으로만** 정초되는 것이 아니라 **생물학적으로도** (즉 동시에 언제나 정신물리학적으로) **정초된**다는 사실을 결코 배제하지 않는다. 전혀 다른 동물 환경세계의 공간구조에서처럼 동일한 계기로서 형식적으로 따로 떨어져 있음의 무정형적인 공간성이 지양되지 않고 매우 심오한 차이를 나타내는 경우에, 그리고 고등동물, 즉 진화의 높이와 성숙도가 같은 인간처럼 유인원도 접촉사물, 냄새사물, 청각사물을 하나의 구체적인 사물로 동일시하지 않는다고 (부분적으로 특수한 두정엽기능Stirnhirnfunktion인 직립보행을[20] 결여했기 때문에 그렇다고 하지만, 전적으로 그 때문만은 아니다) 추정되는 경우와 동물이 근원적인 방향을 체험하는 다른 체계, 예를 들어 냄새와 맛에 민감한 체계를 지니고 있고, 좌우 방향의 구별을 결여한 모든 동물의 경우,――이 모든 경우에 이런 사실 및 이와 유사한 사실들 중에서 우리가 '**종적으로 다른 환경의 우선형태**'(artverschiedene Vorzugsgestalten eines Milieus)라고 부르고자 하는 종에 고유한 환경세계의 형태와 이에 상응하는 지각형태는 차이가 난다.

이 형태통일은 확실히 단순한 적응과는 무관한 것이고,――스펜서는 이 통일을 적응으로 환원시켰다――마찬가지로 유기체 일반의 형태학적 구조 및 생리학적 기능의 질서와도 무관한 것이다. 그러나 형태자극의 존재론적 의미와 물리적 실재성은 베르그송이 극단적인 방식으로 가정한 것처럼 전혀 형태화되어 있지 않은 유동적인 연속체에 대해 종의 조직에 따른 변화로부터 어떤 때는 이런 조직화가, 다른 때는 저런 조직화가 비로소 각인된다는 의미에서 이 우선형태가 나타난다(실존, Existenz)고 하여 결코 불필요해지는 것이 아니다. 물고기와 공중에서

---

20)『자연과학』, 1924년 10월호에 게재된 피터슨(Hans Petersen)의 논문,「인간의 환경세계 모습의 특성에 관한 직립자세의 의미에 관하여」(Über die Bedeutung der aufrechten Körperhaltung für die Eigenart des menschlichen Umweltbildes)를 참조.

생활하는 동물이 구체적인 사물의 경계설정을 위해 저 확고한 고체상태를 인간과 모든 육상동물에 고유한[21] 기체와 액체상태보다 우선시키려하지 않는다는 것은 확실하다. 그러나 이로부터 베르그송과 함께 환경세계 일반이 지닌 사물의 조직화는 고체가 우선 배치되는 곳에서 나타나고, 우리 인간은 충동과 욕구에 근거하여 비로소 인상의 유동적 연속체 속에서 사물의 조직화를 우리 환경세계에 도입한다고 추론하는 것은 분명히 오류다. 각기 다른 수많은 조직에서 무엇이 그때마다 하나의 사물을 통일시키는지의 물음은 환경세계 일반의 사물적 조직화에 관한 물음과는 전혀 다른 것이다.[22]

우리에게는 물리적으로 가능한 형태로부터 생겨나는 **선택요인으로서 우선형태에 대한 종적 유기체의 충동구조**가 결정적이다.──우리의 견해에서 볼 때 이것은 매우 불충분한 시도를 하고 있는 쾰러와 구분된다. 쾰러는 생명과정을 물리적 형태법칙성의 특수한 예로 설명한다. 그러나 **도태**는 다른 별개의 것이고, **산출**과 **창조**도 다른 별개의 것이다. 우리의 견해에 따르면 **가능한 모든 생명체와 그 가능한 환경세계의 모든 감각적이고 운동형의 조직보다 앞서 배치된 본질적인 존재형식과 직관형식**이라는 것, 논리적으로는 도출될 수도 없고, 많은 감각공간의 병존경험 (Zuordnungserfahrungen)으로도 치환될 수 없는 무정형의 공간성──즉 아직 구별되지 않은 (무정형적인 시간성, 따라 존재하는 것을 포괄하는 동질적인 연장 일반의 '떨어져 있음'의 양식으로서) 서로 병행해 있음과 따라 존재하는 것──의 내부에 있는 3차원의 공간과 곡률 제로의 평면공간은 **인간의 종에서 무정형적인 공간적인 것의 특수한 우선형태**에 불과한 것이다.

---

21) 이때 고체성은 단지 촉각내용으로서만 인정되어서는 안 된다. 왜냐하면 아마도 근본적으로 고체성의 시각적 성격도 있을 것이기 때문이다.

22) 『철학과 현상학적 연구 연보』, 제5권(1922)에 수록된 잉가르덴의 논문, 「앙리 베르그송에 있어서 지각과 지성」(Intuition und Intellekt bei Henri Bergson)을 참조.

이것은 유클리드의 직선개념에서 분석적인 규정개념(=두 '점'에 의해서만 일의적으로 규정되는 공간적 형상), 역동적인 방향개념(=그것을 생겨나게 하는 운동이 어떤 작은 시간적 위상에서 운동방향의 변화를 나타내지 않은 형상), 기준적 개념(두 점 사이의 최단 결합), 그리고 **참된 형태인상**——직선성의 인상——이 동일한 대상과 결합해 있기 때문에 오랫동안 오해되어온 것이다. 그러나 이것은 논리적으로도 직관적으로도 필연적인 것이 아니며, 마찬가지로 가능한 관찰에 의해 그때마다 확정되는 것도 아니다. 따라서 직선성의 인상을 구성하는 하나의 직선은 이등변삼각형이나 사각형과 마찬가지로 하나의 '형태'다. 이 인상은 그 자체 모든 참된 인상과 마찬가지로 정의될 수 없는 것이고, 그런 한에서 직선의 개념=형태란 선행하는 모든 정의와 완전히 **구별**된다.

그런데 **동물의 운동양식과 환경세계가 지닌 공간구조의 지각이 정확하게 일치한다**는 사실과 이 공간구조 자체가 위에서 서술한 직선의 역동적인 방향개념과 이에 기초하는 직선의 기준적 개념에 충분한 형상, 즉 그때마다 **가장 단순한 공간적 형상을 포함하고 있다**는 사실은 모든 가능한 구조의 공간성에 대해 타당한 일반적인 생물학적 법칙이다. 나아가 각 공간적 다양성 속에 하나의 형상이 주어진다는 것은 다만 두 점에 의해서만 일의적으로 규정된다. 다시 말하면 이 형상을 일의적으로 규정하기 위해서는 두 점이 필요충분조건이라는 사실은 하나의 존재론적 법칙이다. 후자[즉 존재론적 법칙에 따른]의 순수분석적인 지선의 정의는 직관을 전제할 뿐만 아니라, 무정형의 공간성을 전제한다. 이 공간성은 모든 공간, 즉 적극적이고 소극적인 곡률, 나아가 일정한 곡률과 일정하지 않은 곡률을 지닌 모든 공간의 근저에 놓여 있는 토대가 될 수 있다. ——바로 하나의 공간 속에서 이에 속하는 공간과 마찬가지로 동일한 곡률 또는 **동일한 곡률의 변화**를 지닌 공간형상은 오직 이런 의미(즉 분석적이라는 의미)에서 '직선적'인 것이다. 따라서 이 형상은 **형태적으로** 예를 들어 원 또는 타원일 수 있다. 이때 이것은 두 점에 의해 일의적으로 규정된다.[23] 그렇기 때문에 분석적 정의가 규정하는 것이 유클리드적 직선뿐이라고 생각하는 것은 잘못이다. 분석적 정의는 유클리드적 직선과는 무관한 것이다. 왜냐하면 세 경우, 즉 직선, (두 초점에 의해 규정되는) 원, 타원에서 형상을 표상적으로 획득하기 위해서는 절대적인 형태성격(직선성, 원형태, 타원형태)의 보완, 즉 본질적으로 정의불가능한 것의 보완이 필요하기 때문이다. 원, 타원, 직선은 마찬가지로 언제나 서로 적합해 있는 생명체의 조직과 환경세계의 공간구조에 따라 그때마다 역동적이고 기준적으로 정의될 수 있다.

그러나 인간의 공간직관과 이에 상응하는 공간적 환경세계의 구조가 완전히 우연에 불과하다는 점, 즉 논리적인 것도 직관적인 것도 아니며, 감각적으로 필연적인 것도 아니라는 점은 방향의 변경 없이 (따라서 최소한의 힘을 소비하는) 운동에 의해 일어나는 형상, 즉 형상 그 자체는 1) 분석적 정의에 충분한 것이고, 2) 동시에 직선 형태의 인상을 만들어 낸다는 사실을 엄밀하고 예리하게 특징지을 수 있다. 또는 직선성 형태는 인간의 자연적 세계관환경의 공간으로서 인간이 지닌 공간의 우선형태다. 그러나 이것은 사상적으로 전혀 필연적인 것이 아니다. 사상적으로 필연적이 아니라는 것이 바로 우리가 (곡률과의 관계에서) 자연적·통일적 직관공간과 환경공간의 유클리드적 성격이라고 불리는 것을 결정한다. 따라서 이 유클리드성은 생물학적인 종적 아프리오리성과 관련하여 주관적으로 환경세계 사물에 확실히 귀속되지만, 사상적 아프리오리성은 전혀 귀속되지 않기 때문에, 인간의 공간이 지닌 이 유클리드적 본성은 기하학에 대해서도, 이론물리학에 대해서도 아무 구속력을 지니지 못한다. 이론물리학은 오히려——아인슈타인이 매우 정당하게 요구해왔고 실행해온 것처럼——본질존재의 공간·시간적 일치라는 물리학 법칙과 궁극적 의미에서 그 역동적인 운동법칙 또는 물리학이 이 법칙을 표현하는 방정식의 최대한의 공변(共變, Kovarianz)에 가장 잘 어울리

---

23) 이것은 셸러의 실수인 것으로 보인다. 왜냐하면 일반적으로 원 또는 타원은 두 점이 아니라 세 점으로 결정되기 때문이다―옮긴이.

는 기하학만을 우대한다. 물리학은 확실히 인간의 환경세계공간과 무관하고, 이 환경과는 독립적인 자연사상의 공간적 구조에 관계한다. 따라서 다른 우선 형태와 그 역동적 · 기준적 '직선', 예를 들어 각도성(Winkelhaftigkeit)이라 부르는 형태를 결합시키는 일종의 동물이 있다는 사실을 결코 배제하지 않는다. 뷰이텐디크(Buytendijk)에 따르면 쥐는 미로 속에서 특정한 먹이를 발견하는 것이 그가 받은 조련경험과 모순되는 곳에서 앞으로 나아가야 할 진행의 목적을 가질 때도 여전히 본능적으로 모퉁이로 가는 경향이 있다. 쥐의 역동적 · 기준적으로 '가장 직선적인 것'은 우리가 '각'이라 부르는 형태의 인상을 가지며, 쥐의 환경세계공간은 우리가 '각'이라 부르는 형태성질을 가진다는 사실과 일반적으로 쥐가 지각할 때, 충동적 운동체계와 감각적 지각체계의 엄밀한 상호연관에서 우선방향과 관련하여 '각에 관해' 지각한다는 사실은 결코 배제되지 않고 개연적이다. 이 쥐가 빛의 물리학을 정립할 수 있었더라면, 이 쥐는 직선성의 형태성격과 기준적 · 역동적 정의의 일치라는 유클리드적 의미에서 고전물리학이 빛을 '직선으로' 운동하는 것이라고 가정한 것과 똑같은 정당함(정당하지 않음)을 가지고 모든 광선에 대해 각도에 따라 형성되는 통로를 부여할 것이다.

　우리가 종적으로 인간의 공간직관(과 공간환경세계 구조)으로 삼는 가능한 다른 형태인 형상에 앞서 직선성의 인상을 우선시키는 것은 다만 다음과 같은 사실을 의미할 따름이다. 즉 임의의 곡선 속에서 어떤 하나의 직선을 간취할 수 있는 한, 우리 인간은 양상적 감각영역과 이런 감각영역으로 조직된 사물세계와는 완전히 독립적으로 존재하는 경향을 지닌다는 것이고, 또한 곡선 속에서 직선의 산취가 불가능할 때, 즉 자극이 우리의 생물학적 · 종적으로 규정된 경향에 대해 관철시키는 곳에서는 적어도 곡선의 심상을 가능한 직선성 인상의 형상에서 합성해낸 것으로 생각하는 한에서 그렇다는 것이다. 그런데 우리의 감각 역(閾, Schwellen)은 감각할 수 있는 최소한(minima sensibilia)에 대해 잘 조정되어 있기 때문에 어떤 다른 형태——이 형태는 다만 충분히 크고,

그 곡률의 어떤 비일정성에 따른 변화는 각 점에서 충분히 자세하게 조사되어 있다――의 부분으로서 역동적이고 방향이 동일한 것으로서 우리에게 현상할 수 없는 그런 사고가능한 형태의 곡선이란 없다. 그렇기 때문에 어떤 질적인 종류의 감각적인 경험도 그 자체로 결집될 수 없고, 또한 그때마다 생겨나는 이런 인간적 경향을 능가할 수 없는 인간 종의 가능한 모든 귀납적 경험도 결집시킬 수 없다.

따라서 '점'을 감각영역의 감각가능한 최소한과 등치시키고, 우리는 언제나 직관에서 다만 외연을 지닌 색채면만 가질 뿐이며, 기하학적인 점이 허구에 불과하다는 사실은 감각주의(예를 들어 흄)의 큰 오류다. 또는 우리가 언제나 다만 감각적으로 특징지어진 띠(Band) 또는 어떤 돌기를 지닌 가는 줄(Streifen)을 가질 것이고, 직선이 허구에 불과하다거나 소극적 추상에 의해 줄과 돌기를 '간과한' 개념적으로 이념화된 어떤 것을 가질 것으로 보는 것도 또한 큰 오류다. 데카르트와 말브랑슈의 오래된 합리주의는 이 오류에 대항하기 위한 역할을 별로 부과하지 않았다. 확실히 이 돌기를 지닌 띠 속에 '이' 직선 일반은 들어 있지 않다.

이 띠가 기하학자에 대해서는 직선을 예시하는 것이 확실하지만, 직선을 '포함하는' 것은 아니다. 그러나 우리가 (소극적으로) 돌기 외의 다른 것을 간과할 뿐이라면, 우리는 임의의 것 또는――무(無)에 도달한다 할지라도 직선의 직관이나 직선의 개념에는 도달하지 못한다. '이념화'도, 다른 사람이 말하려는 것처럼 '허구'도 아무 의미가 없다. 왜냐하면 '이념화' 또는 허구에다 직선에 대한 방향을 부여하기 위해서는 바로 그때 이 직선에 대한 직관을 갖고 있어야만 하기 때문이다. 그리고――데카르트와 말브랑슈는 이렇게 묻는다――직선이 이미 무한직선의 일부로서 이해되지 않는다면, 우리가 직선으로 '삼'아야 하는 유한 선분은 일반적으로 직선일까? 우리에게 평행으로 보이는 선분도 그것을 점점 연장시켜간다면 아마도 마주칠 것이다.――매우 큰 원의 일부일 것이다. 그러나 무엇보다 감각주의 견해는 현상학적으로 어울리지 않는다. 루빈은[24) 바로 최근 실험을 통해 사상이 완전히 역전된 매우 상세한 실례를 정확하게 제시했다. 자극(자극개념(1)의 의미에서)으로서 매우 짧은 노출시간 아래 있는 채색된 반점도 우리 직관에는 아무 색깔이 없는 점이다. 그리고 색깔을 띤 돌기된 띠도 '바로'——직선성의 형태를 지닌 형상이다. 순수시각적인 공간에서 예를 들어 실제로 평행인 철도의 레일이 한 점으로 합쳐져 서로 교차하게 된다면, 평행형태에 대한 이 현상의——레일이 향하는 점 사이의 거리가 동등하다는 것에 대한 계측 또는 계산적으로 손으로 만져 조사해본 것에 의한 현상의——체험된 모순이 성립한다. 이 현상은 도형 ◯ 이 우리에게는 '4각이 절취된 정사각형'으로 보이는 것과 같은 의미에서 우리에게 평행성의 형태가 벗어난 모습이다.

그렇지만 이 모든 것은 유클리드 공간이 단적으로 '공간'이라는 낡은 합리주의와 칸트적 명제에 어떤 증거도 제시하지 못한다. 우리가 직관한 이런 사실이 증명하는 것은 다만 형태로서 직선성의 우선가치가 어떤 방식으로도 양상적인 감각공간——이것은 바로 비유클리드적이다——에 기초하지 않는다는 사실을 말하는 것이 아니라, 이 우선하는 가치가——우선하는 형태의 모든 참된 법칙과 마찬가지로——초양상적이고, 나아가 그 자체 지각과 표상의 구별을 넘어 고양된다는 사실일 뿐이다. 그러나 이 초양상성은 이와 같이 우선한다는 것이 인간의 종적 조직 속에만 근거하고, '순수'기하학적으로도, 물리학적으로도 정초되지 않느냐는 점을 결코 배제하지 않는다. 이 우선한다는 것은——지각과 대상적 환경세계구조를 포괄하는——'인간적' 구조이고, 따라서 단지 주관적인 형식이나 심리학적인 형식이 아니다. 그러나 또한 이 우선한다는 것은 그 이상의 것이 아니다. 따라서 유클리드성은 이제 드리슈가 상대성이론에 관한 그의 저작에서 서술한 것처럼[25] 결코 사상적인 본질통

---

24) 루빈(E. Rubin), 『시각적으로 지각된 도형』(*Visuell wahrgenommene Figuren*, Kopenhagen, 1921) 참조.

25) 드리슈, 『상대성 이론과 철학』(*Relativitätstheorie und Philosophie*, Karlsruhe, 1924) 참조.

찰에 기초하는 것이 아니다. 물리적 공간은 어떻게 형태화될 수 있는 것일까?——종적 조직을 지닌 우리 인간은 언제나 형태상 직선을 또한 역동적이고 기준적인 의미에서 '가장 직선적인 것'으로 간주한다.

또한 생물학적 우연성이 위에서 서술한 시각에 관해 서술한 것보다 더 명료하게 나타나는 다른 우선형태의 법칙(Gesetze von Vorzugsgestalten)이 있다. 예를 들어 어떤 공간적으로 지각되는 감각영역에서 시간적으로 다른 세 점이 나타나고, 그 결과 최적의 시간치(Zeitwert) 아래서는 운동의 인상이 생겨나며, 좀더 덜 적합한 시간치 아래서는 정지곡선의 인상이 생겨난다면 언제든지 원의 형태가 생겨난다.——따라서 예를 들어 이등변삼각형은 생겨날 수 있다 할지라도 생겨나지 않는다. 이 법칙도 보고 만지는 양상적 감각영역과는 독립적이다. 아리스토텔레스가 그의 물리학[자연학]에서 자연의 모든 운동이 직선적인지, 원형적인지(지상적·직선적인가, 천상적·원형적인가)로 보았을 때, 물론 우리의 의미에서 물리학을 행한 것은 아니지만, 그는——환경의 모든 대상(고-저, 온-냉, 명-암, 완-급, 능동-수동)을 물리적인 것 가운데 고정시키는 그의 생태적(biomorph) 세계형상 일반에 따라——희귀한 민감성을 가지고 인간의 환경과 지각에서 형태 우선의 두 주요법칙을 찾아냈던 것이다.

형태 그 자체는——우리가 주장하듯이——지각 그 자체의 대상이 지닌 형상에 속하는 (이 경우에는 물론 지각에 관해 물리적으로 제약된 것임이 틀림없다) 것인가? 아니면——쾰러[26]가 생각하듯이——그가 상세하게 특징지은 각 체계영역의 상태가 다른 모든 영역의 사상을 함께 제약하는 물리적 과정일 뿐인가? 그러나 현상적 형태란 이 과정을 다만 신경조직에 전달함으로써 비로소 인과적으로 생겨나게 하는 지각내용일 뿐이다. 이런 문제는 에렌펠스, 코르넬리우스, 마흐, 크루거에 의해 처

---

26) 쾰러, 『물질적 형태 등』(*Die physischen Gestalten usw.*, Braunschweig, 1920)을 참조.

음으로 연구된 형태연구 이후 우리가 **형태의 변조가능성**이라 불러온 것의 해석과 이해에 조금도 의존하지 않는다.

엄밀하게 동일한 대상의 형태가 근본적으로 다른 양상의 감각지각, 예를 들어 보고 만지며 운동하는 감각에 의해 우리에게 파악되고, 적어도 이렇게 하여 파악된 것의 참되고 엄밀한 **동일성**이 일반적인 가능성과 경험이 전혀 가르쳐주지 않는 근원적인 기대라는 명증을 가지고 파악된다는 것과 나의 견해에 따르면 요소들과는 질적으로 다른 한계점(Grenzpunkte)의 일의적인 배열, 즉 어떤 연합에 의해 비로소 획득되는 배열이 완전히 배제되어버린다는[27] 것은 분명히 매우 특이한 적극적인 사실이다. 왜냐하면 적극적인 경험이 다양한 감각의 형태인상의 다양성을 부여해주는 곳에서 우리는 또한 이것을 근원적·직각적으로 변화무쌍한 주관적 요인으로 삼고, 그리하여 형태의 원리적이고 엄밀한 동질화 가능성을 이미 전제하고 있기 때문이다. 그때마다 하나의 양상적 감각영역 내부에서만 '동일한 것'으로서 생겨나는 형태의 엄밀한 재인식이 생겨나기 때문에, 우리는 아마도——이 논증계열에서——심상 또는 심상형태의 초의식적인 실존을 모두 포괄할 수 있을 것이다. 이 동질화가 대상성의 양상적 국면을 이른바 철저하게 이용한다면, 사정은 다르다. "단순히 공간적인 자극형식이 시각적인 영역에서 촉각적 영역으로 이행한다고 할지라도 예를 들어 '길다' '똑바르다' 등과 같은 지각의 가장 보편적인 형태특성을 다소 변경시키지 못한다"고 쾰러 자신도 말하고 있다. 나아가 그는 다음과 같이 언급한다. "그러나 고찰된 객체가 달리 채색되고, 그밖에 동질적인 영역의 전혀 다른 망막점에 반영될 때,

---

27) 낡은 지도적 가설에 따라 보여지고 만져지는 형태의 이 직접적인 동질화와 나아가 예를 들어 다양한 소리의 높이와 강도 위에 행해진 멜로디형태의 재인식이 생리학적으로 얼마나 고찰하기 어려운지를 크리스(J. v. Kries)의 저작, 『의식현상의 물질적 기초에 관하여』(*Über die materiellen Grundlagen der Bewußtseinserscheinungen*, Leipzig, 1923)와 베허의 『뇌와 마음』(*Gehirn und Seele*, Heidelberg, 1911)이 상세하게 보여준다.

모든 (시각적) 감각과 장소치(Ortswert)는 다른 것과 근본적으로 교환될 수 있다. 기계론적 견해에 따르면 1차적인 자극작용은 전혀 다른 것이기 때문에, 제1의 지각과 제2의 지각 사이에는 원초적으로 어떤 유사함도 있을 수 없다.——두 지각이 보통 형태특성에서 거의 동일하다는 실제적인 조사결과에는 크게 반대되는 것이다."[28]

우선형태에 관해 실제로 지금까지 거의 연구되지 않은 모든 영역에 주목해보자. 자극된 피부부위도, 자극된 망막점도 템포의 선택에 따라 그때마다 원운동이 되기도 하고, 정지된 원의 형태를 이루기도 한다. 따라서 이 형태형성은 감각기관의 차이 및 양상적 기능과는 완전히 독립적이다. 말[언어]의 형태는——내가 이미 다른 곳에서 서술한 것처럼[29]——운동형의 시각적·청각적인 말의 심상에서 엄밀한 의미로 동일하다. 성질들의 장소변화라는 동일형태일지라도 시간형식에서 공간형식으로 전이된다. 겔프와 베누시가 지적하듯이[30] 같은 간격 내에 있는 세점, A, M, B가 순차적으로 제시될 때, A와 M의 시간간격이 M과 B의 시간간격과 다르다면, 이때 M은 현상에서 A와 B의 중간점에 있는 것이 아니라 A에서 M보다 M에서 B가 일찍 일어난 경우에 B가 M에 근접해 있고,——반대의 경우에는 B가 M에서 멀리 떨어져 있다. 이 현상도 감각영역의 선택과는 무관한 것이다. 이 현상을 설명하면, 우리의 공간적·시간적 다양성에 동일한 공통적인 '떨어져 있음'의 동일형태 그 자체가 여기서는 '따라 존재하는 것'에서 '함께 병행하는 것'으로 이동한 것이다. 나아가 이 현상은 나에게 다음과 같은 사실의 증거가 된다. 즉 공간직관과 시간직관에 앞서 이런 직관적 따로 떨어져 있음이 존재한다는 것, 아직 어떤 운동과 변화도 포함하지 않은 이 따로 떨어져 있음 속에 배치된 '교차' 현상이 방금 거론된 두 현상[따라 존재하는 것과 함께

---

28) 이미 인용한 논문, 「형태의 문제들과 형태이론의 단서」, 521쪽을 참조.
29) 저자의 전집 제3권에 수록된 논문 「인간의 이념」 참조—옮긴이.
30) 이 점에 관해서는 위에서 인용한 쾰러의 형태문제에 관한 논문 중의 관련논문을 참조.

병행하는 것]의 동일한 공통적 기초라는 사실에 대한 증거인 것이다. 방금 거론된 이 현상에서 현상을 단순한 의식현상으로서 규정하는 불변적으로 남아 있는 "과정 전체성의 실제로 심적인 측면"(쾰러)의 오직 동일한 작용만이 중요하다는 것을 나는 이해할 수 없다. 정말이지 나는 이해할 수 없다. 그러나 그밖에 더 중요한 것은 다음과 같다.

즉 문제는 동일한 심상형태 그 자체이고, 이 심상형태가 비로소 우리의 감각기능을 부분 국면으로 분해시킨다는 것이다. 쾰러의 물리적 형태과정은 심상과 심상형태의 생성조건을 말한 것이다.——그러나 그것은 유일한 초의식적인 조건이 아니다. 확실히 이 동일성은 본질존재 동일성이고 실제적인 동일성이 아니며, 이 본질존재는 의식 내재적인 본질존재일 뿐인 것이 아니라 의식 초월적인 본질존재다. 실재성은 전혀 '심상' 일반을 소유하지 않고, 나아가 심상을 정립하는 힘의 요인만 소유한다. 생물학적으로 종에 고유한 우선 형태가 결코 지각에서 나와 비로소 표상·상기·상상으로 전달되는 것이 아니며, 등근원적으로 우리의 모든 심상지각을 두루 지배한다는 점도 내게는 유의해야 할 점으로 보인다.

논점이 다르긴 하지만, 형태현상의 오직 일의적인 종속관계만이 나타나지만, 이 현상이 동일한 초의식적인 물체의 형상 그 자체의 형태를 ——매우 불충분한 것일지라도——재현시키지 않는다면, 다음과 같은 두 경우가 가능할 것이다. 즉 이 관계는——쾰러도 정당하게 반박한 감가주의와 연상이론의 낡은 견해처럼——증가하는 경험에 의해 그리고 경험으로 실현되든지, 아니면 쾰러의 의미에서, 다시 말하면 동일한 물리적 자극상태에 의해 '사상적으로' 제약되든지 할 것이다. 첫 번째의 경우에 따르면 형태가 처음에는 매우 빈약하지만, 이로부터 서서히 좀더 좋게 재인식되고 동질화되어가는 (개체발생적이고 계통발생적인) 발전방향을 우리는 기대해야 할 것이다. 두 번째 경우에는 어린아이로부터 어른으로, 동물로부터 인간으로, 원시인으로부터 문명인으로 삶의 [변천]과정을 통해 대략적인 불변성을 기대할 수 있을 것이다. 주지하듯이, 발달심리학을 통해 풍부하게 발견되는 발달의 진행법칙이 말하는 사실은 결코 이런 결론을 암시하지 않는다. 즉 발달심리학은 형태의 직접적인 동질화가 증가하는 것도, 불변적인 것도 아닌 명백하게 점차적으로 소멸해가는 것을 암시한다. 분열, 분해, 분석은——증가되는 종속관계를 제공하는 것이 아니라——증가되는 경험을 제공한다. 이때 생리학적으로 상대적으로 더 높은 신경조직의 중추가 관여한다면, 더욱더 그럴 것이다. 마음 또는 의식이 비로소 고립된 인상에서 원초적인 형태현상을 도출하는 것이——이것도 매우 중요하다——아니라, 반대로 그때마다 발달되는 시기에 형태로서 주어지는 X, 즉 동일한 자극으로 규정된 현상 X가 물론 상대적으로 덜 발달된 시기에 실제로 존재하는 형태이지만, 형태로서 주어지는 것이 아니라 상대적으로 단순한 인상으로서 주어진다. 나아가 이 형태현상에 생리학적으로 일치하는 것은 아마도 상위의 자각된 의식(Oberwachbewußtseins)의 생리학적 존재조건과 상대적으로 멀리 떨어져 있는 피질하(subkortikalen)의 신경기능일 것이다.

그러나 여기서 충분한 발달이——감각주의가 가정하는 것과 정반대 방향에서——일어난다는 바로 이 사실이 또한 쾰러의 일면적인 물리학주의의 잘못을 증명해주고, 또한 최근 그가 (그밖에 베르트하이머의 횡단과정 이론과는 반대로) 물리적 형태자극의——바로 그런 형태로 주어져 있을 때——생리학적이고 중심적인 변형과 활용에 대해 일반적으로 내려진 과소평가가 잘못임을 증명해준다. 그러나 의식된 형태현상은 (아니 우선형태의 사실이 보여주듯이) 생리학적으로 매우 강하고 특유하게 제약되고 있기 때문에, 이런 발달이 가능하다. 나아가 특히 상이한 형태를 자극에 의해 규정된 동일한 감각의 소재로 해석하며, 어쨌든 (확실히 생산이론에 최초의 유인책을 부여하는) 광범하고 오직 2차적이며, 다소 자의적인 해석가능성이 있을 수 있지만, 그럼에도 우리의 견해에 따르면 모든 과정의 변조가능한 역동적 구조로서 '물리적 형태가' 반드시 주어져야만 한다.——바로 이런 이유 때문에 단순한 종속이론은 쾰러가 부여하는 형식에서 충분한 것이 아니다. 오히려 그때마다 우리에게 변전하는 '분해'로서 체험되는 형태현상의 지향적이고 초의식적인 대상이 형태구조와 쾰러의 '물리적 형태' 속에서 (다른 곳에서는 일시적으로) 그 물리학적 상관물을 갖는 형태구조를 지닌 초의식적인 심상이 있다.

쾰러가 물리학에 관해 가정한 것처럼 결과법칙에서 생겨나는 역동적인 '그리고 결합'(Und-verbindung)과 물리적 형태법칙의 단순한 병행존재는 물리학의 눈으로 본 순간적 상황을 서술하는 데 부적절해 보이지 않는다. 그렇지만 여기서 자연을 통일적으로 해석하려는 요구까지 유보시켜버리면 안 된다. 우리는 여기서 모두 언급할 수 없지만 많은 이유에서 다음과 같이 고찰한다. 즉 모든 참된 존재적이고 실제로 타당한 자연법칙은 오직 형태법칙뿐이다. 그러나 이 형태법칙은 원초적으로 정태적 형태——쾰러가 이 정태적 형태만을 연구한 것처럼——가 아니라 (양자론이 발견한 것처럼) 생성의 형태다. 형식적·기계적 구조를 지닌 다른 모든 자연법칙은 결코 역동적이고 실제적인 의미를 지니지 않은 다만 통계적 의미만 지닐 뿐이다. 쾰러의 '물리적 형태'는 그 자체 바로 우리가 '심상'(객관적인 현상)이라 부르는 것이고,——우리가 공간 속에 있는 모든 물질의 근저에 두는 힘과 힘의 상태에서만 이 심상을 추구하는 실제로 작용하는 원인이 아니다.

후설의 현상학도, 형태심리학도 엄밀한 의미에서 평가하지 못했던 궁극적인 사실은 1) 형태를 서술하고 이른바 현저한 양상적·질적 규정성의 모든 감각적 내용으로 치장하기에 앞서 있는 이미 언급한 형태의 선소여성과 이에 대응하는 심상형태에 의해 정초된 성질들에 앞서 있는 심상형태의 존재우선성과 생성우선성이고, 나아가 2) 또한 감각적 사물(시각사물, 청각사물, 접촉사물 등)의 양상적으로 제한된 기능영역과 지각, 표상, 상상의 기능에 동질적으로 내재하는 기능법칙성과 현상법칙성의 선소여성이다.

우리는 1) 이런 단순한 공간형태로 이루어진 개별형상이 아직 없는 곳에서 직사각형의 줄(Schlankheit)과 각의 형태차이가 전혀 다르게 주어진다는 사실(뷜러)을 안다. 이것은 점적 간격과 질적 차이에 따른 운동파악(엑스너Exner, 베르트하이머)과 변화파악(슈테른)에 관해서도 마찬가지로 타당하다. 나아가 우리는 점점 작아지는 노출시간 속에서 형상의 다채로운 색깔과 어두운 색조를 구별할 수 없을 때 어떤 형상의 형태를 파악하고, 상기 속에서 일체화시킨다는 것을 안다. 또한 운동 방향을 규정하는 것이 더 이상 불가능한 곳에서(퀼페) 운동현상, 예를 들어 손바닥에 쥐고 있는 것이 무엇인지——이와 유사하게 양상적 감각영역과 무관한 것에 관해서도——우리는 안다. 그러나 이 모든 것은 확실히 다음과 같은 두 가지를 나타낸다. 즉 우리의 지각을 생성하는 법칙은 감각주의와 완전히 상반되며, 또한 전혀 무형태적이고 무관계적인 '감각소재', 즉 종합적 사고기능에 의해 비로소 형태화될 수 있는 감각소재라는[31] 전제에서 생각하는 칸트와도 완전히 상반된다는 것이다. 마이농 학파의 기본개념인 '정초된 대상', 즉 '제2서열'의 대상개념과 나아가 '소박한 지각작용에 정초하는' 범주적 직관이라는 후설의 개념,——이 두 개념은 모두 위의 사실들에 부합하도록 적합해 있는 것이 아니다. 이 두 이론은 흄의 낡은 감각주의에 비해 확실히 새롭게 획득된 견해, 즉 형태를 파악하는 기능이 감각과 달리 고유하고 자율적인 것이라는 견해를 나타내지만, 형질(specie) 속에 나타나는 형태현상의 선소여성에 관해서는 아무 설명도 하지 못한다(따라서 예를 들어 상대적으로 형태 맹목성의 경우에 완성도 높은 형태가 완성도 낮은 형태에 비해 먼저 탈락할 수 있는 곳에서는 의심할 것 없이 특정한 물체와 관계하지 않는다).

그러나 이 두 이론은 그 '정초'개념에서 사태를 간단히 역전시켜버린다. '정초한다는 것'과 앞서 주어진다는 것은 형태현상이다.——그 자극 상관물만이 오직 객관적으로 나타나는 감각적 내용이 아니다. 그렇기

---

31) 옌쉬의 『젊은 날의 지각세계의 구축과 그 구조』(*Über den Aufbau der Wahrnehmungswelt und ihre Struktur im Jugendalter*, Leipzig, 1923)에 수록된 「지각이론의 개혁과 칸트적 세계직관」(Der Umbau der Wahrneh-mungslehre und die kantischen Weltanschauungen)을 참조.

때문에 예를 들어 운동하는 동일한 어떤 것(=X)을 지닌 운동의 형태와 토대의 존재론적──일면적이 아닌──상호공속성(Zusammengehö-righkeit)이 분명히 존재한다. 그러나 이로부터 다음과 같은 사실, 즉 운동주체를 직접적으로 정초하는 체험적 일체화 없이는 어떤 운동주체도 존재할 수 없다(예를 들어 베르트하이머에 대해 반박하는 링케의 주장)는 사실은 결코 도출되지 않는다. 거꾸로 극단적인 경우에는 운동현상이 먼저 2차적으로 동일한 주체를 가정하는 쪽으로 향해간다. 내가 심상 자체에 형태를 허용하지 않고, 그밖에 심상 자체가 힘요인의 객관적인 현상으로서 존재론적으로 생성되듯이, 형태가 물체의 성질들(과 물체의 모든 실제적인 부분들이나 단편들)에 선행하여 미리 결정된다고 가정한다면, 형태의 선소여성 법칙은 이해되지 않는다.──형태의 선소여성의 법칙은 상기하고 상상하는 생성의 형식과 지각에 대해서도 똑같이 타당하다.

그리고 다른 점(2)도 동일한 방식으로 이해된다. 예를 들어 모든 시각사물은 ① 이미 참된 물적 소여성(움직이는 그림자, 거울 속의 모습)이고,──시각사물, 촉각사물 등이 동일한 구체적인 사물에 관계하는 곳에서 사물성이 비로소 주어지는 것은 아니다. 시각사물은 ② 같은 감각영역에 있는 그 소여성의 전체를 향한 방향에서 지향성을 지닌 각 양상들의 감각사물이다. 시각사물은 언제나 시각적으로 완전한 사물의 '부분 존재', 즉 시각사물 속에 들어 있는 질적으로 대리될 수 없는 시각사물의 부분, 장소, 상태(마찬가지로 또한 내부와 배후의 소유)가 충족되지 않는 공허한 장소 또는 여전히 공허한 장소로서 함께 지향되는 부분으로서 주어진다.[32] 이것[시각사물]은 모든 양상적 감각사물들에 대해 타당한 것이고, 카츠가 처음으로 색깔에 관해 확립한 '현상하는 방식'과 동일한 단계를 나타내는 모든 감각사물에도 타당한 것이다. 그러나 모든 감각사물이 완전히 원초적이고 근원적으로 하나의 구체적인 사물에 관

---

32) 이에 관해서는 『형식주의』, II. A를 참조─편집자.

계한다는 것도 마찬가지로 타당하다. 지향된 시각사물에서 파악하는 성질과 접촉하는 성질을 기대하기 위해서는 선행하는 **경험**이 필요한 것이 아니라,── '지각가능성'의 이론이 생각하듯이──특수한 착각, 예를 들어 개[犬]가 스스로 본 것을 찾아 거울 뒤로 뛰어가는 것과 같은 특수한 착각을 필요로 한다. 그러나 몇몇 시각사물의 경우에는 이러한 착각이 일어나지 않는다. 어린아이는 자신의 시야에 나타난 모든 시각현상을 향해 손을 편다(실더에 따르면[33] 어른에게도 일정한 뇌장애가 일어날 때, 이런 원시적인 파악반사가 재현된다).[34] 이에 덧붙여 비교감각생리학이 가르쳐주듯이,──이에 상응하는 기능합법칙성과 현상합법칙성은 어느 정도까지 감각기관의 해부학적인 조직과 그밖의 다른 조직에 의존하지 **않는다**.[35] 여기서는 다만 신경조직의 생득적인 긴밀한 횡단결합과 강제적인 진행통로만을 문제 삼아야 한다. 물리적 형태자극을 문제 삼는 것은 이미 다음과 같은 이유에서 의심스러운 것이다.

즉 이 구조는 기능을 통해 매우 형상적인 것으로 증명되었고, 또한 우리가 구조형성에 관해 알고 있는 모든 것은 이 구조가 기능에 의해 계통발생학적으로 비로소 **생겨났다**는 사실을 증명하기 때문이다. 나아가 양상적 감각사물이 이미 그 자체로 지향되어 주어진 개별적인 시각작용의 **진행**에 의미 깊게 동기를 부여하는 사물적 형태를 지니고 있고, 이 형태가 하나의 감각영역에서 다른 감각영역으로 비로소 전이되는 것이 아니라고 한다면(버클리 이후 지금까지 우리는 이러한 전이를 전제하는 것이 자의적이라고 생각해온 것처럼), 고유한 물리적 형태자극을 가정하

---

33) 실더, 『정신분석학적 기초에 정초한 정신병리학 강요』(*Entwurf zu einer Psychiatrie auf psychoanalytischer Basis*, 1925) 참조.
34) 정당한 구체적인 지각사물과 똑같은 태도를 취하는 참된 환각사물도 또한 매우 명료하게 이 합법칙성을 나타낸다.
35) 예를 들어 침팬지에 있어서 표면색깔과 면색깔의 구별(카츠 참조), 나아가 색의 지속, 형태의 지속, 보는 크기의 지속이 확인될 수 있다. 따라서 이것은 여기서 고차적인 정신활동성(헬름홀츠에 의한 '무의식의 추론'과 같은)이 문제되지 않는다는 것의 확실한 증거다.

고 있음에도 불구하고 이 자극이 다양한 감각경로와 감각중추에서 **동일한 방식**으로 변형되어——다른 조건이 같다면——구체적인 사물의 한 형태에 부합한다는 것은 확실하지 않은 것처럼 보인다.

'심상'은 자신의 고유한 형태를 지니고 있고, 모든 지각은 생명체의 충동구조에 그때마다 상응하는 일련의 거대한 분리형식 덕분에 이 형태를 여러 국면으로 분해시킬 뿐이라고 단순히 여기서 가정되는 것은 아닐까? 많은 개체들은 어떤 사물을 지각할 때, 그가 지각하는 대상에 관해 **동일한 심상**을——다만 다양한 **국면**, 다양한 충전성과 본질존재 상대성의 여러 단계에서——갖는 것이라고 단순히 가정되는 것은 아닐까? 그리고 오직 동일한 **자극**만이 있는 것이 아니라면, 어떨까?

지각 '내용' 및 '가능한' 지각과 **심상을 혼동하는 것**은 전통적인 철학에서 각기 다른 다양한 이유들을 지니고 있다.

먼저——소박한 세계관이 그렇게 하듯이——구체적인 사물로서 오직 심상일 뿐 심상 외에 다른 것이 아닌 물체만이 일반적으로 **실제적인 사물**로서 평가되며, 심상의 인상과 심상의 특성을 '담지하는 자'로서 연장을 지닌 실제적인 실체가 이 사물에 관한 심상일 수 있는 모든 것의 기초가 되는 한에서 이런 '실체'의 꼭두각시를 반격하며, 심상의 내용을 전체적이거나 부분적으로 주관규정성에서 설명하는 이른바 **비판적 실재론**의 철학적 반론과 여전히 좀더 정합적인 **의식관념론**(버클리, 흄)의 반론은 올바른 것이 아니다. 그러나 **실제로** 존재하는 것이 아니기 때문에 (의식규정적이고, 영혼의 산출 등이라는 의미에서) '주관적'이지 않으면 안 된다고 믿는 사람은 결과적으로 모든 형상적인 것을 반드시 인간의 주관으로 돌려야만 한다. 그러나 심상이 실제적인 것이 아니라는 것은 확실하다. 심상은 관찰자의 입장과 함께 모든 그 특성을 변화시키는, 말하자면 이른바 2차적인 성질일 뿐만 아니라 크기, 형태, 시간관계, 거리까지도 변화시켜버린다.——우리가 그의 심적·생리적 기관과 그가 책임을 져야 할 것을 모두 배제해버린다 하더라도 말이다. 물질, (플러스와 마이너스) 전자 등은 운동기능이고, 또한 운동기능으로 남아 있다. 물체는 구체적인 심상으로서 그 양상적 감각사물의 **구성질서**에 불과하다. ——
단적으로 말하면 **사상적으로** 정초된 것에 불과한 것이고, 우리 속에 정초
된 것도 아니고, 유한한 종류의 생물학적으로 가능한 조직 속에 일반적
으로 정초된 것도 아니다. 이른바 원초적 규정성과 2차적 규정성은 의
식과 관련하여 확실히 등가(等價)다. —— '비판적 실재론'의 기회주의적
이론이 생각하듯이, 어떤 것은 주관적이고, 다른 것은 객관적인 것이 아
니다. 지금 우리는 이 규정성이 모두 객관적인 것, 즉 의식을 초월해 있고
마음을 **초월해 있는 것**——버클리 등이 생각하듯이 의식내재적이 아닌
것——을 나타낼 수 있다고 생각한다. 이 규정성이 **생성의 아프리오리성의**
상이한 단계를 지니고 있고, 그런 한에서 원초적이고 2차적인 생성단계
뿐만 아니라 **많은** 생성단계와도 구별된다는 사실이 이로써 배제되지 않
는다. 심상의 배후에 있는 것과 심상의 (추상적인) 부분을 구성적으로
정돈하는 것의 배후에 있는 것은 심상의 어떤 규정성도 귀속하지 않는
바로 비심상(非心像, Nicht-Bilder)이다. 즉 그것은 이 사이비실체와 의
식초월적인 심상을 생겨나게 하고 창출하는 힘이다. '어떻게'(Wie)——
이것은 여기서 우리에게 아무런 관심도 없는 물음이다.

위에서 언급한 혼동을 야기하는 동일한 오류에 대한 제2의 포괄적인
근거는 가능한 (낙관적인) 지각을 **경시하고**——아직 전혀 지각되지 않
은 것, 다시 말하면 순수대상적 · 본질존재적으로 제약된 파악을 여전히
지각으로 간주하고——있다는 점이다. **전통, 상상,** 유기체 자체에 깊숙
이 뿌리박고 있는 언제나 공간 · 시간적인 원격지각을 포함한 지각의
——확실히 '유용한'——억제가 우리에게는 **가능한 낙관적인 지각** 그 자
체로 간주된다. 나아가 상기는 또한 지각내용의 단순한 징표를 빈곤하
게 만드는 것으로 간주되고,——지각과 협동하여 비로소 심상 그 자체
의 내면 깊숙이 추격해갈 수 있는 필수적인 조언자로 간주되지 않는다.
즉 지각만으로는 불가능한 의식초월적인 심상 그 **자체**와 그 내용에 대한
일종의 지각이 **침입**해가는 것으로 간주되지 않는다. 이와 유사한 것이
기대에 관해서도 타당하다.[36] 끝으로 심상 속에는 포함되어 있지 않

만——사고하는 인간이 없었더라면, 이상적으로만 존속했을 뿐인——심상형태의 매개에 의해 일의적으로 규정되는 대상의 객관적 의미가 이 객관적 의미 '에 관한' 우리 인간의 '개념'으로 간주되고, 물체형상 자체가 서술하는 전체 형상(물체형상의 '그 자체에서 참인'verum in se)과 모든 객관적 의미의 상호부합 및 의미에 관한 우리의 개념과 우리의 가능한 심상지각 일반의 부합이 비로소 물체형상에 관한 우리의 가능한 인식작용을 구성한다고 보지 않는다. 여기서 특이한 것은——감각의 이해에서 거의 나타날 수 있는 것처럼——이 오류들의 연쇄 속에 들어 있는 각 부분의 오류가 전체의 연쇄를 필요로 한다는 점이고, 전부가 함께 반박하지 않는다면 어떤 오류도 반박할 수 없다는 점이다.

위에서 서술한 세 가지 중에서 처음의 가장 심각한 오류에 책임을 져야 하는 것은 감각주의——감각이 원초적으로 주어진다는 편견——다. 감각주의는 성숙한 우리 문명인간이 아직 막연하고 평균적으로 '지각'이라 부르는 것을 사회적·집합적·역사적인 전통에 앞서 지각 속에——사물적으로 본질존재 규정적인 순수지각의 '이념'과 비교하여——뒤섞여 있는 전통의 끊임없는 발전적 이용과 해명의 계통발생적 과정과 정신사적인 과정에 의존한다는 점을 완전히 오해하고 있다. 현대 인간의 자연스런 '지각'은 이미 충동존재로서 인간의 거의 전능한 근원적인 구상력(상상활동성)의 억제, 즉 매우 서서히 생겨났고 처음에는 자의적으로 생겨났지만 다음부터는 자동적으로 생겨나는 다시 말하면 심정, 성향(Hexis)이 되어버린 억제에 근거한다. '약간의' 참된 지각만이 천년 넘게 지속되어온——실패와 성공으로 가득 찬——투쟁에서 압도적으로 우세한 기억 맹목적인 '전통'(Traditio)과 충동적으로 제약된 '허구'(Fictum)[37]에——궁극적으로 매우 근원적인 상상의 자기 창조적인 대상으로서 허구에——자리 잡게 된 것이다. 지각——이것은 근원적으로 방

---

36) 지각과 상기, 기대의 관계에 관해서는 『형식주의』, VI. A. 3을 참조. 그리고 「인간에 있어서 영원한 것」에 수록된 논문, 「후회와 재생」을 참조—편집자.
37) 다음의 2를 참조—편집자.

향개념, 즉 적극적인 활동보다는 부정적이고 비판적인 활동의 방향개념에 불과한 것이다. 즉 대상화하는 상기 덕분에 '전통'을 비판하고 부정하는 것, 나아가 '먼저' 지각성격, 사물성격, 심상성격을 가지고 주어지는 허구적 대상에 대한 실천적인 태도의 성공과 실패에 근거한 충동상상과 소망상상이라는 허구를 비판하고 부정하는 것에 불과한 것이다.

따라서 지각은 하나의 목표이고 목적이다.──바로 이 점에서 볼 때 심적·정신적 진화의 출발점은 어디에도 없다. 우리가 언어로 나타내는 법칙이 경계에 대해 아무리 애매한 태도를 취하더라도, 확실한 것은 인간이 동물보다 '이념적인' 심상지각에 훨씬 더 깊게 관계한다는 사실이고, 성인이 어린아이보다, 남성이 여성보다.[38] 개인이 집단의 단순한 '구성원'보다 '이념적인' 심상지각에 훨씬 더 가까이 있다는 사실이다. 그리고 역사적으로 사고하고 체계적으로 인식하는 사람은 전통에 의해 움직이고 전통에 '사로잡힌' 사람보다 훨씬 더 심상지각에 가까이 있다── 즉 전통에 '사로잡혀' 있는 **사람**은 상기를 통해 대상화하고 시간적으로 자리를 배정하며, 일반적으로 과거와의 간격 속에서 인식할 수 없다.

(2) 감각과 지각의 관계: 충동적·운동적 제약성

감각과 지각의 관계 및 철학적 인식론에 대해 원리적으로 새로운 견해들을 다음과 같이 고찰해보자.

1) 감각은 현상이 아니고, 다만 지각이 성립하기 위해 결코 순수하게 드러나지 않는 제약요인인 X다. 2) 이른바 **불변성의 전제**(Konstanzannahme)[39]와 '언급할 수 없는 감각'을 가정하는 것은 물리적 자극 및 가능한 감각의 관계와 관련해볼 때 제거되어야만 한다. 3) 가장 단순

---

38) 슈테른에 따르면 소녀가 기억하는 심상은 동년배 소년의 심상보다 더 객관적이고 적절한 징표를 함축하지만, 훨씬 더 광범위한 잘못도 함축하고 있다.
39) 쾰러의 요소심리학을 비판하기 위한 기본개념이다. 자극과 감각 사이에 성립하는 대응관계의 불변성(항상성, 恒常性)을 무비판적으로 믿는 것을 말한다. 항상가정(恒常假定)이라 번역하기도 한다─옮긴이.

한 모든 지각은 **충동적·운동적으로** 함께 제약된다. 4) 모든 지각은—'가장 단순한' 지각까지 포함하여 모두—원격지각(Fernperzeption)이다. 5) 지각과 표상은 '형상적으로' 직관된 심상(엔쉬)이라는 앞의 형식에서 등근원적으로 전개된다. 6) 근원적인 종합감각(Synästhesien)은 **지향된 지각대상**의 방향에 따른다. 7) 기관감각은 또한 미리 주어져 있는 조직된 신체도식[40]을 그때마다 특수하게 충족시킨 것에 불과하다. 8) 특수한 감각에너지는—질적 내용이 아닌—기능의 에너지와 자극을 수용하는 기관에 앞서 존재하는 메커니즘에 의해 자극을 선택하는 에너지 간의 조화다. 이 감각에너지가 성질을 창출하지는 않는다.[41]

이 견해들 중에서 우리 물음에 필요하다고 생각되는 것에 한해 약간 상세하게 언급해보자.

보유 1: 현대 심리학의 발전에서 지각과 감각개념의 **논리적·존재적·발생적 관계**를 완전히 역전시켜버리는 일반적인 경향이 점점 확실해지고 있다. 이런 경향에서 볼 때 감각은 더 이상 분석에 의해 스스로 한정될 수 있고 또한 고립된 '순수'감각으로서 스스로 실험적으로 산출될 수 있는 우리 지각내용을 제시하는 초석으로 간주되는 것이 아니라, 상이한 지각체험을 구성하는 언제나 다만 **상대적으로** 단순하고 **상대적으로** 불변적인 동일 요소로 간주된다. 이 구성요소는 다양한 방법을 통해 대략적으로 제시된다. 예를 들어 조건을 변경시킴으로써 충동적인 주의작용이 제시되고, 이 주의작용 없이는 가장 단순한 지각이라 할지라도 주어지지 않는다. 따라서 지각의 상대적으로 '단순한' 부분이라 할지라도 주어지지 않는다. 다시 말하면 E(감각, Empfindung)=f(R+A)[즉 자극과 충동적인 주의작용의 함수][42]인 경우에, 나는 충동충격을 많은 구체적

---

40) 실더, 『물체도식』(*Das Körperschema*, Berlin, 1923) 참조.
41) 이 개념, 즉 특수한 에너지, 기억 등을 모든 생리학으로 확장시키는 것은 체르마크, 앞의 책 참조.
42) 여기서 〔 〕은 옮긴이가 첨가한 것이 아니라 편집자인 마리아 셸러가 삽입한 것이다—옮긴이.

인 지각작용과 비교하여 변화시키고, 'E'가 환원요소로서 남아 있는 것을 볼 수 있다. 나아가 나는 모든 지각에 구성적으로 관계하는[43] 가능한 기억의 잔해(G, Gedächtnisresiduum),[44] 상상내용(Ph, Phantasiein-halte), 모든 지각과 함께 설정되는 대상지향(I, Gegenstandsinten-tionen)을 많은 지각과 비교하여 변화시킨다. 이리하여 언제나 상대적으로만 가장 단순한 E를 나는 볼 수 있다. 나는 지각과정과 지각현상의 다양한 병리학적 장애를 보여주는 사례에서 정상적인 지각의 구성질서를 상세하게 연구함으로써 자극에 가장 가깝고, 상대적으로 자극에 가장 비례적인 '가장 단순한' 지각요소를 발견하려고 시도할 수 있다.[45] 이 방법으로 내가 언제나 같은 것을 획득할 수 있다는 것은 확실하지 않고, 현실적으로도 거의 일어나지 않는다.──이것은 이상적인 것(Ideal)일 것이다. 그러나 이런 진행방식에서 모든 경우에 다음과 같은 것이 개념을 형성하는 방향법칙으로서 타당하다는 것은 분명하다.

1) 구해지는 '순수감각'의 X는 물리적 자극에 대해 일의적으로 불변적이고 엄밀하게 비례적인 관계를 지니는 것이 될 것이다. 2) 내가 실제로 발견한 모든 것은 이 X가 아니며, 그것은 다만 상대적으로 이 X를 향한 방향에서 정돈되는 어떤 단계서열의 근사치에서 운동하는 것이다. 3) 이렇게 하여 내가 발견한 것은 모두 구체적인 것(구체적 체험, 현상)이 아니며 또한 구체적인 것일 수도 없고, 다만 추상적인 부분내용에 기초한 동일 보편적인 것, 따라서──어떤 전체의 '단편'이 아니라──개념대상에 불과한 것이다. 따라서 감각과 감각들에 관한 사정은 현대 물리학과 화학에서 '연장을 지닌 물질적 실체의 구성요소'(분자, 원자, 전자체계, 플

---

43) 다음의 2를 참조-편집자.

44) 헤링의 용어로 흔히 기억흔적(Gedächtnisspur)이라 불리는 것과 거의 같은 뜻으로 이해된다-옮긴이.

45) 예를 들어 포펠로이터(Poppelreuther)의 계몽적인 연구에서. 『신경학회지』(*Zeischrift für die Ges. Neurologie*, 1923), 83호에 게재된 「시각적 지각의 심리학과 병리학」(Zur Psychologie und Pathologie der optischen Wahrnehmung) 참조.

러스와 마이너스 전자 등)에 관한 사정과 매우 흡사하다. 즉 물리학 등에서 말하는 이 요소의 불변성은 결코 절대적인 것이 아니라 우리가 이해해야만 하는 본질존재적 태도의 어떤 함수관계에 상대적이다. 이 점에 관해서는 오늘날 거의 일치하고 있음을 나는 많이 본다. 코프카, 쾰러, 옌쉬, 포펠로이터, 피크(A. Pick), 실더, 그륀바움 등의 이름을 들 수 있는데,——이들은 모두 구체적 체험으로서 또는 구체적 체험요소로서 '단순한' 감각을 전적으로 부정한다.[46]

따라서 감각이 개별적 유기체가 일회적인 환경세계 전체에 대해 나타내는 **전체적인 반응**의 추상적 구성부분에 불과하다면,[47]——감각이 '지각'(percipio)의 극한적인 경우가 아니고, '유기체의 태도와 그 환경세계사물의 **변경**'에 관한 법칙적 관계를 분석하기 위해 **가정된** 자발적인 '반응'(reactio), 즉 바로 '감각작용'의 **기능**이 나타내는 극한적인 경우라면,——로크 이후 기묘한 망령으로서 철학과 심리학에서 방황하고 있는 심적 **사물**로서 '**감각사물**'은 일반적으로 문제되지 않는다. 이때 (심상의 국면으로서) 지각현상에서 나온 (추상적인) 부분내용의 표시로서 감각은 바로 감각작용의 기능에서 **가능한** 한 '자극에 가깝게' 주어지는 그 현상 속에 있는 저 X다.——거기서 정신물리적으로 무차별적인 (이념적 내용으로서) 성질들이 그 현상규정성과 심상규정성을 구성할 수 있고, 마찬가지로 또한 '감각작용의 내용'을 구성할 수도 있다.

부유 2: 이로써 다음과 같은 것이 즉각적으로 말해진다. 즉 자극과 감각 사이에 다분히 논의의 여지가 있는 '**불변성의 가정**'이라는 문제는 정신물리학과 감각의 양적인 측정가능성에 대해 매우 기본적인 것이고, 그렇기 때문에 위에서 말한 사태의 관찰(과 실험)에 의한 결정가능성과

---

46) 여기서 나는 심리학자들의 경우에 특수한 명료성과 일의성이 감각의 개념을 지배하고 있다고 말할 수 없다. 현상적 개념과 자극개념에 의해 비로소 매개되는 발생적 개념과 나아가 이 두 개념을 다시금 하나의 동일한 것에 적용하려는 시도는 종종 매우 착종되고 혼란스러움을 가져온다.

47) 이에 관해서는 나의 『형식주의』에서 이미 설명했다.

는 본래 거리가 먼 것이다. 물리적 자극의 일의적 · 불변적 기능처럼 구체적으로 제시할 수 있는(신체에 관련된 것이든, 환경세계에 관련된 것이든 간에) 체험이 일반적으로 일어나지 않는다는 사실은——그런 한에서 삶의 본질에서, 즉 자발적으로 같은 종류의 환경세계사물에 그때마다 다른 방식으로 반응하는[48](따라서 '감각하는') 사물의 이념에서 체험이 본질법칙적으로 주어질 수 없다는 것은——절대적으로 확실하다. 오직이것만이 현실적으로 확실하고, 또한 모든 실험적인 관찰을 통해 확인된다(정초되는 것이 아니다). 이 점에서 (베르그송, 쾰러, 코프카, 실더처럼) '불변성의 가정'이 잘못이라는 사실의 증거를 찾고자 한다면, 주목 · 주의 · 관찰이라는 모든 분석적 활동과 당연히 이런 분석의 모든 실험적인 연구에서——불변성의 가정을 설정하는 경우처럼 이미 체험적으로 현존하는 것을 단지 새롭게 지각하고 인식하는 조건이 아니라 오히려——현존하지 않는 것의 생성조건과 성립의 조건을 (이미 코르넬리우스, 크루거처럼) 간취함으로써, 불변성의 가정이 잘못이라는 사실의 증거를 찾고자 한다면, 의심할 것 없이 (슈툼프, 분트, 페히너, 지그바르트, 리프스가 가정하는 것처럼) 반대로 가정하는 것에 비해 옳다.——다시 말하면 (어떤) 감각이든 현상학적으로 한정되고 정의된다면, 옳은 것이다. 정상적인 유기체에 관련한 전체 자극 중에서 오직 극소수의 자극만이——그리고 (자극이 동일하다면) 전혀 다른 양적이고 질적인 방식으로 생겨나는 것만이——유기체의 상대적인 '요소체험'과 결합된다는 것은 매우 확실하다. 그리고 형태요인과 우선형태요인——이 후자는 생명체의 종적 징표다——에 병행하여 개체발생적인 모든 현상에 앞서 유기체 그 자체와 유기체의 구성계획 속에는 많은 요인(중추요인, 기관의 신선함-피로와 정조, 충동요인, 성숙과 훈련의 요인 등)이 들어 있다. 수와 종류는 이러한 요인들과 무관한 것이다. 여기서——흔히 간과되고 있지만——이 본질법칙적인 것으로 생각되는 자극과 구체적 체험의 비불변

---

48) 체르마크, 앞의 책 참조.

성이——충분히 숙고된 근거에서 상이한 의식영역을 심적 체험으로 간주해야만 한다고 믿는 한에서——현재적 의식의 체험에 관해서도 타당하고 잠재적인 의식의 '체험'에 관해서도 타당하다는 사실이 강조되어야만 하고, 따라서 충동적이거나 자의적으로 '언급되지 않는 감각', 좀 더 좋게 말하면 요소체험의 개념을 가지고 잠재의식적인 요소체험의 개념을 결코 거부해버릴 수 없다는 사실이 또한 강조되어야 한다. 이와 함께 요구되는 것은 이런 잠재의식적 체험(예를 들어 꿈의 체험, 마취상태, 최면상태, 몽유병적·몰아적 상태의 의식체험)도 결코 불변적인 자극기능이 아니라 무의식의 단계와 함께 언제든지 상승할 정도로 잠재의식적 충동충격과 다른 요인들에 의해 함께 제약되고 있다는 점이다.

'언급되지 않는다'는 것은 확실히 전혀 다른 사실계열에 의해 이해되는 상대적으로 '현재적인 의식단계와 잠재적인 의식단계'의 구별과 전혀 무관한 것이다. 그러나 이 명제, 즉 물리적이고 다른 자극에 대해 구체적인 체험의 본질법칙적인 (따라서 모든 의식의 단계에 타당한) 비불변성의 명제가 확실하기 때문에, 이 명제를——감각의 개념을 일반적으로 위에서 정의된 의미로 단지 고정시켜둔다면——자극과 감각의 관계로 전이시키는 것은 비논리적이다. 왜냐하면 위의 정의에 따르면, 감각은 이 경우에 자극과 구체적인 체험의 불변적 관계를 향해 움직이는 가능한 체험변화의 방향이기 때문이다. 그러나 이와 함께 'E(R)는 하나의 불변적인 기능이다'라는 명제는 감각 ㄱ 자체의 개념을——그 방향이 바로 이 정의를 표시하는 체험적 타자성(Erlebnisandersheit)의 개념으로서——정의하려는 구성요소가 된다. 따라서 우리는 첫째로 자극과 체험의 관계에 관한 불변성의 가정이 본질적으로 잘못이라는 점과 둘째로 이 가정이 (비현상학적인 의미에서) '감각'을 정의하는 구성요소라고 말할 수 있다.

우리가 지각과 감각의 관계물음에서 불변성의 가정을 포기하는 의의에 관해 (철학적 관점에서) 중요한 것을 말하기 전에, 적어도 자극역(Reizschwellen)과 변별역(Unterschiedsschwellen)의 이론적 파악과

관련하여 이 원리를 포기했던 역사를 상기해보자.[49]

페히너는 자신이 정신물리적으로 해석한 저 유명한 변별역이라는 의미에서 자극역을 (베버의) 절대적인 식역(識閾, Schwelle)으로서 설명한다. 방금 인식한 감각의 구별(ebenmerklicher Unterschied)[50]은 그에게 이미 감각의 측정단위(Maßeinheiten)를 의미한다. 그는 이 측정단위가 모든 방향의 자극척도에서 엄밀하게 동등하다는 것을 전제한다. '마음' 그 자체는 일정한 최소량의 자극에서 (이것은 그 생리학적 결과에서 마음에 대한 자극치와 관련하여 전혀 변하지 않는 자극이다) 감각을 가지고 이 자극에 대답하기 시작한다. 마찬가지로 마음은 끊임없이 자극이 강화됨에 따라 출발자극(Ausgangsreiz)[51]의 크기에 비례하여 강화되고, 이때 비로소 감각적 구별로서 주의작용과 엄밀하게 일치하는 언제나 똑같이 방금 인식하는 하나의 감각적 구별을 부여한다. 페히너의 경우에 절대적인 자극의 식역을 이와 같이 이론적으로 해석하는 것은 분명히 오류다. 왜냐하면 실제로 유기체의 모든 생명적 반응은—감각 및 심적인 것과 일반적으로 관계없는 운동반응도 또한—자신에게 속하는 자극의 절대적인 식역(그 최소치, 최대치, 최적치)을 지니고 있기 때문이다. 또한 물리적 자극이 그 자극치를 변경시키지 않고 (따라서 생리적인 중간과정에 의해 이 가치를 변경시키지 않고) 이른바 마음에까지 도달한다는 것과 자극의 식역에 관한 정신물리적 해석 대신에 생리학적 해석이 나타날 뿐이라는 것도 전혀 확실하지 않다. 자신에게 적합한 자극을 향한 굴곡운동도 베버의 정식에 따른다는 사실을 페퍼(W. Pfeffer)가 보여줌으로써 우리는 절대적인 식역에 대해 생리학적인

---

49) 이 문제가 매우 정확하게 역사적으로 충실하고 통찰적으로 전개시킨 것으로서 코프카의 논문, 「실험심리학의 문제들」(『자연과학』, Berlin, 1917, 제5권 1호) 이 있다. 이 논문에 첨부된 참고문헌을 참조.

50) 변별역(辨別閾)을 말한다. 변별역이란 자극을 변별하기 위한 최소한(또는 최대한)의 자극변화량을 말한다—옮긴이.

51) 구심신경의 말단, 즉 뇌에 전달된 자극을 의미한다—옮긴이.

해석과 다른 해석을 내린다는 점을 더 이상 진지하게 숙고할 수 없다. 일정한 에너지의 양을 결정하기 위해 각종 물리학적 계측도구 외에 아무 것도 필요하지 않다면, 감각기관도 또한 다른 것을 필요로 하지 않는다. 그러나 지금 자극역과 변별역의 설명을 통일하고,――이것은 페히너 이론의 공적이다――변별역의 연구가 초래한 사실들을 동시에 생리학적으로 설명할 수 있는지 없는지를 탐구하는 대신에, 변별역에 관해 완전히 다른 설명, 즉 '심리학적' 설명을 부과하려고 우리는 생각한다.

리프스, 분트, 지그바르트가 따르는 이 [심리학적] 견해는 특히 슈툼프에 의해 그의 『음향심리학』(*Tonpsychologie*)에서 자세하게 전개되고 있다. 이에 따르면 감각을 구별하는 것은 페히너의 경우처럼 그 구별에 '주의하는 작용'과 일치하는 것이 아니며, 또한 알아보는 것[인지]의 구별도 감각 그 자체의 생성조건이 아니다. [이에 따르면] 오히려 감각과 감각의 변화 그 자체가 **부단하게** 일어나는 자극 및 자극 변화의 **함수**이고, 이 부단한 감각변화와 이 변화를 주목하고 평가하는 자립적인 **작용**들 사이에는 다만 '변별역'으로서 실험이 확정지어주는 수적 관계가 생겨나게 된다는 것이다. 이 부단성은 신속한 자극의 증가나 감소에서 (예를 들어 활주滑走에서) 체험적으로 우리에게 주어진다. 감각의 변화가 띄엄띄엄 생겨나는 완만한 연속적인 자극변화 속에서 이 사실은 (연속적인 감각의 변화를 폐기하지 않고) 인지역(認知閾, Merkschwelle)의 비약성에 의해 설명되어야만 한다. 가장 언격한 형식에서 붕변성을 가정하는 것을 근저에 두고 있는 이 해석을 위해 슈툼프가 든 논거는 여기서 논의되지 않는다. 그것은 모두 사상으로 간주되는바, 우리가 '생각을 달리할' 수 있는 감각의 **사물적** 파악에 기인한다. 특히 다음과 같은 주요 논거가 그렇다. 즉 세 개의 자극 A, B, C에 관해 부속하는 감각 a, b, c에 관한 차이성 판단이 나타난다면,――각기 개별적인 자극에는 개별적 감각이 대응하고, 그 위에 일련의 시간적 위치가 고려되는 한에서――명백한 논리적 모순은 생겨나게 마련이다.

$$\begin{array}{ccc} \text{A B} & \text{B C} & \text{A C} \\ \text{a} = \text{b} & \text{b} = \text{c} & \text{a} \rangle \langle \text{ c} \end{array}$$

그러나 감각 a, b, c가 개별적 자극 A, B, C에 대응하지 않고, 세 가지 시도, 즉 A-B, B-C, A-C에서 세 자극관계의 함수로 간주된다면, 이 모순은 당연히 해소될 것이다. 이때 최초의 a는 최후의 a로 등치될 수 없고, 마찬가지로 최초의 b는 두 번째의 b로 등치될 수 없다. 그렇기 때문에 이것은 다양한 방식의 **자극결과**를 나타내는 지표를 말하는 것이지 않으면 안 되고, (따라서 $a_1 = b_1$, $b_2 = c_2$, $a_3 = c_3$로 묘사되는 것이지 않으면 안 되고) 이 모순은 법식(forma) 속에서 해소된다.

여기서 착각에 관해 말하려 한다면, 우리가 감각 때문에 '착각이 일어난다'는 것은 **자극**의 차이일 뿐이며, '**감각**'의 차이가 아니다. 이때 우리는 다만 이 '착각'으로부터 결과하는 모순이 물리학자에게는 이해될 수 없는 다른 연속적인 자극의 계열을 먼저 가정하는 (예를 들어 나토르프, 푸앵카레, 베르그송 등이 그렇다) 것에 인식론적으로 강제된 것이라 말할 수 있을 따름이다. 에빙하우스는 슈툼프와 반대로, 동일한 출구 자극이라는 전제 아래 부단한 자극변화에서 띄엄띄엄 일어나는 감각작용의 변화를 슈툼프에 반대되는 올바른 근거로서 전제한다. 그럼에도 그는 이 비약이 생겨나는 장소를 자극척도의 고정점에 귀속시키지 않고, 그 자체 선택된 출구자극의 함수라고 가정함으로써[52] 개별자극의 부단한 계열과 부단한 기능이 감각을 형성한다는 이론을 고집한다. 따라서 우리는 언제나 출구자극을 자극척도상으로 선택할 수 있기 때문에 부단한 감각계열의 개별자극에 귀속되는 모든 감각도 또한 체험되는 것이다. 뮐러는 슈툼프의 인지역에서 말하지 않는 사례를 들고 있다. 두 개의 자극 A, B에 관해 A가 B보다 작은 경우에, 올바른 판단과 동등성의 판단

---

52) 에빙하우스(H. Ebbinghaus), 『심리학 강요』(*Grundzüge der Psychologie*, Leipzig, 1911) 참조.

뿐만 아니라 A 〉 B라는 거짓판단까지 생겨나는 곳에서 이 인지역은 아무것도 말해주지 않는다. 그러나 이것은 단순히 주목하지 않음에 기인할 수 없다. 그는 개별자극과 개별감각 사이에 있는 관계의 불변성에서 벗어났음을 그때마다 거기서 나타나는 서로 상이한 부문(Klassen)의 '감각의 공(共)제약'으로 설명한다. 다시 말하면 1) 자극 그 자체 속에, 2) 감각기관 속에, 3) 모든 신경조직의 흥분가능성 (예를 들어 알코올의 영향에 의한 흥분가능성) 속에, 4) (헤르바르트의 의미에서 받아들인 말인) 주의작용 속에 들어 있을 수 있는 '감각의 공제약'으로 설명한다.

위에서 서술한 '모순'을 해결한 결정적인 공적은 우선 코르넬리우스에게 있다. 그러나 그는 개별감각이 언제나 개별자극에 대응하고, 또한 '느껴질 수 없는 감각'과 일반적으로 (에빙하우스의 의미에서) 부단한 자극기능으로서 부단한 감각계열이 있다는 원리를 근본적으로 파기함으로써 이 모순을 해결한 것이다. 따라서 그는 정의적 의미와 다른 의미에서 불변성의 가정을 비로소 타파한 것이다. 특히 베르트하이머의 노작,[53] '운동의 시각'에 기초한 **형태심리학**이 코르넬리우스의 이론을 처음으로 완전한 것으로 만들어주었기 때문에 형태심리학이 사실을 생겨나게 한다. 형태심리학은 자극의 배치와 공간적·시간적 형태자극 속에서 이른바 구별감각에 관해서뿐만 아니라 ──겔프가 최근에 분명히 한 것처럼 ──색깔자극의 경우에 이른바 절대적인 자극역에 관한 개별자극과 개별감각 사이의 관계적 불변을 벗어난 모든 것의 최초원인을 찾는다. 두 개의 선이 서로 다르게 선택된 빠르기로 노출될 때,[54] A에서 B로의 좌우운동이 보이거나 또는 가속될 때 두 개의 평행한 선분이 동시에 보이거나 하는 것은 오직 **자극 그 자체의 연속**에만 걸부된 것이고 ── 일체화, 인지작용 등 심리적 작용에는 결부된 것이 아니다.

자극과 감각의 비례성에 관한 불변성의 가정(과 함께 감각의 **계측가능**

---

53) 『심리학 잡지』(1912), 61호 참조.
54) (1926년 인쇄본에 받아들여지지 않은) 수고에는 이 말 대신에 '수직으로 나란히 있는 선분 A와 B의 모습'이라 씌어 있다─편집자.

성에 관한 사상)은 체험된 현상에 대해 직접적으로 증명될 수 있을 만큼 뚜렷하게 잘못이지만, 그럼에도 한계치로서 감각을 함께 정의하는 것은 모든 개별자극이 스스로 그렇게 정의되는 '감각'에 대해 절대적으로 잘 못임을——그리고 이미 자극역 자체에 대해서도 잘못임을——새롭게 가정하는 것이다.

그러나 위에서 말한 인식이 **철학적 인식론**에 대해 갖는 결론은 지금까 지 매우 불완전하게 도출된 것처럼 보인다. 그 이유는 다음과 같다. 먼 저 우리가 여기서 '감각작용'과 '감각'이라고 정의하는 것은 본래 무엇 을 의미하는가? (우리가 바로 보았던 것은 감각의 순수질적 내용이 언 제나 다만 이념적이고 정신물리적 · 무차별적으로 현존한다는 것이다. 그것도 특히 모두가 구체화될 때 대상규정성으로서 현상하거나 상태규 정성, 다시 말하면 감각하는 것의 **내용으로서** 현상적으로 현존한다는 것 이다[55]) '감각'이란 일반적으로 여전히 현존하는 어떤 것을 의미하는가, —— 아니면 추론의 결과에서 다시금 배제되는 허구적인 득점사례 (Rechenpfennig)에 불과한 것인가? 나아가 불변성의 가정과 함께 단 지 사용될 뿐이라면,——또는 '감각'의 개념이 단지 그런 득점사례에 불 과하다면——모든 자연의 물리학적 인식은 일반적으로 어떻게 사고될 수 있을까? 실제로——코프카가 표현하듯이——"전혀 상이한 자극에 동일한 감각이 대응하고, 다른 상황 아래서는 매우 유사한 자극에 상이 한 감각이 대응할 수 있다"면,[56] 우리가 '근저에 놓여 있는' 현상을 관찰 하는 형식적 운동메커니즘에 어느 정도 일의성과 타당성이 있을까? 우 리는 이 메커니즘을 우리의 생각 속에서 구성함에 즈음하여 우리의 가 능한 관찰을 정말 믿을 수 있을까! 이런 물음들은 엄밀한 불변성과 비례 성을 오래전부터 가정해왔다는 데서 매우 쉽게 해결될 것이다. 바로 그 렇기 때문에 이 가정 자체는 확실히——또한 사실에 대한——매우 강력

---

55) 이때 자연적 세계관 내부에는 물론 다양한 감각부분이 다양한 정도의 근원적 인 객체관계성을 나타내고 있다.

56) 코프카, 앞의 책, 27쪽 참조.

한 생명의 지속을 나타낸다. 왜냐하면 가정은 근본적으로 오래된 기계적인 자연관에서 추론된 것일 뿐이고, 바로 (이 오래된 상태에서) 물리학의 인식을 매우 용이하게 나타낼 수 있기 때문이다.

따라서 우리가 정의한 감각은 그 속에 기묘한 역설을 지니고 있다. 이에 노골적인 형식으로 옷을 입혀보자. 이 감각의 정의는 X-체험을 나타내고, X-체험이란 우리가 살아가는 동안에는 결코 소유하지 못하고 또한 소유할 수도 없는 것이지만, 우리가 '죽었다'면, 극한 속에서 갖게 될 것이다. 그러나 이 경우도 기묘한 것이다. 왜냐하면 우리가 죽었다면, 우리는 확실히 어떤 '체험'도 갖지 못할 것이기 때문이다. 또한 우리가 순수물체적인 메커니즘[신체]과 지각하는 정신으로 구성된 것──이것이 바로 데카르트가 가정한 것이다──외에 어떤 것으로도 구성되어 있지 않다면, 우리가 가진 것을 체험이라고 말할 수 있을지라도──언뜻 보면 이것은 아주 작은 역설이다. 이 데카르트적 근본견해에서──이것은 또한 완전히 헬름홀츠의 견해이고, 그의 '무의식적 추론'이라는 이론은 자신의 궁극적인 철학적 기원에 따른 것이다──감각생리학과 감각심리학은 본래 다만 가능한 '물리적 착각'이론에 불과한 것이다. 즉 모든 성질은 주관적일 뿐만 아니라 '불명료하고 혼란된' 운동을 나타내는 것이고, 이 운동은 다만 성질을 시종일관 형식으로 생각해왔을 뿐인 지난 1세기 동안 대륙합리론에서 지배적 역할을 해온 이론들 가운데 한 견해에 불과한 것이다. 여기서 사고 때문에──사고란 바로 '마음'의 본질이고, 단순한 마음의 본질을 나타내는 속성이 아니다──헬름홀츠의 경우와 마찬가지로 단순히 현상이 자극비례적이고 개별자극에 그때마다 일의적으로 대응하는 모든 감각으로부터 이탈하는 것(동시적인 색깔의 대조, 시선의 각도에 대한 시각사물의 불변성 등)이 아니다. 그뿐만 아니라 그것은 헬름홀츠가 중심적이라고 판단한 특수한 감각에너지에 부여된 성질 그 자체 이상의 것이 아니다.──뮐러(Johannes Müller)의 이론을 전용(轉用)하자면, 사고는 '감각에너지'가 특수한 시·청·후각 기능에 대응할 뿐만 아니라 현상으로서 양상과 성질을 '생겨나게 한다'

는 이 해석에서 볼 때 분명히 오류이지만, 기능적 의미에서 볼 때는 뮐러의 엄밀한 활력론적인 전제 아래서만 철학적으로 유의미한 것이다.

위에서 정의된 (기능이 아닌 현상으로서) '감각'이 어떤 '득점사례' 이상의 것이라면, 그와 같이 정의된 것은 단지 다음과 같은 것일 수 있다. 즉 감각은 심상에 속하는 물리적이고 객관적이며 또한 인간적 의식을 초월해 있는 현상의 규정성으로서 성질 그 자체다. 따라서 감각 그 자체는 그때마다——감각의 내용이 아니라——구체화된 공간·시간점에 물리적 과정 그 자체와 함께 나타난다. 물리적 과정은 자극 '으로서' 동일한 과정과 체험된 현상 사이에 결코 존립할 수 없는 저 불변적이고 비례적인 관계에서 생명적 유기체에 자극치를 부여한다.

그러나 이것은 우리가 거의 예상하지 못했던 성질의 객관성에 관한 이론——이 이론은 그 실재적·존재론적으로 '정초되고', 예를 들어 공간형태, 연장, 운동 등에 대한 '2차적인' 본성을 배제하지 않는다——에 도달하고, 이와 함께 바로 '심상'의 초의식적 실존의 새로운 정당화에 도달하는 것 외에 다른 것이 아니다. 형태란 이 심상에 속하는 것일 뿐만 아니라 개별자극과 그 관계의 형태에 의존하는 것으로서 성질도 또한 이 심상에 속한다. 상이한 유기체가 그 양상적 감각기능의 독특한 에너지에 기초하여 심상의 현존하는 매우 풍부한 성질들에 관해 행하는 선택만이 '주관적' 생물학적으로 제약된다.——그렇다고 단지 물리학적으로 제약되는 것은 결코 아니다. 나아가 이것은 심상 그 자체에 관한 우리의 감각 또는 다른 동물들이 행하는 감각작용의 비불변성과 불균형성의 매우 다양한 근거들이기도 하다.[57)]

그러나 물리적·객관적인 현상과 심상의 규정성('현상태'란 체르마크가 사용한 아름다운 표현이다)으로서 성질은 형식적·기계적 구조의 법칙과 결과의 원리(Resultantenprinzip)에 따르는 물리적 개별과정의

---

57) 가장 최근에 프리슈가 확신한 바에 따르면, 꿀벌은 자외선의 색깔감각을 지니고 있고, 또한 수정시키는 벌을 모으는 꽃은 자외선을 방출한다.

함수가 아니라, 이 개별과정의 공간·시간적 형태의 함수라는 사실에서 철학적으로 중요한 원리가 서술되고 있다.

현상태의 규정성으로서 규정된 (이념적 색채체계, 음향체계 등과 아프리오리한 관계에 따라 '규정된') 성질들의 존재와 비존재는 본성적으로 순수 형식적·기계적으로 설명될 수 있는 모든 존재와 사건에 대해 순전히 상대적이다. 따라서 형식적·기계적으로 이해되는 동일한 개별과정은 그때마다 이러저러한 형태로 된 체계의 유지를 위해 기여하는 바에 따라 원리적으로 서로 다른 많은 성질들의 '근저에 놓여 있고', 궁극적인 경우에는 상이한 개별과정이 동일한 성질의 '근저에 놓여 있을' 수도 있다. 그러나 이 사태에서 성질들의 형식적·기계적 설명의 비일의성은 필요한 일의성을 유지하기 위한 새로운 힘, '마음' 또는 뮐러의 의미에서 독특한 감각에너지가 도입되어야만 한다는 (성질의 주관성이론이 의욕하는 것처럼) 점에 대해 아무것도 말해주지 않는다. 오히려 이것이 말하는 것은 다만 형식적·기계적 자연이론의 타당한 양식을 해명하는 것으로 우리를 유도하는 동일한 결과에 대한 것일 뿐이다. 즉 이 이론은 자연현상을 일의적으로 규정할 수 없다는 것이 아니라 언제나 동일한 현상을 똑같이 훌륭하게 설명하는(맥스웰) 많은 사고할 수 있는 메커니즘의 여지를 남겨놓고 있다는 것이다.

인식론적·물리학적 고찰과 감각생리학과 감각심리학의 고찰이라는 근본적으로 다른 두 고찰의 결과가 동일하다는 사실은 우리에게 매우 중요한 것이다. 왜냐하면 그것은 뉴턴 이후 물리 과학이 취한 발전과 완전히 자립적으로 발전해온 헬름홀츠와 헤링 이후 감각현상에 관해 크리스와 우리가 이해한 것의 발전이 어떻게 서서히 하나의 새로운 철학적인 전체 의견으로 수렴되고, 근대철학의 가장 견고한 전통과의 관계를 단절함으로서 우리 세계상을 현저하게 변화시켰는지를 나타내기 때문이다. 양자 물리학에 따르면 이미 사건의 '식역' 원리는 모든 사건의 기초가 되고 있으며,——낡은 기계론적 자연학이 가정하듯이, 생물학적인 것에서 처음으로 시작된 것이 아니다. 나아가 예를 들어 기계적인 질량요인의 크기는 운동 속에서 가속도와 함께 일정한 관계로 증대한다. 이 관계는 자극(R)과 감각(E)에 관한 페히너의 정식 $\log R = E$ 및 R을 가속도와 가속도를 규정하는 동적 요인으로, E를 질량으로 각각 유비적으로 치환시킬 때, 절묘하게 일치한다. 이 점을 고려한다면, 우리가 일찍이 심리학적으로 설명할 수 있다고 전혀 생각하지 않았으면서 단지 생물학적으로 설명할 수 있다고 생각했던 가장 보편적인 구조법칙이 얼마나 깊게 이미 존재론적으로 정초되어 있는지를 충분히 예감하게 될 것이다.

따라서 심상이 다만 지각내용 또는 '가능한' 지각내용의 배치에 불과한 것이 아니듯이, 심상이 지닌 성질도 단지 감각내용에 불과한 것이 아니다. 성질이 심상규정성으로서 객관적이라는 이유만으로도 자극과의 관계에서 성질감각의 비불변성에도 불구하고 하나의 물리학이 가능하다. 모든 자연현상은 의식에 체험내용으로서 직접 주어지듯이, 그 구성요소에서도 언제나 물리학적이고 생리학적으로 등근원적으로 설명되어야만 한다.——그러나 모든 자연현상은 물리적 대상을 지각에서 인과적으로 '추론'하게 한 데카르트 이후 '비판적 실재론'의 근본적으로 잘못된 이론과 일치하듯이, 자연이 다만 우리의 감각을 설명하기 위한 자극복합으로서만 고려되고 구성되는 것으로서 단지 물리학적으로만 설명되는 것은 아니다. 현상을 말하는 쌍방의 설명이 논리적으로 수렴되고 무모순을 나타냄으로써 비로소 궁극적이고 철학적인 진실을 우리에게 확신시켜줄 수 있는 것이다.

모든 경우에 그 절대적 성격을 완전히 잃어버린 감각의 이른바 '단순성'을 옛날 심리학자와 감각생리학자들은 감각이라는 개별자극의 불변적이고 비례적인 기능으로서 지각내용의 가장 단순한 구성요소라고 생각했을 뿐만 아니라 발생적으로도 이 감각이 일찍부터 존재해왔다고 생각했다. '단순성'에 대한——분석적이고 발생적이라는——두 규정은 예를 들어 흄의 '인상'의 개념에서 논리적인 통일을 이룬다.

이 이론은 방금 거부된 것보다 더 잘 유지될 수 있을까? 물론 아닐 뿐만 아니라 비교하는 발생적 감각이론의 전혀 간과할 수 없을 정도로 확실히 검증된 사실과 너무 완벽하고 철저하게 모순되기 때문에 이 이론은 감각을 '의식한다'는 성격이론보다 훨씬 쉽게 반박된다. 우리는 해당 귀납과 실험의 통일적이고 예외 없는 전체적인 결과로서 다음 명제를 들 수 있다. 즉 극한의 경우로서 생각되는 자극불변적이고 자극비례적인 이념적 감각이 상대적으로 가장 단순하고 직접적인 체험을 벗어나 있는 모든 종류의 것은 삶의 국면이 성숙하고 진화하고 발생적 순위의 좀더 앞선 단계가 문제되면 될수록 더욱더 깊어지고 (그것이 계산가능한 것일 때 더욱더 커지며) 점점 더 집요해지며, 감각하는 정신물리적 삶의 통일이 성숙해지고 경험하는 것과 함께 증대되는 감각의 이념을 실현하기 위한 방향에서는 점점 더 멀어져간다. 몇몇 예를 들어보자.──현상하는 시각사물의 크기와 형태가 불변적이라 함은 그것이 보는 각도와 형태자극에서 벗어나 있는 한, 인간의 어린 시절부터 성숙해온 발달 속으로 소급된다. 조명과 매우 독립적인 시각사물의 색깔이 불변적이라는 사실에 관해서도 마찬가지인데, 이 점을 헤링이 처음으로 정확하게 제시했다. 옌쉬에 따르면 젊은 사람의 시각적으로 직관하는 심상이 자극비례성에 점점 다가가는 (성인의) 지각상으로 이행하는 것에 관해서도 동일한 것이 타당하다. 자립적인 현존재가 발생적 발전의 경과 속에서 획득되고, 좀더 쉽게 재인식될 수 있고, 또한 좀더 쉽게 일체화될 수 있는 것(모든 원초적인 추론을 이해하기 위한 전제)은 관계가 아니라──그것이 근원적으로 체험되는 한에서, 다시 말하면 아직 그 자체로서 인식되지 않는 한에서──거꾸로 관계의 토대다. 그리하여 이 과정을 통해 지각세계는 비로소 좀더 풍요롭게 분절된 형식을 지닌다. 그러나 이 '분절화'(Gliederung)는 관계가 없거나 불완전한 관련 속에 주어진 질적 체험내용들 사이에 언제나 좀더 많거나 풍부한 관계를 만들어냄으로써 생겨나는 것이 아니라, 반대로 일종의 망적 형상(Netzgebilde) 가운데 있는 바로 그 매듭점이 언제나 좀더 명확하고 간결하게 그 자체 이미 어떤 식으로 형태화되어 나타남으로써 생겨나는 것이다.

　유인원과 인간의 비교에서, 어린아이와 성인의 비교에서, 원시인과 문명 인간의 비교에서 발전국면의 법칙에 관련된 것은 **연합의 과정이 아니라 분리과정이다.**[58] 또는 옌쉬가 표현한 것처럼 "'요소'는 그것이 일반적으로 생각되는 의미에서 제시될 수 있는 한에서 원초적인 전체성이 **분열함으로써** 생겨나는 것이고, 거꾸로 이 전체성이 원초적인 요소와 결합함으로써 성립한 것이 아니다."[59] 그리고 다른 곳[60]에서 옌쉬는 지각이론과 감각이론의 영역에서 자신의 매우 복잡한 연구뿐만 아니라 다른 많은 연구자의 연구성과를 종합하여 다음과 같이 서술하고 있다. "따라서 실제적인 사정은 [칸트, 헬름홀츠뿐만 아니라 헤링의 경우에 나타나는, 여기서 이미 논증된 바 있는][61] 전통적인 견해가 가정하는 것과 정반대다. 도식 e=f(r, r′, r″)에 따라 자극과 감각을 일의적으로 귀속시킨다는 것은 발전의 단초에 들어 있는 것이 아니라 결코 도달할 수 없는 이념적인 목표점을 비로소 형성한다는 것이다. 어떤 '순수감각'의 가정은 애당초 지지받기 어려운 구성으로서 나타난다. 당연히 정상적인 성인이 현재 구조 속에서 시각적으로 지각하는 것은 이런 '순수감각'을 추후적으로 가공함으로써 비로소 실현된다는 훨씬 보완적인 가정도 또한 마찬가지다." 나아가 "이 설명이 '추후의 가공'으로 환원되는 모든 현상은 발전과정 속에서 **증가되지** 않으면 안 될 것이다.[62] 그러나 그것은 거꾸로 우리가 지금까지 조사해본 바에 따르면, 분명히 소멸해가는 것이다."

그러나 근대의 감각주의적 · 실증주의적인 모든 이론뿐만 아니라 칸트와 모든 칸트학파의 인식론은 낡은 지각이론과 감각이론에 기초하고,

---

58) 술탄(Sultan)이라는 이름의 침팬지에게 흑백계열의 색깔을 선택하게끔 훈련시킨 쾰러의 시도에서 '명' '암'을 선택하게 하는 훈련은 절대적 회색의 색조훈련에서 좀더 용이하고, 좀더 작은 훈련을 시키더라도 가능하다는 점이 판명되었다.

59) 옌쉬, 앞의 책에 수록된 「지각이론의 개조와 칸트의 세계관」, 394쪽 참조.

60) 같은 책에 수록된 「지각이론과 생물학」, 442쪽 참조.

61) 이것은 옮긴이가 삽입한 것이 아니라 편집자인 마리아 셸러가 삽입한 것이다─옮긴이.

62) 위의 주 60) 참조.

그 최고의 근본명제가 오늘날 완전히 예외 없이 반박되고 있다는 사실은 매우 중요한 의미를 갖는다. 내가 15년 전부터 품어왔던[63] (유감스럽게 도 이를 통해 해당 학파는 아무 영향도 받지 않았다) 이 명제를 엔쉬가 특수한 연구대상으로 삼고 있는데, 이것은 매우 효과적이고 감사할 만 한 가치가 있는 것이다. 이 연구가 거의 완전히 잊혀져 가는 지각의 새 로운 구조이론 사이에서 일어나는 인식론의 철학적 문제들과의 관계를 부흥시키는 데[64] 매우 유효하다는 점을 나는 꼭 지적해야겠다.

인식의 소재로서 우선 우리에게 주어지는 것은 결합되지 않은 요소들 의 혼돈된 군집일 뿐이고, 그것이 추후적으로 의식주관의 기능에 의해 비로소 정돈되고, 다시 말하면 통일되고 결합되며, 이때 모든 통일과 결 합은 주관의 자기 활동의 현실화(Actus)이기 때문에 '주관 그 자체'에 의해 행해진다(칸트)는[65] 칸트의 근본적 확신이 확실히 칸트학파를 이 미 지배하고 있었다. 엔쉬가 정확하게 지적했듯이, 모든 칸트학파는 칸 트철학이 지닌 이 편견을 똑같이 받아들인다.──칸트의 소여성이론이 리프만, 코헨, 나토르프, 카시러, 프리스, 넬슨, 빈델반트, 리케르트의 소여성이론과 매우 다르다고 할지라도 그렇다. 그리고 이 점에서 또한 ──수학, 물리학, 생물학의 철학 및 내가 일찍이 지적한 것처럼 윤리학 의 철학에서도 유사하게──칸트철학이 뉴턴시대의 낡은 기계론적 자연학 의 인식론적·철학적 정당화에 불과하다는 사실에 엔쉬가 눈떴을 때, 그는 칠힉적으로 매우 정확하게 통찰했던 것이다. 확실히 감각, 자극, 지각, 심상의 관계에 관해 오류로 판명된 근본견해는 이 기계론적 자연학에

---

63) 『형식주의』 제1-3판, 149쪽 이하, 416쪽 이하* 및 『가치전도』에 수록된 논문, 「자기 인식의 우상」 참조.
   * 4판, 167쪽 이하, 410쪽 이하 참조─편집자.
64) 앞에서 인용한 논문, 「지각이론의 개조와 칸트의 세계관」 참조.
65) 퀼페 또한 영국 감각주의에서 유래하는 칸트의 이런 편견을 나와 마찬가지로 그의 모든 이론철학의 근저에 있는 오류로 간주한다. 『자연과 정신세계』 (*Natur und Geisteswelt*)에 수록된 퀼페의 칸트에 관한 소논문, 「임마누엘 칸 트」(Immanuel Kant, Leipzig, 1907) 참조.

우연히 속하는 것이 아니라——순수세계관학에 의해——**본질필연적으로**
속하는 것이다. 엔쉬가 특히 칸트의 후계자에 관해 칸트철학의 '거인적
근본 특징'(titanenhaften Grundzug)이라 부른 것——즉 사고란 자연
적인 경험과 과학의 경험이 지닌 모든 연관, 모든 질서, 모든 관계와 형
태를 처음으로 감각의 무규정적 혼란 속에 짜넣는 것이다——에 관해
그는 다음과 같이 서술한다. "이 특징은 결국 역사적으로 주어진 어떤
칸트철학설의 심리학적 기저, 즉 18세기 자연과학의 기계론적 근본견해
를 당시에 아직 연구되지 않았던 의식의 근저로 경솔하게 이행시킨 지
각이론에 기초하는 것이다."[66]

그러나 본래 가장 단순한 관계체험과 형태체험은 사고창조물과 사고상
으로 추론할 수 있거나 오직 사고상으로만 '파악할' 수 있는 것과 아무
관계도 없다. 따라서 체험을 낳는 것은 존재론적이고 진화발생적으로
볼 때 상대적으로 자립적인 성질보다 더 '단순한' 것이 아니다. 체험은
본질적으로 미리 주어져 있는 것이고, 그런 한에서 보다 덜 관계적이고
보다 덜 형태화된 모든 소여성의 본질조건이고, 본질적 토대다. 끝으로
——구체적이고 일정한 정신물리적 유기체에서 소여성과 관련하여——
기능 영역으로서) 신경기관의 기능에 의해 실제로 주어진 체험이 제약
된다. 이 신경기관은 언제나 비교적 원시적이고 상대적으로 피질하적인
(subkortikale) 기관, 즉 (모나코프에 따르면) 아마도 발생계통사적으
로 좀더 오래된 기관일 것이다.[67] 따라서 자극비례적인 '순수'감각과 동
시에 여러 연관 속에서 일체화가 가능한 개별내용에 근접한 모든 현상

---

66) 앞의 책, 381쪽 참조.
67) 영국의 생리학자 헤드(Head)의 연구는 이 문제에 관해 매우 중요한 결과를
    도출했다. 그는 각 감각과정을 여러 단계에 걸쳐 재현하고, 그 결과 자극이 통
    과하는 많은 세포핵의 각각에 새로운 단계를 위한 배치의 변경이 생겨난다고
    생각했다. 촉각적 감수성, 나아가 온도감각과 고통감각에 대한 이 원리의 응
    용에 관해서는 우리가 제기한 이 문제에서 매우 중요한 책인 실더의 『의학 심
    리학』(*Medizinische Psychologie*, 1924)에서 그의 비판적 보고(69쪽 이하)를
    참조.

은 분명히 지각 일반과 결합된 최고의 피질기능(Rindenfunktionen)에 결부되어 있다. 원시인의 논리 이전의 사고방식은 레비-브륄[68]이 매우 계발적으로 서술했듯이, 다만 지각세계의 몰아적 성격에 의해, 집단의 전통과 이해관심의 전망주의에 따른 방향과 구속성에 의해, 그리고 대상 속에 있는 심상적인 것보다 충동적·정서적인 힘의 소여성과 가치소여성이 우선한다는 사실에 의해, 표상과 지각에 관해 좀더 강력하게 무차별적이라는 좀더 고정된 형상적 단계에 의해(옌쉬), 감정이입보다 일체감을 우위에 두는 것에 의해(셸러)[69] 특징지어지는 것이 아니며, 기껏해야 (공간적, 시간적, 집합적, 수적인) 계열형식과 계열부분으로부터 독립성이 결여되어 있음에 의해 특징지어진다.

이 독립성의 직관적인 소여가 추론적 사고와 사고의 법칙적 기능(예를 들어 동일률과 모순율)의 좀더 광범위한 적용을 비로소 가능하게 하고, 이 독립성은 그 자체 신경조직의 피질영역에서 가장 명료하게 구조를 형성하는 신경기능의 특수한 성과인 것처럼 보일 수 있다.[70] 여러 종류의 관계구조 속에 있는 여러 형태의 토대 또는 부분관계의 동일성을 이해한다는 것과 다른 구체적 형태에 관한 척도적 특성과 그 방향의 의미가 나타내는 차이성을 이해하고(예를 들어 어린아이가 흔히 읽을 수 없는 거울 속 문자), 동일한 형태에 관한 토대의 차이성(예를 들어 하나의 운율에 관해 다른 절대적인 소리의 높이)을 이해한다는 것이 성인보다도 어린아이에게 얼마나 더 어려운지를 비네(Binet), 뷜러, 코프카, 슈테른 등이 아동심리학의 연구로 충분히 밝혔다.

특히 관계체험의 유래에 대해 항상 많은 논쟁들이 벌어지고 있다. 따라

---

68) 레비-브륄의 『자연민족의 사고』(*Das Denken der Naturvölker*, J. Jerusalem 독역)와 새로 간행된 기초적 문헌, 『원시인의 심성』(*La mentalité primitive*, Paris, 1922)을 참조.

69) 『동정』참조—편집자.

70) 이에 관해서는 『심리학 잡지』, 제60권(1912)에 수록된 베르트하이머의 훌륭한 논문, 「원시민족의 사고, 수와 수 형상에 관해」(Über das Denken der Naturvölker, Zahlen und Zahlengebilde)를 참조.

서 린트보르스키(J. Lindworsky) 같은 철저한 연구자는 모든 '관계이해'가 다만 '정신적인', 그렇기 때문에 특수한 인간의 마음에 의해서만 가능하고, 따라서 모든 동물세계에는 결핍되어 있다고[71] 주장하는데, 이에 대한 근거는 다른 '관계의 이해'라는 표현의 엄청난 '다의성' 속에 있는 것처럼 보인다. 이 같은 말은 다음과 같은 것을 의미할 수 있다. 1) 물리적으로 개별자극이 아닌 다만 자극관계에 지나지 않거나 자극관계에 상응하는 체험적인 어떤 단순한 것, 따라서 '구별감각'을 지닐 것. 2) 동일하지만, 진화하면서 좀더 발달한 존재자의 환경세계사물에 관해 토대와의 관계 속에서 조직된 것으로서 발생하는 분해되지 않는 체험적인 어떤 단순한 것을 지닐 것. 그러나 이때 조직화는 토대형성에서 유래한다. 3) 몰아적이고 전의식적인 방법으로 토대의 충족되지 않은 공허한 장소와의 관계를 지닐 것. 4) 이와 같은 관계를 '의식적으로', 다시 말하면 나(Ich)와의 관련에서 반성적으로 지닐 것. 5) 어떤 하나의 관계분절 또는 쌍방의 일정한 관계분절과 동일한 관계를 지닐 것. 6) 4)와 5)의 의미에서 의식적으로 초래되는 것을 관계 일반 '이라고', 이러저러한 관계라고 '인식하는' 것은——모든 인식은 정확하게 처음에는 '어떤 대상을 있는 그대로 의식적으로 가지는 것'이다——주어진 것과 관계의미(예를 들어 '같다' '유사하다'라는 의미)의 분리 및 직관적 관계의 의식적으로 주어짐을 이미 전제하고 있다. 인간, 오직 인간만이 6)단계를 지니고 있다는 것은 나에게 자명해 보인다. 이것은 주어진 것의 관계성격에 따른 것이 아니라 여기-지금 있는 현존재와 본질존재의 분리가능성, 아니 오직 인간의 정신만이 수행할 수 있는 궁극적인 현존재와 본질 일반의 분리

---

71) 린트보르스키에 따르면 형태란 관계구조에 불과한 것이다. 이 조건이면 그의 생각을 전개해가는 데 충분하고, '관계의 이해'가 주어진 곳에서 비로소 개념적·추론적인 사고가 가능해진다. 그래서 린트보르스키는 『실험심리학』(*Experimentellen Psychologie*, Kempten, 1921)이라는 교재에서 인간정신에 대한 아주 통일적이고 단순한 이론을 구상할 수 있다고 한 것이다. 물론 최근 저서에서 그는 이 구상을 철회했다.

가능성에 따른 것임을 나는 일찍이 언급한 바 있다.[72]

그러나 이것은 소리 또는 특정한 색깔인 단순히 붉은색에 대해서도 엄밀하게 타당하다. 동물이 4)와 5)단계를 지닐 수 있는지 없는지에 대해서는 여기서 결정된 바 없다. 그것은 동물심리학의 근본적인 물음에서 언급될 문제이기 때문에 여기서는 더 이상 논쟁하지 않겠다. 고등척추동물 또는 초사육적 · 초연합적인, 나아가 초본능적인 '실천적 · 지적인 행동'을 나타내는 모든 동물이 3)단계를 지니고 있다는 것은 확실해 보인다.[73] 1)단계는 생명체 일반의 모든 가능한 감각 및 감각에 기여하는 모든 기관과 기능, 비물리적인 모든 반응이 지닌 보편적인 생명의 특성이다. 생명체 일반은 언제나 물리적 · 화학적 환경세계의 **변화**에 결부되어 있는 것이지, 결코 지속상태에 결부되어 있는 것이 아니다.

우리가 여기서 문제 삼는 것들은 오로지 2)단계에 속하는 것일 따름이다. 여기서 우리는 확실히 다음과 같은 물음을 제기할 수 있다. 즉 어떤 체험적이며 단순한 사물을 갖는 것이 좀더 높은 성숙의 단계에 대한 반성적인 회고에서 비로소 '그런 것으로서' 주어진다면, 계속해서 관계체험이라고 불러도 좋은가? 기묘하게도 잘 알려진 어떤 현상들에 대해 자주 사용되는 '과도체험'이라는 표현으로 나타내는 것은——한편으로 관계체험 일반의 본질을 나타내기 위해(밀러), 다른 한편으로 본래적인 관계체험의 아마도 좀더 낮은 단계('파악'보다 낮은), 예를 들어 린트보르스키가 동물에게도 인정한 단계를 나타내기 위해——확실히 좀더 고도로 성숙된 곳에서만 형성된다.

과도체험(예를 들어 두 선분의 자극이 순차적으로 제시하는 것에 의해 선분이 끝에서 수렴되고, 그리하여 완전히 하나의 선분처럼 보일 경우, 밝거나 어두운 경우 등)은 일정한 순차적 자극관계가 생겨난다는 징표이고 표시다. 과도체험이란 초래된 것으로서 **체험된 관계**의 원형을 전

---

72) 이에 관해서는 「지식의 형태와 교양」(1925) 참조. 나아가 『우주에서 인간의 지위』 참조—편집자.

73) 『우주에서 인간의 지위』 참조—편집자.

제한다.──이로써 어떤 관계의 이러저러한 관계로서 2차적으로 생각된 관계의 이해를 전제하는 것은 결코 아니다. 이 원형 그 자체는──다만 생각될 뿐인 관계처럼──결코 '과도체험'일 수 없다.

보유 3 : 위에서 서술한 모든 사실, 즉 지각에 선행하는 형상의 선존재(Präexistenz), 분유된 양상적 감각기능의 수다성(數多性)에 선행하는 원격지각과 지향적 기능의 통일성으로서 지각의 우위성(Priorität), (의식 현재적으로 체험되거나 체험되지 않는 '신체자극'으로서) 자극적으로 가장 가깝게 있는 가능한 감각에 앞서 있는 기능현상과 그 법칙의 우위성,──이 모든 것은 위에서 말한 기능이 출현할 때 그 조건을 나타내는 모든 의미를 측정하기 위해 확실히 제시되어야만 한다. 이제 우리는 이 조건, 즉 그 충동적-운동의 피제약성을 고찰한다. 즉 실용주의가 지각의 운동-충동적 피제약성과 그 모든 부분기능들을 그 자체 원리적으로 올바르게 인식하는 것이긴 하지만, 바로 이로써 오직 형식적·기계적인 것에 불과한 자연의 인식가능성을──아프리오리한 실재론적인 기초 위에서건, 관념론적 기초 위에서건 간에──정초하려는 지각의 실용주의가 지닌 큰 오류는 다름 아닌 실용주의가 동시에 낡은──여기서 소멸되고 거부된──감각개념(감각체험에 관한 불변성의 가정, '자극' 비례성, 선소여성, 발생적·존재적·논리적 우위성)을 지니고 있다는 사실이다. 이 실용주의의 지각이론에 의해 비로소 모든 환경세계는 우리의 '노동' 기능이 된다. 이에 반해 예를 들어 아리스토텔레스-스콜라적 지각이론은──우리는 그 오류에 대해 비난할 수 없고, 실증적·과학적으로 전개되지 못했을지라도 우리가 오늘날 보듯이 철학적 진리에 훨씬 접근해 있다──지각과 그 모든 부분기능의 생성조건, 즉 바로 저 '주관적인' 충동적·운동적인 것의 생성조건을 완전히 남김 없이 무시해버리는 것에 기초한다. 지각이 참된 현실적인 주관에 의해 제약된다는 것은 아리스토텔레스-스콜라적 이론에서는 대체로 눈에 띄지 않는다. (절대적인) 기계적 자연관과 감각주의가 논리적으로 서로 보완해주는 이론 속에서 정말로 막연한 의미에서 '주관성'이 인식되지만, 이 주관성을 우리는 전혀 엉뚱한 곳, 즉 형상 그 자체, 형태, 성질을 상상하는 주관성 속에서——불변성의 원리와 비례성의 원리를 가정함으로써——찾는다. 주관성은 지각을 통해 선택되는 것의 충동적 · 운동적 제약성 속에 있는 것도, 지각 대상 그 자체가 생명체에 대해 본질존재적으로 상대적인 단계에서 찾아지는 것도 아니다.

　충동적 삶, 즉 한편으로 충동활동과 밀접하게 관련된 정서와 감정,——충동과 우리의 표상을 매개로 한——충동적 주의작용의 긴장 속에서 살아가는 것과 다른 한편으로 우리의 모든 지각적 삶(지각, 표상, 상기, 상상, 사고)에 대한 운동적 충격의 참된 의미는 우리의 견해에 따르면 거의 예외 없이 지금도 여전히 오해되고 있다. 물론 우리 인식을 이 방향에서 특정하게 발전시킨 것과 관련된 이름은 무수히 많다. 그중에서 내가 생각하는 것은 쇼펜하우어의 논문, 즉 오성에 대한 의지의 우위를 주장하는 여전히 읽을 만한 가치가 있는 흥미진진한 논문과 E. v. 하르트만의 심리학 관련 논문들이다. 또한 우리의 표상과 사고에 의한 삶이 '충동과 정서의 기호를 표현한 것'에 지나지 않는다는 관점에서 본 니체의 형안과 베르그송의 많은 논문들과 뮌스터베르크의 극소수 논문(「지각의 운동적 조건」)을 들 수 있다. 엄밀한 인식의 방향에서 나에게 중요하다고 생각되는 것은 아흐(H. Ach)의 의지 및 기질에 관한 연구와 '결정해야만 하는 경향' 개념을 기억이론에 도입한 것이고, 오베르트 푀르스터의(Aubert Försterschen) 법칙, 즉 우리의 공간직관과 이에 의해 발견되는 형상적 현상의 형성, 실재성 의식의 형성이라는 사실에 대해 주의작용이 (그 '동적인' 측면에서) 어떤 역할을 하는지에 관한 옌쉬의 인식, 딜타이의 많은 심오한 통찰과 뮐러-프라이엔펠스(Müller-Freienfels)의 저작 속에 약간 남아 있는 프리사이젠-쾰러의 중요한 통찰이다.

　나아가 모든 애매함과 불명료함, 당혹스러움, 일면성(섹슈얼리즘, Sexualismus)에도 불구하고 언제나 프로이트와 그의 열렬한 제자들이 최고의 것이라고 생각한 것이다. 하지만 프로이트적 방향에서 전개된 매우 특징적인 충동이론의 현실적인 인식이 실험심리학, 병리심리학과 정신병리학, 생리학과 형태학의 관련부분들, 나아가 신경조직의 발생사와 끝으로 충동과 정서의 현상학을 비판적으로 인식하면서, 즉 확실히 언제나 수미일관하게 원칙적이지는 않지만 전면적으로 비판하는 인식을 가지고 살아 있는 인간과 특히 철학적인 형성에서 임상적으로 확실하고 분석적이며, 가끔 천부적으로도 확실하고 분석적인 경험의 토대 위에서 비록 어수선한 면이 있긴 하지만 아주 드물게 통일을 이루는 것과 결합된 유일한 것은——내가 자주 언급한——실더의 저작이다. 그의『의학심리학』(*Medizinische Psychologie*)은 여기서 제기된 물음에 대해 독일어로 된 종합적인 저작에서 얻을 수 있는 대답 중에서 최고인 것처럼 보인다.

우리는 지각 그 자체의 충동적·운동적 제약에 접근하기에 앞서, 이 과학적으로 불만족스런 사물의 상태에 대한 **주요논거들**에 관해 약간 언급해보자. 그것은 한편으로 방법적인 것이고, 다른 한편으로 내용적인 (sachliche) 것이다. 즉 그것은 한편으로 심리학의 역할분담(철학자, 의사, 실험심리학자, 생리학자, 생물학자) 속에 들어 있고, 다른 한편으로 전승되어온 견고한 세계관적인 전통 속에 들어 있는데, 이 전통은 근본적으로 서로 다른 것(유심론, 유신론, 기계적 자연관, 합리주의, 주지주의)이고, 독립적 기초과학인 **생물학**에 **심리학을** 일체화시키는(Einkörperung) 일——즉 다양성과 그 근본적인 결합형식에 관련된 삶의 외적 국면과 완전히 똑같은 **동일양식을** 지닌 삶의 내적 국면에 관한 이론으로서 심리학의〔생물학에 대한〕일체화——을 언제나 되풀이하여 방해해 왔다.

방법적 논거는 다음과 같다. 우리의 심적 삶에서 지각적인 것, 형상적인 것은 그 삶의 가장 외적이고 가장 **구체적인** 층이며, 가장 잘 규정될 수 있는 층이다. 이런 모든 종류의 형상적 요소의 배후에 있는 충동의 역학구조에 대한 관계는 객관적인 공간과 시간의 체계 속에 있는 '심상'이 그(자료의 동학이론에 따른) 근저에 있는 힘(중심과 장)에 대해 갖는 관계에 불과하다는 것이지만, 어떤 경우에도 **동적** 요인(충박, 충동,

힘)은 다양한 방식으로 우리의 인식에 대해 가장 멀리 떨어진 것이고, 오직 간접적으로만 합리적으로 규정될 수 있다.[74] 우리가 체계적으로 조정하여 모든 심적인 것의 '이해'(Innewerdung)를 일반적으로 지각적인 지식의 형식과 반성 작용인 '의식'이라 불리는 것에 편입시키려 한다면, 충동요인과 이 입장을 핵심적으로 규정하는 '의욕'은 일반적으로 초월적인 것으로 남게 된다. 이 초월적인 법칙성에서 심적 삶의 모든 동적 요인을 부정하는 일련의 심리학자들(헤르바르트, 치엔, 분트, 그의 '성과'주의주의 'Ereignis'voluntarismus에도 불구하고)이 있다는 사실을 우리는 잘 알고 있다. 그러나 이런 견해는 잘못된 것이다. 왜냐하면 우리의 표상변화와 운동방향은 연합과 재생의 단순한 법칙에서 파악되는 것이 아니며, 마찬가지로 내용 속에 있고 내용의 공간적·시간적 관계 속에 있는 단순한 법칙성에서 파악되는 것도 아니기 때문이다.──이런 파악은 단지 추론의 절차에 지나지 않는다. 오히려 우리의 심적 삶이 지닌 비지각적인 부분의 '이해'는 심적인 것을 소유한 저 '내적 지각'과 '관찰'보다 훨씬 포괄적인 형식이기 때문에 이 견해는 틀린 것이다. 우리는 배고프고, 목마르고, 소망하는 것, '나는 요구한다' '나는 요구하지 않는다'는 것에서 매우 직접적인 방식으로──이때 무엇을 표상(지각)하는 것 없이──'알아'차린다. 나아가 우리는 객관적으로 주어지는 생명 현상에서와 마찬가지로 심적인 것에서도 그런 것을 깨닫게 되며, 이렇게 무엇인가를 직접적으로 다만 지각할 수 있는 장소와 성질의 교체현상, 나아가 이른바 운동과 변화, 크기의 증대와 감소현상, 형태와 관계의 변화 및 이동 등이 그때마다 근원적으로 향하는 지각할 수 없는 경향,

---

74) 자연의 모든 역동적인 내포량은 외연량에 의해서만 측정될 수 있다. 예를 들어 속도는 거리와 시간에 비례하여 측정되며, 운동량은 m×v에 의해, 생명적 힘은 질량을-가속화시키는-길(Masse-Beschleunigung-Weg)에 의해 측정된다. 힘의 단위는 (더 이상 환원시킬 수 없는) 요소적 합법칙성의 단위에 의해서만 확정될 수 있다.── '힘은 가설화된 법칙에 불과하다'는 잘못된 명제로 헬름홀츠를 유혹한다(힘의 보존에 관한 저작의 주석을 참조).

충박, 충동의 시간서열 속에서 미리 나타나는 변화의 직접적인 결과로서 주어진다는 것을 안다. 따라서 후자(동적 요인)는 처음에 열거한 현상들로부터 추론된다거나 다만 이 현상들에 '기초하여' 주어지는 것이 아니다. 의문의 여지없이 모두 '죽어 있는' 것으로서, 즉 살아 있지 않은 것으로서 그때마다 우리에게 주어지는 세계의 모든 현상에서 정초하는 것과 관련해서 사정은 다르다. 지각적 요소에 앞서 '알아차릴' 수 있는 심적·동적인 요소의 선소여성——충박, 충동, 의욕, 소망, 경향, 욕구, 관심, 아니 작용과 기능 등이 문제인지 아닌지에 관계없이——과 우리가 '자발적'[75]이라 부르는 (아리스토텔레스에 따르면 '자기 운동'이라 불리는) 어떤 사물, 물체나 성과(그것에만 근원현상이 나타난다면, 실제적인지 아닌지에 상관없이)에 '살아 있음의 징표'를 부과하기 위한 근원현상인 어떤 방식의 운동양식에서 장소이동과 질적 변화에 앞서 주어지는 심적·동적인 요소의 선소여성——이 두 선소여성은 내가 '현상'에 앞서 주어지는 정해진 방향으로의 역동적인 것의 선소여성이라 부른 동일한 공통적인 선소여성에 뿌리박고 있다. 여기서 '현상'이라는 말은 직접적이거나 추론적으로 내가 관련될 수 있는 주관적 현상을 의미할 뿐만 아니라 또한 직접적이거나 추론적으로 대상이 관련될 수 있는 객관적 현상을 나타낸다.——이 구별에 대해 나는 여기서 문제 삼지 않는다.

그런데 다만 알아차릴 수 있을 뿐인 것과 심상을 갖춘 것 사이에 있는 이 선소여성의 법칙에서 우리는 삶의 이념을 획득한다. 이 이념은 어떤 방법으로도 귀납적 경험에 기초하는 것이 아니라, '그' 삶이라는 것을 ——이것이 중요하다——여전히 정신물리적으로 완전히 무차별적인 것으로서 파악한다. 즉 생성의 근저에 있는 것에서 파악한다. 왜냐하면 삶은 생성이고, 오직 생성과 소멸만 있을 뿐이기 때문이다. 삶이란 저 근저에 있는 단순한 소여양식의 두 차원, 우리가 '심적'이고 '물리적'이라 부르

---

75) '자발적'이란——환원하면 근원적으로 '방향이 설정되어 있는' 것이고, 나아가 공간적·시간적인 환경세계의 영역 속에 있는 '어떤 것'에 의해 명료하게 결정되지 않는다.

는 두 차원 속에[76] 이미 들어 있는 것이 아니다. 최근에 체르마크[77]는 우리가 규정한 것과 완전히 똑같은 의미의 생명체와 생명 없는 물체를 구별했다. 그는 다음과 같이 서술한다. "따라서 살아 있는 실체는 완전히 본질적으로 삶에 의해, 즉 일정한 현상과 과정에 의해, 더욱이 변화와 자율이라는 이중적 의미에 의해 특징지어지고, 특정한 물리적·화학적·형태학적 특성에 의해서는 그다지 많이 특징지어지지 않는다. 오직 이런 특성에만 기초하거나 주로 이와 같은 특성에 기초하는 특징은 결코 유효하지도, 충분하지도 않을 것이다. 단순한 물리적·화학적 성질은 생명 있는 것과 생명 없는 것의 차이를 일반적으로 그리고 충분하고 선명하게 드러내지 못한다. 오히려 생명과 무생명의 차이는 현상, 즉 변화과정의 차이로서 완전히 본질적으로 파악된다." 따라서 물체로서 유기체는 그 궁극적인 구성요소와 구성요소의 법칙에 이르기까지 다른 모든 심상처럼 '심상'이다. 그러나 '환경세계'와의 파기할 수 없는 본질관계 속에서, 그 자체 구축과 해체라는 율동적인 자발적 운동과 변화의 최고중심으로서 유기체는 어떤 종류의 심상도 아니다. 이 환경세계의 구조는 목적적이고 전체에 관계하는 사건형식의 계층적 배열(생리학적 기능)과 똑같이 근원적이며, '변화'의 엄밀하게 서로 평행적인 병렬 속에 들어 있다. 합목적적으로 정돈되어 있는 기능들이 언제나 군주제적으로 구성되어 있음을 죽은 것에 대한 실제적인 인과관계 속에 설정하려 한다면, 궁극적으로 죽은 세계의 (전혀 활동적이지 않은) 이념적인 형상들에 대한 인과관계 속에 합목적적 정돈기능을 설정한다는 의미에서 볼 때 그것은 불가능한 것이며, 단지 물체의 형상과 그 공간적·시간적 배열을 처음으로 가져오는 힘들에 관해서만 가능하다.

따라서 심적인 것(심적 기능의 총체)과 생리적인 것(생리적 기능의 총체)은 결코 이원적으로 다른 것이 아니다.――이것은 현상과 현상의

---

76) 그리고 소여성의 양식으로서 이 두 차원은 그것이 '주어진' 초생명적인 정신적 주관을 전제하고 있다.

77) 『일반심리학』(1924), 제1권, 4쪽 참조.

법칙형식이 이루어지는 질적·구조적인 종류의 궁극요소 속에서도, 이 현상의 토대가 되는 넓은 의미의 '삶'이라 불리는 동적 요인과 그 법칙 형식 속에서도 다른 것이 아니다. 실더[78]가 "운동적인 것에서 물리적인 것과 심적인 것이 특히 서로 밀접하게 결합되어 있는 것처럼 보인다"고 말할 때, 우리는 '자발적인' '운동형'에 대해 충분히 깊이 파악했고, 다만 이 개념에서 볼 때 그렇다는 것──그 근본적인 의미에서 볼 때 심지어 동일하다는 것──을 확신한다. 유기체는 물체로서 자신의 기능과 충동의 구조를 나타내는 형상으로 이루어진 통일체이며, 형태학적 구성단 위인 형식으로 이루어진 통일체에 불과하다.

충동요소가 일반적으로 우리에게만 주어질 수 있는 이해(Innesein) 의 준비특성에 이 충동요소가 그 특수한 방향과 그 구성에서 바로 실험적 방법론을 가지고 접근해가는 것은 지극히 어렵다는 사실이 하나 더 첨가된다. 동물과 인간에게 충동의 심리학과 진화이론을 위한 토대를 처음으로 부여한 것은 본질적으로 의사와 의학자이고, 어떤 경우든 생물학자와 사회학자였다는 사실은 결코 우연이 아니다.──그러나 여기서 실험심리학은 실로 조그만 공헌밖에 하지 못했다.[79] 이 심리학이 일궈낸 최고의 것은──나는 특히 아흐와 옌쉬의 연구를 그 속에 포함시킨다──다만 중간항에 도달한 것이다. 이 중간항을 매개하여 무엇보다도 지각적 삶의 생성과 형성, 형태화에 대한 충동이 결정적으로 생겨나고, 이른바 충동적이거나 수동적인 주의작용의 진동형식에 대한 충동이 결정적으로 생겨난다. 그러나 크기와 방향에 따라 그때마다 주의작용을 분배하는 것은 항상 충동의 본래적인 삶과 활동으로 돌아온다. 따라서 충동적 주의작용은 내적 관찰이 접근할 수 있는 것 속에서 충동이 나타날 때 충동을 분쇄하는 것을 말한다. 즉 지각적 의식을 나타내고, 그것은 동시에 충동적 삶이 지각영역에 가장 가깝게 현상하는 양식이라 불리는 것이다.

---

78) 『의학 심리학』(Berlin, 1924), 26쪽 참조.
79) 머지않아 발간될 나의 『인간학』이 충동이론에 관해 상세한 설명을 해줄 것이다.

그러나 여기서 잊어서 안 될 것은 충동적 주의작용——이것 없이는 어떤 종류의 지각도 주어지지 않고, 이 주의작용이 비로소 모든 지각내용의 실현요소를 당연히 본래적으로 결정한다——의 배후에 해당 정신물리학적 유기체의 특수한 충동상태가 존립하고 있고, 주의의 진동이 이에 의해 비로소 이해된다는 점이다. 한편으로 충동——특히 가장 원시적이고, 감정과 충동에 따라 아직 분화되어 있지 않으며, 객체의 방향과 관련하여 아직 특수화되어 있지 않은 그런 종류와 형식 이전의 감정충박——은 유기체 자체와 유기체에서 객관적으로 인식될 수 있는 것에 가장 깊숙이 매몰되어 있는 모든 심적인 전체의 가장 기초적인 뿌리를 구성할 뿐만 아니라 '심적인' 존재에 따라 일반적으로 충동존재를 (일찍이 쇼펜하우어가 정확하게 보았듯이) 구성한다. 다른 한편으로 감각, 표상, 지각, 말하자면 넓은 의미에서 지각이라 불러도 좋은 모든 것은 심적인 삶의 고차적인 단계, 어떤 특징적인 동물의 단계——중추에서 나타나는 감정충박이 저항하는 상태에 반응하는 단계[80]——에 이르러 비로소 일반적으로 나타난다. 따라서 이런 지각은 존재자의 대자존재와 그 현존재와 본질존재의 가능한 이해를 어떤 방식으로도 구성하지 않는다.[81]

이미 모든 표상의 소유와 표상적 삶(Vorstellungen-habens und -lebens)을 충동적·운동적으로——일시적인 것이 아니라 영속적으로——함께 제약한다는 것은 심적 형상이 어떻게 생겨나는지를 연구하는 심리학자들에게 소원한 것이다. 그것은 특히 지각과 감각에 관해서도 마찬가

---

80) 『우주에 있어서 인간의 위치』 참조*-편집자.
81) 감정충박(Gefühlsdrang)이 여전히 식물영혼의 문제에서도 문제된다는 것은 ——예를 들어 페히너가 생각한 것처럼 결코 '감각'이나 의식이 아닌——다른 곳에서** 지적되어야 할 것이다. 제닝스(Jennings)는 최하등동물의 심적인 삶에 관한 그의 유명한 연구에서 짚신벌레 운동을 조사하여 정당하게도 내관적으로 다만 주의, 관심, 공포에 대비되는 것처럼 보이는 것을 발생적으로 '가장 요소적인' 심적인 것으로 들고 있다.
 * 이을상 옮김, 『우주에 있어서 인간의 위치』, 지만지, 2008-옮긴이.
 **『우주에 있어서 인간의 위치』 참조-편집자.

지다. 또한 이 점에 대해서는 소원하지 않은 특수한 이유가 있다. 즉 지각(특히 '외적' 지각)이 소박한 눈으로 볼 때 우리 내부에는 가장 적게 근거하고, 우리 외부에는 가장 많이 근거하는 그런 종류의 지각으로서 나타나기 때문이고, 바로 지각과 그 대상이 충동적인 삶에는 단적으로 '저항적인 것으로서——기계적인 자연과정에서와 마찬가지로——나타나기 때문이다. 지각이 이러저러한 소질들의 지각으로서 비충동적이거나 비자의적으로 추구되는 곳(먹이의 탐색, 수렵 등)이라면 어디서나 항상 그 현상의 현존재와 본질존재에서 볼 때는 충동적 삶과는 완전히 독립적으로 나타나는 것처럼 보인다. 지각이 독립적으로 보이는 것은 해당 유기체의 충동운동적 상태에서 일어나는 때때로 큰 **불변성**에 근거하고, 평형의 경우에 근거할 수 있을 따름이다.——그렇기 때문에 종의 개체와 관련하여 어떤 조건의 불변성은 그 개체의 **현존하지 않음**과 혼동된다.——이러한 사실은 소박한 눈으로 볼 때 사실과 소원한 것처럼 보인다.

우리가 주의작용의 개념을 **자의적**이고, 모든 고찰에서 '2차적인' 주의작용으로서 형성하고, **충동적** 주의작용과 자의적 주의작용을 구별하는 차이의 깊이를 오해할수록[82] 더욱 그렇게 보인다. 더욱이 충동적 주의작용을 정신의 자의적 주의작용을 훈련시키고 습관화시키는 현상으로서 간주한다면, 여기서 진리로 나아갈 수 있는 길은 요원할 것이다.——실제로 거의 언제나 자의적인 주의작용은 지각에서 시간적으로 **후속**하고, 하나의 현상을 이미 전제하고 있다.

의식의 지각범위와 통각범위를 근본적으로 잘못 구분하고, 그 범위를 측정할 수 있다고 생각한 것(분트)은 예를 들어 다음과 같은 방식에서 생겨난 것이다. 순수지각을 가정하는 경우에는 더욱이 하나의 특수한 오류, 즉 심적 사물을 다만 미시적으로만 연구하여 거시적인 연구양식을 경시했다는 오류가 들어 있다. 지각과 지각의 모든 부분기능들이 운동

---

82) '자의적 주의의 빈곤'에 관해서는 올바르게 서술한 제임스의 『심리학』(1890)을 참조.

적인 충동에 의해 제약된다는 사실은 바로 미시적인 과정의 연구에 의해 인식되기 매우 어렵다. 말하자면 이 미시적 연구는 언제나 다만 어떻게 지각되는지, 언제 지각되는지를 볼 뿐이며, 무엇이 지각되는지를 보지 않는다. 더욱이 대부분 충동적인 형식 그 자체의——또한 실험지도자의 명령 없이 행해지는——특수한 '과제'와 준비가 비로소 갖춰지고, 이때 실험실 밖에서도 항구적으로 존속해야 한다는 잘못된 방식으로 가정된 인위적인 조건들 아래서만 지각을 본다. 그러나 생명체는 자신의 환경과정에서 '자극'에 따른 절대적인 식역(識閾)에 도달한 모든 것을 '감각하는'——그 신경조직이 완전히 정상적인 경우에도——것이 아니라, 오히려 그 극소부분만을 감각하듯이, 지각은 외적이고 충동적인 것 외의 지각조건들에 의해 지각될 수 있을 것 같은 모든 것을 '지각하는' 것이 결코 아니다. 이때 모든 생명체는 각 생명이 배치하는 (종, 무리, 무리 속에서의 기능, 모둠, 인간의 경우에는 '인종' '직업' '계급' 등) 존재자의 다양한 **집단개념**에 상응하는 **충동적·운동적** 요소들에 거의 의존하는 어떤 특수한 선택에 관계한다.

그러나 바로 이런 구별은 미시적 연구에서도, 인위적 연구에서도 확실히 나타나 있지 않다. 그리고 이런 구별은 이들 집단 간의 비교연구에 의해, 나아가 **진화론적 고찰**에 의해 비로소 명확해진다(예를 들어 원시인과 문명인 사이의 지각, 아이와 어른, 장년과 노인 사이의 지각이 그것이다). 충동적인 삶, 즉 전혀 자의적이지 않고 토대 불변적이며, 경험과 훈련의 원리에 복종하지 **않는** 충동적 삶은 표상처럼 결코 직접적·인위적으로 영향을 받는 것이 아니다. 나아가 이 충동적 삶은 이미 대상에 대해 우리가 주의를 기울임으로써 인식적으로는 바람직하지 않지만, 배제하기도 매우 어렵다는 의미에서 자동적으로 영향받고 있다.

물론 다양한 경우의 지각과 마찬가지로 다양한 **방향**을 향한 **충동충격**과 이에 상응하는 유기체의 운동적 태도 사이에 있는 풍부하고 그 자체 분화된 다양성이 있다는 것은 언뜻 볼 때 매우 이상하게 보인다. 도대체 우리가 지각하는 각종 잡다한 것은 완전히 '무차별적인', 그렇기 때문에 우리의 운동적 태도와 태도를 수정하는 것에는 전혀 영향도 미치지 못한다는 말인가?

이 점을 논증하는 데는 다소 긴 시간이 소요된다. 이 논증에 대해 엄밀하게 이론적인, 그것도 철학적으로 이론적인 본성을 지닌 하나의 물음이 제기된다. 지각내용을 우리와 함께 인간의 의식을 초월해 있는 '형상' 그 자체의 한 국면과 부분내용, 따라서 형상이 그 본질존재에서 원초적으로 규정되는 것으로 간주하는 것이 아니라, (오직 지각의 기능 및 바로 형상의 부분내용인 많은 다른 가능한 내용들 중에서 지각 내용을 특수하게 선택하는 것이 아니라) 오히려 지각 내용 **자체**는 직접적으로 뇌의 피질영역과 피질영역에서 일어나는 특정한 과정——이 과정은 단지 물리적 자극에 의해 인과적(causaliter)으로 그렇게 결정될 뿐이고 달리 결정되지 않는다——에서 다만 일의적으로 규정된다고 전제한다면, 많은 충동충격과 운동적 충격을 가정하는 것은 확실히 지각 내용이 있다는 것만큼이나 불합리하다. 많은 운동적 충동충격을 가정하는 것은 자연 속에 지각가능한 물체가 있다는 것만큼이나 불가능하다.——이것은 자명한 사실이다. 그러나 유기체에 의해 형태와 성질이 산출된다고 전제하는 이 오류를 피하고, 국소적으로 나타나는 지각의 어떤 내용도 다음과 같은 사실, 즉 그때마다 해당 피질영역이 기능이 일어나는 생리적 기능의 장이고, 이 기능들이 다시금 지각(과 그 부분기능)의 심적 기능과 단지 일의적인 의존관계만 가질 수 있다는 사실 외에 달리 제약될 수 없음을 통찰한다면, 모든 지각이 필연적으로 충동적·운동적으로 함께 제약된다는 주장에 대해 제기하는 일반적인 반론은 완전히 사라질 것이다.

내가 한 마리의 고양이를 지각하는지, 한 그루의 나무를 지각하는지, 지각의 단순한 방법(Wie), 즉 지각의 신경생리학적이고 심리학적인 자동주의(Automatismus)는 오직 〔고양이냐, 나무냐 하는〕 이 구별에서 엄밀하게 동일하다. 내가 무엇을 지각할 수 있는지, 지각의 객관적인 가능성의 총체를 규정하는 것은 '형상'——고양이 또는 나무의 성질들——뿐이다. 그러나 지각 자동주의의 순조로운 흐름 속에서 나타나는(그때마다 특수한 감각조직에 기초하는) 이 객관적인 작용공간에서 가능한 국면들이 현실화되는 것,──인간의 경우에 생명적 영혼의 기능에 구축할 수 있는 정신적 작용과 같은 것을 덧붙이는 것을 논외로 한다면──바로 이것이 소극적으로도 적극적으로도 구심적 과정을 지닌 생리적인 감각운동적 기능의 시간흐름을 직접적으로 형태화하는 통일에 자극이 불러일으키는 운동적·충동적 태도를 규정한다.

이 근본견해에서 원리적으로 불명료하고 혼란된 부분은 아무것도 없다. 지각이 추론과정을 통해 비로소 일의적으로 결정된다고 간주하는 것, 신경과정이나 마음의 생산이 '비물질적인 형상'인 지각내용을 만들어내야 한다는 완전히 신화적인 창작은 전적으로 불합리한 것이다. 왜냐하면 인과성은 다만 실제적인 것들 사이에서만 가능하며, 실제적인 것과 이념적인 것 사이에서는 불가능하기 때문이다. 비물질적인 형상은 모든 형상과 성질을 제거한 물체와 전혀 투명하지 않은 인과적 결합 관계에 있어야 한다('비판적 실재론'). 그래도 여기서──이 오류가 제거된다면──여러 종류의 감각적·구심적인 생리적 기능(과 이 기능에 일의적으로 결합된 심적 부분기능)이 있고 또한 있을 수 없듯이 많은 충동적·운동적 기능과정의 상이한 조합이 있을 수 없다고 생각해야 한다면, 무엇보다도 신경조직의 부분구조와 지금까지 우리에게 인식될 수 있었던 생리학적 의미에 직면해볼 때 그것은 아무 근거 없는 편견에 지니지 않을 것이다. 오늘날 고도로 발달된 노동생리학이 각자의 노동을 해부하는[83] 근본적인 방식의 가장 단순한 노동파악──행동──은 지각보다 덜 복잡하고, 신경조직의 전혀 상이한 층에서 볼 때도 지각보다 덜 혼란스러운 그런 것일까? 그리고 심리학적으로는? '충동충격'이라는 말에서 우리가 다만 기아, 갈증, 성충동의 통일적이고 과격한 충동만을 생각하는──이 충격의 경향, 욕구, 입장에서 분화와 차별화에 대해

---

83) 헤스(W.R. Hess)는 「노동생리학」(Physiologie der Arbeit)에 관한 적절한 개관을 같은 제목의 보고서에서 보여준다. 『자연과학』, 제17권, 47호 참조.

서는 고려하지 않는——권리는 어디서 획득한 것일까? 충동적인 삶은 진화하면 할수록 이리저리로 흔들리는 수많은 갈래를 (수동적이거나 충동적인 주의충격의 '진동'이라는 형식에서) 중심적이고 의식적으로 점점 풍부하게 내용적으로 확산시켜간다. 우리가 '무차별적'이거나 무사려한 지각이나 순수 '수동적인' 지각에 관해 말한다면, 거기서 자기 기만이 나타나거나 언어의 부정확성이 나타난다.

이 말은 대부분 우리가 지각되는 것에 어떤 자의적인 주의도 기울이지 않고, 어떤 정신적 관심도 기울이지 않는다는 사실을 의미할 뿐이다. 아니면 많은 충동충격이 이에 상응하는 충동과 마찬가지로 언제나 반동적이며(이에 수반된 감정은 애매모호하다), 또한 이것이 평형을 유지하기 위해 '무차별성'이라는 적극적인 상태가 생겨났다는 것을 의미할 뿐이다. 실제로 실더가 이미 간결하고 적절하게 지적한 것처럼, 지각의 '정열성'(Leidenschaftlichkeit)[84]이라는 단계적 차이만 있을 뿐이다.

충동충격이 고급의 감관보다 저급한 감관에 훨씬 많이 연결되어 있다고 생각하는 것도 큰 잘못이다. 다만 모든 부양충동과 권력충동처럼 개체유지와 집단유지에 기여하는 행동보다 종의 향상과 유지를 위한 충동이 기관감각과 이른바 저급한 감관의 감각작용과 훨씬 더 지속적으로 결합되어 있다는 사실이 아마도 정당할 것이다. 실더가 정확하게 언급했듯이[85] "보는 것, 듣는 것 속에는 동시에 충동적 경향이 있다. 시각의 모서리에 있는 대상은 본능적으로 시각을 향하는 것을 일깨워주고, 다른 것은 대상을 보려는 충동을 나타낸다." 옌쉬[86]는 방향을 정위하는 가장 단순한 조건이 심하게 손상된 경우에 감각적 망막요소에 기초한 지극히 경미한 시야협착(視野狹窄, Gesichtsfeldeinengung)과 히스테

---

84) 지각의 능동성, 지향성을 강조하는 개념이다. 그런데 그 어원(語源) Leiden이 의미하듯이 수동성을 동시에 지님으로써 이른바 양면지향적(ambivalent) 개념을 나타낸다—옮긴이.
85) 실더, 앞의 책, 141쪽 참조.
86) 옌쉬, 앞의 책 참조.

리성 시야협착이 얼마나 심각하게 서로 다른지를 지적했다. 측면시야의 강한 협착의 경우에 나타나는 이 충동충격이 히스테리성의 시야협착의 경우에도 여전히 나타난다(따라서 많은 안구운동에 의해 장애가 극복된다). 나아가 그는 공간적 장소치로부터 시각적 내용을 분리시킬 때,—— 그 결과 안구운동에서 대상이 그 '장소'에 정지해 있고, 그 대상적 내용으로부터 시각적으로 직관될 수 있는 장소체계가 드러날 때——비자의적인 주의작용의 이동에 어떤 근본적인 역할을 귀속시켜야 하는지를 지적한다. 감관의 양상들을 관통하고 주관적인 공간직관의 생성을 위한 가장 확실한 출발점의 하나인 모든 지각에 고유한 '도형'과 '배경'의 분리는 루빈의 의심[87]에도 불구하고, 그 궁극적 뿌리를 마찬가지로 (체험 그 자체를 함께 제약하는 것으로서) 충동적 주의작용에 의한 두 요소를 강조하는 가운데 두고 있는 것처럼 보인다.[88]

모든 감관의 양상을 관통하는 운동감각적 체험이 접촉공간과 시각공간을 접촉되는 것도 없고 보이는 것도 없이 막연하게 나타나는 자신의 고유한 신체와 환경세계의 공간도식에 추후적으로 '귀속'되게끔 야기하는 것이 아니다.——이미 E. v. 하르트만과 베르그송이 정확하게 인식한 것처럼[89] 이 체험은 공간직관 일반의 **공통적인 근원**이다.

그러나 우리의 대상에 관해 **비교생리학과 비교심리학**이라는 사실이 나타내는 용어는 훨씬 명료하다. 모든 감각하는 존재자가 언제나 사용하는 것은 오직 그 자신과 그의 충동적·운동적 태도를 촉진시키고 방해하는 환경세계 사물들에 관해 **상징기능**을 지닐 수 있는 성질들과 내용들뿐이다.[90] 모든 성질은 **처음에는 가치성질로서**, 즉 유혹과 협박으로서 주

---

87) 루빈, 앞의 책 참조.

88) 여기서 지각의 충동적·운동적 피제약성이라는 명제에 의해 이해되는 정상적이고 병리학적인 개별현상 그 자체를 많이 제시하는 것이 우리의 과제일 수 없다. 이에 대해서는 베르그송의 『물질과 기억』, 실더(특히 그의 계발적인 저작, 『최면의 본질』), 피크, 옌쉬의 저작들을 참조.

89) 최근에 이 문제에 관해 서술한 것으로는 카츠의 『접촉세계의 구조』(1925)를 참조.

어지고, 다음으로 비로소 충동과 그 적대자의 가치방향 속에 들어 있는 특정한 객체의 본질존재를 위해 확정된 표시와 징표가 되며, 셋째로 비로소 또한 이런 상징기능이 없는 성질로서 의식의 대상이 되는 것이다.[91] 꿀벌 중에는 '탐색 벌'과 '수집 벌'이 있고, 전자에게는 꽃의 색깔과 냄새가 유인물이며, 후자에게는 '표시'가 유인물이다. 프리슈가 보고한 이 사실은 동물세계에서도 '사랑을 가진 자'나 선구자가 '숙련자'보다 얼마나 우선하는지를 보여준다. 느낀 가치성질 및 직접적으로 충동적 삶에 상응하는 이 가치의 힘이 형상적 성질보다 선행하고 다만 **생물학적으로 유익하고 유해한 것이 정신적인 것보다 선행하지만**(예를 들어 아름다움과 구별되는 기발함), 적어도 감정감각에 상응하는 감각적 성질들보다는 선행하지 않는다는 사실을 나는 여러 번 지적했다.[92] [93]

이 점에서 실용주의적 지각이론의 진리요소는 결국 (신경조직의 가장 단순한 요소로서) 구심뉴런(afferentem Neuron), 원심뉴런(efferentem Neuron), 효과기관(effektorischem Organ) 사이에 성립하는 객관적·추상적인 **개체발생**과 **계통발생**과정에 의해 확인된다. 셰링턴(Sherrington)의 유명한 연구에 의해 먼저 구심뉴런이, 다음으로 원심뉴런이 그리고 세 번째로 형태발생적 과정에서 효과기관이 나타난다. 이에 대해 브라운(T. Graham Brown)은 셰링턴의 제의를 근본적으로 비판한 후에

---

90) 나는 『형식주의』에서 이미 이 점을 지적한 바 있다. 나아가 위의 명제는 에딩거, 동물 종의 '기호세계'에 대한 윅스퀼의 분석, 퍼터 등에 의해, 특히 최근에 눈에 띄는 것으로는 꿀벌의 색채감각에 관해 프리슈의 훌륭한 연구 등에 의해 포괄적으로 다루어져서 어떤 비판도 참을 수 있다는 사실이 확인되었다.

91) 헤링, 『빛 감각이론 강요』(서문) 참조.

92) 최근에는 엔쉬도 우리가 지금 문제 삼고자 하는 원시적인 개념구성물에 대해 동일한 점을 지적하고 있다. 또한 실더(『의학 심리학』 참조)의 「영역의식」의 개념을 참조. 영역의식이란 개인에 대한 그 정서적 의미(affektiven Bedeutung)에서 이른바 서로 대체가능한 대상들의 막연한 통일로서 정신분열증의 의식에서 논리적 의식단계의 붕괴에도 불구하고 남아 있고, 바로 작용하는 영역의 의식적 대표자인 형상상징의 특수성을 비로소 규정하는 것을 말한다.

93) 『형식주의』 제4판의 색인, 특히 '가치' '환경' '주목' '감성적'을 참조─편집자.

진정한 형태발생은 다른 양식으로 발생한다는 점을 제시하려 했다. 즉 그는 "가장 단순한 신경메커니즘이 원심뉴런과 효과기관으로만 형성된다는 점, 활동하는 자극이 호흡할 때 근원적으로 혈액자극과 등가(等價)의 자극——따라서 식물적 자극[94]——이었다는 점"을 제시하려 했다. 따라서 처음에 먹이의 부족, 충동충격, 모든 종류의 욕구와 같은 내적 자극에 감응하는 중추적 자극형성기관과 동력적 기관이 형태학적으로 분리되고,——또한 조직화의 진보로서 원심적 중추와 외부세계가 매우 첨예하게 분리될 때 (모든 외적 감각기관의 출발점으로서) 구심뉴런이 거기에 덧붙여지게 될 것이다. 따라서 구조형성적인 생명기능의 제1과제는 말하자면 **운동적** 반응에 의해 유기체 자신의 변화하는 상황에 신속하고 효과적으로 대처하는 것이다.——그러나 환경세계의 사물에 의해 다면적이고 감각적인 자극가능성으로 가능한 한 기관을 형성하는 것이 아니다. 이에 상응하여 또한 고등동물의 중추신경조직에서 가장 낮은 층은 혈액자극에 대한 중추조직, 예를 들어 마취의 경우에 반사궁의 원심적 부분(미주신경)이 손상되더라도 활동을 계속하는 호흡중추와 같은 것이다. 이 고찰방식에 따르면 외부세계에 속하는 감각기관들은 이미 (심적으로 특정한 구조 속에 있는 **충동체계로서 표현된**) **내적 자극체계**와 외부로 향한 **동력적**(lokomotorischen) 체계의 **결정** 아래서 형성되고,—— 유기체의 능동적 운동을 위한 보조조직, 제어조직으로서 형성된다.

　나아가 운동적 · 동적인 지각이론은 확실히 퍼터에 의해 확인된 종의 계열에서 시각기능의 형성이 유기체의 **운동성** 종류와 척도에 정확하게 따른다는 사실에 의해 강하게 지지받고 있다. 유기체의 **운동**에 의한 성질과 양상의 활용가능성이——그 내적 이해와 충동자극에 따른——없는 곳에서는 어디서도 해당 성질을 위한 기능과 기관이 형성되지 않는 것처럼 보인다. 그리하여 에딩거에 따르면 도마뱀은 피스톨이 발사되는

---

94) 에렌베르크의 『이론생물학』, 299쪽 참조.

소리를 전혀 듣지도 못하고, 그 태도를 바꾸지도 않는다.――이에 반해 극히 희미한 바스락거리는 소리에도 머리를 돌려 도망가려 한다. 마찬가지로 프리슈의 훌륭한 실험에 의하면 꿀벌은 다채로운 색깔에 대해, 심지어 인간이 갖추고 있지 않은 자외선의 성질에 대해서도 풍부한 감각[기능]을 지니고 있다.――그럼에도 붉은색 계통에 관한 감각은 전혀 느끼지 못한다. 이것은 분명히 자외선이 발하는 곳에서 꿀벌이 꿀과 진을 찾고, 동시에 꽃을 수정시키지만, 붉은색의 광선을 발하는 곳에서는 그렇지 못하기 때문이다.

따라서 유기체는 그 충동적·운동적인 태도에서 유의미한 객체에 대한 유인과 인지의 징표일 수 있는 저 감각의 성질들만을 그 가능한 세계형상의 자모(字母, Alphabet)로서 가지고 있다는 법칙이 중요하다. 그리하여 감각은 확실히 궁극적으로 오직 수단으로서만 현상한다. 즉 감각은 유기체의 적극적인 운동에 대항하는 저항, 즉 현존하거나 전망 속에 들어 있는 저항의 지표를 나타내고, 이 지표의 도움으로 운동작용을 제어하고 관리하기 위해 그리고 그 성공과 실패에 앞서 운동의 신경분포를 목적에 맞게 처방하기 위한 수단으로서 현상한다.

따라서 우리가 위에서 기계적 자연관의 해석에 관해 찾아낸 것은 또한 지각이론에 의해서도 완전히 정당화된다.――마찬가지로 다른 면에서 우리가 다음과 같이 실재성의 소여에 관해 서술하려는 것도 지금까지 우리의 서술이 만반의 준비를 해왔기 때문에 가능한 일이다.

2. 지각과 상상

그러나 끝으로 해명하기 매우 곤란한 점이 여전히 남아 있다. 그것은 지각 또는 감각과 우리가 상상(Phantasie)이라 부르는 생명적·심적인 것의 활동 사이에 있는 관계에 관한 것이다. 그런데 이 물음 속에 들어 있는 사실들은――이것은 물론 여기서 충분히 다루어질 수 없다――이 토대 위에서 강력하게 유포된 감각주의적이고 경험주의적인 견해에서 우리가 아주 멀리 떨어지도록 강제하는 것처럼 보인다.

　충동적이거나 정서적인 여러 종류의 상이한 특수 영향 아래서 지각내용이나 그 기억잔해들의 부분과 단편들이 동화(Assimilation)에 의해서건 연상규칙에 의해서건 실제로는 상응하지 않는 어떤 전체와의 결합을 이루려는 한에서 모든 상상의 형상은 근원적으로 자극 제약적이고 자극 비례적인 지각의 재생에서 유래한다는 이론이 오늘날에도 여전히 광범위하게 퍼져 있다. 이 의심할 수 없이 존립하는 재생적 상상과 함께 그리고 이와 독립적으로 근원적으로 산출되는 상상이 있을 수 있다는 이 물음은 통상 아프리오리하게 부정된다.──그것은 사실 자체 때문이 아니라 바로 다른 양식으로는 '결코 존재할 수 없다'는 우리 표상세계의 발생에 관한 이론 때문에 부정되는 것이다.

　이 견해를 우리가 아무리 상세하게 다룬다 하더라도──여기서 우리가 베네크(F. E. Benecke)와 최근에는 심리분석적(psychistischen) 기억이론에서 베허처럼 단지 생리적 잔해 또는 이에 덧붙여 심리적 잔해를 가정한다 해도──우리가 어린아이의 정신생활에서 알고 있고, 또한 원시인과 태곳적 인류 일반의 정신생활에서, 나아가 정신병, 특히 분열증에서 좀더 높은 정신기능이 붕괴됨으로써 알게 되는 사실의 전체성은 언뜻 보더라도 적어도 이 경험주의적·감각주의적 상상이론과는 현저하게 대립해 있다. 더욱이 이 이론은 분명히──좀더 심오한 물음과 좀더 미묘한 차이를 모두 제거할 수 있다 하더라도──명백하게 정신적 발달의 매우 후기의 산물, 즉 자극 비례적인 감각과 지각을 정신적인 발달의 원초적인 단계에 둔다. 어쨌든 이 이론은 바로 증가하는 경험 및 발달과 함께 생겨나는 상상의 형상이 점점 광범하게 지각과 상기작용에 개입하며, 우리가 냉정한 지각과 상기에서 점점 멀어지게 되기를 기대하게 한다.

　그러나 인간의 모든 심적·역사적인 발달이 거대한 각성과정이며, 동시에 실제로 관계된 것으로 설정된 원초적 상상의 형상에 대한 환멸의 과정이고, 나아가 단순한 소망영역에서 근원적인 의지기획의 점차적인 체념적 포기라는 강력한 사실은 이 이론에 의해 충분히 이해되지 않는다.[95] 의지

발달의 문제에서도 이미 지그바르트와 분트가 인식한 것처럼, 경험주의적 의지이론——분트는 이것을 '이질발생적'(heterogenetische) 이론이라 부른다——은 의문의 여지 없이 잘못이라는 것이 증명되었다.

근원적인 의지기획은 결코 반사적 성격을 지닌 운동의 우연한 성공과 실패에 선행하는 경험에서 유래하는 것이 아니다. 오히려 모든 종류의 생명체에는 그때마다 반동적인 **충동**과 본능의 생득적인 체계가 주어져 있다. 이런 충동과 본능은 충족요구의 강도와 절박성에 따라, 특히 근원적으로 주어져 있는 동적인 방향, 즉 특정한 가치영역과 이에 속하는 감정의 흐름을 향한 방향에 따라 정돈된다. 이런 충동과 본능은 아무리 강하고 활발하게 율동적으로 운동하려 해도, 그리고 발생적으로 볼 때 선택행위와 자의적인 행위 및 이른바 반사의 출발점이라 해도 본래 목표에 맞게 전체와의 관련 속에서 지속하는 것이다. 충동이 자신에 적합한 표상의 모습을 그 자체 근원적으로 생겨나게 한다고 가정하는 경우에만 원시인, 어린아이, 병든 사람의 모든 정신생활의 상상세계도 또한 이해할 수 있다.——그러나 이 상상세계가 지각들의 단편으로부터 배후에서 구성된다고 생각되는 경우에는 결코 이해될 수 없다.

충박상상과 **충동상상**의 이 근원적 **형상**에 대한 관계에서 자극제약적인 모든 표상작용, 지각작용, 감각작용이 고찰되는 경우에, 확실히 후자는 전자에 대해 저 형상이 구성되기 위해 미리 주어지는 '자료'에 대한 관계가 아니라 거꾸로 제한하고 수정하는 관계가 점점 증가해가는 관계 속에 서게 된다. 다시 말하면 정신적 발달의 초기단계에 상상된 형상으로서 인식되지 않는 상상형상은 상상의 대상에 대한 우리의 태도와 이 대상을 향한 우리의 운동이 지속적인 실패를 통해 우리의 기대를 실망시킴으로써 비로소 상상형상으로 인식되는 것이다. 왜냐하면 현상적 지각성격이 우리의 신경조직 속에서 전적으로 또는 거의 결정된 형상내용(순

---

95) 『형식주의』, Ⅲ장에 있는 '소망과 의지'에 관해 참조. 의지행위의 분석에 관한 저자의 설명을 참조−편집자.

수 환각, 착각, 비몽사몽, 최면 중에 적극적 · 소극적으로 암시에 걸린 사태)과 엄밀하게 동일할 수 있는 곳에서 지각이 **주관적으로** 인정하는 것은——객관적으로는 지각이 근접하는 비례적 의미에서 자극제약성을 정의한다——객체에 대해 우리의 실천적 태도가 향한 결과일 뿐이기 때문이고, 특히 합법적으로 재현된 결과이기 때문이다.

그런데 우리가 극히 조잡한——많은 집요한 반대를 물리치고——이 가설을 일단 받아들인다면, 즉각적으로 다음과 같은 하나의 매우 근본적인 물음이 제기될 것이 틀림없다. 이 물음은 다음과 같은 결과, 즉 지각의 직관적 내용은 첫째로 감각의 복합으로 결코 환원되지 않고, 둘째로 전체로서 의식을 초월해 있고 지식을 초월해 있지만 지각 속에서 언제나 함께 생각되며 지각의 대상을 구성하는 '형상' 그 자체의 동질적 부분내용이라는 앞서 획득된 우리의 결과를 상기한다면 필연적으로 제기되는 물음이다. 지각내용과 형상이 부합하는 동일한 부분국면이——주관적으로 고찰되는 경우에——**언제나 상상내용**이라는 사실, 즉 우리의 태도와 우리의 운동이 행하는 성공과 실패라는 실천적인 경험에서 **바로 확정**되고 주장되는 자발적인 **충동상상과 충박상상**의 형상, 즉 실재하는 것의 의의 및 실재하는 것의 관계와 관련하여 근원적으로 무차별적인 형상의 **부분**이라는 사실은 모두 개연적인 것이 아닐까?

심리학은——그것도 감각주의적으로 정향되는 한에서——많은 연구 (그중에서도 독서의 심리학에 관한 연구가 뛰어나다)에서 우리 지각내용의 매우 큰 부분이 상상에 부대되어 있으면서도 의외로 우리에게 상상된 내용으로는 의식되지 않는다(상상에 의한 맹점의 제거, 분리된 감각 아래 연속적으로 나타나는 시각적 · 촉각적 영역 등)는 사실을 우리에게 가르쳐준다. 그러나 우리가 위에서 서술한 것처럼 감각과 지각 사이를 명확하게 구별하고, 이와 함께 감각이 다만 우리의 운동지향과 이에 속하는 충격이 저항에 부딪히는 곳에서만 생겨난다는 사실, 그리고 감각이 대상을 '생각'하고 모사할 수 없을 뿐만 아니라 본래 우리의 행위를 제어하는 유기적 상태에 불과하다는 사실을 확신한다면, 이때 **지각**

내용이 그 자체로서 전체적이고 비분할적인 상상내용,——바로 위에서 말한 의미에서 '확정된' 상상내용——이고, 나아가 의식적이고 무의식적인 감관감각과 언제나 법칙적인 상관관계를 맺고 있으며, 또한 맺지 않으면 안 된다는 가설은 매우 정당해 보인다. 왜냐하면 상상내용이 지각으로서 확증되는 동일한 충동의 특징과 운동적인 충격 특징은 근원적으로 자극에 의해 소멸되는 동시적인 감각을 함께 제약하기 때문이다.

이 가설에서 지각과 감각 사이의 엄밀한 법칙적 연관은 감각주의에서와 마찬가지로 잘 보증된다. 그러나 관여하는 많은 감각기관과 감각기능에도 불구하고 지각의 기능적 통일이 있다는 것, 나아가 감각주의적 전제 아래서 완전히 배리(背理)인 것으로 밝혀진 선소여성의 법칙, 순수환각의 경우에 다양한 양상의 감관기능이 일의적으로 협동한다는 것, 최면에서 암시된 지각의 사실, 이 많은 사실들은 아무튼 이 가정 아래서 훨씬 쉽게 이해될 것이다.

상상활동은 발생적으로 후기에 나타난 감각, 재생, 동화 과정의 결과가 아니라 생명적 마음의 가장 근원적이고 자발적인 충동에 의해 구동되는 지각활동이고, 재생과 감각에 의해 일찍이 제한되고 억제되어 비로소 형성된 활동이다. 그러나 상상활동에 관한 이런 견해는 생리학적으로 또한 방금 말한 심적 발달의 사실과 결부된 다수의 새롭게 발견된 사실들에 의해 이해되는 것처럼 보인다. 각자 단순한 체험의 생리학적인 평행과정이 단계적으로 (우리가 그 단계들을 체험의 병리학적 붕괴에서 어느 정도 분리시킬 수 있는 것처럼) 우리가 정상적인 의식 속에서 완성시킨 것이 되기 위해 돌아다니지 않으면 안 되는 신경조직의 상이한 분절에 모나코프가 부여한 것처럼, 종의 발달에 나타나는 시간발생적 의의를 부여한다면, 바로 우리 가설에 따라 감각에 가깝고 지각에 가까운 지각(die wahrnehmungsnahe Perzeption)[96]이 고도로 정향되는 피질

---

96) 지각을 의미하는 원어에는 Wahrnehmung과 Perzeption이 있다. 셸러는 심리학에서 감각(Empfindung)을 포함하는 넓은 의미의 지각을 Perzeption으로 나타내고, 실증주적·경험주의적 지각이론을 비판하고 지각의 근원성, 자발성,

기능만이 좀더 낮은 중추활동에 대해 행사하는 억제와 탈억제의 결과라는 사실을 기대하게 될 것이다. 상상의 감각주의적이고 경험주의적인 이론은 틀림없이 반대의 사실을 예상할 것이다. 이러한 이론은 바로 좀더 낮은 중추 또는 여기서 일어나는 과정이 어느 정도 자극 비례적인 감각에 가까운 심적 상관물을 소유하고 있다는 사실과 '연합섬유' (Assoziationsfasern)라는 낡은 관념에 따라 보다 낮은 중추에서 형성된 점적(punktuellen) 감각을 지각, 언제나 분절화되어 있는 표상의 형상, 아니 사고의 언제나 **분절화된** 형상으로 바꾸는 상반된 역할이 최고 피질기능에 주어진다는 사실을 틀림없이 예상할 수 있을 것이다. 또한 감각주의적 상상이론에 따르면 상상활동은 바로 감각, 재생, 연합, 동화——와 이들에 관한 풍부한 연구——를 그 생성원리로서 이미 전제하지만, 이 근본견해에 따르면 상상활동이 피질기능에 속해야만 할 것이다. 그러나 잠잘 때 **강화되는** 상상활동의 사실들, 즉 꿈속에서 상상한 사실들, 나아가 많은 정신병의 경우에도 자발적 상상활동이 우세하다는 것 등이 가리키는 것, 최면상태와 몽유병상태에서 최고 중추의 억제활동이 부분적으로 명백하게 **제거됨으로써** 나타나는 강력한 흥분가능성 및 나아가 모든 종류의 마취제(알코올, 대마, 아편 등)에 의해 나타나는 강력한 흥분가능성이 가리키는 것, 리프스의 올바른 견해에 따르면 모든 충동에 담지된 (보두앵Baudouin이 잘못 가정한바, 결코 자의적으로 야기되는 것이 아닌) 지각에 속하는 객체를 실현하려는 경향이 가리키는 것, 샘〔腺〕의 활동과 다른 생리적·식물적 과정(소화, 상상 속의 산보에서 물건을 때리는 동작을 시작하는 것, 성적 과정)이 표상과정을 통해 광범위하게 영향을 미치며, 더욱이 표상과정이 자의적으로 생겨나는 것이 아니라 충동충격에 의해 **자동적으로** 의식 위로 떠오르는 정도에 따라 광범위하게 영향을 미친다는 것이 가리키는 것,——이 모든 사실이 **공통적**

지향성 등을 강조할 때는 감각에 대한 좁은 의미의 지각으로서 Wahrnehmung 을 쓴다─옮긴이.

으로 가리키는 것은 감각주의적 이론에 따라 예상되는 것과는 정반대다. 이런 사실은 상상활동이 의식적인 감각, 지각, 상기와는 반대로 상대적으로 좀더 낮은 신경조직의 분절과 결부되어 있음을 가리킨다.

나아가 이런 사실들은——여기서 일어날 수 없는 일이지만, 그것을 한 번이라도 충분히 활동하게 한다면——최고 피질중추와 이에 속하는 과정이 (그것을 아무리 정확하게 표상할 수 있다 할지라도) 이런 사실들의 생성을 위한 적극적인 조건 이상으로 훨씬 더 많은 외적 과제를 위해 사용하는 것을 고립시키고, 억제하며, 도태시키고, 나아가 의식과 격리시키는 것을 의미한다는 사실을 가리킨다. 심리분석적 연구에 의해 보증된 부분도 다음과 같은 사실을 요구한다. 즉 '검열'에 의해 숨겨지거나 상징적으로만 암시되어 공통적인 약간의 단편만이 의식에 나타나고, 충동과 충박 일반처럼 〔의식을〕 훨씬 넘어 잠재의식적으로 활동하는 자발적 · 불변적 충동상상과 충박상상을 승인할 것을 요구한다.

마찬가지로 그 중요성이 아직 완전히 평가받지 못한 다른 사실, 즉 충동과 상상에 공통적으로 속하는 정신적 · 사상적(事象的) 가치에 대해 상상이 가치 무차별적이라는 사실은 상상활동이 얼마나 충동적인 삶에 밀착해 있는지를 보여준다. 이런 의미에서 이미 칸트는 상상, 즉 '구상력'을 정신의 '맹목적' 능력이라 불렀다. 충동이 윤리적인 의미에서 나쁘고 선한 것이 아니라, 선량하고 사악하며(spielerisch und dämonisch), 따라서 윤리적 가치에 대해 무차별적인 것처럼 상상도 참과 거짓, 즉 현실에 적합한지 그렇지 않은지에는 무관심하다. 이것은 보통 어법상의 잘못된 경향이 상상형상과 현실에 적합하지 않은 지각을 등치시키려는 경향, 즉 상상된 것 그 자체가 이미 참이 아니며 현실에 저항하는 착각 등이라는 경향을 초래하면 더욱더 예민하게 강조된다.

그러나 상상형상은 현실에 적합하지 않은 지각과 등치되는 것이 아니며, 그런 일이 있을 수도 없다. 이것은 이미 다음과 같은 사실을 잘 보여준다. 즉 정신적으로 수행되는 활동으로서 상상이 객관적 · 정신적인 사상(Sache)가치를 모두 실현할 때 생각될 수 있는 최고의 역할을 한다는 사실 말이다. 즉 상상은 수학, 자연과학, 정신사의 연구에서 최고의 역할을 하며, 조합적이고 구성적인 상상으로서 상상은 진행성 마비환자와 분열증환자에게도, 발명가, 기술자, 정치가, 장군에게도 양적으로 적지 않게 진정한 역할을 한다. 실존적 의미에서 인간은 모든 윤리적 요구에 잘 따르고 있다 하더라도, 강력하고 세련된 충동적 삶을 지니고 있지 않으면 가치적으로 뒤떨어진다. 이처럼 인식작용과 연구활동도 아무리 논리법칙에 합당하다 하더라도 강력한 상상 활동을 지니지 않는다면 '가치적으로 뒤떨어지는' 것이다.

충동과 상상은 바로 저 생명적 삶이 공통적으로 갖고 있는 다산성이다. 충동과 상상 없이 언제나 다만 소극적이고 제한적이며 억제하거나 탈억제에 불과한 (사고, 의욕, 선취 등으로서) '정신'은 결코 그 활동의 토대를 지니지 못한다. 우리가 감각적 지각을 통해 (그 한계 때문에) 실제적인 것을 파악할 수 없고, 그럼에도 현실성의 직관적인 전체 모습을 추구하는 경우에는 언제나 정말로 상상 외에 믿을 만한 것이라고는 아무것도 없다는 점을 쉽게 지적할 수 있다. 소멸된 종에 대한 잘 알려진 구조법칙에 따라 화석에서 동물과 식물을 재구성하는 사람도, 화성, 달 등의 표면에 대해 그리고 지구의 내부에 대해 형상을 만들고자 하는 사람도 바로 그러한 상상에 의지한다.

우리의 경험적 감성에는 직접적으로도, 간접적으로도 작용하지 않는 그 자체 실제적인 대상에만 관계하는 사태에 의해 함께 정의되는 형이상학에서도 상상은 당연히(eo ipso) 유일한 직관적 인식력이다.——상상은 형이상학적 인식의 가능한 현존재 적합성에 대해 최소한으로도 반대되지 않는 사실이다. 어떤 종류의 상상을 이끌어내는 행위의 가치는 오직 언제나 충동과 충동충격의 근원적 성과인 상상이 올바르게 통제되는지 않는지, 다시 말하면 모든 종류의 정신작용에 의해 상상이 수행되고 통제되는지 않는지에 의해 결정된다. 이 점에서 미친 사람이 상상하는 형상은 모든 종류의 천재들이 하는 상상활동의 성과와 구별된다.

따라서 우리에게 고도로 문명화된 인간과 연령적으로 성숙된 인간의 각성된 삶에서 '상상'은 발생적으로 지각, 재생, 동화 등에서 새롭게 형성된 어떤 복잡한 개조물이 아니다. 상상은 반대로 그때마다 아직 현실세계의 유용하거나 모든 의식적인 삶의 다른 과제를 향하는 노동의 성과에 편입되지 않고, 따라서 특수화되지 않는 생명적 삶의 지각하는 활동과도 다른 별개의 잉여활동이다. 상상은 상기와 지각에서 아직 무차별적인 삶을 현실에 대한 문제에 적용하는 것을 지각하는 불변적인 잉여다. 상상은 지각하는 삶 그 자체의 근본형식이고,——따라서 추후에 개조되는 것이 아니라——더욱이 생명적 삶의 에너지, 즉 '충박상상' 그 자체의 그때마다 아직 특수화되어 있지 않고 가소적(可塑的)이며 아직 사용되지 않은 부분이다.[97]

그런 한에서 '창조적'·'산출적인' 구상력(칸트, 피히테, 셸링, 카루스 등)이라는 사변철학과 낭만주의 철학의 개념에는 충분한 권리가 주어진다. 그래서 우리는 또한 다음과 같은 사실들을 이해하게 된다. (1) 순수 재생이란 없다.——모든 표상은 **새로운 형성물**이고, 가장 명석하고 가장 판명한 객관적으로 가장 충실한 상기 표상도 마찬가지로 새로운 형성물이다. (2) 상기된 형상이 산출하는 상상의 구성요소——인식가치의 입장에서 바로 그 형상에 대한 '위조'를 결정하는 것——가 비로소 서서히 감소해가고, 다시 말하면 과거의 현실을 파악하는 상기작용의 지향(Intentio) 속에 주어져 있고 또한 '단순한 상상의 산물'로서 인식되는 것이 **점점 감소**해가는 방향에서 발달과 경험은 진행한다. 그리하여 정말로 공동체의 삶에서 신화·설화·상상력이 지배하는 **전통** 대신에 **역사적**이고 비판적인 과학이 등장하며, 비로소 현실적인 것과 비현실적인 것이 분리된다.

이미 지각과 재생의 요소들을 가지고 활동하는 재생적 상상과 구별되는 근원적 충동상상이 있다는 우리의 견해도 지각과 표상이 일반적으로

---

97) 이 점에 관해서는 J. 뮐러의 『상상적 시각현상에 관하여』(*Über die phantastischen Gesichtserscheinungen*, 1826) 참조.

심적 발달과정에서 비로소 각기 분화된다는 심리학의 최근 통찰에 의해 크게 지지받는 것처럼 보인다. 정신물리적 유기체는 첫눈에 알아볼 수 있도록 (그 충동에 의해 그리고 그 충동구조에 적합하게) 상상형상을 산출하는 동시에 그 실존을 첫눈에 알아보도록 하는 환경세계의 자극 아래 있다. 이 자극이 설정하는 운동충격에 의해 충동상상을 외부세계의 모습과 동화시키려 하기 때문에, 이런 반동적 경향으로부터 생겨나는 '직관의 형상'이 발전된 단계에 있는 표상의 징표도, 지각의 징표도 띠지 않는다는 것은 당연하다. 슈툼프에 의해 연구된 것들[98]은 다음과 같은 생각, 즉 표상과 지각 사이에는 정도상의 차이 이상의 어떤 특별하고도 명료한 구별이 있다는 마이네르트(Meynert), 야스퍼스 등이 전제한 낡은 생각을 우리가 다시금 폐기할 것을 요구한다. 린트보르스키는 이 구별과 구별이 점차적으로 분명해지는 발생에 관한 주목할 만한 연구에서——이미 옌쉬와 그 협력자의 (어반치츠Urbantschitz의 제안에 따른) '형상적' 연구에 앞서——이 두 종류의 형성물이 발전과정에서 비로소 분화된다는 테제를 제기한다. 옌쉬는 이 명제를 우선 시각적 영역에서 광범위하게 확인할 수 있었다. 이때 주의해야 할 것은 이 테제가 어떤 의미, 즉 인간이 개별적인 경우에 무엇이 표상이고 무엇이 지각인지를 경험과정을 통해 비로소 구별하는 법을 배운다는 그런 의미를 지니는 것이 아니라는 점이다. 그것은 이 지각내용에 관한 주목도 아니고 심지어 판단도 아니며, 오히려 **형성물 그 자체다.** 이 형성물은 지각에 앞선 형식(Vorform)에서 분화된 것이다.[99] 낡은 상상이론은 이 중요한 통찰에 의해 본래적으로 함께 폐기된다. 왜냐하면 이 이론은 모든 표상이 지각과 지각에 의해 정립된 잔해의 재자극으로부터 유래한다는 사실을 전제하며, 또한 두 형성물이 의식적으로 구별을 생성시키는 것만이 이 낡은 이론에는 허용되기 때문이다. 그러나 진정한 지향적 상기와 전

---

98) 베를린 아카데미 논문집(1918)에 수록된 「감각과 표상」 참조.
99) 옌쉬는 이것이 뇌생리학적으로도, 형태학적으로도 예상될 수 있다는 점을 같은 책에서 지적하고 있다.

통의 내용, 감각기억(예를 들어 기억의 색) 내용의 분화에 관해서도 유사하게 타당하다. 감각기억의 내용은 지각대상과 유사하게 (진정한 상기와 달리) 현재적·실제적으로 보이지만, 그럼에도 재생과 연습으로부터 유래한 것이다. 분해가 (이전에 분리된 것의 동화가 아니라) 비로소 이 형성물을 두 대상, 즉 참된 지각대상과 참된 상기로 나눈다.[100]

물론 우리는 두 방향으로 미분화된 이 지각내용을 즉각적으로 '상상내용'이라 불러도 좋을 것이다. 특히 상상형상들 중에서 그 자체로서 이미 의식된 지향적 상상형상을 이해한다면, 즉 이미 체험에서 다소간의 상기와 지각으로 구별되고, 그밖에 언제나 이미 산출적·근원적인 상상과 재생적 (그 구성요소를 지각과 상상에서 도출하는) 상상에서 형성된 것을 상상형상이라고 이해한다면, 미분화된 지각내용을 상상내용이라 부르지는 않을 것이다. 그럼에도 우리가 '근원적 지각'(Urperzeptionen) ──우리가 일찍이 이처럼 말하고 싶었지만──을 또한 근원적 충동상상의 내용으로 간주한다면, 우리에게 다만 이론적이고 가설적으로만 추론될 수 있는 상상의 근원적 생산물이 불확실하고 가소적이며, 충동적으로 분출하고 또한 언제나 우리의 충동충격에 따르는 형성적 흐름 속에서 대부분 함께 활동하고 있다는 의미에서만 그럴 것이다. 우리는 또한 분화되고 발달된 정신생활에서 형성적 흐름을 '상상'이라고 부른다.

그런데 우리는 우선 다음과 같은 물음을 기대한다. 근원적인 상상활동의 형성에 따라 현실적으로 지각과 재생에서 정말로 아무것도 도출하면 안 되는가? 또한 추후적으로 새롭게 결합되고 개조되고 확대되고 축소되고 심지어 자의적이고 희극적이기까지 한 모자이크 조각처럼 구성된 아주 대담한 상상의 대상(허구, ficta)도 현실의 경험을 전제로 하는 것이 아닐까? 용은 경험적인 새의 인지(認知, Gewahrung)를, 날개가 있는 천사는 아이와 새의 인지를 각각 전제하는 것이 아닐까? 이 모든

---

100) 이 점에 관해서는 『동정』과 『형식주의』를 참조.*
　*『형식주의』 색인 참조─편집자.

것이 부정된다 하더라도 적어도 상상형상을 구축하는 데 사용된 **성질들**과 존재형식 또는 이에 상응하여 형상을 상상하는 사고형식은 현실적으로 현존하는 것의 감각과 대상적 경험에서 획득되어야만 하는 것이 아닐까? 이 물음들을 모두 부정해버린다면, '생득관념'과 같은 것을 가정해야 되는 것은 아닐까? 그리고 끝으로 모든 종류의 상상형상——개인의 상상형상과 집단의 상상, 즉 신화·설화·민중문학의 형상——과 민족의 모든 상상형태처럼 개인의 상상형태가 아무 의심도 받지 않고 제시하는 현실 환경의 유사성은 도대체 어디서 유래하는 것일까? 북방민족과 남방민족, 채집민족과 농경민족, 수렵민족, 흑인과 황색인종, 백색인종 등은 모두 다른 상상의 형태를 지니고 있을까?——그리고 이 차이(Andersheit)는 이들 집단이 거주하는 현실세계 주변의 차이와 잘 어울리는가? 살아 있는 생생한 자발적인 주관의 **생산력을 정확하게 한정하는** 것은 어디에 있는가?

이런 물음들에 관해 지금까지는 어떤 일치된 대답도 없었다. 심지어 상상창조(Phantasieschaffens)라는 내적인 작업장에 대해 깊이 통찰해온 딜타이조차 그 논문의 '시인의 구상력'에서[101] 다음과 같이 서술한다. "정신적 삶의 모든 형상은 그 요소인 지각에서 스스로 조립해낸 것이다. 시(詩) 또한 마찬가지다." 그리고 호메로스, 단테, 밀턴이 이 지상을 뛰어넘어 올림퍼스 산과 명부(冥府)를 우리에게 보여주고, 천국과 지옥을 우리에게 보여줄 때, 그들은 감각적인 형상을 이용하여 지상에서 우리를 황홀하게 만드는 천국의 광채와 우리를 전율케 하는 무서운 암투와 뜨거운 열기를 나타내기 위한 색깔과 인상을 이끌어내야만 했던 것이다. 그들은 신들과 순결한 천사의 지복(至福)을 나타내기 위해, 또한 이 세상을 떠난 사람들의 무기력함과 지옥에 떨어진 사람들의 고뇌를 나타내기 위해 그들 스스로 체험한 희열과 고뇌의 내적 상태를 합성시키고 강화시키지 않으면 안 되었다. 스콧(Walter Scott)과 마이어

---

101) 전집, 제2권, 164쪽 이하 참조.

(Conrad F. Meyer)가 전혀 낯선 역사적 상태로 우리를 옮겨 놓았다면, 우리의 현재와 현재 체험된 상태에서 창조되지 않는 어떤 기본적인 감정과 표상도 이 낯선 역사적 상태를 이해하기 위해 이용할 수는 없다. 이에 대한 심리학적 근거를 일찍이 로크와 흄이 정식화하려 했다. 우리는 정신적 삶을 구성하는 어떤 요소도 만들어낼 능력이 없고, 그 전부를 경험에서 이끌어내지 않으면 안 된다." 다른 한편으로 헤베를린(Paul Häberlin)[102]은 전혀 다른 판단을 내린다. "우리는 종종 상상표상이 …… 객체표상의 요소들로부터 형성된 일종의 사실요소들의 조합이라고 믿는다. 이것은 어떤 의미에서 아마도 이차적이며 반성적인 상상에 관해서는 타당할 것이지만, 우리가 여기서 계속해서 문제 삼는 원초적인 상상에 관해서는 결코 타당하지 않다. ……원초적 상상이란 지금까지의 감정형식 속에 순수하게 현존해온 고유한 관심에서 만들어진 것이다." 파라기이(M. Palagyi)는 자연철학에 관한 강연에서 원초적으로 순수하게 만들어지는 상상과 재생적 상상을 같은 방식으로 구별하려고 시도했다.[103]

상상활동의 한계 및 상상활동의 의존성과 비의존성의 한계에 관한 이 물음에 정확하게 대답할 수 있는 것은 무엇보다도 가장 원초적인 상상활동과 가장 반성적인 상상활동 사이에 있는 상상활동의 단계들을 얼마나 엄밀하게 현상학적·발달심리학적·실험적으로 연구할 수 있는지에 달려 있다. 이것은 미래의 중요한 과제이고, 여기서 우리가 해결할 수는 없다. 다만 우리는 속개될 약간의 논평에 만족하지 않으면 안 될 것이다.

'로크와 흄' 견해의——여기에는 딜타이 자신도 일정 부분 관여하고 있다——근본오류는 다음과 같은 점에 있다. 먼저 우리의 직관적 표상 세계를 나타내는 매우 다양한 종류의 소여방식이 여기서는 아직 구분되고 있지 않다는 점이고, 다음으로 발달[진보]사상이 전혀 고려되고 있

---

102) 그의 사려 깊은 저작, 『정신과 충동』(*Der Geist und die Triebe*, Basel, 1924), 158쪽 참조.
103) 『자연철학 강의』(*Naturphilosophische Vorlesungen*, 1924)를 참조.

지 않다는 점이며, 끝으로 확실히 지각가능한 (현상적 의미에서) 현실과 상상세계 사이에 아무 의심 없이 존립하는 의미의 **유사성**과 형태의 유사성, 구조의 유사성에 대해 다른 이론적 설명의 가능성에 관해 일반적으로 전혀 고려되지 않고 있다는 점이다. 그렇기 때문에 사실에 관해 말하기보다는 '건전한 인간 상식'의 아주 적절하고 자연적인 이론에 관해 말하며, 모든 상상형상과 그 **대상들**(상상형상과 구별되는 비현실적인 허구)이 실제적인 체험의 단편들로부터 조립되는 것 외에는 아무것도 있을 '수' 없다는 점이다.

먼저 원초적으로 창조적인 충동상상을 가정하는 것이 '생득적인' 표상과 이념을 가정하는 것과 사실적으로 똑같은 것인지 아닌지를 물어보자. 이때 충동 일반을 부정하거나 상이한 '그 어떤 것을 향한' 충동의 분화가 이미 그 어떤 것에 대한 형상적이거나 의미상의 **표상**을 전제한다고 억측하는 주지주의자들에게는 확실히 그럴 것이다. 이때 둥지를 만드는 새에게 둥지의 표상이, 남성의 성충동에 여성적인 것의 표상이 가능하다면, 이성(異性)의 성기에 대한 표상은 '생득적'이지 않으면 안 될 것이다. 그러나 **모든** 표상작용의 **충동제약성**이 중시되고, 충동적 삶의 점차적인 분화를 노숙한 리듬학에서 정신물리적 유기체의 **성숙**에 할당하는 **대상**에 대한 방향성과 목표성이 충동에 **근원적**으로 부여될 때, 이런 결과는 결코 생겨나지 않을 것이다. 나아가 심적·생명적으로 자동과정인 근원적 상상형상 ㄱ 자체의 생성이 이 형상에 대한 반사(Reflexio)와 분리될 때, 다시 말하면 이 형상들에 대한 **의식**에서 분리될 때 이런 결과는 결코 생겨나지 않을 것이다. 경험에서 이 '~에 관한 의식'을 이해할 수 있다면, 우리는 바로 ~에 관한 의식에서 상상하는 것의 형상을 경험할 것이다. 이에 반해 우리는 상상작용 그 자체에서 결코 이 형상을 경험하지 못하며, 오히려 **형상의 대상**——따라서 예를 들어 (비현실적인) 황금색의 산 그 **자체**——을 경험하지만, 이것은 결코 단지 실제적이고 매우 활동적인 것의 영역에 (예를 들어 우리의 침샘과 소화샘에) 속하는 상상형상과 같은 것이 아니다.

그런데 충동이 이런 근원적 방향을 지니고 있다는 사실을 가장 엄밀하게 증명해주는 것은 우리 충동이 근원적으로 향하는 현실적인 객체가 지각에서 충동에 맞서거나 벗어날 때 일어나는 **충족체험과 비충족체험**(또는 저항체험)의 현상이다. 그러나 충동이 근원적 방향규정성을 가지고 있다면, 왜 충동이 식물적 자극과정의 결정성 아래 있는 우리 표상활동에——이것은 **모든** 경험의 교통기관이기 때문에 분명히 경험에 의해 획득되지 않는다——이 충동을 만족시키기 위해 적합할——실제적일——것 같은 본질양식과 가치양식을 지닌 객체를 근원적으로 만들어내는 독특한 동인을 부여할 수 없는지를 알지 못한다. 여기서 '생각할 수 없는' 것은 아무것도 없다. 거꾸로 이 사고가능성을 실제로 설정하기 위해 적어도 동물, 특히 곤충의 생득적 본능이 필요하다. 마찬가지로 상상형상의 요소와 지각내용을 이루는 **부분적 동일성**도 상상형상이 지각내용의 부분들을 '결합시키는 것'에 불과하다는 사실에서 유래할 필요는 없다. 이 동일성은 상상형상과 바로 지각내용이 그 생성 속에 있는 **충동충격**에 의해 함께 제약되고 있다는 사실에서 설명되고, 환경구조와 유기체의 충동구조가 본래 엄밀하게 **서로** 상관적인 관계에 서 있다는 사실에서 설명된다. 왜냐하면 상상형상의 객체와 부분들 또는 그 비현실적인 대상들도 경험주의적 이론에 따라 현존재 단계의 영역에서 구성되고 결합되어야만 하며, 이런 현존재 단계는 물리학적 실재성의 단계도 아니고, 그렇다고 형이상학적 세계 '그 자체'도 아닌 다만 동일한 물리적 실재성 아래 있는 서로 종적으로 다른 환경세계의 영역이기 때문이다.

충동구조와 성숙의 과정에서 충동구조의 동적 변화도 마찬가지로 상상세계와 지각세계에서는 하나의 **동적인 불변항**이다. 새로운 지각으로 인도하는 운동작용과 운동경향은 한편으로 충동충족에 상응하는 것과 같은 '방식'으로, 다른 한편으로 자극에 의해 만들어진 기관감각의 자료가 지각작용과 다르지 않은 충동충격을 지각을 형성하기 위한 '동기로 삼는' 것과 같은 '방식'으로 막연한 기획의 형식에서 충동상상을 통해 언제나 잘 수행해간다.

그러나 부분적 부합을──경험주의적 이론 없이──설명하는 이 요인에는 두 객체세계의 좀더 분명한 유추와 부분적인 닮음을 매개하는 일련의 다른 요인이 나타난다. 발달된 의식 속에 있는 우리의 지식, 의욕, 느낌의 비감각적이고 아프리오리한 내용에서 찾아내는 것, 즉 직관의 아프리오리와 마찬가지로 사고의 아프리오리, 가치에 대한 사랑과 선취의 아프리오리, 행위와 교양형성으로서 의욕의 아프리오리 등, 이 모든 것은 생산적인 구상력이──말하자면──소여성에 따라서 그 형성물을 구축하기 위해 마음대로 활용하는 것들이다. 우리가 앞서 지적한[104] 사상의 아프리오리(Sachapriori)와 구별되는 저 심적 기능의 법칙성과 순수사상적으로 타당하며 형식적이고 실질적인 본질의 아프리오리(Wesensapriori)도 또한 이 구상력이 마음대로 활용하는 것들이다. 왜냐하면 아프리오리한 대상규정성의 이 모든 강력한 지식영역과 이에 대응하는 '기능화'를 통해 대상규정성에서 근원적으로 획득되는 아프리오리한 기능형식의 모든 강력한 지식영역은 반성적 인식에서 확실히 상상대상과 마찬가지로 또한 지각경험의 대상에 따라 획득되기 때문이다. 가지적 대상성으로 현상학적 환원을 한 후에도 남아 있는 것, 즉 새롭게 나타나는 모든 것,──이 모든 것은 또한 가능한 상상활동의 자료다. 즉 그것은 어떤 방식으로도 '현실경험'에서 빌려올 필요가 없는 자료다.

여기서 상상이 마음대로 활용하는 것은 먼저 순수논리적인 형식과 법칙들이고, 이성의 구조를 그때마다 규정하는 모든 존재형식과 관계형식들이다. 이들 형식에 따라 예술과 문학의 상상세계도, 민족세계의 만신전(Pantheone)과 복마전(Pandaimonien)의 상상세계도 자연적·과학적 경험에 못지않게 근원적으로 구축된다. 이 모든 것은──'로크와 흄'이 생각했듯이──결코 현실경험에서 이끌어낸 것이 아니고, 이 경험에 상상경험의 법칙을 처방한 것에 불과하다. 상상세계 속에는 현실

---

104) 이것은 『형식주의』, II. A에서 설명한 것을 말한다. 제4판, 92쪽 이하 참조─편집자.

경험에서와 똑같은 모든 종류의 사물과 활동, 힘과 관계형식이 주어져 있다. 현실경험 속의 전형(Vorbild) 없이도 상상이 그 균형과 리듬을 ──해당 종, 아니 종족의 선취형태에 따라── 표시하는 운동 · 시간 · 공간이 주어져 있다. 실제로 '기하학자의 상상공간'은 ──리프만이 말하듯이── 물리학자의 자연공간과 광범위하게 점점 가깝게 부합해갈 수 있기 때문에, '순수' 수학의 모든 대상성은 현실적인 자연의 경험을 정돈하기 위해 '순수' 구상력의 순수대상성을 사용할 수 있다. 이것은 바로 다음과 같은 이유, 즉──엔쉬[105])가 지적한 것처럼── 표상공간과 지각공간이 지각과 표상의 분리와 함께 비로소 발생적으로 오래된 직관형상의 공간관계에서 발전해온 것이기 때문이다.

'외부세계'의 '영역'과 '신체도식', 삶의 중심, 인격중심, 환경세계, 나와 환경세계, 성스럽고 신적인 것, '내부세계'는 지각될 수 있는 현실성 못지않게 그 조작의 활동공간인 상상활동보다 미리 주어져 있다.

그리고 모든 '근원현상'에 관해, 모든 참된 '이념'에 관해, 본질가치들과 그 구조관계에 관해서도 상상활동이 그때마다 기능화되는 한에서 똑같이 타당하다. 이들은 모두 정신적 상상활동 속에서 상상 운동을 이끌어간다. 예술의 상상적 창조에 속하는 '진리성'의 척도는 바로 모든 가능한 세계내용의 이 실질적인 아프리오리에 상응하는 직관적 · 구체적인 형성물을 가능한 한 명료하고 순수하며 풍부하고 유의미하게 이해하고, 의미 깊게 만들어내는 것이다. 즉 가능하다면 여기서 형성물이 현실적 자연을 능가하도록 하는 것이다. ──쇼펜하우어가 이 형성물에 갈채를 보내면서 "자연이여, 너가 그것을 '의도'했지만 결코 성공하지 못하리"라고 말한 것처럼── 말이다.

그러나 지각상상뿐만 아니라 감정상상도 실제로 느끼지 않은 감정을 뒤섞을 수 없다. 이때 감정생활의 실제적인 흐름 법칙이 아니라 의미법칙이 정당한 권리를 얻으면 얻을수록 감정상상은 더욱 풍요롭게 수행된

---

105) 『지각세계의 구축』 참조.

다.[106] 바로 현실적 삶과 체험의 **풍부함**이 아니라, 한 개인과 오직 한 개인의 삶에서 현실적인 현존재적 제약 때문에 겪는 삶과 체험의 비교할 수 없는 **곤궁함**이 모든 예술적 창조와 모든 예술의 향유를 위한 가장 강력한 동인(動因, Antrieb)이다. 마찬가지로 그것은 적어도 역사적 정신과학에서 모든 역사적 현재의 '작은' 삶에는 눈을 가린 채 넘어가버리고, 세계를 현재와 이질적인 정신의 구조를 통해 직관하고 느끼는 그런 동인이 아니다.

그러나 우리가 상상내용의 **구체적인** 것에 더욱더 가까이 내려간다 하더라도 경험주의 이론은 지지되지 않는다. 경험주의 이론은 감각적 성질들에 대해 일찍부터 타당할 수 없다. 왜냐하면 이른바 원색, 색깔과 소리의 세계에는 확실히 주어져 있지만, 다른 성질에는 개연적으로 주어진 어떤 아프리오리한 배열구조가 있고, 이에 따라 우리가 상상 속에서 색깔을 혼합하려 할 때 우리가 현실적인 적절한 자극에 따라 전혀 감각할 수 없는 색깔의 뉘앙스를 표상할 수 있는지 없는지,——이 물음은 잘 알려진 물음에서 흄이 생각한 것처럼 적어도 확정된 것이 아니기 때문이다. 마찬가지로 우리가 가장 기본적인 색깔 감각을 지니고 있다 할지라도 전혀 감각되지 않는 현상의 색깔(과 다른 감관영역에서도 유사하게) 그 **자체**를 나타낼 수 없다는 사실, 즉 그림의 형상에 광택을 내기 위해 우리가 현실적인 광택을 감각해야 하는지 아닌지의 물음은 아직 확정되지 않은 것처럼 보인다. 그러나 모든——가장 기본적이지만 여전히 체험되는——감각이 주의작용, 언어 및 지각(과 정말 이에 **속하는** 모든 감각)이 지향하는 대상의 시간적·공간적 형태와 그밖의 다른 형태에 (위에서 언급한 것처럼) 의존하고 있지만, 확실히 말할 수 있는 것은 다음과 같다. 즉 성질들의 **현상**을 함께 제약하는 내적 요인들은 모두 아마도 다소 중심적인 요인으로서 외적 감각기관의 기능에 의존하지 않기 때문에, 또한 **원초적인** 상상활동에 확정적으로 작용할 수 있을 것이라는

---

106) 『동정』, 서문 참조.

점이다. 자연적 세계관의 소여성을 넘어——연습, 예술활동, 감성적 현상의 영역에 관한 일 등에 의한——모든 감각의 대단한 훈련가능성이 바로 이 내적 요인의 광범위한 의미를 증명해준다.

그러나 우리가 여기서——체험이 '마음'을 확실히 발견할 수 없다는 것은 얼마나 단순한 체험인가——이 물음을 해결하지 못한 채 방치해둔다면, 더 이상 근원적인 상상이 아니라 이미 어느 정도 '재생적인' 상상은 경험주의자들이 가정하듯이, 아마도 지각과 상기를 통해 현실적인 사물과 사건의 경험을 가정하는 것이 아니라, 다만 경험적인 현실적 사물세계의 인식과는 여전히 멀리 떨어져 있는——외적·내적인——대상세계의 소여성 단계를 가정할 뿐이다. 결국 상상활동을 위한 경험적 자료로서 외적·내적인 세계의 소여성만으로도 충분하다. 이 외적·내적인 세계의 소여성은 직관적인 현상태(Erscheinungsverhalte)라고 불릴 수 있으며, 현상태로서 소여성은 소여의 서열에서 볼 때 판단에서만 파악될 수 있는 사태와 구체적으로 지각되는 사물의 중간에 있다. 이런 소여성 단계의 특징은 정말로 어떤 것(X)의 직관적 본질존재만이 경험 속에 받아들여짐으로써 오직 실제적·구체적인 ('형상'이나 현실적인 체험통일에서 드러나는) 사물중심과 활동중심, 이와 함께 이들 중심의 모든 일정한 공간적·시간적 배치는 무규정적으로 남아 있다는 점이다. 여기서 내가 보는 것은 참되지 않고 엄밀하게 아프리오리하지도 않은 본질성과 본질사태의 강력한 영역이다. 그래서 나는 직관적인 방식으로 사태를 상기함으로써 내가 일찍이 '그런 것', 즉 이러저러한 근거에서 내 눈앞에 있는 사실로부터 동일한 것, 유사한 것, 등가적인 것을 지각했다는 사실과 누군가(X)가 이러저러한 것(의미통일)을 나에게 알려주었다는 사실을 ——나는 아마도 그런 종류의 것을 읽은 적이 있을 뿐이지만——예시적으로 알 수 있다. 마찬가지로 나는 어떤 것이 푸르다는 것이나 어떤 것이 둥글다는 것을 멀리서도 지각적으로 파악할 수 있다. 그러나 나긋함, 조잡함, 투박함, 세련됨, 부드러움, 생기 있음과 고양이 같은 성질을 지니고 있음, 남자다움, 여자다움을 사물로서 규정할 수 없는 사물, 즉 사실적으로 전혀 다른 종류(Art und Gattung)의 사물에서 이른바 사물적으로 자유롭게 떠다니는 현상으로서 파악할 수 있다. 이런 의미에서 예를 들어 사자답지 못한 사자와 사자 같은 남자, 여자 같은 남자, 남자 같은 여자 등이 있다는 것은 정말 맞는 말이다. 물론 우리는 이런 예를 가지고 주의를 끌려는 이 둥둥 떠다니는 현상들에서 확실히 의식된 비유를 문제 삼는 것이 아니며, 마찬가지로 보편적인 성격, 다시 말하면 보편적이라고 생각되는 성격을 지닌 비직관적 · 개념적 의미를 문제 삼는 것도 아니다.──적어도 이런 현상태는 처음으로 경험되는 발달 단계에서 문제되는 것이 아니다. 보편적인 의미에 대한 경험적 비유는 확실히 근원적으로 존재하지 않는 이런 현상태의 구체적 **담지자**를 사물적으로 구분하고 사물적으로 파악한다는 점을 이미 전제하고 있다. 추상적인 것으로서 이런 현상은 경험이 사물적으로 응고된 것의 경험 속에까지 밀고 들어갈 때 비로소 주어진다. 현상태는 전적으로 개별대상으로서 생각되며, 가능한 모든 구체적인 상태에서 그리고 그밖의 전적으로 잡다하고 가능한 모든 종류의 사물에서 '동일한 것'으로서 나타난다.

이 현상태는 그 자체 **사물적인 부분**의 흔적을 완전히 지우지 못한다. ──그리고 다시금 소극적 · 적극적인 추상에 의해 야기되는 어떤 추상적 내용도 아니다. 그러나 현상태는 우리가 사물적으로 경험하는 것의 발생적 출발점인 **동시에** 우리가 추상하는 것의 출발점이다. 이 추상하는 것에서 현상태는 무엇보다도 추상과 일반화를 전제한 동일한 '조망'과 '국면'을 부여받는다. 그럼에도 이 현상태는 공간적 · 시간적으로 결코 어떤 공간과 어떤 시간 속에 정돈되는 것이 아니라, 그 직관적 통일의 한계 내에서 형태화된 공간성과 시간성을 지니고 있다. 그것은 이른바 사물적으로 정돈된 현실이나 시간 속에서 현실적인 체험의 연속에 대립하여 자유롭게 둥둥 떠다니며, 실재와는 무관한 유령과 같은 직관의 내용이 차지하는 영역을 형성한다.──그것은 충동 · 소망 · 필요에 대해 여전히 매우 가소적(可塑的)이고, 참된 이념의 결정 아래서 쉽게 녹고, 쉽게 언다.

반성적인 상상의 최초단계는 이 현상태 속에 그 원자료(Urmaterial)를 지니고 있다. 다음과 같이 물어보자. 이 현상태는 우리에게 지각을 부여하는 객관적인 형상세계와 현상세계로부터 유래한다고 말해도 좋은가? 나는 다음과 같이 대답한다. 현상세계는 분명히 우리의 충동, 소망, 필요가 지향하는 목표와 우연적으로 부합하는 특징을 내포하는 한에서 형상세계로부터 유래한다.——그러나 현상세계가 현실적인 통일에 관계하는 한에서는 지각으로부터 유래하지 않는다. 이것은 이미 동의어의 중복(Pleonasmus)이다. 왜냐하면 현실관계란 바로 지각을 위한 지각을 만드는 것이기 때문이다. 지각세계의 형성은 그 자체 지각이 발달하는 곳에서 지각형성의 재료를 가공하기 위해 상상활동이 출발하는 그 단계를 통과해야만 한다. 이것은 현상세계에도 마찬가지로 타당하다.

심적 삶에서 풍부하고 다양하게 발달해온 이 단계의 소여성을 가지고 활동하는——때로는 상상이 생략되고, 때로는 추가되고, 결합되고, 확대되고, 축소되는 현실성 속에서 이미 다듬어진 파편과 부분들을 가지고 활동하거나 단순히 추상성을 가지고 활동하는——상상만이 오직 예술작품에 유기적인 전체성을 부여할 수 있는 예술적으로 가치 있는 상상이다. 딜타이도 '로크와 흄'에 따른 자신의 상상이론에도 불구하고, 다음과 같이 서술할 때, 그렇게 느꼈다. "다만 생략하고, 강화시키거나 소멸시키며, 확대하거나 축소하는 상상은 유약한 것이고, 단지 표면적인 이념성이나 현실적인 것의 풍자화(Karikatur)에 도달할 뿐이다. 참된 예술작품이 만들어지는 곳에서는 어디서나 적극적으로 보완에 의한 형상의 강력한 발달이 일어난다."[107] 그러나 아무리 '강력한 보완'이라 할지라도 '풍자화와 표면적 이념성'을 넘어서지 못한다는 것은 확실하다. 예술품의 각 부분이 전체성 이념의 주도 아래 창조되는 것이 아니라면, '보완'도 더 이상 계속해서 일어날 수 없다. 딜타이는 그의 논문에서 아주 뛰어난 통찰에도 불구하고, 그의 경험주의적 이론 때문에 예술적 구상력의 가장 본래적인 이해를 놓치고 말았다.

---

107) 앞의 책, 175쪽 참조.

VI. 지각의 형이상학과 실재성의 문제

노동과 인간의 인식가능성

지각과 상상의 문제에 관한 철학적 논의를 마무리 짓고, 이제 우리가 제기한 몇몇 주장들에 관해 고찰해보자. 첫째로 객관적으로 드러나는 형상들에는 어느 정도 초의식적이고 이념적인 대상이 속하고 있다.——그러나 **실재성**은 다만 다음과 같은 세 종류의 역동적인 중심, 즉 **힘의 중심**, **생명 중심**, **인격 중심**에 속할 뿐이다. 이 세 중심에서 실재성이 나타나는 것으로서 우리에게 주어지는 모든 유한한 현상을 메타과학적(meta-scientifisch)[1]으로 우리는 언급한다. 이 점에 관해 고찰해보자. 둘째로 다음과 같은 테제를 상기해보자. 즉 지각은 어떤 내용을 지니고 있다. 지각이 점점 더 순수지각일수록 그 내용은 정신 밖의 물체형상을 (의식 속에) 비물질적으로 모사(模寫)하는 것도, 어떤 사물과 물체의 운동——물론 이 운동 그 자체는 비실재적이고 무력한 형상의 영역에 속한다——결과도 아닌 형상 그 자체의 그때마다 주어지는 부분내용과 국면들이다. 나아가 객관적인 성질들의 부분이 그때마다 주어지는 감각기능의 내용일 수 있듯이, 이런 **성질**들, 즉 형상을 구성하는 재료들도 또한 근원적이다.

지각의 철학에서 제기되는 이 주장들을 우리의 이론, 즉 각 단계의 상

---

1) 메타과학이란 초과학이라 번역할 수 있는데, 여기서는 형이상학과 거의 동의어로 이해해도 좋다—옮긴이.

상활동의 **근원성**을 자발적인 표상 일반의 가장 근원적인 형식이라고 간주하는 우리의 이론과 결부시킬 때, 다음과 같은 가능성에 관한 물음이 필연적으로 생겨난다. 즉 지각내용은 오직 세계에 대한 **행위**와 **노동**에서 실천적인 의지의 경험을 부여받는 세계의 저항중심에 대한 상징과 기호를 산출하기 위해 사용되고, 그 자체 인간과 세계에 관한 **실천적인** 설명에서 **확증**되는 충동으로 가득 찬 바로 그런 상상내용의 부분을 우리에게 말해줄 뿐이다. 바로 이 지각내용이 우리 자신에 주어지듯이, 순수주관적으로, 다시 말하면 오로지 정신·물리적으로 통일된 생명체와 삶의 중심에서 제약되는 직관내용은 '형상'과 같은 종류의 것이 아니라 부분적으로만 (비록 언제나 불충분하고, 대상의 현존재 상대성 단계에만 적합한 것이라 할지라도) 동일한 것일 수 있다는 가능성에 관한 물음이 필연적으로 생겨난다.

직관내용과 형상의 동일성에 관한 이 물음은 지각의 **형이상학**에서 우리에게 정신의 사고형식과 사고법칙, 순수 직관형식이 적어도 부분적으로 (우리의 사고형식과는 비교할 수 없을 정도로 멀리 떨어져 있는 영역으로서) 존재형식과 서로 엄밀하게 부합될 수 있다는 물음과 매우 유사한 방식으로 풀린다. 나아가 궁극적으로——절대적인 존재자의 한 속성으로서——바로 이와 **동일한** 정신이 그 **이념**과 **근원현상**에서 (그 **본질성**과 본질성의 구조에서 양자가 부합하는 가운데) '가능한 세계'와 본질세계의 구조를 결정한다. 또한 이 정신은 다양한 개별화된 작용의 중심에서 인간과 관계하고, 정신이 본질통찰을 **기능화**시킬 수 있는 정도에 따라, 그리고 정신의 역사를 통해 우리에게 새겨진 각종 주관적 정신의 **구조**를 종합할 수 있는 정도에 따라 신적인 정신의 **풍부함**을 향해 서서히 성장해간다. 즉 이 정신은 본질적으로 무한하고 끝없는 진보 속에서 점점 더 신적인 정신작용을 분유(分有)한다. 낡은 유신론이 가정하는 평형론(Parallelismus)과 예정설(Präformationssystem)도, 감각주의와 경험주의(스펜서)가 가정하는 우연적인 현실성의 형식이라는 의미에서 존재형식과의 적합성(Anpassung)도 이 오래된 유명한 문제[신적 정신의 분유]를 풀 수는 없다. 또한 인간의 오성이 절대적으로 불변하는 내재적인 기능법칙에 의해 단지 현상의 대상성에 그 법칙을 지정한다는 '코페르니쿠스적 전회'——이 이론은 역사에서 이성구조의 의심할 여지없는 비불변성을 이미 배제해버린다——도 이 유명한 문제를 해결할 수 없다. 오직 동일성의 가정만이 이 문제를 해결할 수 있다.——동일성이란 인간이 신 속에서(in Deo) '배울' 뿐만 아니라 신도 인간 속에서 그리고 인간에 의해(Deus in homine et per hominem) 배운다는 상호 동일성을 말한다. 이 상호 동일성은 더 이상 내용적인 동일성, 즉 기능적·작용적으로 불변하는 동일성이 아니라, 오직 기능적이고 정신의 가장 보편적인 본질과 관련해서만 불변적인 것에 지나지 않는 동일성이며,——내용적·구조적으로는 생성되고 있는 동일성이다.

그러나 오직 정신만으로는, 그리고 정신의 이념, 근원현상, 가치 등으로는——그것이 무한한 것이든 유한한 것이든 간에——우리가 스스로 어떤 대상의 현존재와 우연적인 본질존재를 이해하지 못한다. 어떤 경우에도 다만 소극적으로 억제하고 억제를 푸는 정신적 의지——이를 우리는 아리스토텔레스와는 정반대로 가정하고 있다——도 또한 [그 자체만으로는] 작동할 수 없다. 실재성은 그 주관적 소여 속에서 우리의 내적인 비정신적·충동적 원리가 경험하는 것이고, 우리 자신 속에 언제나 특수화되어 있는 어떤 통일적인 삶의 충박(Drang)이 경험하는 것이다. 실재성은 어떤 객관적인 것, 우리의 경험을 초월해 있는 것으로서 필연적으로 충박의 근원적이고 정신 맹목적인 동적인 원리에 의해 생겨나는 법칙성이고, ——우리가 다른 것을 인식할 수 있도록 하는 궁극적인 원인 그 자체의 원리에 관한 법칙성이다. '형상'의 우연적 본질존재란 우리가 만들어낸 전체적인 삶의 어떤 근원적인 충박상상(Drangphantasie)의 산물——즉 정신이 규정하는 어떤 본질불가능성(Wesen*un*möglichkeiten)이라는 소극적인 테두리 내에서 활동하게끔 결정되어 있는 것일지라도, 그 활동 속에 있는 이념 맹목적인 산물——이다.

충박(Dranges)과 충박이 본질존재를 설정하는 상상의 통일성이 세

가지 주요 동적인 중심, 즉 인격, **생명 중심**, 에너지 중심과 어떤 관계에 있는지, 그리고 통일성〔단일성〕이 수다성(數多性) 일반과 어떤 관계에 있는지를 여기서는 언급하지 않을 것이다.[2] 여기서는 다만 하나의 논점, 즉 형상들과의 관계에서 지각이 형이상학적으로 이해하는 것만을 문제 삼는다.

우리가——페히너가 생각하듯이——초개체적인 '의식'을 가정할 뿐만 아니라 우리의 감각적으로 직관하는 기능과 그 성질들 및 다른 내용들에 관해 알아낸 본질법칙(이로써 이 본질법칙이 모두 소멸되지는 않는다)이 본질법칙에 대해 여전히 타당한 초개체적인 유일한 삶——즉 목적론적으로(teleoklin) 배열된 과정의 결정인자인 기능의 다발에서 분화되고, 또한 무기적 자연의 사물 내부에 있는(in re) 역동적인 토대(fundamentum)를 언급하면서 유기체의 물체형상과 **마찬가지로** 생명 없는 물체세계의 형상을 전개하는 하나의 삶——을 가정한다면, 우리는 초의식적인 형상과 객관적인 현상을 가정할 권리를 갖는다. 그런데 우리의 유기체뿐만 아니라 모든 동물적 유기체가 가지고 있는 정신·물리적으로 통일된 모든 기능과 그 생명 중심은 이 하나의 창조적인 삶의 부분과 지체(肢體)에 불과하기 때문에, 모든 정신·물리적 유기체가 지각하는 각자의 내용도 유기체 속에서 작용하는 **충동의 충박**과 해당 유기체의 지각을 구성하는 정신·물리적 기능들이 **우주적 삶**의 충동과 기능, **동일한 방향**, 동일한 작용서열, 동일한 리듬을 지니는 한에서 정확하게 물체형상과 **부합**되지 않으면 안 된다. 따라서 여기서 우리의 '지각'을 통한 형상과의 가능한 **부분적 관여**를 최종적으로 이해하게끔 해주는 것은 모든 형상세계의 근저에 놓여 있는 삶과 우리의 삶 사이에 있는 부분적 동일성이다.

사고형식과 존재형식, 원리들의 부분적 동일성과 부합을 이해하도록 해주는 초개체적인 정신이 아직 완성된 것이 아니듯이, 마찬가지로 또한

---

2) 이에 대해서는 머지않아 간행될 나의 『형이상학』을 참조.

무기적이고 유기적인 모든 특수법칙성을 자기 자신 속에 포괄하는 법칙에 따라 작동하는 기능적으로 통일된 **충박,**——세계근거에 대해 우리가 인식할 수 있는 제2의 속성——즉 현존재와 우연적 본질존재를 설정하는 원리의 좀더 높은 단계로서 전체적인 삶(Alleben)도 아직 가능한 것이 아니다. 전체적인 삶도 또한 **생성하고 성장하는** 자기 기능화다.——그것은 무기적 세계에 있는 힘 요인과의 대결을 통해 생겨난 성공과 실패라는 쓰라린 경험과정 중에서 생성되고 성장해간다. 따라서 전체적인 삶이——그 다양성과 통일성에 따라 그때마다 유기체 세계의 이념적 체계의 기초를 이루는 언제나 새로운 기능의 다발을 노화시키고 사멸시키는 덧없는 개체에까지 내보내면서——이른바 '배우는' 것(여기서 우리의 뜻대로 되는 것은 형상뿐이다)을 개체는 또한 언제나 **새롭게 반복하여** 이용할 수 있다. 왜냐하면 전체적인 삶과 모든 생명체 사이에는 서로 연대적인 의존관계가 성립하기 때문이다.

이런 형이상학의 지엽적인 문제에서 노동과 인식에 관한 우리의 문제로 논점을 돌려보자. 그러면 다음과 같은 문제를 고찰하게 될 것이다.

실용주의는 지각하는 인식과 인식을 완성시키기 위한 가장 큰 의미를 행위의 동인, 즉 세계에 대해 인간이 실천적으로 대결하는 동인으로 삼는데, 이것은 확실히 부당한 것이 아니다. 실용주의가 말하는 모든 종류의 상상세계의 근원적 우위로부터 심적·역사적 발달 속에 있는 인간을 모든 지각세계의 우위에 서서 **지각가능한 실재성 영역**에 살고 있는 존재로 삼는 것——이것은 관조적인 태도가 아니라 먼저 세계에 관한 자신의 노동이고, 자연과의 투쟁 속에서, 자연의 저항을 끊임없이 새롭게 극복하는 가운데서 획득하는 힘이고 완강한 저항이다.

세계에 관한 노동과정에서 비로소 인간은 우연적인 객관적 형상세계와 그 법칙을 알게 된다. 이 형상이 인간에게 지각되어 **행위하고 지배하기** 위한 상징이 됨으로써 인간은 비로소 형상 그 자체와 생생하게 접촉하고, 자신의 충동과 소망내용을 천천히 잊어가는 법을 배운다. 이런 의미에서 실제로 **모든 실증과학, 모든 귀납, 모든 실험의 가장 본질적인 근원은**

노동이지──관조(contenplatio)가 아니다.

그러나 인간은 또한 언제나 실재성과 관련한 감각적 지각 및 형상세계의 나타남과 나타나지 않음을 지배하는 작용점을 발견하기 위해 우연적인 형상세계의 법칙을 탐구하는 실천적 오성을 내장한 마차와도 전혀 다른 인식가능성을 지니고 있다. 그것이 바로 **철학적 인식태도**다.──철학적 인식은 **실천적** 태도를 의식적으로 폐기함으로써 우연적인 형상과 이 형상들이 좌우하는 것에서 벗어나, 다음과 같은 두 방향에서 의식적으로 **탈현실화**하는 태도로 이 형상을 모색한다. 그 하나는 **본질성**의 영역을 향한 방향인데, 이것은 근원현상과 이념에 대한 탐구다. 여기서 형상은 '실례' 또는 다소간의 훌륭한 '모범'이 된다.──다른 하나는 **충동 · 충박 · 힘의 흐름**을 향한 방향이고, 이것은 오직 '형상' 속에서만 드러날 뿐이다.

이런 인식가능성으로 인도해가는 것은 세계에 관한 '노동'이 아니다.

첫 번째 방향[즉 본질성의 영역]으로 인도해가는 것은 현존하는 것의 **현상학적 환원**을 통해 획득된 본질성에 대한 경이와 겸허, 정신적 사랑이고, 두 번째 방향[즉 충동]으로 인도해가는 것은 부분적으로 우리 자신의 모든 충박이고, 소망, 충동인 충박과의 **감정이입** 및 일체화에서 나타나는 디오니소스적 헌신이다.

이 두 태도 사이에 있는 최대의 긴장과 인격의 통일에서 비로소 이 긴장을 극복함으로써 본래의 **철학적 인식**이 생겨난다.

모든 철학적 인식의 기초를 이루는 '현상학적 환원'──이것은 후설의 표현이다──의 본질, 기술, 방법에 관해 여기서는 상세하게 다루지 않겠다.[3] 그러나 모든 자연적 세계관과 과학적 연구에서 자명하고 소박하게 주어지는 **실재성의 양식**(Realitätsmodi)을 일시적으로 **지양**(Aufhebung)한 것이 이 현상학적 환원의 기술과 방법을 분명히 하는 첫 번째

---

3) 이 문제는 나의 『형이상학』, 제1권에서 상세하게 다루어질 것이다.

전제는 의심할 것 없이 도대체 대상에서 실재성의 계기가 무엇이며, 그것이 우리에게 어떻게 주어지는지에 대한 통찰이다.

이에 우리는 지각철학의 이 주요논점에 대해 간단히 언급하는 것으로 이 서술을 마치고자 한다. 물론 우리는 여기서 그 정당성에 대한 많은 증명방식을 언급하지 않고 또한 이 증명방식에 상응하는 사실들을 열거하지 않더라도, 우리의 근본생각을 충분히 재현할 수 있을 것이다.

자연적 세계관에서 현존재적으로 주어지는 **모든** 상이한 것——마찬가지로 모든 감각성질, 관계, 시간, 공간, 본질존재적으로 규정된 사물, 사건, 나아가 외부세계성과 내부세계성 그 자체, 신체영역, 심적 · 정신적 동시대인, 현존재형식(범주)의 영역적 차이 등——에 대해 세계 일반의 아직 특성화되지 않은 실재성과 이에 상응하는 '세계가 실제로 존재한다'는 일반 명제는 '미리 주어진'다. 자연적 세계관의 모든 내용을 한 조각씩 벗겨낸다고 생각해보자. 모든 색깔과 모든 소리를 없애고, 신체의식의 영역과 그 영역의 모든 내용을 제거하고, 사물의 공간 · 시간형식과 모든 존재형식(범주)을 무규정적인 본질존재의 수준과 평준화시켜보자.

이때 제거할 수 없는 것으로서 남아 있는 것은 단순히 더 이상 소거될 수 없는 실재성 일반의 인상, 즉 우리가 의식을 갖는 것(Bewußthaben)과 의식하는 것(Bewußtsein)이 지속적으로 수행되는 가운데 남아 있는 자발적인 활동——그것이 자의적이든 비자의적이든 또한 이미 의욕이나 충동충격으로서 특징지어진 것이든 간에——에 대해 순전히 '저항한다'(Widerständigen)는 인상뿐이다. 실제적인 존재는 대상존재가 아니다. 다시 말하면 모든 지적 작용의 동일한 본질존재적 관계항이 아니다.—— 오히려 그것은 모든 종류의 의욕하고 주의하는 작용 속에 있는 동일한 것인 근원에서 용솟음치는 자발성에 대해 저항하는 존재다.

내가 이처럼 체험하고 의욕 그 자체를 통해 경험하는 본질존재적으로 무규정적인 저항하는 X가 지적 작용의 대상이라면, 이 대상은 모든 대상과 마찬가지로 모든 의식의 내용에 대해 '초월적'으로 주어진다.——이때 이와 같이 실제로 초월적인 것 자체의 이런 **주어져 있음**(소여존재,

Gegebensein), 알려져 있음(Gewußtsein), 의식되어 있음 (Bewußtsein)은 다시금 반성작용에서 비로소 주어질 수 있다. 이 막연한 미분화되고 본질존재적으로 무규정적인 실재성——마찬가지로 모든 경험적 체험내용에 '미리 주어진' 어떤 존재영역에 '존재하는 어떤 것' (etwas)의 실제적인 존재는 관념론과 모든 형식의 이른바 '비판적 실재론'이 잘못 가정하고 있는 것처럼, 그 자체 '생각될 수'도, '추론'될 수도 없고, 또한 생각되거나 추론될 필요도 없다. 지향적 의미에서 '수용하는' 작용으로서 모든 사고와 지각에 앞서——이 실제적인 존재는 현존한다. 색깔을 청각에서 볼 수 없고, 3이라는 수를 미각과 후각에서 알 수 없듯이, 우리는 지적으로 표상하고 사고하는 태도라고 부르는 모든 것에서는 실제적인 존재에 도달할 수 없고, 또한 우리의 지적인 태도에 나타나는 가능한 모든 내용과 소여성에서도 실제적인 존재에 도달할 수 없다. 이 실제적인 존재는 또한 모든 지적인 작용——그 유일한 존재 상관항은 사물의 '본질존재'뿐이고, '현존재'가 아니다——에 미리 주어질 수 있다.

왜냐하면 노력 가운데 일어나는 저항과 반항을 '실제적인 존재'로서 체험하는 동시에 주체활동과는 다른 것으로서 체험하는 자발적 활동은 (그때마다 변전하는 근원적인 '방향'에서) 수동적인 주의작용의 자발적인 작용을 이미 활동이 성립하기 위한 전제로서 소유하고 있기 때문이고,——이런 자발적인 작용에 의해 비로소 정초되기 때문이다. 그러나 가장 단순한 감각 E가 이미 자극 R과 신경과정 등의 함수일 뿐만 아니라 언제나 그 대상을 지향하는 최소한의 충동적 주의작용 A의 양에 작용하는 함수, 즉 $E=f(R+A)$라면, 저항의 인상은 또한 다음과 같은 곳, 즉 이런 자발적인 활동의 최초 작용자극이 생겨나고 자극이 자극과정에 의해서만 '가능한' 감각을 실현하기 위한 필요충분조건을 갖추지 못한 곳이라 하더라도 이미 나타날 수 있다.——아니 나타나야만 한다.

최근에 딜타이는[4] 실제적인 존재의 소여를 '충동과 저항'의 체험적인

---

4) 딜타이의『외계의 실재성에 관한 우리 신념의 기원 및 그 정당성에 관한 문제의

역동적 관계와 관련시키려는 원리적으로 올바른 근본이념을 여러 측면에서 탁월하게 정초할 것을 제안한 바 있다. 딜타이는 저항에 관한 체험이 예를 들어 접촉감각이나 관절감각과 같은 의지경험(Willenserfahrung)에 동반되는 **감각**에서 생겨나는 체험과는 명백하게 **구별될 수 있는 참된 의지의 경험**이라는 사실을 특히 명료하게 인식했다. 예를 들어 내가 벽을 향해 밀고 있는 막대기를 통해 저항체험이 생겨난다면, 접촉감각과 저항이 나타나는 장소의 차이는 곧 접촉감각과 저항의 차이를 나타낸다. 즉 저항은 막대의 끝에서 체험되고, 접촉감각은 손에서 체험된다.

[이에 대해] 딜타이는 매우 정당하게 다음과 같이 판단했다. "이 객관화가 감각 (즉 접촉감각과 관절감각) 특히 위에서 처음으로 저항경험의 구성요소로서 취급된 손끝에 한정된 압박감각에 의해 일어난다는 가정은 불충분한 것이다. 이것은 생명 없는 장소적 감각에 불과하며, 저항에서 생생한 힘을 경험한 결과로서 생겨난 것이 아니다"(102쪽). 유감스럽게도 딜타이는 그의 서술 중에서 반복하여 '저항**감각**'에 관해 서술하고 있다. 그렇지만 저항감각의 개념이 자기 자신의 고유한 활동력의 억제를 체험함으로써 우리가 무엇이라고 불러도 상관없는 어떤 '감각'과는 아무 관계도 없기 때문에, 반대방향에서 오는 (대상에서 오는) 힘에 의해 이미 수행된 것으로서 체험되는 의지를 억제한다는 사실을 알지 못한다. 이 점에 대한 최고의 증명은 저항과 억제(즉 억제란 대상에서 생겨나는 저항의 **결과**이지, 그 반대가 아니다)의 체험이 어떤 (특수한) 감각양상과 결합되어 있지 **않다**는 것(저항은 모든 감각양상에서 나타날 수 있다)이고, 시각적·청각적으로 (시각적·청각적이거나 다른 감각현상에서 나를 짓누르는 것에 의한 역동적인 주의작용을 억제하는 가운데서)뿐만 아니라 어떤 것에 관한 지각과 그 자체 비직관적인 사고의 비감각적인 작용 속에서 (상기와 기대 속에서) 나의 활동력에 저항하는 무

해결을 위한 논고』(*Beiträge zur Lösung der Frage vom Ursprung unseres Glaubens an die Realität der Außenwelt und seinem Recht*, 1890)를 참조. 지금은 전집, 제4권에 수록되어 있다.

엇, 즉 그 무엇의 내용이 나에게 주어질 수 있다는 것이다. (따라서) 저항은 완전히 **중심적** 체험이고, 능동적인 자기의 경험이며, 저항관계에 있는 본질존재가 기껏해야 나타날 수 있는 (반드시 나타나야만 하는 것이 아니라) 표피적인 감각체험과는 무관한 것이다.[5] 그러나 저항에 관한 이 중심적 체험의 지향은 그 자체로서 감각내용을 (일반적으로 그것을 저항이 매개하는 곳에서) 넘어서 있고, 관통해 있다. 감각이 저항하는 것이 아니라 그 질적 속성에서 감각적으로 나타나는 것에 불과한 **사물 그 자체**('사물'=힘의 중심)가 저항하는 것이다.

딜타이의 서술은 처음으로 우리의 문제를 올바른 궤도 위에 올려놓았다는 점에서 공적이 크다. 그러나 유감스럽게도 그는 이 중요한 발견을 부분적으로 리케르트와 렘케(J. Rehmke), 퀼페 등에 의해 논의된 것을 상대적으로 정당화하려 한 것으로 보이는 일련의 **오류**와 연결시켜 버렸다.

1. 딜타이는 "인간은 내면적으로 보면, 이른바 모든 점에서 근원적으로 불쾌와 욕구의 감정과 관련이 있고, 매우 다양한 노력과 의욕을 발산시키는 충동의 다발이다"(102쪽)라고 적절하게 서술하고 있다. 그러나 모든 감각, 지각, 표상, 즉 넓은 의미에서의 모든 지각이 충동자극과 이에 동반하는 운동적(motorischen) 신경과정에 의해 제약된다는 오늘날 매우 확실한 인식이 그에게는 오히려 소원한 것이다. 그렇기 때문에 그는 또한 실재성의 인상이 의욕과는 다른 역동적인 활동에 의해 주어질 뿐만 아니라 그밖에 모든 지각에 필연적으로 미리 주어진다는 사실이 어떻게 가능한지를 통찰할 수 없었다. "원초적으로 그렇기 때문에 구성적인 과정은 다음과 같다. 즉 특정한 지향을 지닌 운동충격이 지속하고, 그것이 강화되면서 지향된 외적 운동 대신에 압박감각이 나타난다. 충격의식과 지향을 억제하는 의식 사이의 중간항은 압박감각의 집합 속에 언제나 현존한다. 따라서 우리는 어떤 매개에 의해서만 외부세계의 의

---

5) 이 주장을 셸러가 제기했다—편집자.

식에 도달한다. 우리는 외부세계에 관한 신념의 토대를 의지가 저항을 직접적으로 경험한다는 가정에 의해 얻는 것이 아니며, 또는 일반적으로 어떤 종류의 직접적인 소여성을 전제하는 심리학적 허구와 같은 어떤 종류의 과정에 의해 얻는 것도 아니다"(앞의 책, 103쪽). 아니 딜타이는 압박감각의 집합을 저항경험의 '필요조건'이라 부른다.[6] (바로 여기에 부정된 **중심적** 저항경험이 있다.)

이 명제들 속에는 그리고 딜타이가 이로부터 추론한 모든 주장들 속에는 한편으로 충동과 지각의 관계에 관한 근본적인 **오류**가, 다른 한편으로 저항경험과 직관적인 대상의 속성들이 지닌 형상의 내용을 떠올리는 것 사이의 관계에 관한 근본적인 오류가 들어 있다. 딜타이가——예를 들어 "저항감각에서 나에게 무관한 것은 직접적인 의지경험에도 주어지지 않는다"는 명제 속에서——명백히 부정하는 바로 이 '**직접적인 의지경험**'은 존립한다. 이 의지경험은 저항이 압박감각, 접촉감각, 관절감각과 결합하여 체험되는 특수한 경우에도 이들 감각에 **선행하는** 〈이들 감각과는 독립적인〉[7] 것으로서 현상적으로 언급될 수 있다. 예를 들어 내가 어떤 물체를 잡을 때 잡는 중량체험과 당기는 힘의 체험은 손과 팔에서 일어나는 동시적인 압박감각, 접촉감각, 관절감각과 **구별되는** 것이 아니다. ——이 감각 자체는 거의 알아차릴 수 없는 중량체험과 당기는 힘의 체험보다 분명히 **시간적으로 후속**한다. 충동적인 심적 활동의 저항체험이 언제나 어떤 '감각'에 의해 **매개**되고 있다는 점에서 딜타이는 옳다 하더라도, 그의 모든 이론은 신경마비 증세에 빠져 있고, 우리는 왜 그가 실재성을 〈감각에서〉 의식적인 체험을 통해 비로소 **추론**하려 한 비판적 실재론의 이론에 반대했는지를 이해할 수 없게 된다. 따라서 이 설명에 따르면 딜타이의 의욕적 실재론(volitive Realitätstheorie)을 반박한 리케르트가 또한 근본적으로 옳았다.[8]

---

6) 유감스럽게도 최근에 카츠의 심오한 연구, 『지각의 구조』(*Der Aufbau der Wahrnehmung*, 1925)를 나는 이하의 서술에서 참조할 수 없었다.

7) 본문 중의 〈 〉는 셸러 자신이 삽입한 것이다. 이하에서도 같다 — 옮긴이.

딜타이가 그의 훌륭한 근본통찰에도 불구하고, '무의식적인 추론'에 관한 헬름홀츠의 이론에 의해 얼마나 많은 영향을 받았고 인도되어왔는지를 우리는 그의 전체적인 논술에서 간과할 수 있다. 헬름홀츠의 이론은 오늘날 근본적으로 반박받고 있다. 딜타이는 다음과 같이 서술한다. "우리는 스코틀랜드인 〈리드(Reid)〉, 야코비(Jacobi), 금세기 프랑스의 몇몇 연구자들〈대체로 그는 멘드비랑을 염두에 둔 것 같다〉이 외부세계의 실재성에 대해 **직접적인 확실성**을 가정하는 것이 잘못이라는 사실을 알았다. 또한 우리는 이런 가상(假象)의 근거를 발견할 수 있었다.

저항경험은 외부세계와 의식이 조립되는 과정에서 생겨나는 것인데, 우리 의식에서 저항체험은 단순한 것으로서 추후적으로 나타난다. 실재성에 관한 사고경험을 동반하는 매개적 사고과정을 우리는 항상 필요로 한다. 이 경험이 직접적으로 일어난다는 주장은 다만 원칙적으로 심리학적인 분석이 결여되었기 때문에 생겨나는 것이다. 이 주장은 헬름홀츠의 저작에서 시각적 · 청각적 지각의 분석에 의해 결정적으로 반박되었고, 이른바 감각지각의 지성적 성격에 관한 이론을 헬름홀츠는 궁극적으로 제시했다"(127쪽). 그러나 이와 달리 헬름홀츠가 자신의 이론을 적용한 (불변적인 크기, 불변적인 색깔, 불변적인 시각대상의 형태 등) 모든 개별적인 경우에 무의식적 추론에 관한 그의 이론은 헤링, 옌쉬, 카츠의 연구에 의해 준엄하게 반박되었고, 따라서 이 문제에 관해서 우리는 헬름홀츠의 이론에 의지할 수 없다고 하겠다. 간접적인 사고작용의 의미는 실제로 이미 주어진 X가 그 사실적인 **본질존재**에서 상세하게 규정되어야만 하는, 즉 일정한 공간위치와 시간위치에 미리 주어진 실재성이 규정되어야만 하는 곳에서 생겨나거나, 아니면 반대로 그 본질존재 속에서 지각에 의해 이미 규정된 내용에 실제로 실재성이 부과되는지 않는지의 물음이 제기되는 곳에서 비로소 생겨난다.

---

8) 리케르트의 『인식의 대상』(*Der Gegenstand der Erkenntnis*, 1904), 제2판을 참조.

현대의 가장 이념적인 감각생리학자인 피클러(Julius Pikler)는 감각 강도와 특히 베버의 법칙에 관한 이론을 발전시켰는데, 이에 따르면 '감각강도는 충동충족의 크기에 대한 표현으로서' 파악되어야만 한다는 것이다.[9] "물건을 들고 있을 때 동일한 중력저항을 힘이 약한 사람은 힘이 센 사람보다 무겁게 느끼고, 어린아이는 어른보다 더 무겁게 느낀다. 반대로 동일한 무게를 느끼기 위해 후자는 전자보다 더 큰 자극을 필요로 한다." "우리는 동일한 무게를 서로 다른 힘의 상태로 들어올려 보면, 위에서 말한 것을 스스로 확인할 수 있을 것이다. 이때 우리가 동일한 힘의 상태에서 가벼운 것을 들어올릴 때 감각의 차이는 힘이 다른 상태에서 무거운 것을 들어올릴 때의 차이와 똑같다. 어떤 종류의 저항이나 어떤 운동에 대한 저항에 관해서도 우리는 똑같이 말할 수 있다. 따라서 힘감각의 영역에서 느끼는 자극이 불러일으키는 감각의 크기와 세기는 자극의 절대적 강도에 의해 규정되는 것이 아니라 감각하는 사람의 힘에 대한 자극강도의 관계에 의해 규정된다"(143쪽). 피클러에 따르면 각 개인에게는 "개인에 고유한 최대 자극강도"가 있고, 최대 자극강도는 동시에 그 개인의 조직에서는 최적강도가 된다. 그리고 이 최대 자극강도에 대한 어떤 자극의 〔비례〕관계가 그 사람의 모든 감각강도를 규정한다. "들어올리는 고유한 최대중량이 각각 100킬로그램, 200킬로그램인 두 사람은 각기 100킬로그램과 200킬로그램을 들어올리는 힘으로 똑같은 최대중량을 느낄 뿐만 아니라 각기 90과 180, 80과 160, 10과 20의 중량을 똑같은 무게로 느낀다." "여기서 감각강도는 실제로 실천적·생물학적·목적론적 개념으로서 객관적·유기적·신체적인 개념을 나타내고, 물리적인 개념을 나타내거나 물리학을 생명현상에 적절하게 응용한 것이라 부르는 생리학적 개념을 나타내는 것이 아니다"(145쪽). 따라서 체험된 감각강도에 상응하는 것은 감수성이 뛰어난 신경과 그 중

---

9) 그의 『감각과정의 적응이론을 위한 저작』(*Schriften zur Anpassungstheorie des Empfindungsvorgangs*), 제3권을 참조.

추돌기 및 말단에서 느끼는 크고 작은 자극이거나 이 구성물 속에 있는 질료가 파괴되는 (분해 작용의) 정도가 아니다. 따라서 힘줄(Sehnen)이 중량감각의 기체를 구성한다는 골드사이더(A. Goldscheider)의 이론을 딜타이가 자신의 논문에서 인용하고 있는데,[10] 이에 대한 프라이(Frey)의 입장과 마찬가지로 피클러도 의문을 제기한다. 프라이의 견해에 따르면, "운동저항을 지각하기 위한 생리학적 전제는 활동하는 근육과 힘줄에 생겨나는 긴장감각과 긴장의 지각에 의해 주어진다. 이 긴장은 각성된 근육이 운동저항을 계기로 유발되는 힘이 전개된 결과다. 이 긴장의 지각은 힘줄과 근육에 나타나는 구심신경의 종결에 의해 매개된다." 분명히 프라이는 "이런 긴장감각이나 지각〈!〉에서 운동저항을 추론할 수 있다"고 말한다. 그러나 피클러는 두 사람의 연구자가 가정한 것이 자신이 거론한 사실들과 현저하게 모순된다는 점을 발견했는데, 이것은 정확한 지적이다. 여기서 다만 가설적으로 전제되고 '추론'되는 근육과 힘줄의 '감각'은 (이 운동저항의 기원은 지향적 내실로서, 아니 이 연구자가 말하듯이 '지각'으로서 감각 '속에' 놓여 있어야만 하는가?) 실제적인 중력현상에 상응하기보다 자극에 비례해야만 하고, 어떤 경우에도 개별적으로 변함없는 상태라는 의미에서 최대 자극강도 및 최적 자극강도에 대한 '적합성'을 포함할 수 없을 것이다. 또한 피클러가 정당하게 지적했듯이, '힘 감각 이론의 창시자'인 베버와 멘드비랑이 중량체험을 정초하기 위해 삼은 '노력'과 '노력체험'은 근육과 힘줄 속에서 자극에 대한 힘이 전개되는 크기뿐만 아니라 〈개인의〉 현존하는 힘에 대해 전개되는 것의 관계도 알려주기 때문에, 근육과 힘줄의 긴장감각과는 전혀 다른 것이다. 이런 사실이 다음과 같은 사실, 즉 현존하는 힘과의 관계에서 자발적인 운동충격에 대한 저항체험의 경우에, 어떤 감각 일반보다도 중심적인 (동시에 감각에 의해 정초되는 것이 아니라 '강도'로서 감각을 처음으로 정초하는) 것을 문제 삼아야만 한다는 사

---

10) 전집, 제5권, 100쪽 참조.

실을 암시한다면, 피클러의 '적합성'의 법칙이 다른 모든 감각의 감각강도에 관해서도 타당하다(150쪽)고 피클러가 강조했지만, 이 핵심적인 성격에 관해 충분히 평가받지 못했다는 사실도 필연적으로 같은 생각으로 귀착된다. 왜냐하면 말초감각과 중추감각기관, 이 감각기관을 특수하게 정돈하는 적합성의 법칙으로부터 독립성은 다음과 같은 사실을 입증하기 때문이다. 즉 여기서 문제되는 것은 감각 일반과 감각기능이 보편적으로 근저에 놓여 있다는 사실이고, 충동요인을 통일시키는 방식이며, 그모든 감관감각과 이 감각을 실현시킬 수 있기 위해 필요한 (충동)충격에 대항하여 비로소 현상으로서 체험되는 저항이 생겨나고, 이로부터 2차적으로 체험되는 감각의 강도가 이 저항에 대해 점점 동화되어간다는 사실이다. 그러나 이것은 우리가 딜타이의 견해에 대해 반박한 것을 말만 바꾸어 서술한 것에 불과하다. 이때 물론 딜타이와 프라이가 함께 말하고 있는 감각——먼저 자극과 신경자극 또는 근육과 힘줄의 일에 비례하여 그리고 체험된 저항에 선행하여 '주어지는' 것처럼 보이는 감각——에서 일어나는 '추론' 또는 '무의식적인 추론'은 문제되지 않는다.

그러나 감각이 정신·물리적인 모든 유기체와 환경세계의 자극치에 자발적으로 순응해가는 활동의 결과라는 피클러의 근본견해는 이미 우리가 전개한 지각철학의 다른 요소에 대해서도 중요한 의미를 갖는다. 그는 자신의 모든 감각이론에 대한 연구에서 다음과 같은 결론을 정확하게 도출했다. "모든 감각작용은 언제나 수면충동(Schlaftrieb)과 반대로, 각성충동(Wachtriebes)의 활동을 감각과 지각에 대한 충동적 요구로서 이미 전제하고 있다. 유기체 보존을 위한 감각기능의 감시자적 성격은 이 충동에 뿌리박고 있다." 실더도 최면에 관한 그의 저작[11]에서 율동적으로 교차하는 정상적인 (병리학적으로 볼 때는 매우 다양하게 착란을 일으킬 수도 있는) 수면충동과 각성충동이 있고, 감관감각은 이에 종속한다는 사실에 주목했다. 피클러는 다음과 같이 말한다. "우리는 감각

---

11) 앞에서 언급한 실더의 책, 341쪽 참조.

할 때, 언제나 소망을 〈보다 좋게 말하면 '충동'을〉 감각하고, 언제나 오직 이 소망에 따라 감각할 따름이다. 감각작용은 자극에 순응하는 것에 대한 **충동활동**이고, 자극의 동화 및 변화무쌍한 환경에 대한 자기 개조를 매개로 한 우리의 존재를 유지하는 것, 좀더 강화된 자기를 보존하기 위한 충동활동이며, 우리의 충동과 무관한 자극에 의해 일어나는 흥분의 결과가 아니다. 반대로 자극은 이와 무관하게 현존하는 **자발적인** 충동의 충족수단으로서만 감각에 나타날 뿐이다."

피클러의 이런 근본생각[12]은 우리가 '지각의 철학'에 관해 서술한 것과 일찍이 『형식주의』에서 서술한 것과[13] 정확하게 일치한다. 피클러가 좀더 가까이 접근해간 공허한 시간과 공허한 공간의 현상을 이 감각의 굶주림(Empfindungshunger)을 **충족시키지 못한** 것으로 환원시킬 (따라서 예를 들어 권태는 덧없는 지속을 현저하게 증대시킨다) 때, 우리는 원리적으로 그에게 동조하지 않으면 안 된다. 그러나 여기서는 이 문제에 대해 상세하게 논의할 수 없다.[14]

2. 위에서 인용한 딜타이 논문의 두 번째 근본오류는 외부세계의 실재성 및 이 실재성에 관한 의식이 모두 (실재성을 소유하는 대신에) 어떻게 우리에게 주어지는지 하는 그의 문제제기 방식에 기인한다. 딜타이는 현상성(Phänomenalität), 즉 일반적으로 주어지는 모든 것의 원초적인 의식내재성에 관한 잘못된 명제를 가지고 (데카르트, 쇼펜하우어 등과 같이) 서술해간다. 그는 **몰아적 지식**이 (또는 몰아적 '소유'의 비지적인 소여성에서) 모든 의식에 선행하고, 존재와 존재관계 그 자체를 갖는다는 것이 모든 지식에 선행한다는 사실에 관해 알지 못했다. 그래서 우리는 도대체 저항경험이 어떻게 의식에서 **나와야만** 하는지를 더 이상 알지 못한다. 그렇기 때문에 딜타이도 바로 우리의 내면에 저항경험을 **원초적으로** 생겨나게 하는 것, 즉 우리의 정신·물리적인 **생명중심과 충동**

---

12) 피클러, 『감각생리학연구』(*Sinnesphysiologische Untersuchungen*) 참조.
13) 4판 색인을 참조—편집자.
14) 머지않아 간행될 나의 『형이상학』, 제1권을 참조.

중심의 주의충격과 운동충격에서 생겨나는 여러 측면에 따른 광범한 활동이 자아와 '의식'에 관계없이 체험되는 저항에 선행한다는 사실을 알지 못했다. 따라서 그는 충동-의식이 체험된 저항에 귀착되는 것이 아니라, 거꾸로 체험된 저항이 자신의 측면에서 반성작용을 불러일으킨다는 사실을 알지 못한다. 이 반성작용에 의해 충동충격이 의식될 수 있고 또한 의식적으로 동기화된다. 의식된다는 것 또는 '나와의 관계에 들어간다는 것'은 언제나 이런 관계가 생겨나는 모든 단계와 정도에서 먼저 세계의 저항을 우리가 받아들인 결과다. 나아가 그것은 중심적·정신적인 '나는 의지한다'와 대조해볼 때 바로 비(非)중심적인 것이고, 오히려 외부에서 우리의 의식된 자아에 나타나는 충동충격과 마찬가지로 생명중심에서 (공간적으로 신체영역으로부터) 우리의 의식된 자아에 주어지는 충동충격이 우리의 실천적·정신적 삶의 무의식적이고 전(前)의식적인 부분을 원초적으로 구성한다.[15]

3. 그러나 딜타이는 이 '의식의 문제'를 실재를 소유하는 문제와 혼동하고 있을 뿐만 아니라(이것은 잘못된 해결책이다) 또한 그렇기 때문에 실재의 문제와 엄밀하게 구별해야만 하는――내가 통상적으로 그렇게 불러온바――'영역'의 문제를 실재의 문제와 혼동하고 있다. 영역의 문제도 우리의 경우에는 외부세계 영역의 문제를 말한다. 즉 우리가 어떻게 외부세계 영역에 주어진 X를 실재적인 것으로 간주할 수 있는지를 묻는 대신에, 그는 우리의 '외부세계가 실재한다는 것에 관한 신념'의 근거와 동기가 무엇인지를 묻고 있다.――그리하여 마치 '외부세계를 소유하는 것'과 '외부세계에 있는 어떤 현실적인 것을 소유하는 것'(또는 외부세계 '의' 실재성)이 그 기원에서 볼 때, 동일한 과정에서 만나지 않으면 안 되는 것처럼 생각했다. 따라서 렘케는 딜타이 자신이 인용한[16]

---

15) 이 점에 관해서는 가이거의 적절한 해설, 「무의식적인 것의 개념과 심적 실재성에 관한 단편들」, 『철학과 현상학적 연구연보』(*Jahrbuch für Philosophie und phänomenologische Forschung*, 1921), 제4권을 참조.

16) 전집, 제5권, 104쪽 참조.

논문을 비판하면서 '의욕하는 사람이 외부세계를 전제하지 않고 어떻게 운동을 의욕할 수 있는지'를 묻는다. 이 점에서 그는 딜타이와 달리 매우 정확했고, 딜타이는 렘케의 비판을 반박할 수 없었던 것이다. 또한 딜타이는 실재를 소유한다는 문제와는 근본적으로 다른 영역의 문제가 다음과 같은 관계, 즉 실재의 문제란 (전혀 실재하지 않는 이념적 · 의식적 · 허구적인 대상영역을 제외한) 모든 '영역'에서 반복되는 것에 불과하다는 관계에서 제기되고 있다는 점을 간과했다. 한편으로 예를 들어 그림자, 거울 속의 형상, 가상(virtuelle Bilder), 무지개 등 매우 다양한 비실재적인 것이 외부세계의 영역에 있는 것과 마찬가지로, 다른 한편으로 '내부세계'의 영역과 신체영역, 다른 사람의 심적 영역, '신적인 것'을 지향하는 종교적인 영역에도 "무엇이 실재적이고, 무엇이 비실재적인가" 하는 물음이 당연히 생겨난다. 그 결과 딜타이는 다른 경우와 마찬가지로 여기서도 (어떤 것 '에 대한' 의식이라는 의미에서) 의식내재성에 관한 명제를 전제할 뿐만 아니라 물리적 소여성에 앞서 심리적 소여성의 우위에 대한 명증과 외부세계적 소여성에 앞서 내부세계적 소여성의 우위에 대한 명증이라는 이미 칸트에 의해 극복된 명제를 전제한다.──그리하여 딜타이는 심리적인 것에서 실재성과 의식된 현상 사이의 차이(분트)를 부정한다. 그래서 서로 환원될 수 없는 얼마나 많은 존재영역들(과 무엇에 대해 가능한 의식의 상관적 영역들)이 있는지의 물음은 모든 영역의 내용에서 동일한 것이고, 영역문제와 마찬가지로 그 자체 대자적으로 해결되지 않으면 안 되는 **실재성 일반의 소여성** 문제와 잘못된 관계에 빠지게 된다. 그런데 '외부세계'의 영역에 있는 존재는 형식적으로 (심적인 것은 '혼재하며'〔뒤섞여 존재함〕 근원적으로 내재적인 성격을 띤다는 것과 대조적으로)[17] 동질적인 시 · 공간적 '별재'〔別在, 따로 떨어져 존재함〕하는 모든 것에 의해 규정된다.

---

17) 『형식주의』, VI. A. 3, e, f, g 참조. 나아가 『가치전도』에 수록된 「자기 인식의 우상들」(1911)을 참조─편집자.

이 영역 자체가, (이 영역 내에 있는 사물의 본질존재적 규정성 및 배열과는 대조적으로) 그것이 무어라고 불리든지 간에, 간접적 경험의 결과라고 생각하는 것은 잘못이다. 외부세계성의 영역은 모든 주관에 근원적으로 주어질 뿐만 아니라 내부세계성의 영역에도——일찍이 칸트가 정확하게 보았듯이——[18] 이미 주어져 있다.

4. 끝으로 딜타이는 실재성의 (존재적) 생성에 관한 형이상학적 문제와 함께 실재의 소여성 문제가 지닌 필연적인 관계를 알지 못했다. 또한 실재성에 대한 충박과 '갈망'이 실제적인 존재에 선행한다는 사실과——충박 그 자체는 확실히 현존하지만, 충박의 입장에서 볼 때 아직 어떤 실재성도 지니지 못한다는 사실을 알지 못했다.

그러나 이런 오류를 제외한다면, 딜타이의 후기 저작은——특히 딜타이가 여러 측면에서 의지하는 멘드비랑의 심오한 통찰을 별도로 친다면——언제나 우리가 이 문제에서 갖는, 특히 그 현상학적 부분에서 갖는 최고의 것이다.[19] 주의적 실재론(voluntative Realitätslehre)에 대한 약간의 현상학적 증거를 우리는 다른 곳에서 기술했다.[20]

우리는 어떤 것의 본질존재를 감각적으로 지각하거나 사고하기 전에, 이 무규정적인 것의 실제적인 존재를 소여성의 계속적인 배열에서 파악한다. 예를 들어 어떤 물체의 실제적인 존재는 일군(一群)의 불변적인 지각가능성 또는 감각가능성(밀, 마흐)이 아니며, 오히려 감각가능성과 지관가능성에 앞서 주어지는 기체(Fundament)다. 따라서 이 실제적인 존재는 먼저 감각되지만, 어떤 실제적인 존재가 자발적인 주의작용의 과정에서 저항으로서 체험되기 전에는 다만 '가능적' 감각에 불과한 것이다. 이 실제적인 존재의 아직 공허한 '본질존재'를 다만 본질적으로 미리 지정된 장소(이것을 실제적인 것의 범주적인 현존재 형식이 비로

18) 『순수이성비판』, 「관념론 반박」(제2판의 보유)을 참조.
19) 딜타이, 앞의 책, 「실재성의 의식을 변경시킴으로써 확인되는 결론」의 장, 117쪽 참조.
20) 머지않아 간행될 나의 『형이상학』 참조.

소 제공한다)에 따라 감각이 채운다. 따라서 감각주의적 실증주의는 사태를 완전히 뒤집어놓는다.

멘드비랑, 부터베크(Bouterwek: 쇼펜하우어의 스승), 쇼펜하우어 자신과 형이상학적 형식에서 셸링과 E. v. 하르트만('현실적인 것은 세계근거에 의해 의욕된 존재이고, 사고된 존재가 아니다'), 최근에는——우리가 보듯이——딜타이와 프리사이젠-퀼러가 사물의 실재에 관한 명제를 의지적 행위에서 일어나는 특수한 저항의 경험에 기초하는데, 이것은 원리적으로 정확한 근본정위라 하겠다.

따라서 이 명제는 사고설정의 결과가 아니며, 지각과 지각이 가공한 산물 또는 사고에 지각을 덧붙여 (퀼페가 그의 저작,『현실화』에서 증명하려 한 것처럼) 그때마다 이 명제로 유도해갈 수 있는 어떤 것도 아니다. 이 명제의 묵시적인 정당화를 위해 오직 지적인 작용과 이 법칙의 법칙만이 언급된다면, 결과적으로 관념론에 빠질 수밖에 없다. 순수한 지성의 담지자는 절대적인 관념론자일 것이다. 가능한 모든 지적 작용의 상관항(Korrelat)은 바로 본질존재뿐이고, 결코 현존재가 아니다.——그리고 미리 주어진 실재성의 본질존재를 규정할 때, 또는 특정한 본질존재가 미리 주어진 실재성에 속하는지 않는지를 결정해야 하는 도중에 비로소 지적 과정이 작동하고, 특히 해당 영역의 본질적 특성에 근거하는 특수한 합법칙성의 사상은 모든 '비판적 실재론'이 일찍이 실재성을 설정할 때 이미 부과하려고 한 그 역할을 떠맡는다.

엔쉬가 철학과 인식론에 기여한 공적 가운데 하나는 주의작용의 변경이라는 역동적인 측면에 대한 저항의 의미를 실재체험과 이 체험이 등급을 형성해가는 단계에서 매우 정확하게 나타낸 것이다. 그는 이미『공간의 지각에 관하여』(Über die Wahrnehmung des Raumes)라는 저작의 계발적인 부록에서 최근에 특히 딜타이와 프리사이젠-퀼러에 의해 부활된 주의적 실재론 사상을 하나하나 개별적으로 심오하게 정초했다. 그래서 '의식의 성층구조'에 관한 그의 최근 연구와 특히 원초적인 자극효과가 어른들의 경험하는 감각과 지각이 아니라 젊은이들이 표상하고 지각하는 것 (지각의 형상과 잔재) 사이에 놓여 있는 '시각적인 직관상'이라는 사실을 증명한 것은 주의적 실재론을 (인식론적 측면에서) 매우 심화시킨 것이다. 또한 '실천가'(Praktiker)[21] 중에서 본래적인—— 동시에 실제로 오직 **개별존재에만** 관계하는 사람으로서—— '**실재론자**'를 찾은[22] 고대의 현자들이 말하는 것은 다음과 같은 옌쉬의 지적, 즉 직관상이라는 형상적 단계에서 실재성을 의식하는 것은 지각과 표상이 명료하게 구별되는 곳에서, 그리고 지각이 자극에 대한 비례성에 좀더 다가서 있는 곳에서 덜 불명료하게 형성된다는 옌쉬의 지적에 의해 현저하게 심화되었다. 왜냐하면 이 형상적 단계에서 형상은 지각의 단계보다 훨씬 유동적이고 느슨한 상태를 지니며, 이 형상 대상의 자율과 저항이 좀더 적은 까닭에 너무 쉽게 충동적인 소망에 따르고, 지각단계에서 형상은 비로소 이 소망과 명료하게 분리되기 때문이다. 그리하여 한편으로 **이론적인** 인간유형과 다른 한편으로 **형상적인** 인간유형이——다시 말하면 예술가적인, 특히 낭만적인 천재에게서 종종 보듯이, 성숙기에도 직관의 형상을 지니고 있는 유형의 인간이——왜 평균적인 보통사람보다 **불명료하게** 형성된 '실재성 의식'을 지니고 있는지를 우리는 이해하게 된다. 또한 두드러지게 명료성이 부족한 원시인들의 실재성 의식도 여기서 비로소 좀더 깊게 이해된다. 이런 원시인들에게 '표상'과 '지각'이 구별되지 않는 것과 마찬가지로 '소망'과 '의지'도 아직 구별되어 있지 않고, 자연에 대한 **마술적 권력의식**은 거의 한계를 모른다.

미리 알려지고, 미리 의식된 (존재와 자연, 내부세계, 외부세계, 신성의 각 **영역**에 대해, 나아가 물체의 응집상태, 예를 들어 하늘·땅 같은 자연의 부분들, 범주적 존재형식 등에 관해 미리 의식된) 체험으로서 실재성 체험은 존재하는 것에 대한 양식과 분배에 따라 인간이 사물에 대

---

21) 실천가를 인도하는 실천이성, 즉 목적 실현을 위한 이성은 당연히 목적 또는 목적에 관련된 모든 것의 실재성을 전제하며, 이런 의미에서 필연적으로 실재론자다. 아마도 셸러는 아리스토텔레스를 염두에 두고 쓴 말 같다—옮긴이.
22) 이 책, 2권에 수록된 「유고로 남겨진 수고에서 보완」, II 참조—편집자.

해 행하는 노동으로부터 생겨난 것이고, 또한 사물을 제어하고 지배하기 위해 조작하는 노력으로부터 생겨난 바로 저항경험에 거의 정확하게 대응한다.

인간정신이 형성될 때마다 언제나 변함없이 나타나는 특수한 합법칙성이 있다. 여기서는 의심의 여지가 없는 몇 가지만 언급해보자.

존재영역 속에 나타나는 모든 것에 '미리 주어지고', 서로 환원시킬 수 없는 존재의 '영역'에 대해 다음과 같은 법칙이 타당하다.

(1) 절대적·실재적인 것, 단적으로 말하면 '강력한 것'(과 강력한 것에 절대적으로 의존하는 것)의 실재성이 다른 모든 영역에 있는 실재성보다 앞서 주어진다. 즉 다른 영역에서 일반적으로 획득될 수 있고, 알 수 있고, 인식될 수 있다고 보이며 가능한 것으로서 기대되는 (지향적인 호기심과 지식욕의 대상이 되는) 본질존재는――이것은 또한 오직 가능할 뿐인 '과제'('물음의 태도')에 불과하다――그때마다 '신적인 것'의 변화무쌍한 내용의 기준에 따라 파악되고 평가된다.

(2) 동시대인들(Mitwelt)과 공동사회의 실재성은 너 영역(Dusphäre)과 우리 영역(Wirsphäre)[23]으로서 먼저 유기적 자연과 생명 없는 자연 (이에 따라 그때마다 구별이 일어난다)으로서 전체적인 자연에 앞서 주어진다. 이 실재성은 인간 외의 모든 자연의 개별적 본질존재가 소멸해버린다고 가정하거나 무규정적인 채로 버려져 있다 하더라도 '영역'으로서 남아 있고, 이 영역 속에 있는 어떤 실제적인 X로서 여전히 체험에 대해 존속한다. 그것은 외부세계와 내부세계의 영역에서, 또는 미리 주어진 영역 속에 있는 '우리'를 체험하는 범위 내에 '우리'에 속하는 각 개인들 사이에 본질존재적으로 동일한 것일 수 있는 것처럼 보이는 것의 영역에서 '나의 자아'에 대해서가 아니라 '우리'에 대해 (무엇보다 '선도'와 '추종'에 의해 그때마다 치환되는 '지도자'에게) 비로소 실제적인

---

23) 이 영역에서 실재적인 것, 현상학적인 것의 기저로서 자아(Ich), 우리(Wir), 너(Du)는 본질존재적·현상적이며 일반적인 의미에서 말하는 나, 우리와 구별된다ー옮긴이.

것이고, 또한 이들 영역에서 비로소 '실제적인' 것으로 '인정' 받는다. 나아가 '너'의 실재성과 어떤 공동사회 일반의 실재성이 자신의 고유한 자아라는 의미에서 '나'의 실제적인 존재와 이에 대한 단칭적 · 개인적인 '자기 체험'에 앞서 주어진다. 이 자기 체험은 오직 강력한 우리라는 체험과 우리라는 의식의 지배적 구조형식에 적합해 있는 한에서만 그 자체 실제적인 것으로 언제나 인정된다. 자기 관찰은 언제나 그 자신의 자아——이 자아는 마치 '다른 사람'의 것인 '양' 보일 것이다——에 대한 근원적 관찰이다. 자기 관찰은 그 지향에서 볼 때, 자기 자신의 고유한 자아를 향하는 경우에도 관찰의 형식으로서는 '타아에 대한 관찰'이다.

(3) '외부세계' 영역에 있는 어떤 것(=X)의 실제적인 존재는 (외향적이고 내향적인 태도의 상관적 영역으로서) '내부세계' 영역에 있는 어떤 것의 실제적인 존재보다 분명히 먼저 주었고, 따라서 외향적 태도에서 일어나는 (실험조작이든 인식이든 간에 거기서 일어나는 반대와 모순으로서) 저항, 억제, 당함[수동, Leiden]이 인간의 눈을 내부세계로 (먼저 우리의 내부세계로, 다음으로 나의 내부세계로) 비로소 향하게 한다. 다시 말하면 이런 눈길의 방향전환은 반-성적 작용의 한층 고양된 완성과 실행을 불러일으키는데, 바로 거기서 '내부세계'의 존재가 발견된다.

(4) '신체존재' 영역에 있는 실제적인 존재와 '생명존재'의 근원현상의 구조 속에 있는 실제적인 존재는 '생명 없는 존재'(생명적 존재의 결여태)의 영역에 있는 실제적인 존재보다 앞서 주어지기 때문에, 1차적으로 사정이 같다면 '외부세계' 영역 일반에 있는 모든 소여는 신체적이고 생명적인 것으로서 주어진다.——그리고 미몽에서 깨어난 특수한 실증적인 경험내용이 몇몇 외부세계적인 본질존재를 신체적이고 생명적인 것이 아니라 물체적 · 생명 없는 것(=존재자의 대자존재도, 내재존재도 없는 것)인 특별한 것으로 제시되는 한에서 그런 것이다.

실재성 체험 일반에 관한 각 영역에 나타나는 이 네 개의 선소여성 (Vorgegebenheit)의 법칙[24]은 인간정신이 발전해온 세 방향에서 확인된다. 즉 1) 어린아이로부터 어른으로의 발전, 2) 원시인으로부터 문명인으로의 발전, 3) 찬란히 빛나는 본래적인 정신사, 예를 들어 서양 정신사의 발전에서 매우 엄격한 방식으로 확인된다. 이에 대한 발달심리학적이고 역사적으로 언급될 수 있는 소재는 셀 수 없을 정도로 무수히 많다.

지금까지 모든 종류의 '의식관념론'(Bewußtseinsidealismus)이 '타자의 자아' 앞에 멈춰 서버렸다는 사실이 (명제 2) 너 영역과 너 영역에 정신적 주관을 실제로 설정하는 것이 외부세계와 내부세계의 영역에 선행한다는 사실에 대한 증거인 것처럼 보이는데,──이것은 결코 철학적 '독아론자'(Solipsisten)가 아니다. 이것은 이미 너의 실재성에 관한 우리의 확신이 근원적이고, 또한 생명 없는 세계, 아니 바로 유기적 세계에 관한 명증적 확신과 무관한 명증성을 지니고 있다는 사실을 충분히 증명하는 것이 아닐까? 또한 이 테제는 **사회조직의 근본형식**을 변경시키는 것과 함께 수반되는 특히 민족학자와 사회학자들이 제시하는 세계관의 변경과 생명 없는 유기적인 세계의 변경에 밝은 빛을 비춘다.[25]

명제 3은 데카르트와 내재철학(immanenten Philosophie)에 대한 분트의 비판에서 반복되고 정확하게 정당화된 것이다. 퀼페는 그의 저작, 『감각인상의 객관화와 주관화』(*Objektivierung und Subjektivierung von Sinneseindrücken*)에서 이 명제를 실험적으로 보강했다. 모든 정신사가──그리스 자연철학에서 프로타고라스와 소피스트의 심리학주의를 거쳐 소크라테스주의의 자기 인식으로 이행에서 가장 현저하게 ──이 명제의 진리성을 명쾌하게 증명해준다. 먼저 **억제와 당함**〔수동〕이 (예를 들어 자연에 관한 독단적인 사변의 '모순') 반성적 작용의 실행과

---

24) 나는 지금까지 이 네 법칙을 단지 부분적으로만 증명해왔다. 첫 번째에 관해서는 나의 『인간에 있어서 영원한 것』에 수록된 논문 「종교의 문제들」에서, 두 번째에 관해서는 『동정』에서, 세 번째와 네 번째에 관해서는 『죽음의 본질』과 『형이상학』에 관한 아직 간행되지 않은 강연집에서 상세하게 다루었다.

25) 이 점에 관해서는 뒤르켐의 『종교적 삶의 근본형식』(*Les formes élémentaires de la vie religieuse*, Paris, 1912)을 참조.

실습으로 유도해간다. 오늘날 인간의 '소박한 태도'는 주요 외부세계를 향하고, 또한 외부세계를 향하는 작용의 지식을 인간에게 부여하는 '자연적 반성'에 의해 수반된다.

이런 태도는 지각, 상기, 기대 속에서 몰아적으로 헌신하고 발달사적으로 오래된 (어린아이, 원시인, 동물의) 태도, 즉 자연적 반성을 결여한 태도(마취에서 깨어날 때도 이런 반성은 결여되어 있다)와 구별될 뿐만 아니라, 외부세계와 그 현존재형식 및 구분을 완전히 무시한 채 내부세계 자체를 파악하는 예술적인 반성의 태도와도 구별된다. 베르그송도 또한 당연히 우리의 사고형식과 언어가 1차적으로 전적으로 외부세계를 위해 '만들어진' 것이고, 모든 심리학에서 우리는 물체세계의 공간, 부가적 관계, 존재형식을 영혼의 소여성에서 통찰한다는 끊임없는 착각의 근원 속에 빠져 있다는 사실을 다시금 강조한다.[26]

끝으로 명제 4는 지금까지 그 근본적인 의미에서 가장 덜 인식되었던 부분이다. 외부세계에서 주어지는 모든 '소여'——모든 형태와 성질의 조합——는 1차적으로 생명적인 것의 자발적 행위로서, 그리고 표현의 장으로서 보증된다. 즉 물체는 '신체'라는 근원적으로 현상하는 양식의 활동적 사물로서 주어진다. 이것은 '감정이입'과 이른바 '인격화하는 통각'의——또는 그밖에 이 허구적인 과정을 어떻게 부르든 간에——경험과정 때문에 그런 것이 아니라, 엄밀하게 생득적으로 이해될 수 있는 우리의 유기체적 구조에 의해 그런 것이다. 우리가 먼저 모범적으로 우리 자신에게서 찾아내는, 다시 말하면 우리의 '신체'와 신체의 자발적인 행위와 표현경험에서 찾아내는 신체적인 존재와 생명적인 존재의 구조형식은 가능한 '감관감각'에 앞서 미리 주어진 근원적 형식이고, 이 근원적 형식에서 신체적이고 생명적인 존재의 구조형식을 설치하기 위해 감각을 받아들인다. 그렇기 때문에 진화론적 직관은 '생명 없는 것'으로 불렸지만, 유기체적·활력론적 세계관(organizistische, vitalistische

---

26) 『가치전도』에 수록된 '자기 인식의 우상들' 참조--편집자.

Anschauung), '살아 있는 것'으로 보고 또한 특수한 '생물학적인' 본질범주 속에서 파악하려 한 하나의 직관은 그때마다 이원론적인 직관이거나 다소간 기계론적인 직관을 필연적으로 전제한다. 아동심리학과 원시인의 정신성에 관한 연구가 이것을 증명해준다. 나아가 근세 초기(사회적으로 훌륭한 '생명공동체적인' 시대)까지 아리스토텔레스적 유기체설에 매혹되었던 서양 자연관의 정신사가 이것을 증명해준다.[27]

그렇기 때문에 세계를 유기체적으로 사고하는 모든 시대가 인식론적으로 볼 때는 실재론적으로 정위되어 있다는 사실과 철학적인 의식의 관념론이 실재론의 시대를 극복하는 동시에 또한 자연의 형식적 · 기계적 고찰을 함께 시작했다는 사실은 결코 우연이 아니다. 대자적으로 존재하고 더 나아가 우리가 끊임없이 통제할 수 있고 지배할 수 있는 것이 아니라 자발적인 운동 및 완결되어 있고 더 이상 분할시킬 수 없는 개체성과 함께 생명 없는 것인 동시에 '죽은' 것으로서 우리에게 주어지는 사물은 확실하게 그 실재성의 성격을 잃어버린다.──그리고 이러한 사물의 존재가 단순한 대상존재 속에서 오성에 대해 나타난다고 우리는 결과적으로 생각하지 않으면 안 된다. 따라서 오늘날 상대성물리학 (Relativitätsphysik)이 개척한 것처럼, 이론물리학의 엄밀한 형식적인 수학주의는 (생물학뿐만 아니라 모든 자연에서 기계학Mechanistik이라는 공동전제에서) 필연적으로 생명 없는 세계의 '관념론'을 함축한다.

왜냐하면 이런 세계관은 확실히 엄밀하게 '보편타당하고' 상호 주관적이지만, 어떤 대상에도 더 이상 '실재성'을 부여할 수 없기 때문이다. 단순한 변환의 방정식과 절대적 불변성(예를 들어 광속) 속에는 어떤 '실재성'도 귀속되지 않고, 오직 '타당'만이 주어질 따름이다. 아니 나머지 모든 직관적인 존재가 '관찰자의 입장'에 대해 '상대적'이라면, 또한

---

27) 조앨(K. Joäl)의 『정신과 세계』(*Seele und Welt*, 1911); 뷸러, 『아동의 정신적 발달』(*Die geistige Entwicklung des Kindes*); 코프카, 『심적 발달의 근본특징』(*Grundzüge der psychischen Entwicklung*); 레비-브륄의 『원시인의 심성』(*La mentalité primitive*); 나의 『동정』을 참조.

마침내 에테르가 없어져버리고 절대적인 힘의 중심에 관한 모든 가설이 표면상 유기적으로 제약된 삽입물로서 폐기된다면, 우리는 절대적인 관념론을 피할 수 없다. 물론 확실히 기계적 자연론의 엄밀한 형식적인 수학주의와 관념론은 이미 뒤앙이 보았던 것처럼, 자연 전체가 유기체적으로 정돈된 형이상학을 승인할 뿐만 아니라,——그 실용주의적인 피제약성이 정확하게 파악된——유기체적 자연형이상학에 대한 새로운 길을 강압적으로 요구한다는 점을 이미 우리는 위에서 지적했다.

우리는 우리의 고찰을 아직 좀더 확장시킬 수 있다. 각 영역의 실재성을 설정하는 네 법칙은 다음과 같은 경우, 즉 저항적인 것이나 실제적인 것이 어떤 영역에서 그리고 어떤 서열에 따라 우연적으로 큰 것이 아니라 비록 같은 우연적인 상황이라도, 본질적으로 더 큰지를 분명히 한다면, 좀더 좋게 말해 그때마다 새로운 크기의 서열에서 생성된 것이라는 점을 분명히 한다면, 일반적인 주의적 실재론에서 연역적으로 도출될 것이다. 그것은 사물에 대한 우리의 지배와 가능한 모든 지배와 지배를 목표로 하는 '오성'에 의한 사물의 규정가능성과 이해가능성이 상대적으로 좀더 미약한 곳——과 사상 자체의 본성에 나온 좀더 작은 곳——에서 뚜렷하다. 그러나 사물에 대한 우리의 지배는 절대적 존재에 대해서는 최소한이 되는데, 그것은 이런 절대존재가 실제로 있고, 다시 말하면 지고(至高)의 힘에 따라 '전능한' 것으로 정립되어 있는 한에서 최소한이 된다. 세계기 엄밀하게 예측가능한 운동익 이념적 메커니즘과 유사하다면, 그런 한에서 그리고 유사한 만큼, 사물에 대한 우리의 지배는 최대가 된다. 이 지배는 크기의 서열에 따라 볼 때 인간, 동물, 식물에서 정신 이하의〔즉 정신이 아직 나타나지 않은〕유기적 삶에 대해서보다도 인간의 인격에 대해 훨씬 미약한 것이다.——왜냐하면 자유롭고 자발적으로 자기 자신을 완성시켜가는 것은 바로 '정신적 작용'의 본질에 속하므로 우리는 '자유로운' 정신존재로서 인격을 정신적 존재의 승인 없이는 인식할 수도 없고, 정신적 활동을 지배하고 강제할 수도 없기 때문이다.

그러나 사물에 대한 우리의 지배는 살아 있는 것에 대한 것이 생명 없는 것에 대한 것보다 비교할 수 없을 정도로 미약한 것이다. 왜냐하면 유기적인 것은 그 자동현상에도 불구하고 자신의 고유한 목표를 국면에 따른 일회적인 발달에서 추구해가고(동일한 것에서 반복될 수 없고, 따라서 엄격하게 예정될 수 없고), 우리 자신에 의해 개체와 전체로서 분할되지 않기 때문이다. 나아가 유기적인 것의 생성요인은 실험적 개입을 통해 엄밀하게 서로 분리시켜 고립화시킬 수 없기 때문이고, 또한 모든 개입은 전체를 함께 변경시켜 관찰되는 과정을 변화시키기 때문이다.

따라서 이런 근거에서 각 영역의 실재를 설정하는 서열도 또한 그 지배하는 방식과 전혀 다른 것일 수 없다. 순수 형식적 · 기계론적으로 생각된 현상세계에 대해 칸트의 선험적 오성은 그 법칙을 '미리 기술'(vorschreiben)한다. 그러나 세계가 유기적인 것을 현실적으로 포함하는 한에서——그리고 단지 가상적인 유기체, 즉 유기적인 것을 은폐된 은밀한 메커니즘으로서 포함하고, 그 속에서 다만 우리의 정신이 삶의 '가상'을 내면적으로 담지하는 그런 가상적인 유기체가 아닌 한에서——세계에 대해 오성은 결코 어떤 법칙도 미리 기술할 수 없다. 오성은 일어나는 것을 기다리지 않으면 안 된다. 모든 생명적으로 일어나는 본질존재를 (단지 선행적으로 일어나는 시간차의 내용에 의해서가 아니라) 그 전체적인 소질과 역사를 통해 결정한다는 것, 모든 행위의 '역사적 반작용의 기초'(드리슈), 모든 유기적인 것의 '기억'(Mneme, 헤링), 오직 해당 생명주기의 질적 국면의 단계서열에서 상태가 지닌 시간적 위치에 의해서만 살아 있는 실체의 각 상태를 '다른 것으로 변경시킬 수 있다는 것'(Andersheit),——이 모든 정식화가 표현하는 것은 다름 아닌 동일한 사실이다——이 모두는 인과관계의 통찰을 우리가 결여하고 있기 때문에 생명의 사건을 엄밀하게 예견하고, 따라서 생명의 사건을 완전히 제어할 수 없다. 아니 사상 그 자체에서는 불가능한 것이다. 여기서는 기껏해야 사건의 국면상의 규칙 또는 시간서열상의 규칙을 발견할 수 있을 뿐이고, ——계량적으로 명료한 시간적 계기의 법칙은 불가능하다. 그러나 이 규칙들도 자유로운 인격 중심의 의욕과 행위가 문제되는 곳에서는 사라지고 만다. 또한 행위의 **본질존재**를 인격의 (절대적) 개체성에 의해 스스로 규정하고 의지의 명령을 작동시킴으로써 (또는 실행시키지 않음으로써) 행위의 **현존재**를 스스로 규정하는 것이 문제되는 곳에서도 저 규칙들은 사라지고 만다.

　여기서 모든 시간적 · 공간적 다양성을 넘어선 '인격'의 생명적 · 유기적인 현존재의 토대와 활동의 토대를 마련하기 위해 여전히 많은 것이 객관적으로 올바르게 '예견'되어야 할 것이다. 아니 인격적 태도가 의미통일적으로 동기화되는 과정을 추(追)체험적으로 '이해함'으로써 '이해'가 끊임없이 점점 제로(0)한계에 다가가는 유기적이고 생명 없는 자연의 대상세계에서 예견되는 것보다 훨씬 사실적으로 용이하고 훌륭하게 '예견'되어야 할 것이다.——그러면 또한 사상의 본성에서 나오는 인격의 태도에 대한 동기화는 결코 '강제적인' 것이 아니고, '필연적으로 작용하는 것'도 아니다. 따라서 실제적인 것에 대한 엄밀한 '결정론'은 다음과 같은 전제, 즉 실제적인 것 속에는 참으로 생명적인 것도 참으로 인격적인 것도 **없다는** 허구적인, '~와 같은'(Als-ob)의 전제 아래서만 가능한 것이다. 그러나 그것은 모든 형식적 · 기계적 세계관을 사실적으로 만들지만 **실천적인 동기**는 좀처럼 자각하지 못하는 전제이고, 세계가 끊임없이 제어가능 '해야만 한다'는 그 자체 완전히 불합리한 공리를 전제하는 것이다.

지식사회학의 결론적 고찰

이상의 우리 연구는 지금까지 근대의 발전과정에서 형식적 · 기계적인 자연관의 철학적 평가에 관해 단적으로 어떤 거대한 변화가 일어났는지를 보여준다. 이 역사적 과정이 '유물론'과 우리도 승인하는 최근에 서술한 이론 사이에서 서로 복잡하게 얽혀 있다손 치더라도, 이 과정의 기본방향과 주요국면은 매우 확실하다. 이 방향은 자연을 절대적이고 실재론적으로 해석하는 것과 달리 점점 증대하는 형식적 · 기계적인 자연관의 상대화를 향해 가고 있다. 라이프니츠, 칸트에 이르기까지 근대철학에서 주요 철학자들을 거의 모두 망라할 뿐 아니라 나아가 실증주의와 실용주의 중에서 주요 철학자들도 (흄, 콩트, 스펜서, 마흐) 여기서 새로운 상대화를 암시한다. 그러나 물리학에서는 적어도 헤르츠에서 아인슈타인과 플랑크(M. Planck)에 이르는 가장 위대한 연구자들조차도 점점 증대하는 형식화, 수학화와 동시에 탈질료화를 나타내고, 이론물리학의 대상을 실제적 · 절대적으로 해석하는 것을 포기하고 말았다.[1] 헤르츠가 그의 유명한 전자기 기본방정식(電磁氣 基本方程式, elektromagnetischen Grundgleichung)을 질료적 · 기계론적 의미에서 해석하는 것을 단념했을 때, 그리고 이 낡은 요구와 반대로 물질의 역학을 이 기본방정식에 종속시켜버리는 헬름홀츠의 시도가 나타나자마자, 그때 그것은 이미 형

---

1) 뒤앙의 『물리학 이론의 목표와 구조』(1908)를 참조. 헤링, 『자연과학의 철학』 (*Philosophie der Naturwissenschaft*, München, 1923)도 이 내용을 매우 잘 언급하고 있다.

식화의 길로 나아가는 중요한 한 도정(道程)이었다.

오늘날 낡은 질료적·기계론적 자연관은 이미 과거의 사실이 되어버렸고, 결코 다시금 부활하지 않을 것이다.[2] 상대성의 물리학은 무한한 '절대' 공간, 무한한 '절대' 시간, '절대' 운동──이 무한한 공허 형식 속에 떠 있는 '물질의 외딴 섬'이라는 우스꽝스런 표상──등의 개념을 제거해버렸다. 이 무한한 공허형식은 마흐의 훌륭한 기초 작업에도 불구하고 아인슈타인에 이르기까지의 체계에서 원리적·정합적으로 배제된 적이 한 번도 없었다. 그럼으로써 상대성의 물리학은 철학적으로 칸트 및 칸트에 앞서 라이프니츠에 의해 파괴된 모든 실재론적·기계론적 자연관의 기본전제를 실증과학에서 완전히 일소해버렸다. 양자론은 낡은 질료적·기계론적인 자연관의 인과개념을 뒤흔들어놓았고, 통계학적 방법은 '자연법칙'의 오래된 기계론적 개념을 뒤흔들어놓았다. 최근에는 '에너지 일원론'(Energetik)의 화려함도, '에너지보존의 법칙'도 모두 통계학의 희생양이 되고 말았다.

이 책의 전반부에 수록된 논문〔「지식사회학의 문제들」〕이 이런 역사 과정을 사회학적 방법이라는 의미에서 고찰한 것이라면, 여기서 나는 이 논문〔「인식과 노동」〕에서 언급된 문제와 앞의 논문에서 다뤄진 문제들 사이의 변천에 관해 약간 지적하고 싶다.

즉 기계론적 자연론이 근원적으로 실재와 절대를 설정한다는 것은 모두 지식사회학적으로 어떤 의미를 띠는가? 이렇게 묻는다면, 그 대답은 하등 어려울 것이 없다. 이렇게 기계론적 자연론을 끌어들이는 것은 기계론적 자연론이 제시하는 타당성과 비타당성의 한계 내에서 엄밀하게 형식적인 이론으로서 결코 파괴될 수 없는 권리를 지닌다. 즉 '모든 기술론의 기술론'으로서, 자연에 대한 인간의 지배와 동시에 간접적으로 인간에게서 정신을 해방시키기 위한 영속적인 사상적 지도자와 관리자로서

---

2) 막스 플랑크, 『물리학 개론』(*Physikalische Rundblicke*, Leipzig, 1922)에 수록된 논문, 「기계적 세계관을 위한 근대 물리학의 지위」(Die Stellung der neuen Physik zur mechanischen Weltanschauung)를 참조.

권리를 기계적 자연론은 지니고 있다. 그러나 형이상학적인 이론으로서, 자연인식과 세계 일반에 관한 가능한 지식에 이르기 위한 다른 모든 양식의 길을 차단해버림으로써 기계적 자연론은 또한 필연적으로 정신의 말살과 모든 자유의 파괴로 나아간다. 요컨대 기계론적 자연론은 향상되어 가는 '시민사회'의 한 '이데올로기', 바로 이익사회에서 기본적인 최고 이데올로기였다. 이 새로운 사회인 이익사회는 이데올로기에서 단순히 '노동의 장'에 불과한 것을 세계 자체와 그 존재학(Ontik)과 혼동했고, ── '노동과 인식' 사이의 경계를 없애버렸다. 중세적 제도로서 아리스토텔레스-스콜라적 철학과 형이상학은──그 진리요소는 매우 한정되어 있다──이 새로운 기계론적 철학의 이론적 근거에 굴복한 것이 아니라 우선 그 실천적 성과에 굴복한 것이다. (다시 말하면 중세의 철학과 형이상학에서 진리요소란 예를 들어 존재론적 기본관점, 실재론, 성질, 형식, 형태, 이념, 목표활동 등의 객관성을 말한다.)

중세의 아리스토텔레스-스콜라적 철학과 형이상학이 그 실천적 결과에 굴복한 이유는 역사적으로 볼 때 실천적인 목표설정이라는 좁게 한정된 특정한 인식의 과제에 새로운 견해를 상대화시켰다기보다는 스스로 새로운 견해에 맞섰기 때문이다.──그리하여 중세의 철학과 형이상학은 자기 자신을 순수이론으로 간주한다. 아리스토텔레스-스콜라적 견해가 궁극적으로 새로운 견해에 필연적으로 패배하고 만 이유는 자기 스스로 만들어낸 세계상이 세계의 시간적 · 동적인 측면을 아는 것이 아니라 단지 정적(靜的)인 측면만 일면적으로 아는 데 그쳤기 때문이다. 그밖에 아리스토텔레스-스콜라적 세계상은 생태주의(Biomorphismus)로서 무기적인 것과 정신적인 것의 특성을 근본적으로 오해했기 때문에 새로운 견해에 패배하고 말았다. 이때 오해란 중요한 생명공동체를 지닌 각각의 문화가 수공업적 기술과 상응한다고 본 생태주의가 만들어낸 것이다. 또한 아리스토텔레스-스콜라적 세계상은 세계 이해를 위한 본래적인 실제원리를 전혀 지니지 않았기 때문이다.

이 연관에 상응하여 기계론적 자연상과 기계론적 세계상의 계속적인 상대화는 사회학적으로 또한 하나의 새로운 제한을 의미한다. 즉 그것은 시민사회에서 다양하게 분화되고, 시민사회에 대항하여 점점 증대해가는 투쟁관계에 빠져드는 새로운 계급의 발생을 통해 (시민사회의 핵으로서) 부르주아지적 기업가연합(bürgerlichen Unternehmertums)의 힘과 역사적 의미를 끊임없이 새롭게 제한시키는 것을 의미한다. 어떤 지식일지라도 모두 노동의 도구로 삼는 심각한 오류를 지닌 철학적 실용주의는 실재론적이고 순수지성주의적으로 이해된 기계론적 자연론의 '이데올로기'에 대해 새로운 프롤레타리아 계급의 대항이데올로기(Gegen-ideologie)를 만들어낸 것에 불과하다. 그러나 계급으로서 부르주아지 계급도, 프롤레타리아 계급도 교양의 지식과 구제의 지식에 대해서는 전혀 비창조적이다. 이런 교양과 구제의 지식이라는 사실에 대해 두 계급은 모두 언제나 생기 없고 경직된 교회의 전통을 거의 그대로 답습하고 있을 따름이다.

그러나 여기서 새로운 프롤레타리아 계급(unterbürgerlichen Klassen)에 대한 배타적인 '이데올로기'의 부당함과 오류 또는 착각이란 결코 일어나지 않는다. 이들이 말하는 철학적 실용주의와 마르크스주의는 전혀 무의미하다. 우리가 지적했듯이 부르주아지적 기업가연합이 요구하는 많은 합리주의적 형이상학에 대한 그들의 실용주의적 이해만이 상대적으로 정당화된다. 그러나 다른 한편으로 시민계급의 대표적인 학자와 연구자들이 끊임없이 새롭게 '순수' 자연인식을 요구하고, 순수 자연인식이 가능하다고 할 때, 시민계급도 전적으로 정당한 것이다.——다만 자기 스스로 '순수' 자연인식의 내용이라고 간주한 것의 상대적으로 실용주의적인 제약성을 파악하지 못했다는 점이 시민계급의 잘못일 뿐이다. 시민계급은 철학을 실재론적으로 파악된 기계론적 과학의 노예, 즉 '새로운 과학'(nuova scienza)의 노예, 과학의 계급이데올로기적 노예로 전락시켜버렸다.——중세에는 철학을 '신학의 노예'라 했는데, 사회학적으로 보면, 이것은 인간 가운데 특히 경계해야 하는 '가축'을 돌보는 봉건적 · 성직자적 권위를 지닌 계층의 노예인 것이다——이 시대에는 진지한 철학과 형이상학은 다만 소수의 교양 있는 엘리트가 자신의 주위에 사람들을 불러 모으는 '고독한 개인'의 일이 되어버렸다(예를 들어 스피노자, 라이프니츠, 칸트, 헤겔, 쇼펜하우어, E. v. 하르트만). 야비하고 권위적인 교회의 가르침이 이와 병행해 나타나지만, 교회의 가르침은——삶과 행위를 실제로 이끌어가는 시민계급의 현실적 형이상학과는 결합되지 못한다. 이 교회의 가르침은 아주 고귀한 계몽의 시대에 와서 완전히 이론적 파산선고를 받는다. 그 후 19세기에 와서는 본래 혁명적이었지만, 후에는 '권위와 전통' 속으로 도피해버린 **시민계급** 자체에서, 즉 근원적으로 민주적 · 혁명적이었던 시민계급의 **자손들** 속에서 대중통제의 **실용주의적** 도구('민중을 위한 종교')로서 생명 없는 위조된 신앙이라는 두드러진 첨가물을 다시금 획득한다. 반항적인 대중에게 '겸허한' 신앙의 '전형'을 부여하기 위해 우리는 결국 자기 자신의 가장 오래되고 가장 강력한 것을 '신앙하게' 된 것이다.——그러나 우리는 분명히 유물론이라는 시민적 형이상학의 의미에서 신앙을 수행한다. 시민계급이 지닌 이런 양식의 '종교'를 마르크스는 자신의 계급적 이해를 나타내는 단순한 '이데올로기'라 부르는데, 이것은 매우 **정당한** 것이다.——그러나 그는 아주 어리석게도 종교와 형이상학이 모든 시대에 언제나 이와 똑같은 것이었다고 가정하는 오류에 빠지고 말았다(유물사관).

고도자본주의 시대에 이런 지적 문화의 한심스런 상태는 다만 한편으로 기계론적 형이상학을 **상대화**하고 '현실적으로' 순수 **자연인식**을 향상시키려고 노력하며, 다른 한편으로는 좀더 현실적인 철학과 형이상학을 고양시키려는 과정에서 서서히 극복될 수 있을 따름이다. 이런 상태는 성장하고 발전하는 자본주의가 순수인식하는 인간과 동시에 다음과 같은 인간, 즉 권위적인 계급이론과 부르주아지적이고 프롤레타리아적인 형이상학의——다시 말하면 절대적인 기계론과 철학적 실용주의의——관계를 모두 파괴시켜버린 인간의 모든 **층**을 다시금 담지할 수 있도록 하는 것에 의해 극복될 것이다. 인간적 지식 발전의 미래는 이런 엘리트 가운데 있고, 이들의 수중에 달려 있을 따름이다. 과학과 마찬가지로 철학도 그들의 수중에서 자연과 인간을 간단히 기술적으로 지배하려는 관심에 대한 무가치한 봉사에서, 마찬가지로 하층계급이 요구하는 점점 증대해 가는 르상티망(Resentement)에 찬 지배를 혁명적으로 분쇄하고자 하는 관심에 대한 무가치한 봉사에서 점차로 다시금 분리될 것이다. 교회의 봉사정신과 신낭만주의 정신의 해체에서 현재 외견상으로 나타나는 역행은 계속되지 않을 것이다. 그것은 환멸을 느낀 상층계급이 지금까지 '가장 안전한 고향'으로 도피해버리는 것을 의미하고, 이 안전한 고향은 세계대전[3])과 이어지는 혁명의 와중에서 자본주의 사회가 인내해야 하는 점점 증대하는 격동의 피안에 서 있다.

그러나 참으로 철학적이고 형이상학적인 정신을 새롭고 자립적으로 고양시켜갈 때, 미래가 있을 따름이다.

---

3) 제1차 세계대전을 말한다―옮긴이.

대학과 시민 단과대학

"종합대학은 단과대학의 집합체로 와해되고
말았기 때문에, 남아 있는 유일한 '발전'은
노골적으로 전공과목의 교육과 직업교육의
양성기관이 되는 것이다."

대학개혁 문제와 시민 단과대학 설립 문제의 불가분성

이른바 시민 단과대학(Volkshochschule)이 그 일익을 담당할 수 있는 한에서 독일의 시민교육을 일종의 새롭고 조직적으로 파악하려는 과제에 독일 대학(Universität)이 협력할 것을 호소하고 또한 그럴 만한 자격이 있는지, 있다면 어떤 방식으로 협력을 해나갈 것인지 하는 것이 하나의 문제이며, 이 문제를 실천적으로 해결하는 것은 독일 시민교육의 정신과 본질, 목표, 조직을 깊이 통찰하는 것에 못지않게 독일 대학 그 자체의 정신과 본질, 목표, 조직을 심도 있게 통찰하는 것이 된다. 정말이지 개략적으로 말한다면, 대학이란 오래전에 확고하게 이미 주어진 검증된 현실성——수세기에 걸친 역사적 소산——인 반면에, 새로운 양식의 조직적인 시민교육과 이에 필요한 조직화를 요구하는 것은 새로운 것, 생성 중에 있는 것, 불안정한 것이고,——본래 스스로 실현해가야 할 시상에 불과한 것이다. 따라서 전쟁과 혁명[1] 이전에 독일 국민들 가운데서 일어난 시민교육에 관한 많은 운동들이 교육이란 '위에서 아래로'의 과정을 거친다는 규칙을 통해 이른바 '대학확장운동'(Universitä-tsausdehnungsbewegung)[2]이라는 독특한 형태로 나타났다는 사실은

---

1) 여기서 전쟁은 제1차 세계대전을 말하고, 혁명은 1918년에 일어난 독일의 11월 혁명을 말한다—옮긴이.
2) 공개강좌, 청강생제도 등을 통해 대학을 국민 일반에 개방하자는 운동을 말한다. 이런 대학개방운동은 제1차 세계대전 이전에 이미 영국과 미국, 독일 등지에서 활발하게 일어났으나, 셸러가 비판하는 것은 이런 운동이 대학의 일방적

전혀 놀라운 일이 아니다. 여기서 '확장'이라는 모습은 어떤 존재와 질에 관해서는 변하지 말아야 하고, 오직 작용범위와 세력범위만 넓혀가야 한다는 틀리기 쉬운 관념을 나타낸다. 그러나 전쟁과 혁명 이후 오늘날——적어도 우리가 논의를 본질적으로 국한시키는 독일에서——사태는 전혀 다른 것이다. 대학은 **자체적으로** 옛날부터 누려온 확고불변한 위대함을 더 이상 지니고 있지 않다. 대학 그 자체가 경제적 의미나 사회적인 평가라는 점에서 살아남기 위한 처절한 투쟁에 더 이상 나서지 않고 있고, 대학에 뿌리를 둔 학문적 소명들, 학생들이나 대학의 교직원들도 마찬가지로 살아남기 위한 투쟁에 나서지 않고 있다. 그뿐만 아니라 대학은 스스로 지도자를 양성하는 최고학부라 간주하고 있음에도, 심각한 곤경에 빠져 대규모로 거의 고소당할 지경에 처해 있다.——이 고소가 정당한지, 부당한지는 차후의 문제다. 새로운 시민교육이 특히 이익을 줄 것이 틀림없는 시민계층, 즉 노동자계층에서 나온 불신감, 즉 아직은 우월감이라고까지 말할 수 없는 통렬한 불신감의 조류가 대학을 향해 밀려오고 있다. 아마도 대학확장에 대해〔말할 수 있는 이보다 더〕적절한 심정의 태도는 없을 것이다.

이에 덧붙여 오늘날 우리 문제를 특히 어렵게 만들고 혼란시키는 것은 다음과 같은 사실이다. 그것은 공화적이고 민주적인 신생 독일에 상응하는 새로운 시민교육에 대한 요구, 시도와 더불어 **동시에** 다소 광범위하지만 독일 **대학 자체에 대한** 개혁이 요구되고 있다는 사실이고, 또한 개혁이 이미 단행되고 있다는 사실이다. 사정이야 어떻든 간에 이른바 대학확장운동은 대학 그 자체의 정신과 본질을 완전히 변경시키려는 역풍을 견뎌내야만 한다. 이 점을 전적으로 간과한다면, 오늘날 당면한 문제에서 우리는 이미 확고하게 주어진 위대함(즉 대학의 본질)과 가변적이고 생성 중에 있는 위대함(즉 시민교육) 사이의 관계를 문제 삼는 것

인 주도로 이루어졌고, 청강생의 요구를 충분히 수렴하여 이루어진 것이 아니라는 점이다─옮긴이.

이 아니라, 두 개의 가변적이고 생성 중에 있는 위대함(즉 대학확장운동과 시민운동) 사이의 관계를 문제 삼게 된다.[3]

대학이 시민 단과대학을 지도할 수 있는지의 문제와 다른 한편으로 대학 자체의 개혁문제는 서로 불가분적으로 얽혀 있다는 확신──따라서 독일 시민교육의 근본문제로서 대학확장운동이 시민 단과대학에서는 더 이상 전혀 문제될 수 없다는 확신──은 향후 모든 고찰을 위한 중요한 출발점을 형성하는 것처럼 보인다. 그렇게 대규모적인 것도 아니었고 또한 비체계적이었던 전쟁 전의 독일에서 일어난 대학확장운동은── 오스트리아에서는 특히 하르트만[4]이 이 운동을 착수한 이래, 독일에서 보다 훨씬 강력한 운동으로서 국가에 의해 추진되고 있다──확고하고 부분적으로는 경직되어 있지만, 매우 자부심이 강한 **부르주아지 문화**의 아성에서 탈피하여 국민 대중을 교육시키려는 시도였다. 그러나 그 교육내용의 선정과 제공방식은 부르주아지 문화의 학식 있는 담지자들에 의해 거의 독점적으로 결정되었다. 정치적 신념의 육성과 강화라는 국가정책상의 관점과 자기 세력 범위 내에 있는 반(反)부르주아지적 교육을 위해 거대한 조직을 만들어낸 사회민주주의에 대항한 '투쟁'(이와 유사한 것들에는 가톨릭주의, 가톨릭국민운동 중앙당Zentrum,[5] 보로메우스회[6] 등이 있다)이 그 교육내용의 선정에 지대한 영향력을 미쳤다. **노동자 대중 그 자체 가운데서 자발적으로 우러나오는 정신적 운동**이 전문

---

3) 괄호는 옮긴이가 추가한 것이다-옮긴이.
4) 하르트만(Ludo Hartmann, 1865~1924): 오스트리아의 역사학자, 정치가, 사회주의자-옮긴이.
5) 1859년에 프로이센 의회의 가톨릭파가 만들었다. 중앙당은 국가로부터 교회의 자유를 지킨다는 명분으로 결성되었으며, 계급적 구성상으로나 사상적으로 광범위한 지지자를 지녔음에도 교회문제 외의 국내문제나 외교문제에 간섭하지 않음으로써 가장 유약한 모습을 보여준다. 1874년부터 제1차 세계대전 전까지 총선거에서는 언제나 제1당 내지 제2당의 지위를 누렸다-옮긴이.
6) 이탈리아의 가톨릭 성자로 로마의 바티칸 아카데미 등지의 학교 도서관 설립에 기여한 보로메오(Carlo Borromeo, 1863~1920)에게서 연유하는 것으로 가톨릭문학 장려운동과 도서관활동의 보급에 기여했다-옮긴이.

적이고 기술적이거나 단지 당파적인 정치교육 이상의 것을 획득하고 쟁취하기에는 역부족이었다. 또한 교육내용과 그 시행형태를 노동자들 스스로 함께 결정한다는 방식도 이에 못지않게 갖추어져 있지 않았다. 모든 것이 일종의 자선이라는 성격을 띠고 있었다. 조직적이지도 못하며, 최고 교육층의 부를 누리는 계층으로부터 여기저기로 파편처럼 떨어져 나온 그런 것들이었다.──원하는 자는 누구든지 주워 모아도 좋다! 그러나 오늘날에는 낡아빠진 자부심, 그런 교육의 경직성과 고정성이 근본적으로 흔들리고 있다. 이와 함께 국민 대중 스스로에게서 자발적으로 우러나오는 운동이 일어나고 있다. 우선 순전히 인간도야를 요구하는 이 운동은 점점 일반적인 노동시간의 단축으로서 일찍이 힘을 지녔던 데멜[7]의 ‘오직 시간을!’ 하고 외치던 소리를 약화시켜버렸다. 이에 덧붙여 이른바 프롤레타리아의 ‘세계관’과 종래의 당파적 훈련과 당파적 교육의 지반에 선 운동의 단순한 진전을 금지시켜버린 마르크스주의 그 자체가 심각하게 동요되고 있다.

　매우 외면적인 조직의 문제를 우리가 고찰하려는 중심에서 밀어내지 않으려면, ‘대학과 시민 단과대학’ 문제라는 매우 착종된 국면에도 불구하고 우리는 먼저 우리나라 국민 전반이 요구하는 교육과 지식에 대한 수요에 관해 매우 새롭고 종합적으로 전망해보고, 종래의 독일 교육제도의 체계가 과연 이 수요에 상응하는지, 또한 상응한다면 어느 정도 상응하는지를 묻는 것에서 출발하지 않으면 안 될 것이다. 왜냐하면 이 물음 속에서 우리는 대학개혁의 문제와 함께 시민 단과대학의 큰 문제에 대한 포괄적인 통일과 근거를 발견할 것이기 때문이다. 나아가 지금까지 우리 독일의 교육양식이 지닌 잘못과 결점의 징후를 특별히 고려하면서, 개혁될 대학과 시민 단과대학이 스스로 설정한 목표에 주목해야만 할 것이다. 이로부터 비로소 대학과 시민 단과대학이 협동하기 위한 실천적 기구의

---

7) 데멜(R. Dehmel, 1863~1920): 독일의 인상주의, 상징주의에 속하는 서정시인─옮긴이.

문제로 나아갈 수 있는 것이다.

　아래에서는 우선 대학개혁의 문제를 대학과 시민 단과대학의 관계에 대해 의미를 지니는 한에서 다루어갈 것이다.

I. 대학개혁을 위하여

독일 대학 내부의 모순들, 그 해결책과 독일 교육제도의 재건

근대의 문명화된 서구 시민들의 최고 교육시설의 주요목표는 다음과 같다.

1) 서구 시민의 공동역사가 노력해서 얻은 최고의 지적 재산과 교양적 재산을 가능한 한에서 잘 그리고 충실하게 보존하고 계승하는 것.
2) 국가와 교회, 사회에 공헌하는 모든 '전문인', 모든 종류의 공무원, 자유직업인, 상인 등의 직업교육과 전문교육을 위해 가능한 한에서 방법적 · 교육학적으로 효율적인 교수와 지도가 일어나야 한다는 것.
3) 학문적인 연구를 방법적으로 계승하는 것.
4) '일반적인 교양외 과제'를 해결함으로써 인간적인 인격성을 가능한 한에서 전면적이고 정신적으로 형성하고 도야하는 것. 결국 이것은 인격의 전형을 통해 이 교양의 과제에 지고한 생명력을 불어넣는 것이며, 각 개인은 이 전형적인 인격을 모범으로 삼고, 또한 자기와 자기의 태도를 측정하는 척도로서 받아들일 것이다.
5) 모든 지적 재산과 교양적인 재산을 시민의 다양한 계층과 계급에 걸쳐 가능한 한에서 정확하고 간결하게 목적에 상응하여 전달하는 것. 따라서 이것은 최고학부와 연구시설, 교육시설 및 각 개인이 자기 인생과 시민학교(Volksschule)를 통해 배운 것을 중계하는

중간적 교육기관의 매개에 의해 일어난다.

시민교육의 문제는 이에 속한다. 따라서 시민 단과대학의 문제도 이에 속한다고 하겠다.

다음과 같은 사실, 즉 종래의 독일 제도가 4), 5)의 두 과제에 대해 대부분 기여하지 못했다는 점은 매우 확실하다. 그러나 앞의 세 과제에 관해서도 또한 개혁이 필요하다. 이것은 국가적 입장에서도 공공연하게 인정되고 있는 사실이다. 즉 프로이센의 문화장관 베커[1]는 1918년 『도이치 알게마인 자이퉁』(*Deutschen Allgemeinen Zeitung*)이라는 신문에서 다음과 같이 단언한다. "우리 대학생활의 개혁에 대한 필요성은 상당히 일반적으로 인정되고 있다. 개혁의 요구는 교수진으로부터 가장 적었고, 학생들로부터는 좀더 강하게 요구되고 있으며, 가장 강한 개혁의 요구는 당연히 대학의 후진들과 강사들, 그리고 대학이라는 좁은 테두리 안에 들어 있지 않은 많은 지식계층들로부터 나왔다."

여기서 나는 먼저 다음과 같이 묻고 싶다. 위에서 간략하게 서술한 다섯 과제를 우리 독일의 교육시설은 〔과거에는〕 어떻게 분담했으며, 또한 지금은 어떻게 분담하고 있는가? 앞으로는 어떻게 분담되어야만 하는가? 기존의 시설들과 결부시켜볼 때 어떻게 분담이 가능한가?

전쟁 전의 상태에서 독일 교육시설의 매우 특이한 점은 모든 근대 국민이 문화정책으로 해결한 중대과제가 단 하나의 유일한 기관에, 즉 독일에서는 종합대학이라는 기관에 일방적인 방식으로 그 유래를 찾아볼 수 없을 정도로 결부되어 있다는 사실에 있다. 이로부터 대학의 정신적 조직체 내부에는 심각한 모순이 생겨나고, 이 모순은 점점 증가해가는 추세다.

독일의 대학은 모든 대학들이 다 그렇듯이, 중세에 그 기원을 두고 있다. 아니 내 생각에는 대학이란 오직 중세사회와 교육조직에만 적합한 최

---

1) 베커(C.H. Becker, 1876~1933): 독일의 근동학자, 정치가. 1916년에 프로이센 주의 문화장관이 되어 대학 및 중등교육행정을 담당했다—옮긴이.

고 교육시설의 형태다. 특히 대학이 지닌 중세적인 요소는 그것이 스스로 설정한 임무와 독일 대학이 다른 나라의 대학보다 **오랫동안** 유지해온 임무의 원시적인 획일성과 **미분화**에 있다. 이미 그 명칭이 말해주듯이, 종합대학(Universität)은 예를 들어 '단과대학'(Hochschule)이라 불리는 기관처럼 특정한 목적에 봉사하는 것이 아니다. 단과대학은 언제나 공업대학, 상업대학, 농업기술양성대학 등 '무엇을 위한' 대학이다. 종합대학의 명칭에 대해서는 이와 같은 '~을 위한'이란 말을 붙일 수가 없다. 아니 이와 정반대로 종합대학은 '전체'(totum)이고, 모두를 포괄하는 것, 즉 지식과 교육의 **'종합체**'(universitas)를 나타낸다. 제한된 목표를 대학의 이념은 거부한다. 종합대학의 사상이란 말하자면 우리가 고서점에서 이따금 펼쳐놓고 있는 그런 유의 책들을 대규모로 모사한 것에 불과하다. 그 첫 장에는 인간이 어떻게 창조되었는지가 보고되어 있고, 나머지 부분들은 신학과 지리학, 자연의 주요방향과 인간역사의 주요국면들을 요약적으로 발전시키고 있을 따름이다. 이 오래된 시설에서 **학문연구** 그 자체는 중세적인 질서에서 생겨난 것인바, 전통의 **계승** 및 교수와는 반대로 훨씬 **후퇴**한 것들이다. 모든 **교양**은 무엇보다 먼저 종교에 의해 생기를 띤다. 다른 한편으로 중세에서 **교양**의 과제들은 종래에는 전혀 분화되지 않았던 전공학과에서 **학문적인 전공교육**과 매우 밀접하게 관련된 형식으로 **점철**되어 있으며, 이것은 18세기까지 계속되어왔다. 오늘날에도 여전히 살아남은 중세 이래의 기묘한 화석인 철학부가 전문과학을 철학이라는 '모든 학문의 여왕' 아래서 강력하게 총괄하고 있다. 절대주의 국가가 봉건주의에 유래하는 명예직의 관리계급을 서서히 내쫓음으로써 처음으로 조성된 전문직화된 국가관료제가 아직은 없다. 자유직업은 그리 수가 많지 않고, 경제관료는 아무도 없다.

라틴어는 교육의 영역을 국가적인 영역으로 좁히는 것을 방해한다. 라틴어는 칸트가 말하는 저 "세계시민적인 학자들의 공화국"[2]을 존립

---

2) 이 말은 독일의 애국적 종교시인인 그로프슈토크(Grofstork)의 논문, 「독일의

시키기 위한 근본전제를 형성한다. 새로운 **자연과학과 정신과학**, 특히 (이런 새로운 자연과학과 정신과학이 생겨난 바로 그 모태인) 모든 근대 철학은 극히 작은 예외를 제외하고는 모두 이런 대학 밖에 존재하고, 대부분 대학의 스콜라적 교수활동과 첨예하게 대립하면서 생겨난 것들이다. 예를 들어 칸트에 이르기까지 근대의 최고 철학자 대부분이 대학의 교수였던 사람은 아무도 없었다. 칸트 역시도 '교수'로서 자기 자신과 '연구자'로서 자기 자신을 매우 예리하게 구별하곤 했다.

그런데 그 역사적 전제에서 **오늘날 독일 대학**을 이해하려 한다면, 우리는 다음과 같은 점을 분명히 해야 한다. 즉 그것은 독일 대학이 '종합체'라는 위에서 말한 중세적인 형식을 원칙적으로 견지하고 있고, 또한 대학 자치의 기원은 아주 멀리까지 소급되지만 절대주의 국가에 의해 점차로 파괴되어버린 자치의 잔재에 의해 다양하게 채비를 갖춘 다음, 대규모의 개혁을[3] 통해 원리적으로 **새로운 형태**를 띤다는 사실이다. 이 개혁은 프로이센의 해방전쟁 동안에 착수되었고, 개혁의 지도자들은 탁월하고 멀리 내다볼 줄 아는 여러 장관들과 협조하여 일을 진행시켜나갔다. 이런 지도자적 인물 가운데는 먼저 베를린대학 초대 총장인 피히테와 국왕에 의해 받아들여진 베를린대학 설립 초안을 기초한 슐라이어마허(Schleiermacher), 훔볼트 형제, 그중에서도 특히 독일의 교육제도 형성에 가장 큰 영향을 미친 것으로 생각할 수 있는 훔볼트(Wilhelm von Humboldt),[4] 슈베른[5] 등을 들 수 있다. 이들이 등장했을 때 문제

지식인공화국」(die deutsche Gelehrtenrepublik, 1774)에서 이미 사용한 계몽시대 학자의 이념을 나타내기 위한 말이지만, 피히테와 훔볼트는 또한 새로운 대학의 모습을 표현하기 위해 이 말을 사용한다—옮긴이.

3) 아래에 서술된 근대적 대학의 이념과 제도를 확립한 베를린대학교의 창설을 말한다—옮긴이.

4) 슈프랑거의 『W. v. 훔볼트와 교육제도의 개혁』(*W. v. Humboldt und die Reform des Bildungswesens*, Berlin, 1910)을 참조.

5) 슈베른(J.W. Süvern, 1775~1829): 교육학자. 1809년부터 프로이센 문화부의 자문역—옮긴이.

는 특히 "'시민계급'(Bürger)을 그 직접적인 경제적 · 정치적 관계의 협로에서 해방시키고, 그들의 의식을 신분적인 제약에서 자유롭게 하며, 그들의 정신을 단지 공리주의 이상의 것으로 고양시키는 것"이었다.[6] 피히테는 그의 국가사상 자체가 이미 강력한 세계시민적인 색채를 띠고 있었고, 또한 '국민'(Nation)이란 말로 국가적인 '사업' '세력신장' '경제' 등을 생각했던 것이 아니라, 먼저 **국민적 정신문화(언어)**를 염두에 두고 있었다.[7]

이런 피히테 자신은 베를린대학이 무엇보다도 독일 국민의 정신적인 교육기관이라는 성격을 심어주려고 애썼지만, 슐라이어마허는 자신의 순수한 학문적인 방향에서 나온 설립안을 가지고 이에 대항했고, 또한 자신의 뜻을 관철시켜나갔다. 학문연구와 인간도야──이것이야말로 개혁에 즈음하여 이 사람들의 관심이 하나의 중심을 이루게 한 목표였다. 그렇기 때문에 **직업교육과 전공교육의 문제는** 그들의 개혁에서 근본적으로 탈락되고 말았던 것이다. 당시에 존속하고 있었던 몇몇 군사학교, 공업학교, 예술학교도 정신적으로 이들이 제창한 제도의 깊은 영향 아래 있었다. 우리는 먼저 대학에서 받은 본질적으로 철학적이고 인문학적인 교양에서 벗어나 어떤 직업에 다가가야만 한다.

이런 사실은 무엇보다도 **전문** 단과대학들(공업대학, 상업대학, 농업대학, 수의대학, 임업대학, 광산대학 등)이 왜 거의 모두 종합대학 **밖에**서 생겨났는지 그 이유를 설명해준다. 또한 현재 종합대학 그 자체는 주변 정황의 억압 아래 있는 주요업무라는 점에 비춰볼 때 이미 오래전에 하나의 집합체, 그것도 상당히 임의적인 **전공학교(Fachschulen)의 집합체**로 변질되고 말았지만, 그럼에도 현재의 종합대학은 전공학교가 지녀야만 할 정신을 지니고 있는 것이 아니라 **학문적 연구를 촉진시키는 것**에

6) 슈프랑거의 『문화와 교육』(*Kultur und Erziehung*, Leipzig, 1919), 30쪽 참조.
7) 피히테의 『폐쇄적인 상업국가』(*Geschlossener Handelsstaat*, Berlin, 1800)는 이런 정신적으로 정위된 국가사상에서 필연적으로 연역된 합헌적이고 경제적인 하부구조를 나타낸 것에 불과하다.

서 대학교원의 심정과 견해에 상응하는 자신의 임무를 찾고 있다. "대학은 다만 연구자, 즉 학자를 양성한다는 생각을 언제나 교수들이 고수해왔다"고 베커는 말한다. 그는 계속해서 다음과 같이 말한다. "그러나 대학은 또한 학문에 기초하는 각종 직업을 위한 양성소이기도 하다. 우리나라 대학생의 95퍼센트는 일생을 통해 한번도 연구에 종사한 적이 없다." 그럼에도 이런 젊은 사람들은 오늘날 대학에서 그들의 직업양성을 위한 강의를 받고 교육받는 것이 아니라 꼬마 연구자로서 교육받고 있다.——특히 국외의 도처에서 거의 악평을 받고 있는 독일 학위논문이 이에 대한 또 다른 증거다. 그것은 학문의 채석장에서 비록 사소한 것이라 할지라도 안경을 쓰고 찾아낸 많은 돌조각들을 연마하지 않으면 안 되고, 이로써 학위를 위해 지원한 사람들은 다만 '박사'라 불리는 칭호를 갖고 집으로 돌아간다. 이 칭호는 대부분 사회적 의의밖에 지니지 못하지만, 결혼이나 다른 목적에 유리한 칭호다. 교수가 되려는 많은 젊은 이들은 이런 처사로 인해 자기 자신을 먼저 교사(Lehrer)로 느끼는 것이 아니라 연구자(Forscher)로 느낀다. 그들은 또한 자신의 교수능력과 교직생활로 평가되기보다 학문적 업적으로 평가된다고 알고 있다. 그들은 교직생활을 대부분 부차적인 일로 본다. "이것은 미래의 고등 교사들(Oberlehrern) 경우처럼, 어디서도 분명히 드러나지 않는다. 그는 교사가 되려는 것이 아니라 학문적인 언어학자, 자연과학자, 수학자로 교육받아왔다. 그는 결코 교사가 아니다"라고 베커는 말한다. 그들은 국가공무원으로서 실제적인 활동과 임무에는 전혀 어울리지 않는 연구자라는 직업이념을 통해 자신을 측정하기 때문에, 마치 신학생들이 사제나 교구목사가 아니라 학문적인 문헌학자와 역사학자로 교육을 받는 것처럼, 당연히 깊은 불만을 자주 느낀다.

1. 오늘날 독일 대학에서 최초의 근본적인 모순은 실제로 주변정황을 고려해볼 때, 대학이 더 이상 '종합체'로 존재하는 것이 아니라 전공학교의 집합체로 변하고 말았다는 점이며,——그럼에도 불구하고 전공학교가 되려는 것이 아니라 연구자에 의한 연구자 양성기관으로 남으려 한다는

점이다. 대학은 '부끄러운 전공학교'가 되고 말며, '양심에 수치를 느끼지 않는 사악한 양심'을 지닌 전공학교가 되고 만다.

그러나 이런 독일 대학만이 지닌 독특한 원리인 교수와 연구의 통일이라는 원리로부터 생겨난 결과는 결국 이 양자 모두에 대해, 즉 직업지도와 함께 연구에 대해서도 문제를 야기하고 있다는 점이다. 한편으로 직업학교에 필연적으로 속하는 소재의 공급(Stoffüberlieferung)이라는 과제는 연구자의 본성을 지닌 사람들에게는 부담이 과중하다고 느낀다. 그렇기 때문에 그들은——좀더 참된 연구자일수록——이중생활을 하게 된다. 그들의 능력과 시간은 어떤 '유능한 직업인 집단'(tüchtige Gesellenschaft, 베커)을 좀더 훌륭하게 지도할 수 있기 위해 사용된다.

그들은 스스로 지루하게 느끼는 것을 다시금 되씹고 있다. 그들의 애정은 연구를 향해 있기 때문에, 이 소재의 공급을 소유할 수 있는 유일한 정신적인 고무(Beseelung)에 대해서는, 즉 매우 정밀하게 고찰된 소재의 공급이라는 교육학적 방법의 연구에는 대부분 전혀 관심을 보이지 않는다. 그래서 그들의 힘을 연구로부터 빼앗아버리는 잘못된 방향으로 낭비시키는 것이 결코 잘한 일은 아니라는 반성이 종종 일어난다. 수천 권의 교과서에 게재되어 있고, 지원자들이 집에서 자기 학습만 한다면, 강의를 듣지 않더라도 배울 수 있거나 또는 적절하게 복습함으로써 보충할 수 있는 것들을 그들은 높은 강단에서 강의하지 않으면 안 된다. (강의는 적어도 기본개념과 방법론에 관한 것에 한정되고, 소재의 공급은 다른 쪽에서, 예를 들어 세미나와 초급 세미나에서 이루어져야 한다면, 그것만으로도 충분할 것이다. 그래서 베커는 종래의 강의와 세미나의 비중을 반대로 시행할 것을 권고한다.) 그러나 다른 한편으로 연구도 또한 이런 제도에 의해 적지 않게 상처를 받는다. 예를 들어 동물의 비교생리학과 같은 학문은 모든 대학에 개설될 수 없다. 이에 종사하는 사람들 모두에게 생계가 보장되지 않는다. 지식의 진보에서 뛰어난 성과가 있는 다양한 학문영역의 한계 속에 가로놓인 문제들은 직업을 둘러싸고 설치된 전문분과 어디서도 명확하게 들어맞지 않기 때문에 쉽사리 등한시된다. 연구자가 종사하는 사실적 연관은 바로 정신을 전혀 다른 길로 이끌어가는데, 그것은 전문과학과 직업에 기여하는 지식의 한 영역을 목적에 따라 요약한 것에 불과하다. 최근 20년간 독일의 학문에 대해 외국 사람들이, 그것도 독일에 호의적인 나라의 사람들이 비난을 퍼부었는데, 이 비난이 전적으로 부당하다고만 할 수도 없다. 이들이 말하는 어떠한 학문의 공리화(Utilitarisierung der Wissenschaft)라는 것도 사실은 이에 근거를 둔 것이다. 학문적인 문제들에 대해 일찍부터 결단을 내렸어야 하는 것이 이러한 공리화를 통해 쉽게 일어난다. 교수는 전문학과의 교사로서 쉽사리 "나는 그것을 모른다"라고 말해서는 안 된다. 교육의 실천은 결단을 요구한다. 이것은 연구자의 건전한 회의와 비판에 상처를 입힌다. 그러나 직업교육과 전문학과 교육은 거의 상처를 받지 않는다.

더욱이 교수는 자신을 '본래' 연구자로서 느낀다. 그들의 정신은 직업 교육이 필요하다는 사실을 말해주는 현재와의 접촉(Gegenwarts-kontakt)도 충분히 하지 않고, 실재와의 접촉(Wirklichkeitskontakt)도 좀처럼 하지 않는다. 직업의 특수한 관점에서 볼 때 (판사로서 성격, 의사다운 성격 등) 각자의 성격과 의지, 마음의 태도라는 직업교육에서 매우 중요한 일들을 그들은 거의 고려하지 않는다. 세상물정에 어두운 소학자와 공허한 지성주의자들이 충분히 신뢰할 수도, 직장에서 응용할 수도 없는 학문적 지식을 배(腹, Bauche)에 가득 담고 대거 대학에서 쏟아져 나오고 있다. 지식은 풍부하지만, 어떤 입장을 취할 것인지와 이런 입장의 결정에 필요한 책임감과 공동책임감에는 전혀 마음을 두지 않는다.——유감스럽게도 객관적인 눈으로 볼 때 이것이 우리 독일의 대학을 떠나는 지적 청년층에게서 종종 받는 인상이다.

2. 그러나 오직 연구와 전공지도 또는 직업지도 사이에만 어떤 긴장 관계가 있는 것이 아니다.——이런 긴장관계는 한편으로 대학이 당면한 연구와 지도라는 두 가지 과제 사이에서, 다른 한편으로 대학이 스스로 목표로 설정한 좀더 고차적인 정신적 일반교양과 인격도야라는 과제 사이에서도 적지 않게 나타나고 있다.——아니 대학이 독일에서는 거의 유

일한 제도로서 문제되고 있다.

여기서 교양 일반의 결핍이라는 위에서 언급한 결핍 가운데 독일에서 가장 심각한 것에 관해 언급해보자.[8] 우리는 훔볼트, 피히테, 슐라이어마허 등이 철학, 역사, 종교, 시, 예술학을 통한 인간도야를 대학개혁의 제1과제로 든 것을 보았다. 괴테가 "학문과 예술을 지키는 자는 또한 종교를 가진다"라는 말을 했을 때 염두에 두었던 것도 바로 이런 종류의 철학적이고 인문학적인 학문인데, 괴테의 이 말은 그 당시에는 의미심장한 말이었지만, 오늘날에는 완전히 틀린 말이다. 그리스도교 정신에 면면히 흐르고 있고 세계를 향해 열려 있는 철학적 범신론도 이런 종류의 학문과 결부된 것이다. 이런 의미의 '교양 ── 그것은 인격적인 교양의 전형으로서 역할을 수행해온 교사들 가운데서 획득되는 것들이다 ── 을 소유함으로써 젊은 사람들은 그다음으로 직업을 구하고 전공분야를 탐구하게 되며, 이제 그들은 하나의 세계, 즉 그들이 미리 그 구조를 습득한 세계 전체 속에 이른바 그들의 전공분야가 '제한'되어 있음을 본다. 이런 사실은 그에게 자신의 전공분야에 관한 견해와 개관, 신실함과 겸손을 준다. 나아가 이것은 관할지역의 사람이 공무원이 되고 관할의 장벽 앞에서 국가의 전체 조직과 국가가 필요로 하는 것에 맹목적으로 추종하는 것을 억제하며, 또한 학식 있는 상인이 오직 자신의 직업적 이익만 추구하고 다른 것은 전혀 고려하지 않는 태도를 취하는 것을 방해한다. 민족적 삶과 국가적 삶의 전체 속에서 자신의 고유한 직업적 의미와 특수한 직업의 에토스는 모든 사람들에게 개방되어야 한다.

일반적인 교양과 전공교육 사이의 비율은 19세기를 넘기면서 모든 대학에서 완전히 역전된다. ──물론 그것은 대학에 책임이 있는 것이 아니라 주변 정황의 강요에 따른 것이다. 그동안 인격의 정신적 형성과 형태화를 위한 새로운 형식과 제도가 대학과 병행해서 나타나지 않았던 것이

---

8) 이 책, 2권에 수록된 「유고로 남겨진 수고에서 보완」, III. 1 참조. 이 보완원고는 근본적으로 강연 초고를 텍스트로 한 것이다─편집자.

다. 교양학부 (즉 facultas artium liberalium)와 같은 것은 생겨나지 않았다. 독일 대학생은 예를 들어 영국 대학생처럼 먼저 2년간 일반교양을 쌓는다는 목적에 몰두하지 않고, 대개 곧바로 전공을 선택하고 가능한 한 신속하게 생계를 꾸려가고 직업을 얻기 위한 길로 들어선다. 그 결과 그들은 일반교양의 목표를 단지 자신의 전공과 직업학습을 위해 매우 유용한 '주석'쯤으로 간주할 따름이다.

여기서 이름으로서나 사실로서 아주 무서운 두 가지가 생겨난다. 즉 '교양전문과목' 또는 '교양과목들' '교양시험'이란 것이 그것인데, 이것은 바로 '나무로 만든 철'과 같은 소리를 내는 말이 아닐까! 물론 학설과 학과도 이 교양과목이라는 새로운 발명에 따라 개조되어야 한다. 철학은 논리학과 과학방법론, '철학사' 또는 실험심리학이 된다. 헤겔 시대에는 철학이 모든 학문의——여왕(Könnigin)이 아닌——여전제군주(Despotin)였지만, 이제는 전문과학의 시녀 또는 스스로 전문과학이 된다. 이것만으로도 충분하지 않다. 즉 전공과목 또는 각 학과의 기본개념이 세계관을 구성하는 개념, 세계를 규정하는 개념에까지 확대되어야 한다는 사태가 발생한다.[9] 이것은 전공과목이 모두 철학이고자 하는 전공과목의 무정부상태를 초래하고, 아니면 학과의 경직화, 비밀의 어법을 사용하는 종파를 형성한다는 사실을 의미한다.

물론 이런 철학의 형태가——나는 여기서 개별인물을 들어 말하고 싶지 않지만, 그들은 종종 매우 유능했을지 모른다——독일에서는 일반적으로 정신적인 교양의 형성에 영향을 미칠 수 없었다. 그동안 이런 생각을 품었던 사람들은 대학 밖에 있던 천재적인 기인(奇人)들, 즉 쇼펜하우어, 니체, E. v. 하르트만, 체임벌린[10] 등이다. 독일해방전쟁 시대에 새

---

9) 이 점에 관해서는 후설의 『엄밀한 학으로서 철학』(*Philosophie als strenge Wissenschaft*, Logos I, 1910)과 『인간에 있어서 영원한 것』(*Vom Ewigen im Menschen*, Leipzig, 1921)에 수록된 나의 논문, 「철학의 본질」을 참조.

10) 체임벌린(H.S. Chamberlain, 1855~1927): 영국에서 태어난 독일의 사상가, 인종학자—옮긴이.

로운 국가정신을 불러일으킨 철학 및 단지 학식 있는 청년층뿐만 아니라 성인층과 지식층의 관심을 그리고 독일뿐만 아니라 러시아, 유럽과 미국의 관심을 최고로 일깨워주었고 여전히 일깨워주고 있는 철학은 독일에서 **국민적인 교양**의 요인으로서는 거의 상실되고 말았다. 문헌학, 역사학, 문예학, 예술학에 관해서도 이와 유사하게 말할 수 있다.

이것은 모두 강력하게 성장해온 학문이지만, 여기서도 독일정신이 지닌 형안과 명민함, 근면, 정밀함에 힘입은 바 크다. 그러나 **종합**은 대개 전공논문을 종합적으로 제본하는 수준에 머물고 만다. 미학적 관심이 문예학과 예술학에서 배제되고, '철학적 관심이 철학사에서' 배제되고, 종교적 관심이 신학에서 배제되고, 고전적 전형에 대한 관심이 '역사적'인 문헌학에서 완전히 배제되고 만다. 이런 순수탐구적인 특수과학이 획득한 미증유의 성과 있는 모든 것으로부터 정신적인 지식계층을 위한 **종합적인 교양의 자산**(synthetisches Bildungsgut)으로서 인간 속에 체계적으로 제공된 것이 아무것도 없다고 할지라도, 이런 자산을 제공하는 것은 학식 있는 사료연구와는 다른 것이며, 결코 가치가 낮은 것이라고 말할 수 없는 하나의 과제다. 이런 일을 시도한 사람으로서 나는 ——최근에 군돌프[11])가 저술한 『셰익스피어』와 『괴테』에서——전문적인 작업의 감시자들이 아닐까 하고 생각해왔고 또한 그렇게 생각하고 있다. 이런 전형의 정신과 의미에서 **전형적인 인격**에 따라 정신을 도야하는 것은 감시자들에게 '행패'(Allotria)다.

3. 그러나 오늘날 '교양'은 적지 않게 **연구**에 대한 긴장관계를 취하고 있고, 단지 전공교육에 불과한 것이 아니다. 교양의 문제에서 중요한 것은 역사 속에서 서서히 육성되어온 것을 촉진시키는 것이 아니며, 하나의 방법에 따른 작업이 아니라 한 개인의 마음이 인격으로서 확고한 **형태**를 취하게 하는 것이다. 다시 말하면 인간의 성장과 **형태**를 위해 성과 있는 인식으로 삼는 것이다.——인간은 쾌락이나 만족을 위해 노력하는

---

11) 군돌프(F. Gundolf, 1880~1931): 독일의 문학자, 문예사학자—옮긴이.

것이 아니라 인간 속에 있는 **정신적 인격**을 위해 노력한다.[12] 우리는 이런 의미의 교양을 전공교육 및 직업교육과 더불어 독립된 과제로서 추구할 뿐만 아니라 전공과목 그 자체의 일반적인 교양가치, 예를 들어 식물학과 법학 등에서 '철학적인 것'을 자신의 것으로 삼으려 한다. 이런 노력에 의해 정신적 인격함양이라는 교양에 도달할 수 있다는 상황을 슈프랑거[13]는 옹호하지만,[14] 이 점에서 나는 이 훌륭한 연구자의 생각에 동의할 수 없다. 교양은 모든 방면에 걸친(allseitige) 것이 아니라면 교양이 아니다. 화학자는 자신의 전공이 지닌 교양가치를 파악함으로써 예를 들어 그의 종교적 **신념**과 국가적 시민으로서 신념 및 의사를 어떻게 발전시킬 것인가? 그리고 슈프랑거가 어떤 전공과목의 철학적 교양가치 (philosophischen Bildungswert eines Faches)라고 부른 것도 세계 전체를 모든 방면에서 포괄하는 철학과 교양이라는 빛 아래서 비로소 눈에 보이고 파악될 수 있는 것이다. 전공연구와 분리된 정신적인 연구를 통해 형태와 교양을 각인시킨 사람에게만 자신의 전공과 전공에 한정된 의미와 의의가 인간생활의 다양한 과제와 의미를 조직하는 체계적인 연관 전체 속에 들어 있다는 사실을 찾아내는 것도 또한 가능해진다. 그리고 나서 우리는 전공을 세계 전체 및 생활의 모든 과제와 연결시키는 선을 지각하는 것에 비로소 하나의 특수한 과제를 부과할 수 있다.

더욱이 (교양이 가능한 모든 문화 속에서 낭만적인 '무책임한' 모험과 유랑, 두루 느낄 수 있는 것을 의미해야만 하는 것이 아니라면) 특정한 역사 속에서 형성된 가치들에 대한 **가치판단**이 불가능하며, 또한 모든 인간적인 결단이 없는 교양도 불가능하다. 그러나 이것은 필연적으로 순수연구와 마찬가지로 또한 순수직업적이고 전문적인 학습도 모두 배제시켜버린다. 그렇기 때문에 막스 베버가 대학에서 국민경제학에 대해 가

---

12) '교양'에 관한 상세한 본질탐구는 나의 강연, 「지식의 형태와 교양」 속에 담겨 있다.
13) 슈프랑거(1882~1963): 현대 독일의 철학자, 교육학자—옮긴이.
14) 슈프랑거의 『문화와 교육』, 31쪽 참조.

능한 한에서 가치판단을 떠나 경제적 인과관계만을 제시할 것을 요구한 것은 너무나 당연한 일이다.[15] 그러나 바로 그렇기 때문에 세계관적인 교양의 과제가 무성격적이고 인격적인 태도결정에 무능력한 논리적·기술적인 자동인형을 육성해서는 안 된다. 그렇다면 직업교육과 전문교육뿐만 아니라 본래 연구활동과는 독립적인 고유한 교화와 육성의 장을 찾아내지 않으면 안 된다.

4. 그러나 독일에서 대학은 이런 과제뿐만 아니라 시민의 다양한 계층에 지식과 교양을 전달한다는 과제를 적어도 간접적으로 위임받고 있고 또한 부담을 지고 있다. 이런 위임과 부담은 다양한 방식으로 일어날 수 있다. 부분적으로는 대학이 그 문호를 좀더 활짝 연다는 형태로 일어난다. 예를 들어 대학에서 청강생을 받아들일 수 있는 여지를 좀더 확대시키고, 청강생의 자격을 대폭 완화시키거나 자격소지에 대한 증명을 좀더 너그럽게 해주는 것이 한 방법이다. 하이델베르크대학은 이런 의미에서 문호를 특별히 개방한 대학이다. 나아가 다른 방법으로는 잘 알려진 것처럼 시민 단과대학을 다만 연방 또는 각 주의 특별입법조치에 의거한 지도방침에 따라 자립적이고 독자적인 교수진을 갖춘 대학으로 만들어갈 것이 아니라 이른바 **대학확장운동**이라는 형태로나 대학의 방학 중에 강의실에서 대중을 위한 공개강좌를 개최하는 형식으로 꾸려가는 것이다. 그리하여 대학교원들(Universitätsdozenten)에게 위임된 교육, 연구, 교양의 전달이라는 이미 언급한 **근본적으로 다른** 세 과제를 이들은 교육학적 견지에서 근본적으로 다른 이들 목표에 대한 자신의 적합성을 특별히 검토해보지 않더라도 수용할 수 있을 것이다. 피히트[16]는『미래의 독일 시민 단과대학』이라는 저작에서 다음과 같이 서술하고 있다.[17]

---

15) 막스 베버의『직업으로서 학문』(1919) 참조.

16) 피히트(W. Picht, 1897~): 독일의 문필가. 제1차 세계대전 후에 국민교육과 단과대학운동을 전개했다―옮긴이.

17) 피히트,『미래의 독일 시민 단과대학』(*Die deutsche Volkshochschule der Zukunft*, Leipzig, 1919), 18쪽 참조.

"독일에서 내부를 향한 문화적 침략정책이 진지하게 추구되어야 한다면, 그 도구는 시민 단과대학에 왕관을 씌운 시민교육을 위한 추구노력 전체가 되어야 할 것이다. 그렇게만 된다면 단과대학들이 대학의 첨가물처럼 취급되는 것을 막을 수 있다. 대학에서 언제나 지엽적인 문제, 제3등급의 업무 또는 비전임 강사들을 위한 수입원과 실습실을 마련하고자 하는 상태에 머물고 마는 대학확장운동은 결코 일어나서는 안 된다." 나는 이 의견에 전적으로 동의한다.

오늘날 우리 독일 대학의 본질과 존재에 잠재해 있는 (베커가 인정하는) 심각한 모순이 근본적으로 해소되지 않으면 안 된다.

개별적으로 언급하기 전에 먼저 해결책을 제시하기 위한 이념적 방향, 즉 두 개의 근본적으로 다른 방향을 언급하고자 한다. 그 첫째 방향을 대표하는 사람은 베커이며,[18] 둘째 방향을 나는 이하에서 상세하게 논의하려 한다. 독일의 고등교육제도가 지닌 손상과 질병, 결핍의 징후 진단에 관련한 거의 모든 문제에서 나는 베커와 전적으로 일치한다. 교육학 및 국가와 대학의 관계를 지탱해주는 체제 등에 관해 일련의 실제적인 개혁이 필요하다는 점에서도 나는 베커와 같은 생각이다. 이런 생각은 언제나 우리가 일치단결해야 하는 구체적이고 역사적인 것과 결합된 실천의 기반이어야만 할 것이다. 여기서도 또한 베커와 나의 근본적인 견해는 전폭적으로 일치한다. 그럼에도 나는 이념적 목표와 개혁에 '방향을 부여하는' 척도에 관해서 베커와는 다른 방식을 추구해간다. 그 대립하는 점을 간략하게 요약하면 다음과 같다.

베커는 독일에서 모든 고등교육의 과제를 가능한 한에서 종합대학이라는 단 하나의 제도적인 근본형태와 핵심적인 형태에 대규모로 집중시킴으로써 위에서 말한 모순들을 제거하려 한다. 그리하여 그는 개혁된

---

18) 베커의 『연방의 문화정책상의 과제』(*Kulturpolitische Aufgaben des Reichs*, Leipzig, 1919)를 참조.

교육기관의 과제와 업무를 내부적으로 확장시키고 차별화시킴으로써 필요조건을 충족시키려 한다.

이에 대해 내가 취하는 관점은 다음과 같다. 즉 그 자체 고도로 집중화된 낡은 종합체를 재건하는 것은 불가능하다. 오히려 대학이 지금까지 스스로 설정한 임무와 받아온 압력에 대한 대항압력 아래서 나와 베커가 공통적으로 인정하는바, 현실적인 모순에 빠져버린 저 근본적으로 상이한 대학의 과제를 가능하다면 다수의 고등교육기관으로 분담시키는 것이 필수적인 것처럼 보인다. 물론 이런 교육기관은 일정한 방침과 규약에 따라 관계를 맺고 생생한 상호작용의 관계 속에 서게 될 것이지만, 먼저 분리시키고 구분시킨 후에 서로 영향을 미치게끔 해야만 할 것이다.── 그것은 동일한 인적 자원이 교수진으로서 자주 협력한다는 전제 아래 또한 당연히 그럴 것이다.

베커와 나 사이에 이런 방침의 차이가 난다는 점에는 많은 제약요인이 있다. 첫째로 기존의 대학 일반이 무엇을 산출할 수 있을까 하는 점에서 견해차가 뚜렷이 나타난다. 둘째로 베커와 내가 국가시민적(staatsbür-gerlichen) 또는 국민적 교육 및 직업교육과 관련하여 영원한 가치, 세계정치적인 가치에 근거한 인간교육이라는 점에 할당하는 중점이 서로 다르다. 나는 베커에 비해 후자, 즉 직업교육에 좀더 높은 비중을 부여한다. 셋째로 독일의 장래에 관한 두 사람의 정치적 견해차에 의한 것이다. 즉 베커는 다름 아닌 문화정책적 견지에서 프로이센 문화교육부를 연방의 문화심의회의 중심적인 지위로 격상시키고, 이에 따라 독일에서 학교와 국민교육에 대한 프로이센 문화교육부가 문화정책상의 헤게모니를 확립하려고 시도한 것이다. 이에 반해 나는 같은 문화정책적 관점에 서면서도 종족(Stämme)과 각 주의 자치를 강화하고, 연방주의의 기반 위에 서면서도 독일 모든 종족의 정신적 자립성을 높이려는 입장을 대변한다. 끝으로 어떤 의미에서 두 사람의 견해 차이는 다음과 같은 점으로 제약될 것이다. 즉 베커는 책임 있는 실무자로서 그 자신의 말에 따르면 정교수진이 모든 대학개혁에 대해 여러 차례 보여준 저항에 부딪히면서 매일매일 싸움을 벌이고 있는 반면에, 나는 당연히 주어진 현실에 더 많이 관련해 있을 뿐이다.──특히 베커의 개혁안은 재정적으로 나의 개혁안보다 훨씬 저렴하다.

'종합체'의 재건이라는 사상 속에서 우선 나는 근본적으로 다음과 같은 전통적인 시도를 본다. 즉 사회학적으로 말하면 중세의 본질과 정신이 숨 쉬는 교육기관을 여전히 존속시키면서 그 겉모습을 확고히 할 뿐만 아니라 중세와는 친숙하지 않은 역사적 기반 위에 교육기관을 역동적으로 재건하고, 겉모습에 상응하여 교육의 내용도 새롭게 충족시키려는 시도도. 베커는 예를 들어 대체로 목적별 단과대학(상과대학, 공과대학, 농과대학 등)이 종합대학에서 독립적으로 존속하는 것을 한탄한다. 그는 가능하다면 이런 단과대학을 다시금 종합대학 속에 강력하게 묶어 넣으려고 한다. 그러나 이런 단과대학에서 힘을 얻는 새로운 정신이 오래된 낡은 종합대학 속에 다시금 종속되려 할까? 오히려 우리는 다음과 같이 말해야만 하지 않을까? 즉 종합대학은 이미 '종합체'로서 통일이 이완되어 목적별 단과대학의 집합체로 와해되고 말았기 때문에, 종합대학에 남아 있는 유일가능한 '발전'이란 다음과 같은 것에 있을 따름이다. 즉 종합대학이 더 이상 제공할 수 없는 '교양'을 제공한다는 매우 의심스런 부지런함 아래 지금까지 자신의 정체를 숨겨온 부끄러운 태도를 과감하게 버리고, 매우 당당하고 노골적으로──완전히 또는 점차적으로──전공과목의 교육 및 직업교육의 양성기관이 되는 것이다. 그럼으로써 종합대학은 근본적으로 본질적으로도 이미 그러했고, 당당하고 허용된 것이며, 양심에 하등 거리낄 것이 없게 된다.

여기서 확실히 해야만 할 것은 장래의 실천적인 전공교육과 직업교육은 오늘날 통례인 것보다 훨씬 더 진지하고 차별화되고 전일화된 형태로 수행되어야만 한다는 점이다. 다소간의 민주국가라면, 중앙 국가기구에서도, 자치기구에서도 매우 새로운 종류의 공무원계층을 필요로 하며, 이런 사람들은 엄격하게 실무적이고 현상에 정통한 전문교육을 받지 않으면 안 된다. 금융업계와 산업계의 기업들과 또한 상사(商社)에서 나타나고 있는 관료조직화는 우리가 바라든 바라지 아니하든 간에 현저하게 진전되고 있으며, 지난날보다 훨씬 광범위한 전문교육과 전공과목의 분화가 또한 요청되고 있다. 우리 독일에서 보이는 사회적 민주화는 지금까지 중심에 있었던 근본적으로 보수주의적인 대학을 언급하지 않고 내버려둘 수는 없다. 그러나 직업교육과 전공교육의 비중이 점점 높아져간다는 이 의심의 여지 없는 역사적 추세에 대해 대학 측이 대처하지 않는다면, ——베커가 바라듯이 훔볼트, 피히테, 슐라이어마허의 정신에 따라 거대한 스타일의 정신적 종합가를 여기서 **지도통솔자의 지위**에 앉히려 한다면, 한마디로 말해 대학에서 교양의 과제를 일방적으로 강조하려 한다면, ——이것은 다음과 같은 두 가지 의미에서 말하는 것이다. 그 하나는 연구의 분야에서 더욱 심화되어가는 자연발생적인 전공과목의 분화경향을 저지하려는 학문론적 의미에서의 반작용이고, 다른 하나는 그럼에도 불구하고 필요한 전공교육과 직업교육에 대해 종합대학과 다른 길을 개척하고 다른 장소를 찾으라는 강제를 의미한다. 이로부터 일어나게 될 참된 결과는 새로운 목적별 단과대학을 종합대학에 의탁시키는 것이 아니라 종합대학 밖에서 언제나 새롭게 일어나는 수많은 종류의 목적별 단과대학과 그 수적 증가로 말미암아 종합대학이 부분적으로 잠식된다는 점이다.

그러나 대학 내부에서 교수와 연구의 엄격한 분리가 일어나야만 한다면, 마침내 다만 장소적이고 행정기술상의 통일만이 남아 있을 뿐이고, ——정신적인 통일이 아니다——개혁된 '대학'은 이런 **후자**의 의미에서 나타날 것이다.

그러나 **일반교양**의 과제에 관해서 말하자면, 대학은 일찍이 역사적으로 형성되어 지금과 같이 되었기 때문에, 현재와 같은 교수진, 정신, '교양과목'에 대한 입장을 가지고는 대학에 대한 부차적인 **첨가물**을 형성할 뿐이다. 그렇지 않다면 특별한 교양학부를 설치하는 것인데,——이것은 하나의 탈출구이고, 이에 대해서는 통렬한 논박이 가해질 것이다. 어쨌든 현재의 상태는 거의 변하지 않을 것이다. 더욱이 교양의 과제, 특히 교양을 위해 교수진을 선정하는 문제는 전공교육과 직업교육의 과제를 선정하고 교수진을 선발하는 경우에 비해 훨씬 더 큰 중앙집권적인 통제를 받게 될 것이다. 여기서 인격과 세계관, 인간적인 것에 관한 가치판단이 매우 큰 역할을 할 것이기 때문에, 연방 전체에 대한 프로이센 문화교육부 쪽에서 오는 중앙집권적 통제는 이 경우에 커다란 재앙이 될 것이다. 그렇다면 최고로 중요한 국민의 정신적인 지도자층을 선발하는 데 국가, 더욱이 사회주의에 의해 강력하게 움직여지는 국가에 그 결정을 위임하게 되고, 이것은 바로 불공정을 범하는 유혹 속으로 빠져드는 결과를 초래할 것이다.

나아가 한 국민이 지닌 최고 교육기관과 여기에 종사하는 인원은 바로 학식 있는 모든 인구를 지향해야만 한다는 것이 하나의 중요한 관점이다.――따라서 단지 우선적으로 대학의 청년들뿐만 아니라 젊거나 늙은 모든 유식계층의 사람들을 지향해야 한다는 점이 중요하다. 어쩌면 대학을 졸업하고 높은 직종에 취직한 사람은 자신의 직무와 사업에 듬뿍 빠져서 유럽적인 아니 세계시민적인 교양과――거기에 포함된――국민적인 교양을 지켜가고, 더 이상 새롭게 끓어오르는 저 끊임없는 기아와 갈증의 감정을 느끼지 않을지 모른다. 독일에서 이런 상태는 궁극적으로 제거되지 않으면 안 된다. 우리 독일의 쇠퇴에 대해 함께 책임져야 할 것이 바로 교육제도에 있다고 생각하는 주요원인도 여기에 있다. 우리가 필요로 하는 것은 소르본대학과 함께 파리에 있는 '콜레주 드 프랑스' (Collège de France)와 같은 종류의 시설이다.――콜레주 드 프랑스는 그 나라의 가장 강력한 정신을 종합하는 사람들이 프랑스에서 최고의 식자층을 상대로 강의하는 기관이다. 이런 인물들을 대상으로 삼는 것은 대학생뿐만 아니라 일반적으로 모든 식자층을 포괄한다.

모든 시민이 다 그렇듯이, 우리가 바로 이런 과제를 위해 활용할 수 있는 인원은 극소수에 지나지 않지만, 특정한 대학에 확고하게 고정시켜서도 안 된다.――다른 모든 대학(과 다른 도시)에서 얻을 것이 아무것도 없는 경우라면, 더욱 그렇다. 어쩌면 우리는 모든 독일 대학에 두세 사람을 배치하기 위해 그들 가운데서 너무 많은 사람들을 소유해서는 안 된다.——또한 어떤 시민도 그래서는 안 된다. 지금까지 이런 최고의 교양에 대한 과제는 그런 사람들이 여기저기로 '강연'에 초대되는 것으로 만족해왔다. 그러나 이것은 또한 일정한 교육방침과 과제 아래서 정신을 훈련시키고 양성한다는 불변성을 불가능하게 한다. 다수의 최고 교육기관——이런 교육기관은 대학과 독립적이거나 대학과 느슨하게 결합되어 있어야 한다——은 원리적으로 변경될 수 있고, 이를 결정함에 즈음해서는 수강자들이 표명하는 소망도 또한 일정한 역할을 할 수 있을 것이다. 이 점에서 특징적인 것은 베를린의 레싱학원(Lessing Hochschule)[19]인데 여기서 전쟁 전에는 소시민적인 교양에 대한 요구를 이에 적합한 교수진이 충족시켜주었지만, 최근에는 바로 방금 말한 방향으로 개조되었다. 레싱학원에서 모든 계층의 청년과 연장자들은 베를린대학의 종합가인 가장 중요한 사람의 강의를 듣고 난 후에 해당 과제에 대해 열띤 논쟁을 벌였는데, 그 토론은 종종 대학의 세미나에서 행해진 논의보다 훨씬 높은 수준이었다고 한다. 이것은 예를 들어 헤겔시대에도 그랬는데, 우리는 베를린대학에서 헤겔 강의 청강생들의 명부를 지금도 가지고 있다. 그중에는 동시대 제일의 군인과 관리들의 이름이 기재되어 있다. 마르부르크에도 대학과 나란히 자유교양대학이 있고, 이 자유교양대학은 라데,[20] 나토르프, 슈킹[21] 등과 같은 학자들의 협력 아래 자유학생조합에 의해 설립되었다. 이들은 바로 대학에서 거의 중요한 역할을 하지 않는 특수한 교양의 목표를 자유롭게 실현하기 위해 노력한다.

　이상의 논의를 요약하면 다음과 같다. 즉 내가 생각한 이상적인 목표

---

19) 베를린에 설립된 자유롭고 정치적으로 중립을 표방한 교육시설로서 1899년부터 1945년까지 존속했다—옮긴이.
20) 라데(M. Rade, 1857~1940): 독일의 프로테스탄트 신학자, 목사. 신학적 자유주의 지도자—옮긴이.
21) 슈킹(W. Schücking, 1875~1935): 독일의 민법학자. 평화사상의 국제적 선구자—옮긴이.

는 지금까지 대학에 부과해온 것과는 근본적으로 다른 임무를 서서히 분리시키고 분담시키자는 것이다. 그것은 네다섯 개의 다른 종류의 강의제도와 교육기관으로 분담시키자는 것이다. 그것을 다음과 같은 점에서 언급해보자.

1. 지금까지 종합대학은 자각적이고 유력한 직업과 전공과목 양성기관으로 점차 개조될 것이다.
2. 연구시설——즉 베를린의 카이젤-빌헬름 연구소,[22] 쾰른의 사회과학연구소,[23] 프랑크푸르트와 킬의 연구소 등——이 부분적으로 존속하고 있듯이, 대학과 아카데미 또는 이와 유사한 것과의 밀접하게 연계된 연구시설이 새롭게 설립될 것이다.
3. 콜레주 드 프랑스와 같은 형태의 시설이 설립될 것이다. 이런 기관에는 정신적 종합을 위해 특별한 재능을 지닌 우수한 연구자, 즉 철학자, 역사학자, 예술학자, 사회학자, 종교학자 등이 대학생뿐만 아니라——대학생은 순전히 대학에서 직업준비교육과 병행하여 이런 기관에도 출석해야 할 의무를 진다——다양한 직종에 종사하는 나이 많은 대학수료자들에게도 현대적 지식이 발전해온 연구수준을 모두 고려하여 전달한다.——즉 현대적 지식을 다양한 세계관의 빛 아래서 제공한다.
4. 자립적이고 대학에 의존하지 않는 시민 단과대학이 국내법의 테두리 내에서 설립될 것이다.
5. 3과 4에서 거론된 시설 사이에 교량을 놓는 것으로서 '정치·사회과

---

22) 1911년 하르나크의 제안으로 결성된 '카이젤-빌헬름 학술진흥회'에 의해 W. v. 훔볼트의 조직안에 따라 설립된 자연과학 중심의 학술연구소. 제2차 세계대전 후에 막스 플랑크 연구소로 개칭되었다-옮긴이.
23) 쾰른대학의 부설연구소. 셸러는 제1차 세계대전 후 1919년에 쾰른대학의 철학사회학 교수로 초빙되어 사회학과의 주임(두 사람 중 1인)을 겸했으며, 이 논문도 이 연구소에서 발행한 『국민교육제도의 사회학』(1921)에 처음 실렸다-옮긴이.

학적 아카데미'가 삽입될 수 있을 것이다. 이 아카데미는 특히 우리 독일에서 비참할 정도로 등한시되어온 과제를 정립해주고, 공공의 중요한 문제, 특히 현대의 정치적인 문제들을 해결하는 데 기여하는 모든 전문지식을 제시해줄 것이다. 그것은 동시대의 알려지지 않은 국민과 국가의 본질과 구조를 모든 측면에서 기술한다는 의미에서 외국의 사정에 정통해야 할 것이고, 나아가 '신문의 본질과 역사', 저널리즘, 광고, 정당사, 국제노동법, 국제연맹의 문제 등을 연구과제로 삼을 것이다.

과학의 다양한 주요분야에 있는 최고의 지식인 몇 사람의 협력을 얻어 독일의 대학과 연구소에 종사하는 교원명부의 손을 빌려——오늘날 이 교원명부는 전적으로 다종다양한 정신적 유형을 가장 다채롭게 수집해놓은 결과를 보여준다——방금 언급한 5종류의 기관에 그때마다 적합한 교수진을 이들 가운데서 선발한다면, 이 인원을 위의 기관에 상응하는 여러 그룹으로 할당하는 일은 별로 어렵지 않을 것으로 보인다. 즉 1은 유능한 전공교사 그룹이고, 2는 연구자, 3은 정신적으로 종합하는 사람, 4는 시민교육자로서 직무를 충분히 이해하게끔 훈련을 받은, 시민 단과대학에서 지도자와 교사로서 수요에 따르는 마음이 따뜻한 사람이고, 5는 사회적·정치적인 이데올로기를 지닌 사람들의 그룹일 것이다. 지금 이런 유형의 사람들은 대개 대학이라는 공통된 지반 위에서조차도 서로를 전혀 이해하지 못한 채 반목하고 있다. 그들은 서로 적대시하고 서로 경시하며, 이해하려 들지 않는다. 누군가가 오늘의 대학을 둘러본다면, 그는 종종 자기 자신에게 다음과 같이 물을 것이다. "아니, 나는 지금 어디에 있는가? 내가 아카데미에 있는가? 나는 전문연구소에 있는가? 시민의회에 있는가? 직업학교에 있는가?" 대학이 이 모든 것을 제공하기에는 전혀 불가능하다. 대학은 마침내 이런 방식으로는 어떤 일도 할 수 없다. 왜냐하면 아무것도 정확하지 않고, 아무것도 완전하지 않기 때문이다.
이 다섯 종류의 기관에 필요한 교수진을 선발하는 방식에는 틀림없이 여러 가지가 있을 것이다.

전공교육과 직업교육에 관한 결정과 임명은 다만 국가, 즉 문화교육부에 위임해야 할 것이다.――물론 그 결정과 임명은 가장 우수한 전문교수단의 제의에 따라야 한다. 왜냐하면 공무원층을 전문적·직업적으로 양성하는 데 제1의 관심을 가진 것은 국가이기 때문이다. 신학자에 관해서는 모두가 교회와 국가의 근본관계에 의해 결정되겠지만, 독일에서 양자의 관계는 이미 정착되어 있다. 신학부의 장래 지위라는 어려운 문제와 신학부의 신학교 및 교회와 독립적인 교수시설에 대한 관계 등에 관해서는 여기서 언급하지 않겠다.[24] 다만 주의할 것은 최근에 일어난 종교 일반에 대한 관심이 가장 높은 종합적인 교육시설에서도, 시민 단과대학에서도 매우 절박하게 배려를 요구하고 있다는 점이다(물론 그것은 종교철학과 종교사, 종교심리학, 세계종교의 본질론에 관한 것이고, 교의 등에 관한 것이 아니다).

학부의 측면에서 〔대학이〕 모든 혁신에 대해 보여준 아주 보수적인 저항을 생각해볼 때, 전공교육과 직업교육을 실시하는 학교로서 대학에 대한 국가의 측면에서 행하는 지도통제와 감독이 지금까지 실시되어온 자치의 정도에 대해 오늘날 좀더 강화되어야 할 것으로 나는 생각한다. 특히 교원의 임명방식에 관해서는 그래도 좋다고 생각한다.

다른 기관을 위한 교원과 연구자요원의 바람직한 선택방식은 내 생각에 따르면 전혀 다르다. 일반적으로 선택의 가장 좋은 방법에 관한 문제가 해결되지 않은 이유 중 하나는 이런 모든 종류의 교수요원에 대해 우리가 〔대학이라는 테두리 내에서〕 동일한 대답을 구하기 때문이다.

가장 고귀하고 특수한 교양이라는 자산(Bildungsgüter)의 전달에 관해 교원은 정신적인 교육자이고 전형이어야만 하기에, 그 인격성에 대해 전공교원의 경우와는 전혀 다른 시선을 끌 것이 틀림없다. 전공교원의

---

24) 기부금 또는 도시의 재정에 의존하는 대도시의 신설 대학들(예를 들어 함부르크, 프랑크푸르트암마인, 쾰른)이 하나도 신학부를 개설하지 않은 것은 결코 무시해도 좋은 그런 현상이 아니다.

경우에는 결정적인 계기로서 말해지지 않았던 것과 연구자의 경우에도 또한 그렇게 말해지지 않았던 것이 (위대한 연구자라 할지라도 종종 인격성의 결여를 나타내듯이) 여기서는 우선적으로 고려되어야만 한다. 나아가 국내와 독일 밖의 세계에서 이런 인물의 **정신적인 전체 평가**는 지금까지의 평가와는 전혀 다른 방식으로 행해져야만 한다. 끝으로 이런 인물을 도시의 최고 교육시설에 초빙하는 것은 언제나 시간적으로 제한받을 것이 틀림없기 때문에, 임명에 즈음하여 **수강자**(Hörerschaften)의 소망도 결정적인 역할을 할 것임이 틀림없다.——다만 이때 수강자는 대학생에 한정되지 않고, 도시의 최고식자층, 즉 '거리의 인텔리' 계층을 모두 포괄한다.

연구기관(Forschungsinstitute)에 관해서는 먼저 최고위직의 임명에 즈음하여 연구자의 **국제적인 학문적 평가**에 1차적인 주안점을 두어야만 하고,——국내에서 일류 전문연구자의 판단만이 오로지 중요시되어야 하고, 행정기구와 내각에도 전문연구자의 판단이 무조건적으로 결정권을 갖고 구속력을 지녀야만 한다. 전공교원의 경우와 달리 여기서는 '필요인원의 문제'는 일반적으로 제기되지 않을 것이다.

끝으로 **시민 단과대학**에 관해서 나는 일반적인 테두리법칙(Rahmengesetzes)의 형식에서는 국가의 법률적 통제에 따르지만,——그 법령의 운용에 관해서는 주마다 별도의 최고위원회를 만들어 서로 연락하면서 지방조직에 위임한다는 피히트의 제안에 동의하고 싶다. 교육의 측면에서 볼 때 시민 단과대학의 최고지도자로서 시민에 대한 따뜻한 마음씨와 시민들의 삶과 필요에 관해 상세한 지식을 갖춘 교양 있는 사람이 반드시 초빙되어야만 한다. 또한 교원의 선택도 그 지방에서 살고 있는 청강생의 희망과 요구에 일치하도록 그들의 손으로 선택되어야만 한다.

이런 〔5종류의〕 기관의 **관리형태**도 또한 천편일률적인 것이 아니라는 점을 나는 당연하다고 생각한다. 실제로 일부에서는 이미 그렇게 말해지고 있다. 즉 독일의 최고 교육시설에 관한 관리권한이 연방정부와 각 주의 내각, 도시의 자치기구에 분할되어 있다는 것과 관련하여 생겨나는 어려움은 방금 말한 교육상의 모든 과제가 일방적으로 대학에 집중되어 있는 경우에, 이 시설의 직원이 만족해야만 하는 교수와 교육상의 모든 필요에 대한 **동일한** 해결책을 모색하지 않으면 안 된다는 것이다.[25]

대학과 연구기관은 가능하다면 **연방문화부**(Reichskulturamt)의 관할 아래 두어야만 한다. 베커는 "독일 문화정책의 관점에서 연방의 재건"이라는 테마에 관해 쓴 흥미 있는 논문에서 이에 반대한다. 이 논문에서 베커는 연방의 문화정책이 두 개의 연방관청과 특정한 하위관청으로 목적에 어긋나게 분할되어 있다는 점과 전혀 별개로 "이 정책은 문화육성의 옥토인 각 주와의 유기적인 관계를 상실하고 있고", "연방은 그 자체 어떤 문화도 산출하지 못하기 때문에" 이 문화정책은 유효성을 결여하고 있다고 서술하고 있는데, 그렇다면 이것은 의심할 여지없이 정확한 지적이다.

그러나 새로운 연방은 오래된 제국이 아니며, 베커가 독일 전역의 문화정책 일반을 위임하려 한 프로이센 국가를 통한 '문화육성'도 거의 받아들여지지 않는다. 내 생각에는 모든 주의 문화정책 일반이 원칙적으로 오직 **자주적이며 자유롭게** 입안(立案)되어 실시되어야만 하고, 또한 실시될 수도 있지만,——그것이 문화의 형태를 만들고 창조하는 것은 아니다.[26]

그러나 이런 한계 내에서 연방문화부는 **국민적 교양을 통일**하기 위해 이것[문화 형태와 문화 창조]을 손에 넣을 수 있다.——이에 반해 베커가 그의 논문에서 소망했던 것처럼 프로이센 문화교육부를 시민교육을 위한 중앙관청으로까지 확장시키는 일은 먼저 남부독일 각 주의 무조건적 저항 때문에 실패하고 말 것이다. 다른 교육기관의 경우에는 가장 느

25) 신학부를 개설하지 않은 대학과 단과대학(하노버)에서 가톨릭적인 (최근에는 또한 복음주의적인) '세계관강좌'가 개최되었다는 독일 대학의 정신과 본질에 심히 모순되는 사태도 이렇게 해서 일어날 따름이다.
26) 『형식주의』, 제4판, 548쪽 참조—편집자.

슨한 방식으로 연방문화부에 종속될 따름이다. 독일의 모든 종족들의 권리와 이들 종족에게 귀속되는 모든 자치단체의 권리는 바로 **최고의 교양과 시민교육**의 과제에 관한 **각별한** 배려 속에서 지켜지지 않으면 안 된다. 여기서 모든 유기적인 것이 문제될 때처럼 세계관과 역사가 전공교육과 연구보다 훨씬 더 큰 역할을 할 것이다.

II. 시민 단과대학의 설립과 종합대학

1. 에토스와 목표규정

대학이 시민 단과대학을 스스로 조직하고, 단순히 단과대학에까지 대학을 '확장'시키는 것이 아니라면, 대학과 단과대학이 서로 어떤 관계를 맺어야만 할 것인지는 자연히 단과대학의 측면에서 설정된 **목표**와 문제되는 단과대학의 유형에 의존할 것이다.

내가 생각하는 독일의 시민 단과대학은 어떤 목표를 세워야 하고, 또한 이에 적합한 근본형태는 어떤 것이어야 하는지에 관해 말하기 전에 시민 단과대학 운동과 대학 또는 대학과 전혀 다른 교육시설 모두를 **공통적으로** 만족시켜야만 하는 에토스와 정신에 관해 언급하는 것이 절실히 필요하다. 아니 유의미하게 조직되는 협동을 위한 환경을 조성해야만 한다면, 더욱 그러하다.

피히트의 『영국에서 대학확장운동과 단과대학운동』(*Universitätsausdehnung und Volkshochschulbewegung*)이라는 유명한 저작, 특히 '노동자교육협회'(Workers Educational Association)[1] 및 맨스브리지와 그의 협력자들을 만족시킨 정신과 에토스에 관해 서술한 장(章)을 읽어보면, 나는 이런 현상에 대해 찬탄을 금할 수 없다. 노동자

---

1) 맨스브리지(A. Mansbridge, 1876~1952)가 1903년에 '노동자의 좀더 높은 교육추진을 위한 국민협회'를 설립했고, 다음 해에 '노동자 교육협회'로 이름을 바꾸었다. 영국 노동자교육의 중심으로 역할해왔다―옮긴이.

들을 교양으로 이끈 것은 한편으로 교양을 동경하는 노동자들 자신의 마음속 깊은 곳에서 용솟음치는 불꽃과 다른 한편으로 영국 대학교육의 가장 중요한 대표자들에 의해 불 붙여진 두 불꽃이다. 특히 영국 대학교육의 대표자들은 노동자계급의 **정신**과 **마음**을 **채워주고** 향상시켜주며, 또한 그들의 교양에 대해 상층계급과 하층계급의 가파른 대립을 극복해주는 국민적이고 인간적으로 절박한 필요성을 통찰한 최고의 천재들이다.——이 두 불꽃이 맨스브리지에 의해 결합되어 빛의 바다로 확대된 것이다. 피히트가 인용한 '노동자교육협회'의 연차총회에서 행해진 역대 회장의 각종 인사말은 어떤 위대한 뜻과 예지, 모든 '호의적인' 세습주의와 국가시책을 단순히 전달하는 것 등과는 전혀 다른 심정의 힘에 호소한다.[2]

유감스럽게도 독일에서는 이와 유사한 '정신'이 거의 완전히 결여되어 있다.——그것은 단적으로 말하면, 이런 정신을 일깨워줄 인물이 없었다고도 할 수 있다. 이런 정신이 결여된 원인은 양쪽 모두,——즉 독일의 노동자계급 측과 동시에 대학관계자 및 대학 측 모두에 있다. 전자에게는 마르크스주의라는 교조적인 사상체계를 토대로 한 '새로운' 프롤레타리아 계급문화라는 불모의 유령이 있고, 후자에게는 역사가 언제나 비난해온 제도에서 이념과 지나간 현실에서 아직 깨어나지 못한 채 꿈속을 헤매는 태도가 있는데, 시대의 요구에 대해 **정신**을 **전환시킬 수 없는** 무능력과 대학교육을 받은 계층의 **경제적인 궁핍**에 의한 불만과 울분, 거의 완전한 최면상태가 그것이다. 이런 두 측면이 함께 단과대학과 대학 사이의 협동을 유의미하게 조직하려는 분위기 조성을 철저하게 방해한다.

무엇보다 다음과 같은 점을 고려해야 한다. 노동자계급의 완전한 신뢰를 얻을 수 있는 사람, 특히 노동조합의 지도자가 대학 측의 탁월한

---

2) 예를 들어 1909년도 정기총회에서 행해진 회장의 인사말을 참조. 피히트, 앞의 책, 55쪽 참조.

정신적 지도자들과 단결하여 하나의 새로운 분위기를 만들어낸다면, 대학과 단과대학 사이의 협동은 가능할 것이다. 그렇게 되면 대학은 노동자계급에게 다음과 같은 약간의 새로운 가르침을 주어야 할 임무를 띠게 될 것이다.

(1) 하나의 '계급'에서 생겨나는 문화라는 것은 존재하지 않는다는 것, 일반적으로 세계 속에 존재하지 않고, 세계 속 어디에도 존재하지 않았다는 것,──어떤 '신분'문화(신분찬가 등)가 있었지만, 계급문화는 어디에도 없었다는 점과 계급이란 '이해관심'을 지닐 따름이지 그 이상 아무것도 아니라는 것이 그것이다. (2) 우리가 '부르주아지 과학'에 대치시켜 '프롤레타리아 과학'이라 부르는 것은 이른바 '부르주아지 과학'의 폐기물에 불과하다는 것,──그것도 이미 50년 전에 있었던 부르주아지 과학의 붕괴에 불과하다는 것이다. 그렇기 때문에 노동자계급이 계급으로서 스스로 '새로운 문화'를 (그것이 어떤 분야의 문화든) 조성하려는 관념에 빠져 있다는 것은 세계사적으로 볼 때 이미 이전에 생겨난 관념에 봉사하는 것과 같고, 이에 따라 세계문화의 일반적인 동향과의 생생한 접촉은 모두 실패하고 만다는 것이다. (3) 계급이데올로기는 문화와 과학의 반대물이고,──위조물이지만, 어떤 의미에서도 문화와 과학의 '뿌리'는 아니다.[3] (4) 일반적으로 교양이 어떤 진지하고 인간적으로 가치 있는 것을 의미하기 시작하는 것은 경제적이고 정치적인 세력을 획득하기 위한 목적에만 좌우되지 않고, 산업노동 및 공장노동과도 독립적이며 또한 그 피안에서, 나아가 정당적·계급적인 다른 '이해관심'에 관계없이 인간의 영혼 그 자체의 고유한 목표로서 파악될 때다. (5) 우리가 '계급문화'든 수공업이나 근대기술로부터 생겨난 '문화'든 간에 그 환상을 쫓는 것은 국민적이고 초(超)국민적인 교양재산 그 자체에 대한 성스런 권리를 노예처럼 포기해버리는 것을 의미한다는 것이다.

다른 한편으로 대학과 학생층 사이에 정신적인 노동의 의미와 가치에 관

---

3) 이 점에 관해서는 이 책, 1권에 수록된 논문 「지식사회학의 문제들」을 참조.

한 새로운 생기발랄한 사상을 전력투구하여 도입시켜야 한다. 내가 볼 때 지금 독일에서는 이런 사상의 맹아를 찾아볼 수조차도 없다. 그것은 요약하면 다음과 같다. 우리 독일에서 생계를 유지하고 자유를 누리기 위해 최근 수십 년 동안의 실질적으로 고통스런 노동에 종사해오지 않으면 안 되었던 국민에게 본질적으로 정신적인 일로 일생을 보낸다는 것은 매우 큰 **특권**(besonderer Vorzug)이다. 그것은 결코 자명한 '권리'가 아니다! 오늘날 대학인에게 강요되는 경제적 고통은 모두——이런 경제적 고통은 본질적인 부분에서 단지 사회적이고 정치적으로 성공한 계층에 대한 시샘에서 나오는 것이 아니라 어쩔 수 없는 사정 때문에 생겨난다——오히려 **정신적 노동자**라 불리는 은혜와 **특권**에 대해 비교적 사소하고 최소한의 희생인 것이다. 내가 종종 느끼는 일이지만, 독일의 대학인들은 특히 사회민주당에 대해 그리고 종종 노동자계급 일반에 대해 국민경제 총생산에 대한 **정신적·지도적인** 노동의 의미와 가치를 낮게 **평가**하고 있다고 비난함으로써 자신들의 이상주의적인 세계관, 따라서 비물질적이고 비경제적인 '세계관'을 표명하고 싶어한다. 이 점에서 그들은 전적으로 옳다.

그러나 이 옳음은 소박한 **경제적** 진리이고, '세계관' '이상주의'와는 전혀 관계가 없다. '이상주의'는 정신적인 노동이 순수정신적인 **활동과 생활형태로서**——따라서 경제적으로 가치 있는 업적을 내기 위한 수단이 아니라 일반적으로——좀더 높은 가치로서, 즉 주로 육체노동에 의한 생활형태보다 훨씬 높은 가치로서 다만 순수하게 그 **자체** 체험되고, 평가되고, 선호되고, 파악될 때 시작된다. 그러나 이런 일이 일어나면,——우리가 실제로 '세계관으로서 이상주의자'라면——일의 계산은 적지 않게 변화되지 않을까? 그렇다면 우리는 더 이상 그렇게 말하지 말아야만 한다. 즉 이런 높은 가치, 정신노동자인 것을 허용해주는 은혜——수천의 자기 동포가 정신노동이 아니라 육체노동에 종사한다는 사실에 의해 자기 자신에게 부여된 이 은혜——를 위해 자신을 희생시켜야 한다는 것, 자신이 이룬 업적에 상응한 적절한 지불을 받지 못하더라도, 또한 자신의 노동이 경제적 생산으로서 일반적으로 낮게 평가되더라도 자신을 희생시킨다고 말하지 말아야 한다. 바로 이런 연대성의 에토스는 대학인이 스스로 그 일원인 국민 전체의 정신적 구제와 복지를 위해 지녀야만 하는 새로운 의무와 책임을 배양하는 데 탁월한 의미를 지닌다. "나는 정신적 노동자다. 그렇기 때문에 나는 더 많은 것을 가지지 않으면 안 된다"고 말하는 것은 바로 '유물론적' 태도이고, 마르크스의 가르침이다. 결코 그런 것이 아니다. 네가 단지 정신적 노동자라는 은혜를 받았기 때문에, 너는 이상주의적 가치평가에 따라 결코 '좀더 많이' 받아서는 안 된다. 오히려 반대로 오직 이런 이유를 통해 그리고 이런 이유에서 사상(Sache)을 조망하는 한에서——물론 구체적으로는 결코 허용될 수 없는 일이지만——[4] 너는 육체적으로 노동하는 사람보다 적게 받아야만 한다. 왜냐하면 네가 무엇보다 정신적인 일을 하는 사람이라는 이익을 가지고 있는 반면에, 육체노동자는 육체노동이라는 상대적인 손실(그 일의 성과에 대해서는 잠시 접어둔다면)을 입고 있기 때문이다.

이런 식의 순수 심정적인 '노동협약'을 법적·강제적으로 시행한다는 것은 아마도 우리 독일의 사회구조와 경제구제에서 볼 때 불가능한 일이다. 그러나 시민교양의 과제에서 참된 협동이 이루어져야만 한다면, 이런 노동협약을 맺을 각오를 다지는 것이 우리 독일의 아카데믹한 직업신분 속에서 생생하게 작동해야만 한다.

이상과 같이 노동자와 교육담당자를 포괄하는 정신적인 단과대학 운동이 심정적으로 촉발되는 것으로서 나타난다면, 다음으로 단과대학의 설립

---

4) 위에서 언급한 관점은 정신노동자의 양성에는 매우 큰 재정적 지원이 필요하다는 점과 나아가 주로 육체노동을 하는 사람의 경우보다도 후에 거둬들일 수익의 가능성이 나타나고 있다는 점 등에 의해 상당히 제한받을 것이다. 이에 덧붙여 주로 정신적인 일에 종사하는 경우는 주거와 복장 등에서 스스로 어떤 높은 생활수준의 유지가 요구된다.──높은 생활비의 지불이 필요하다는 것이 아니라 일관된 생활수준의 높이를 필요로 한다는 점이다.

과 유지에 즈음하여 파생되는 대학의 협력방식과 정도의 문제는 단과대학이——확실히 이것은 시민교육기관의 일부에 지나지 않지만——스스로 세운 특정한 **목표**에 매우 본질적으로 의존하게 될 것이다. 이미 다양하게 언급된 목표물을 모든 방향에서 상세하게 논의하려는 것이 나의 의도는 아니다. 여기서는 다만 우리의 주제가 언급해야 할 문제들만 간략하게 취급해보자.

(1) 시민 단과대학은 스스로 **높은 목표**도, **낮은 목표**도 설정하지 **못한** 다. 우리가 **종교적인 세계관**의 토대를 가지고 심오한 심정에 호소하는 생활형태를 단과대학에 기대한다면, 목표는 훨씬 높게 파악될 것이다. 그것은——그 자체 아무리 소망스런 것이라 하더라도——불가능하다. 왜냐하면 이런 목표가 '학교', 그것도 일반적인 학교에서는 취급될 문제일수 없기 때문이다. 각자 영혼의 가장 깊은 곳에서 생겨나 성장할 수 있는 것, 거기에 형태를 부여하기 위해서는 뜻을 같이하는 사람들의 확고하고 지속적인 생활공동체가 필요하다는 것, 이런 것들은 어떤 새로운 '조직'에서 만들어지는 것이 아니다. 시민 단과대학에 이런 목표가 설정된다면, 그것은 현재 있는 곳곳에서 모습을 드러내고, 단과대학에서 모든통일을 탈취하려 위협하는 수많은 '예언자'와 종파의 창시자에게 단과대학을 넘겨버리거나 아니면 단과대학을 각종 종교적 · 교회적 종파나 정치적 정당인 새로운 당파학교로 만들고 말 것이다.——이것은 단과대학의 가장 큰 위험이다. 바로 우리 독일 국민의 종파적 · 당파적 분단상태를 완화시키고, 독일에서 상실해버린 참된 **공동목표**의 설정과 가치설정의 능력을 다시금 산출하는 이것이 바로 시민 단과대학의 **주요목표** 중의 하나로 남아 있지 않으면 안 된다.[5] 다른 한편으로 적어도 이런 경우만큼은 대학이 단과대학에 협력할 수 있을 것이다. 왜냐하면 대학의 교원은 실제로 가장 다양한 세계관에 속해 있으면서 당연히 자신의 세계관을

---

5) 이 점에 관해서는 『사회학 및 세계관학 논문집』에 재수록된 나의 논문, 「종파들 간의 평화」(Friede unter den Konfessionen, 1920)를 참조.

엄격하게 억제하는 것에 익숙해 있기 때문이고, 이로써 그들은 학문적으로 보편타당한 것을 비로소 산출할 수 있기 때문이다. 여기서 우리는 홀맨(A.H. Hollmann)이 상당히 매력적으로 묘사한 덴마크의 단과대학이 이룩한 업적에 놀라움을 금할 수 없다. 그러나 종파적으로 분열된 우리 독일에서도 똑같은 운동과 제도가 성과를 거둘지 어떨지는 확신할 수 없다. 오직 통일된 역사적·종교적 전통을 가지고 본질적으로 농민결합체를 이룬 인구가 존재하는 곳에서만 그런 학교는 교육적 천재를 고무하여 생겨날 수 있다. 그러나 독일에서 단과대학은 첫째로 보편적으로 독일적이어야만 하며, 둘째로 무엇보다 노동자 학교이어야만 하고, 셋째로 단지 교양에만 도움이 되는 것이 아니라 정신적·국민적 통일에도 공헌해야만 한다. 다만 독일의 단과대학이 위에서 언급한 종교적·세계관적으로 폐쇄된 기초수립을 목표로 하는 것은 배제되어야 한다. 오히려 단과대학에 관해 요구되는 것은 그것이——이 점에서는 대학과 형식적으로 유사하다——특정한 세계관을 의식적으로 대표하고 변호해서는 안 된다는 의미에서 세계관적으로 '중립적'이어야 한다.

그럼에도 시민 단과대학은 세계관의 문제들에 대해 매우 깊은 관계를——그것도 대학보다 훨씬 활발한 관계를 유지할 것이 틀림없다. 먼저 첫째로 단과대학은 세계관의 문제에 특별히 중요한 관계를 갖는 학문상의 소재를 제공하고, 모든 수강자는 스스로 하나의 세계관을 만들거나 가지며, 또는 지금까지 품었던 것을 시정할 수 있게 된다. 그렇기 때문에 강사는 해당 학문의 성과가 세계관의 입장에서 여러 형태로 해석될 수 있다는 점에 끊임없이 주의를 환기시켜야 한다. 이때 그는 자기 자신의 입장 결정을 솔직히 재현시켜 보여주고, 그가 이런 결정에 이른 동기와 이유를 토론에 부칠 수 있고 또한 부쳐야만 한다. 그러나 이것은 언제나 유보시키면서 행해져야만 하며, 그리하여 그것이 그의 개인적인 결단이고, '학문적 성과'가 아니라는 점을 분명하게 자각시켜야 한다. 둘째로 시민 단과대학은 내가 '세계관학'이라 불러온 것을 교부하지 않으면 안 된다.[6] 이것은 다음과 같은 것을 포괄한다. 즉 1) 우리들 사이에 있는 현재 지배적인 세계관의 본질과 내용을 생생하고 엄밀하게 그리고 객관적으로 기술할 것, 2) 이런 세계관에서 가장 중요한 **역사적 뿌리**뿐만 아니라 **인물의 뿌리**를 드러낼 것, 3) 기술된 세계관과 해당 영역의 학문적으로 보편타당한 사실과 법칙 사이에 있는 그때마다 가설적인 연관으로 수강자를 유도해갈 것[7]을 포괄한다. 우리 독일 국민의 다양한 집단이 자신의 고유한 세계관을 알게 되고 비교하는 것을 배우는 것이 중요하다. 그리하여 그 속에 있는 잘못된 선입견이 일소되며, 지금까지 세계관으로서 고정되어 있던 모든 것이 다시금 흘러가는 운동 속으로 빠져드는 것은 큰 의미를 지닌다. 이것이 단과대학에서 올바르게 일어난다면, 당연히 이에 상응하여 대학에서도 세계관학이 행해질 것이며, 여기에는 모든 정신과학, 특히 철학이 가장 근접해 있다. 딜타이, 곰페르츠,[8] 막스 베버, 트룀치, 야스퍼스, 그륀바움, 라드브루흐가 그때마다 자기들의 방식대로 일찍이 역사 속으로 사라져버린 학과를 오늘날 이른바 새롭게 정초하려는 작업을 해왔다.

독일의 단과대학에서 다시금 **당파학교**와 또는 **정체를 숨긴** 당파학교(에센너Essener 방식을 보라)라는 각기 다른 집단으로 돌아간다는 것은——이로써 단과대학이 존재해야 할 모든 근거를 상실하고 만다——가장 큰 위험이기 때문에, 이 문제에서 단과대학이 대학의 정신, 특히 철학자와 정신과학자에게 크게 의존한다는 것은 불가결한 일이다. 우리는 단지 대학확장운동의 성과로서만 단과대학을 거부해야만 하는 만큼, 또한 시민 단과대학이 대학과의 **생생한 관계**를 유지한다는 점——대학의 정신이 미치는 범위 밖에 서 있는 낯선 존재가 아니라는 점——을 요구해야 한다. 그러나 단과대학이 다시금 당파학교로 되는 곳에서는 곧장 이런 대학의 정신이 미치는 범위를 일탈하는 결과를 초래한다.

---

6) 『사회학 및 세계관학 논문집』(1924)에 수록된 논문, 「세계관학, 사회학과 세계관의 정립」(1921)을 참조―편집자.
7) 위의 논문을 참조.
8) 곰페르츠(H. Gomperz, 1873~1942): 오스트리아의 철학자―옮긴이.

(2) 그렇기 때문에 한편으로 이른바 '신념'과 의지, 심정의 형성을 직접적으로 초래하는 것이 단과대학의 목표가 될 수 없고, 오히려 단과대학이 지향하는 것이 먼저 오성과 직관이라면, 다른 한편으로 단과대학은 단지 전문지식, 실천적인 직업적 지식만을 제공하는 것이 아니다. 단과대학은 제공된 지식을 생생하게 종합하여 제공함으로써 전체적인 인간을 도야하고 형성할 수 있는 가치를 이 지식에 부여해야만 한다. 그러나 인간 도야에서 가치 있는 지식이란 단지 전체적인 인간에서 그리고 전체적인 인간으로서 자신의 과제에 대해 직접적으로 느낄 수 있는 의미와 가치를 지닌 지식이고, 다른 한편으로는 그렇게 가공될 수 있어서 그때마다 상황과 과제 속에서 생생하고 지도적인 목표의 계기로서 짜 맞추기 위해 현실생활의 순간마다 나의 의식 속으로 뛰어들고 생각을 떠올릴 준비가 되어 있는 지식이다. 이런 방식의 지식만이 영혼 그 자체의 성장감정 그 자체와 영혼에 내속해 있는 힘을 보증한다.

'교양'에 속하는 것은 다만 이런 지식뿐이고, 우리는 이런 지식을 인위적으로 생각해낼 필요가 없으며, 이런 지식은 이미 잠재적으로 직접적인 기억의 영역에 현재하고 울려 퍼진다.[9] 이런 목표규정은 단과대학을 또한 아주 강한 전공학교(Fachschule)화된 대학에서 다시금 멀리 밀어내는 것처럼 보인다. 오히려——위에서 내가 제안한 것처럼——교양의 과제 그 자체가 대학에서 밖으로 밀려나 특정한 기관으로 인도(引渡)된다면, 단과대학을 직접 이 기관과 연계시킬 수 있을 것이다. 이런 경우가 일어나지 않는다면, 우리가 다음과 같은 점을 소망하고 기대해야만 한다. 즉 한편으로 노동자나 그밖에 교양을 쌓으려는 다른 시민그룹의 신망을 받는 사람이 특정 인물[의 강의]을 희망하고, 다른 한편으로 대학교원 그 자신이 스스로 단과대학에 적임자인지 아닌지를 숙고해보는 분별력이야말로 정곡을 찌르는 것이다.

---

9) 이 점에 관해서는 베를린의 레싱학원 재건 10주년을 기념하여 내가 행한 강연, 「지식의 형태와 교양」(Bonn, 1925)을 참조.

우리가 모든 전공교육과 직업교육을 단과대학에서 거부하는 것은 많은 이유가 있다. 여기서 우선 우리는 바로 우리 독일의 교육이 앓고 있는 질병의 예후진단에서 출발할 필요가 있다. 그러나 하나의 중요한 질병은 모든 지식의 일방적인 전문화에 있다. 그 폐해가 대학과 시민을 똑같은 정도로 포괄한다. 그것은 우리 모두의 현존재를 포괄한다.[10] 이 폐해와 관련하여 우리는 대학이 단과대학에 미치는 작용보다 단과대학이 대학과 대학정신에 미치는 반작용에 기대한다. 그 이유는 단과대학에서 교편을 잡는 대학교원은 누구나 자연히 그가 가진 지적 재산을 **통합하고**, 기교적인 술어를 사용하여 될 수 있는 대로 지적 재산을 발굴하여 종종 자신의 교양가치 그 자체를 새삼 **새롭게 바라보고**, 좀더 생생하고 직관적인 형태로 바꿀 것을 자기 스스로 강요하고 있기 때문이다. 여기서 매우 특별한 의미에서 "나는 가르치기보다 배운다"(docendo discimus)라는 말이 타당하다. 물론 이 축복받은 결과는 다만 전공교육과 정신적인 인간형성이라는 두 과제가 대학 자체의 내부에서 그리고 특정한 기관에서 예리하게 분리될 때 기대될 수 있을 뿐이다. 그렇지 않은 경우에는 전공학과와 연구 속에 딜레탕티슴(Dilettanstismus)이 침입하여 단과대학과 대학 사이의 매우 친밀한 접촉을 위험한 결과로 만들어버릴 것이다.

우리가 전공지식과 직업적 지식을 시민 단과대학에서 배제해야만 하는 근본적인 이유는 단과대학이 무엇보다 **노동자**를 지향하고 있기 때문이다. 그러나 노동자의 경우에 직업은 중간계층 신분의 직업과는 전혀 다른 것이고, 지식의 전달과 인간의 노동방식 간의 이른바 '접점'도 찾을 수 없다. 내가 볼 때 노동자의 노동에 '영혼을 불어넣고' '정신화하는 것'[11]을 단과대학에 기대한다면, 그것은 단과대학의 목표를 근본적으

---

10) 이 점에 관해서는 나의 저작, 『독일혐오의 원인들』(*Die Ursachen des Deut-schenhasses*, Leipzig, 1917)을 참조. 나아가 『사회학 및 세계관학 논문집』에 재수록된 두 논문, 「독일인의 두 질병에 관하여」(1919)와 「종파들 간의 평화」(1920)를 참조.

11) 전집, 제1권에 수록된 논문, 「노동과 윤리」(Arbeit und Ethik) 참조—편집자.

로 잘못 보는 것이 될 것이다. 근대의 산업노동은 그 자체 '생명화'될 수도, '정신화'될 수도 없다. 수공업과 농부의 일이라면 그럴 수 있지만, ──근대의 분업화된 공장노동은 인간도야와의 어떤 접점도 제공하지 않는다. 여기서 바로 현존하는 일군의 통각(Apperzeptionsmassen),[12] 특히 실천적인 통각에 전적으로 '연계해 있다'는 유명한 교육학적인 원리도 바로 거부된다. 이와 정반대로 노동자들 가운데서 일깨워져야만 하는 감정은 교양의 세계라는 노동자가 매일 하는 노동의 울타리 밖에 있는 감정이고, 단지 노동자로서 그 자신에게 고유한 임무와는 전혀 다른 임무를 노동자가 인간으로서, 시민으로서, 독일인으로서 가지는 감정이라는 것이다. 교양의 세계는 노동자에게는 전혀 알려져 있지 않고 새로운 것으로서, 지금까지 그 자신이 예감하지 못했던 재화의 차원으로서 대립하는 것이고, 이 재화의 차원은 그의 직업과 무관한 것이며, 또한 무관한 상태로 머물러 있어야만 한다. 한편으로 필연적으로 기계화되고, 원리적으로 생명화를 거부하는 노동자의 직업노동과 다른 한편으로 인간으로서, 시민으로서 자립성을 갈망하는 것 사이의 험악한 대립은 노동자들 사이에서 직업과 일방적이고 정치적인 당파활동을 배후로 밀어내고 교양을 통해 영혼의 공허함을 새롭게 충족시킨다는 문제로 몰아가는 바로 그런 것과 다름 아니다. 직업생활의 수행에서는 한낱 작은 톱니바퀴에 불과한 것이 직업 밖에서는 어떻게 동시에 하나의 전체적인 인간일 수 있는가? ──이것이 여기서 문제다.[13]

(3) 방금 말한 것과 매우 밀접한 연관이 있는 시민 단과대학의 세 번

---

12) 헤르바르트(J.F. Herbart, 1775~1841)의 용어. '통각'이라는 새로운 의식에 들어오는 표상을 기존의 표상통일에 의해 선택적으로 통제하려는 방식을 가리킨다. 그리하여 의식에 명료하게 나타난 통일된 일군의 표상을 그는 '일군의 통각'이라 부른다. 이러한 입장에서 정신 그 자체는 주체라는 실재와의 교섭에서 자기 보존의 노력이 표상으로서 의식될 때 비로소 생겨난다고 생각된다─옮긴이.

13) 이상의 근대 공업노동과 교양의 관계에 관해서는 『사회학 및 세계관학 논문집』에 수록된 「노동과 윤리」, 「노동과 세계관」을 참조─옮긴이.

째 목표규정은 여기서 제출된 **지적·교양적 재산**이 지닌 **순수인간적이고 영적인 충족가치**라는 사실을 가능한 명석하고 예리하게 해명하려는 것이다. 우리가 단과대학의 국민을 하나로 묶어주는 가치와 계급, 당파, 종파, 종족 간의 대립에 다리를 놓는 가치를 아무리 높이 평가한다 할지라도, 나아가 독일에서 새로운 **자기 책임**의 민주주의 성립과 새롭게 획득된 정치적·경제적 '권리'의 유의미한 적용에 대해 단과대학의 활동이 지닌 정치적 가치를 아무리 높이 평가한다 하더라도, ——이것이 단과대학의 제1의 목표라고 생각되면 안 된다. 오히려 제1목표에 서야 하는 것은 정신적 활동 일반에 대한 가치와 기쁨이고, 영혼의 성장과 풍요화에 대한 가치와 기쁨이며, 한마디로 말하면 교양과 스스로 가공한 지식을 보증하는 순수인간인 **충족가치**다. 지식의 모든 실천적이고 효율적인 응용 가능성 밖에 있는 이런 교양의 가치를 구하는 폭풍 같은 활기가 시민의 집합의식을 촉발시키지 못한다면, 그런 한에서 우리는 아직 시민교육운동을 일반적으로 지닌 것이 아니다.

이런 **최고 목표규정**은 한편으로 단과대학을 대학과의 매우 생생한 관계 속으로 유도하고, 다른 한편으로 또한 하나의 **대립**으로 유도해간다. 대학과의 생생한 관계 속으로 유도한다는 점에서 볼 때 다음과 같은 사실에 의해, 즉 인간도야의 목표와 마찬가지로 학문과 연구의 목표는 특히 독일의 전통과 독일 정신의 가장 고귀한 유산에 따라 본다면, **보편적이고 초국가적인** 것이며, 나아가 **효율성**을 도외시한(überutilitarische) 원칙적으로 **정치** 밖에 서 있는 것이라는 사실에 의해,——대학은 결코 피히테가 말하는 '국민교육의 학교'가 되어서는 안 된다. 단과대학이 대학의 정신에 근접해가는 것은 독일 대학의 이 가장 고귀한 유산을 가지고 단과대학을 풍요롭게 해줄 것이다. 단과대학이 다만 국민적 통일만을 추구한다면, 그것은 대학과의 날카로운 대립을 초래할 것이다. 그리고 단과대학이 다만 새로운 선거권과 그밖에 다른 권리행사를 위해 정치적·경제적인 새로운 지식을 전달하려고만 한다면, 단과대학은 대학에 의존하기보다 생성 속에서 파악되는 정치적 아카데미, 나아가 상과대학, 공과

대학, 산업대학 등에 훨씬 더 의존하게 될 것이다. 다른 한편으로 물론 독일의 대학은──영국, 프랑스, 미국의 대학과 달리──지나친 일면적인 업적의 이상화(Leistungsideale)에 물들어 있다. 그러나 거의 모든 전문가의 견해에 따르면, 단과대학에서 시험과 검증을 상기시키는 모든 것, 나아가 출석에 의해 획득된 특별한 권리도──그것이 특별한 코스로 진학하려는 권리가 아니라면──그런 한에서 당연히 **폐지**되어야만 한다. 왜냐하면 시민 단과대학은 어떤 의미에서도 이른바 사회적 '영달'을 꾀하는 도구가 아니기 때문이다. 어떤 프리미엄(Prämien)에 의해 공명심을 불러일으키는 모든 것이 단과대학에서는 최대의 결점이 될 것이다. 그렇기 때문에 일정한 업적의 조건을 충족시키려면, 대학으로 진학하려는 것을 직접적으로 중개하는 사람이 단과대학과 대학 사이에는 **없어야** 한다. 나아가 대학은 이미 지금까지 (예를 들어 대학교원에 관한 새로운 법령에 의해) 그 문호를 개방하거나 또는 대학에서 마이너스임에도 불구하고 [학생의] 입학조건을 (예를 들어 고대어에 관하여) 지금까지 완화시켜왔지만, 대학이 순차적으로 [교원의] 문호를 더욱 개방하고, 입학자격을 **완화**시켜야만 한다는 하중에서 해방되어야 한다면, 대학의 문호개방은 바로 이 시민 단과대학에서 일어날 것이 틀림없다.

시민 단과대학은 우선 노동자와 농민대중을 지향하고, 중산층을 지향하는 것이 아니다. 중산층을 위한 특정한 교육기관은 오래전부터 있어왔다. 그렇다면 단과대학은 자각적인 민중의 대학(Volkshochschule)이어야만 하고,──이 점에서 우리는 에르트베르크(R. v. Erdberg)와 같은 생각이다──대중을 지향하는 것이 아니라 교양을 의욕하고 교양을 필요로 하는 사람들이 형성한 **귀족주의**(Aristokratie)를 지향한다. 귀족주의는 이미 다음과 같은 교육학적·기술적인 상황을 요구한다. 즉 오직 소수인원의 수강자(약 40~60명)에게 무조건적으로 요구되는 공동연구에 대한 토론과 연속성이 가능해야만 한다는 점이 그것이다. 수강자의 정신적 활동은 인구의 증가에 따라 **감소**한다. 따라서 시민 단과대학에서 얻어진 교양을 널리 대중에게 전파하는 일은 이런 형태로 형성된 귀족주의의 영향이 간접적으로 확대되어왔다는 사태에 위임되지 않으면 안 된다. 이 과정은 예를 들어 러시아의 농민에게 독서강습회의 경험이 시사하듯이, 자동적으로 순항해가게 될 것이다. 또한 이런 목표규정은 대학과 단과대학 사이의 밀접한 접촉을 가져온다. 왜냐하면 다만 대학과 단과대학 사이의 이런 긴밀한 접촉방식에서 단과대학의 강연과 강좌는 높은 수준을 유지할 수 있고, 그리하여 대학교원에게도 단과대학에 참여하는 것이 가능하고, 또한 그것이 유의미한 일이 될 것이기 때문이다.──그렇다고 이때 대학교원이 대중연설가나 설교자가 되는 것은 아니다. 그러나 좀더 예리하게 눈을 뜨고 다음과 같은 사실을 예의 주시하지 않으면 안 된다. 즉 이 귀족주의는 엄밀하게 자유의지에서 생겨난 것이고, 귀족주의의 형성에 즈음하여 교양에의 의지에 대한 깊이와 진지함, 강도 이상의 것을 더 이상 문제 삼지 말아야 한다. 어떤 입학자격에 의해서가 아니라 오직 강좌의 수준과 강습 상호간의 연관 및 연속성에 의해서만 이 귀족주의를──귀족주의가 가능하다면, 그런 한에서──대중에게서 끄집어낸다. 물론 가르치는 쪽에서 목표를 일방적으로 이른바 '지도자 육성'에 두는 위험과 배우는 쪽에서 이미 서술한 것처럼 '사회적 영달'에 목표를 두는 위험이 이런 목표규정과 아주 밀접한 관계가 있다. 그러나 이 위험은 제공된 교육소재를 먼저 인간 도야의 견지에서 선택함으로써 부분적으로 배제시킬 수 있다.

다음으로 이상과 같이 일반적인 목표를 전제로 하여 대학이 단과대학에 줄 수 있는 것과 대학과 단과대학의 협동이 어떻게 조직적으로 현실화될 수 있을지에 관해 살펴보기로 하자.

2. 대학과 시민 단과대학의 세부적인 협동

시민 단과대학의 설립과 운영에 관해 대학이 제공할 수 있는 가능한 협력을 서술한다면, 요점은 다음과 같이 정돈된다.

(1) 단과대학의 창설과 유지, 조직화에 즈음하여 대학과의 협력.

(2) 대학의 강사들로 교수진의 구성.

(3) 대학에서 장래의 단과대학 교원을 양성하는 문제, 교육학 강좌들.

(4) 대학에서 다양한 학문에 의한 시민교육문제를 비교 연구하고 시민교육의 사회학적 조건들을 규명하는 문제.

(5) 단과대학에서 대학강사들의 협력가능성.

(6) 대학생의 협력.

(7) 단과대학을 이미 졸업한 사람들을 위한 평생교육의 수단으로서 단과대학과 병행하여 대학에서 정기적으로 개최하는 대중강좌.

(8) 단과대학의 대상 교재.

보유 1: 우리의 목표규정이 요구하는 것처럼 대학과 단과대학 사이의 생생한 접촉이 밀접한 것이어야 한다면, 대학은 단과대학의 창설과 조직의 편성에 즈음하여 이미 어떤 형식으로든 관여해야만 한다. 피히트가 그의 저작, 『미래의 독일 시민 단과대학』에서 제기한 최고의 목적에 따른 일반적인 조직안의 테두리 내에서 단과대학의 창설에 즈음한 대학의 이런 근본적인 협력은 매우 성공적이라고 생각된다. 피히트가 "단과대학은 연방정부의 주요 안건이다"[14]라고 선언한 것은 옳다. 국민의 정신적 통합이라는 생각은 우리에게 단과대학의 최고목표는 아닐지라도 본질적인 목표이며, 적어도 그 실천을 위해 단과대학을 조직하는 기본구상을 입안하는 개관적이고 개략적인 테두리법칙(Rahmengesetz)이 미리 존재해야만 한다. 이로써 각 주와 지방자치단체, 집단과 개인의 자주적인 지도권이 저해되는 것이 아니라, 반대로 비로소 환기된다는 것은 자명한 사실이다. 얼마나 새로운 교육을 초래할 것인지의 범위와 얼마나 새로운 교육을 열망하는지의 범위에 대해 하나의 기구를 만들 필요가 있다. 이 기구에 대해 피히트는 조직위원회, 즉 조직담당자에게 대립

---

14) 피히트, 『미래의 독일 시민 단과대학』, 17쪽.

하는 운동의 담당자로서 '수강자협회'(Hörervereine)의 결성을 권장한다. 수강자협회는 각 주별연합에 통합되고, 주별연합은 연방연합에 통합되어야 한다. 이들 단체는 처음에는 대개 노동조합의 손으로 결성되지만, 중앙위원회와 각 주별로 결성된 조직을 대표하고, 강좌의 개설과 대상의 선택, 수업방법과 교수진의 인선 등에 관한 각종 요망사항을 각 주의 주립위원회에 전달하는 역할을 한다. 이 중앙위원회와 각 주의 위원회에 대학 측의 대표자도 초청되어야 하는데, 대학 측의 대표자는 해당 대학의 평의회에서 적임자라고 간주되는 인물로 선정한다.

그러나 조직형성이 구체적인 형태를 띨 때 언제나 그런 것이지만, 단과대학에 대한 충분한 내적 정열을 가지고 있고 실정을 충분히 이해하는 대학교원이——유감스럽게도 이런 사람은 극소수다——노동지도자와 '운동'의 신임을 받고 있는 사람들과 개인적으로 관계를 맺으면서 토의와 의사소통을 논의하는 것이 훨씬 중요하다. 대학의 청년층 내부에서 그리고 노동자 자신들의 측면에서 일어나는 운동의 보급활동도 가능하다면, 단과대학을 잘 이해하는 노동조합원과 대학 측의 대표자가 동시에 의견을 개진하는 회의의 형태에 따라야만 한다.

보유 2: 대학이 단과대학에 협력해야 할 부분 중에서 가장 중요한 부분은 교수진의 구성임이 틀림없다. 물론 교수진의 전원 또는 다수가 대학교원이라는 점이 문제될 수 없다. 오히려 반대로 추구되어야만 할 목표는 단과대학이 독자적으로 자립적인 교수진을 양성하는 것이다. 그러나 이런 교수진의 선정이 좀더 신뢰받는 형태로 조성될 때까지 대학교원의 상당수가 동원되는 것은 언제나 불가피한 일이다. 그러나 교수진의 선정은 대학 측의 조언을 구하는 협력 아래 **지속적으로** 일어나지 않으면 안 된다. 어떤 교원도 일반적으로 그때마다 대학과의 접촉을 상실해서는 안 된다. 어떤 대학교원이 단과대학에서 교수 협력에 적임자인지의 문제는 개별적으로 오로지 이런 일에 대한 개인적인 사명감에 의해 노동자 자신의 신임을 받는 사람에게서 나온 소망에 근거해서 결정될 수 있다. 국가 측에서의 임명권도 존재해서는 안 되고, 이런 요청에 상응하는 대학교원 측으로부터의 의무도 존재해서는 안 된다.

　단과대학에서 문제되는 대학교원이 갖춰야만 하는 **특성들**을 열거해보자. 그것은 특히 다음과 같은 세 가지다. 즉 첫째로 시민교육이라는 일에 대한 **참된 사랑**과 진지한 열정이다. '마음속 깊숙이'에서 열정이 휘몰아치지 않는 사람과 단지 세계관적이고 실천적이거나 다른 부차적인 목표만 보는 사람은 이와는 거리가 멀다. 둘째로 자기의 연구영역을 **생생하게 종합**하는 능력과 재능이다. 이 점에서는 예를 들어 철학자뿐만 아니라 단지 철학적인 분위기 속에서 숨 쉬고 있는 정신을 소유한 사람이라면 자신을 '적합'하다고 생각하지 않을까? 셋째로 단과대학에 필요한 새로운 형태의 **교육학적 적성**이다. 즉 그것은 특히 지식을 전문용어와 공식을 구사하여 설명하는 것과는 거리가 먼 기능이고, 설명내용을 함축적으로 간결하게 언표하는 기능이며, 보통의 방식과는 전혀 다른 유형의 인간들과 더불어 문제 삼고 토의할 수 있는 기능이다.

　자신의 지식을 다만 권위주의적으로 전달하려는 사람이 아니라, 스스로 이 교수활동을 통해 자신의 지식을 통일시키거나 노동자의 마음을 새롭게 인식할 것을 기대하는 사람만이 이에 협력해야만 한다.

　보유 3: 단과대학의 교수진은 주로 **어느 범위** 내에서 보충되어야 할까? 예외적인 경우를 제외하면, 먼저 대학교육을 받아야 하고, 동시에 그의 직업과 생활형태가 **시민과 생활실태에 생생하게 접촉**하고 있는 사람들의 범위 내에서 보충되어야 한다. 특히 여기서는 대학교육을 받은 단과대학교원과 여자교원이 문제인데, 그들에게는 대학에서 단과대학에서의 활동을 위한 연수를 받는 특별한 기회가 제공되지 않으면 안 된다. 다음으로 이제 그들 중에서 엘리트는 대학으로의 접근이 개방되어 있어야 한다. 이로써 대학과 단과대학 사이의 교류가 활성화될 것이다. 이에 비해 〔김나지움 등의〕 수석교사를 일시적으로 초빙하는 것은 최소한으로 제한해야 한다. 그들의 독특한 신분상의 전통에서 볼 때 단과대학에서 성과 있는 효과를 거둘 가능성은 희박하며, 특히 노동자계층의 신뢰를 얻을 가능성은 대학교원보다 훨씬 더 차단되어 있다. 교회관계자와 성직자도 다만 특별히 개인적인 적성에 맞고 종파적으로 볼 때 동일한 종교를 믿는 청강자 수가 어느 정도 비슷하다면 단과대학의 교원이 될 수 있다. 실제로 교회에 관계하는 사람과 성직자보다는 대학의 신학자, 종교심리학자, 종교사학자, 종교철학자 등이 단과대학에서 종교를 강의하는 것이 훨씬 바람직하다. 여기서 당연히 교의학적인 지도는 문제가 아니며, 오로지 자연신학, 종교철학, 종교사, 종교심리학, 서술적 상징학(deskriptive Symbolik)[15] 등이 문제될 것이다. 법률가, 의사, 국민경제학자는 대개의 경우 겸직하고 임시 교원으로서 문제된다. 마찬가지로 경제활동과 공업기술에서 지도적인 인물을 임시로 단과대학에 맞이하는 것도 중요하다.——물론 그 사람들은 여기서 자기의 '이해관심'을 모두 버릴 수 있어야 한다.

이 모든 계층이 단과대학에서 교수활동을 하기 위해 준비할 기회가 대학에 개방되어 있어야만 한다.

그러나 이것은 어떻게 실현되어야만 하는가? 모든 대학교원은 먼저 내가 노동자계급의 정신적 복지에 대한 대학인의 **책임감과 연대적 공동책임의 에토스**라고 부르는 것을 자신의 능력에 따라 여기서 배우는 모든 사람들에게 조장할 기회를 가진다. 이와 병행해서 **교육학 강좌**에 대한 요구가 점점 강화되고 있다는 특수한 조건이 있다. 그러나 이 요구를 만족시키기 위해 어떤 경우에도 철학강좌의 희생이 일어나서는 안 된다. 철학강좌는 철학이 새롭게 강력한 비약을 이룬 시기에도 상당수가 실험심리학으로 이양됨으로써 이미 많은 손상을 입었다. 다른 한편으로 대학교원이 교육학강좌에 대해 갖는 매우 광범위한 불신은 정당한 것이 아니다. 물론 많은 경우에 그것은 바로 단과대학의 교원을 양성할 때 문제

---

15) 예술사와 도식학(Schematik)의 일부를 구성하는 (특히 종교적인) 상징을 연구하는 학문을 말한다. 'Symbolik'이라는 말은 역사적으로 교회 신조의 성립 과정을 과학적으로 비교 연구하는 비교신조학이라는 의미를 띠지만, 셸러는 "교의학적인 지도가 문제가 아니다"라고 말하고 있는 것으로 여기서는 예술사적 의미로 해석한다―옮긴이.

되는 교육학자의 유형을 아직 우리 독일에서는 별로 갖고 있지 않다는 사실에 대한 귀결일 따름이다. 특히 다음과 같은 두 유형은 이런 임무에 별로 적합하지 않다. 하나는 김나지움이나 다른 상급학교 수업방법론을 출발점으로 삼는 문헌학자의 유형이고, 다른 하나는 실험심리학자와 실험교육학자의 유형이다. 단과대학의 직무를 준비하는 데 중요한 것은 교육학 일반이 아니라 우선 **사회교육학과 국민교육학**이다. 그러나 이 학문영역은 나토르프의 훌륭한 노력에도 불구하고, 지금까지 오히려 원리적이고 연역적인 면에서만 확충되었을 뿐이며, **구체적이고 사회학적·사회심리학적 측면**에서는 아직 확충이 거의 되지 않고 있다.

물론 우리는 여기서 다음과 같이 물을 수 있고 또한 물어야만 한다. 즉 전혀 실재하지 않고 무엇보다도 반드시 창출되어야만 하는 하나의 학문을 위해 도대체 어떤 교수의 지위가 요구되어야만 하는가? 우리는 새로운 교수직을 통해 어떤 학문을 **창조**할 수 있는가? 이런 물음은 우리가 이런 강좌를 원하는 나토르프에게 부당하게 제기한 것이 아니다. 그리고 이런 종류의 학문이 있다는 단순한 주장에 의해 대답될 수 없다. 이 주제에 관한 저작은 무수히 많다. 통계와 논문과 제언 등도 무수히 많이 있다. 그러나 그것을 당당하게 하나의 '학문'이라고 부를 수는 없다. 따라서 오직 여기서 요구될 수 있는 것은 새롭게 설계되고 또한 설계되어야만 하는 교육학 일반에 대한 교원의 지위가 **사회교육학적인 학문**의 성립에 대해 **특별히** 배려되어야 한다 다시 말하면 이 학문영역을 사실적인 지식과 경험을 가진 인물이 장악해야 한다. 나토르프가 추천한 '대학부속 사회교육연구소'를 모든 단과대학에 설치하고, 나아가 그 경험을 교환하기 위해 서로 연대할 것을 제안하는 것은 매우 고무적이다. 교육학 강좌가 있는 대학에서는 교육학자가 이 연구소를 육성해가야만 할 것이다. 그러나 나는——물론 이런 일에 관심을 가진——각 대학의 모든 교수단이 조교의 도움을 받아 이 연구소를 이끌어가는 형태가 좋을 것으로 생각된다.

보유 4: 이 연구소에서는 시민교육제도 전체가 특히 그 사실적인 사회적·경제적·심리학적·교육학적인 토대에 대해 철저한 고찰을 받지 않으면 안 될 것이다. 마찬가지로 여기서는 국민교육제도의 역사와 각국의 시민교육제도의 비교연구도 또한 실시되어야 할 것이다. 이 연구소는 대학의 국가학 세미나와 사회과학계열의 연구기관을 표본으로 삼고, 나아가 대학의 직업지도와 연계하여 설립될 수 있을 것이다. 또한 이런 위에서 대충 윤곽을 그린 각 주제를 가지고 철학박사나 국가학박사를 수여하는 것이 가능해야 할 것이다. 이런 철학과 국가학의 세미나 출석자는 단과대학에서 교수활동을 위한 준비교육을 받았다는——비록 국가의 검정은 아닐지라도——증서를 교부받아 마땅하다.

보유 5: 지금까지 여러 번 지적되어왔지만, 시민 단과대학은 강사들에게——독일에서 강사는 대부분 무급의 강사직을 의미하고, 조교수로서 급여를 받지 않는다——새로운 활동의 장과 새로운 수입원을 열어줄 것이다. 이로써 우리 독일에서 연구와 교육의 후속세대들이 겪어야만 하는 경제적 곤란도 어느 정도 완화될 것이다. 그러나 원리적으로 강사 신분 전체를 충당하는 새로운 수입원이라는 생각은 **단연코** 제거되어야 한다. 시민 단과대학은 강사들을 위한 어떤 실험의 장도 되어서는 안 된다. 또한 다른 한편으로 새로 **생겨나는** 강사는 조용하고 엄격한 탐구정신과 전문적인 연수를 받은 정신으로 충만되어 있어야만 한다. 단지 경제적인 동기가 그를 단과대학으로 몰아낸다면 그런 만큼, 단과대학은 그에게 더욱 쉽게 딜레탕티슴과 대중선동(Demagogie)의 정신을 불어넣는다. 시민 단과대학에서 필요로 하는 종합은 바로 강사의 투입이 극히 예외적으로 일어나는 최고도의 성숙과 사실영역에 대한 전망을 요구한다. 물론 이런 의심이 모두 사라지는 경우도 있을 수 있다. 특히 강사가 문제인 경우에는 대학에서 교편을 잡고 있는 사람의 겸직을 허용하고, 그리하여 겸직이 대학의 경력 자체를 고양시키려는 것에 있어서는 안 된다. 어쨌든 이런 종류의 대학교원은 대학 및 실천생활과의 이중적인 접촉 덕분에 단과대학에서 교수활동에는 특히 적합할 것이다. 외국사정에 밝고 새롭게 외국사정을 연구하는 강의자와 강사가 단과대학을 위해 폭넓게 고려되어야 한다.

보유 6: 대학생이 (상급학생을 포함해서) 단과대학에서 문제될 수 있는 경우는 훨씬 적다. 실제생활을 경험한 노동자가 젊은 학생에게서 가르침을 받아야만 한다는 사정은 이미 사상 전체에서 볼 때 불유쾌한 감정을 촉발하는 계기를 가져온다. 이에 덧붙여 여기서는 전공교육은 문제되지 않기 때문에, 아직 과정 중에 있는 대학생을 말할 여지는 거의 없다. 다만 실험과 실습지도, 현장지도 등의 조교로서 상급학생이 동원될 수는 있을 것이다. 또한 경우에 따라서는 특정한 목적과정별 강습회, 예를 들어 외국어와 속기 강습회 등이 단과대학에서 느슨하게 병설되고 있는데, 이때 간헐적으로 그들이 역할을 맡을 수 있을 것이다.

보유 7: 대학은 소정의 과정을 이수하고, 이에 대한 증명서를 취득한 단과대학생에 대해서는 정기적으로 개설되는 강좌와 실습에서 그들이 전공한 문제에 보다 깊게 나갈 기회를 담보해주어야 한다. 이런 강좌는 물론 자발적으로 제의되고 학부에 의해 지명된 대학교원에 의해 지도되어야만 하며, 이들은 단과대학에서 취급하는 모든 영역을 포괄하고 학문적으로도 상응한 높은 수준을 지녀야만 한다. 마찬가지로 단과대학의 교원이 거기서 교수활동을 주요직무로 하고 있는 한에서, 대학은 그들에게, 특히 지방에서 활동하는 교원들에게는 언제나 연구에 대해 새로운 접촉을 할 수 있게끔 매년 강좌를 개최해야 할 것이다.

여기서 문제는 특히 능력 있는 단과대학 학생이 이 코스에 먼저 들어갈 수 있는 권리를 얼마나 지니는지 (예를 들어 대학의 청강생이 되는 것) 하는 것이다. 나는 이런 특별한 능력이 있는 사람에게 대학의 문호가 전적으로 개방되어야 한다고 생각한다. 우리 독일에도 패러데이 (Faraday)와 같은 천성을 띠고 태어난 사람이 없으란 법이 있는가? 그러나 이런 가능성이 있기 때문에 어떤 **규칙**이 만들어지는 것은 아니다. 왜냐하면——이미 서술했듯이——단과대학은 어떤 의미에서도 '사회적 영달'의 수단으로서 이용되어서는 안 되기 때문이다. 명예욕의 먹이가 됨으로써 언제나 좀더 넓은 층을 유혹한다는 프랑스 방식은 우리와 거리가 먼 것이다. 모든 시민교육에서 문제되는 것은 하층계급 그 **자체**가 정신적으로 충족하고, 심리적으로 만족하고, 인간으로서 그리고 시민으로서 고양되는 것이며, 이들 가운데 소수가 새로운 교육을 받음으로써 다른 계급으로 진입하는 길을 터주는 것이 아니다.

보유 8: 시민 단과대학에서 다루어지는 주제의 선택에 대해 수강자의 자발적인 소망이 결정적인 의미를 지니며 또한 결코 간과되어서는 안 된다면, 그리고 학교조직화에 참여하는 대학교원이 노동자층과 다른 수강자들에서 신임을 받는 사람들과 협조하여 그들의 조언을 경청할 때 가능하다면, 다음과 같은 점들이 고려되어야 한다. 즉 첫째로 **적절한 주제**가 선정되었는가? 둘째로 강의계획이 (기존의 교수진에 준거하면서) 어떤 **조화로운 전면성**(Allseitigkeit)을 잃고 있지는 않는가? 노동자계층은 아무래도 자신들의 요망 속에서 사회과학과 국가학, 국민경제학을 너무 일방적으로 우선시하려는 경향에 빠지기 쉽다. 그러나 이것은 단과대학의 인간 **도야**라는 목적을 일거에 쓸모없이 만들어버릴 것이다.

보편인간적 · 시민적 · 국민적인 교양가치를 지닌 모든 영역이 단과대학에는 '적절한' 주제다. '조화로운 전면성'은 특히 1) 종교 · 세계관 · 인생관 · 철학, 2) 정신과학 · 문화과학(역사, 문학, 언어, 예술), 3) 정밀 자연과학 · 기술적 자연과학 · 수학 · 공학, 4) 사회학 · 사회과학 · 국가학 · 법률학 · 경제학이라는 4대 영역이 **동일한 권리**를 가지고 타당한 것으로 인정되지 않으면 안 된다. 여기서 나는 예를 들어 도시의 산업노동자인 수강자에게는 특히 그 산업에서 응용되는 물리학과 화학의 영역을 가르치고, 또는 농촌인구인 수강자라면 그들에게는 해당 생물학의 영역을 가르치는 방식으로 아무래도 기존의 이념가치에 강하게 결부된 방식을 바람직한 가치라고 생각하지 않는다. 오히려 관습적인 삶의 범위에서 멀리 떨어져 있고 인연이 먼 것이 개시되어야만 하고, 그리하여 세계상의 일면성에 쐐기를 박아야 한다.

이로써 대학이 지닌 자료의 범위 내에서 어느 영역이 문제되고, 어떤 대학교원이 단과대학을 위해 특히 문제되는지는 이미 암시되었다. 즉 철학자, 신학자, 역사학자, 독일어문학자, 문학사가 또는 예술사가, 사회학자 및 국민경제학자, 자연과학의 방법론과 역사에 정통한 자연과학자, 공법교수, 의학부의 위생학자 등이 제일 먼저 거론될 것이다. 우리 독일의 정신과학자들에게는 마이네케(Meinecke)가 적절하게 지적했듯이, 국민생활 및 국민의 마음과의 접촉, 특히 노동자세계와의 접촉이 매우 적다. 그래서 단과대학의 교수활동에 참여함으로써 획득되는 것은 각별한 것이다.

철학자는 여러 방면에 걸친 단과대학에서 고려의 대상이다. 비교적 큰 단과대학에서는 이미 인식론, 방법론, (학문의 분류문제를 포함해서) 논리학에 관한 기초강좌가 개설되어 있다. 나아가 가능하다면, 군중심리학과 직업선택의 심리학, 성과 계급의 심리학을 포함하여 경험심리학에 관한 강좌도 요망된다. 또한 철학사보다는 딜타이, 야스퍼스 등이 개척한 철학적 세계관의 유형론도 제시되어야만 한다. 서구의 과학문화사의 주요특징도 마찬가지로 강의되어야 한다. 이때 모범이 되는 것은 마흐와 뒤앙[16]의 유명한 저작이고, 또는 막스 보른(Max Born)이 상대성이론에 관한 저작[17] 중에서 이 이론을 역사의 흐름에 따라 전개한 방식이다. 나아가 자연과학의 철학적 해명을 위해 모범이 되는 것은 에리히 베허[18]의 유명한 저작과 단과대학의 교원에게 매우 적절한 예리네크(G. Jellineck)의 『세계의 비밀』(*Das Weltengeheimnis*)에 관한 저작이다. 이에 덧붙여 윤리학과 사회학 및 현대 우리의 관심을 매우 개념적으로 자극하는 역사철학적 문제들도 강좌의 대상이 되어야 한다. 그리고 이 강좌의 수업내용은 원리적인 문제에서 출발하고, 전체와 개인의 직접적이고 구체적인 생활형태의 문제에서 끝나야만 한다. 종교는 철학자에 의해 다음과 같은 방식으로, 예를 들어 슐츠[19]가 자신의 종교철학에 관한 저작 중

---

16) 뒤앙(1861~1916): 프랑스 이론물리학자, 과학사가—옮긴이.
17) 아인슈타인의 '상대성이론'(1920)을 말한다—옮긴이.
18) 에리히 베허(Erich Becher, 1882~1929): 독일의 철학자, 심리학자. 퀼페의 제자—옮긴이.

에서 행하고, 또한 필자가『종교의 문제들』(*Problemen der Religion*)에서 한 것 같은 형태로 취급되어야 한다. 자연신학, 종교유형학, (막스 베버와 같은 방식의) 종교사회학, 종교심리학에 관해서는 어떤 요망을 기대하기보다 먼저 관심과 요망을 불러일으키는 것이 선결문제다. 역사적으로——종파의 분열시대가 아니라——종교상의 창조시대 이미지와 종교상의 위인들 이미지를 생생하게 눈에 띄게 취급해주는 것도 종교란 경제적 사회관계의 반영에 불과하다는 노동자계급의 엄청나게 잘못된 미망에서 그들을 벗어나게 하기 위해 좋은 일이다.

정신과학자들은 특히 조국의 역사에서 위대하고 각 시대를 **특징적으로** 잘 나타내주는 대표적인 시, 문학, 예술작품을 우리 역사가 외부에서 받아들이는 각종 자극과 함께 수강자들에게 가르치고 이해시켜야 한다. 이들 작품의 역사적인 생성과정이 아니라——작품 그 자체 속에 구비된 **문화가치와 생명가치를 드러내고, 이에 눈을 뜨게 하고, 이를 느끼게 하는 것**을 여기서 먼저 다루어야만 한다.

지금까지 언급한 자료의 영역에서 직접적으로 현재 멀리 떨어진 곳에 있을지라도, **법적 · 국가적 · 경제적 생활** 속에 소개하는 것은 더욱더 현재 우리가 처한 상황과 위치에서 출발하지 않으면 안 된다. 이런 관점에서 단과대학을 포함하여 '국가학 관련 강좌의 쇄신'에 관해 플렌게[20]가 매우 적절한 발언을 많이 했다.[21] 사회주의 이론과 그 역사, 그 실천적 기도 및 **정치적 세계관**의 역사와 **정당사**, 종교적으로 제약된 **사회이론**, 인구론과 생식의욕의 윤리학 및 정치학을 위한 이론적 기초,[22] 사회정책 및

---

19) 숄츠(1884~1946): 현대 독일의 프로테스탄트 신학자, 논리학자—옮긴이.

20) 플렌게(1874~1946): 독일의 국가학 및 사회학자—옮긴이.

21)『최초의 국가학관계의 교육시설』(*Das erste staatswissenschaftliche Unterrichtsinstitut*, 1920) 및『독일의 장래와 국가학의 장래』(*Die Zukunft Deutschlands und die Zukunft der Staatswissenschaft*, 1919). 또한 그가 손수 만든 교과서적 견본과 매우 계발적인 '도표'를 참조.

22)『사회학 및 세계관학 논문집』에 수록된「세계관의 물음으로서 인구의 문제」(Bevölkerungsprobleme als Weltanschauungsfragen, 1921)를 참조—편

사회화의 문제들, 경제사 요강 등이 종래의 단과대학에서는 최우선적인 주제였지만,——이제는 오히려 이런 주제의 범위를 어느 정도 축소하는 것이 바람직할 것이다. 단과대학은 바로 종래에 정당의 정치적·경제적 강령의 경직성을 이른바 상실하고, 대중 또는 대중 가운데서 엘리트가 다시금 각성하여 자발적인 사고의 활성화를 가져오는 장소가 되어야만 한다.——또한 이를 통해 간접적으로 학문의 좀더 확실한 성과가 새로운 형태로 계급이데올로기의 형성에 실천적인 영향을 미치는 장소이지 않으면 안 된다. 학문이 이런 영향력을 지닌다는 것은 우리 독일에서 오랫동안 없었던 일이다. 그래서 우리 독일에서의 정당활동의 재건이 가능해질 따름이다.——아니 민주주의와 의회주의가 어느 날 아래서부터 무너지든, 위에서 무너지든 그렇게 소멸하고 말 것이 아니라면,——이런 정당활동의 재건은 무조건 바람직한 것이다.

자연과학의 강의에는 무엇보다도 현재 학문의 상태에 역사적 소개와 더불어 최근 수십 년 동안에 일어난 근본적으로 새로운 것이 모두 고려되어야만 한다. 일원론[23]과 다윈주의(Darwinismus), 헤켈주의(Haeckelianismus)에 대항한 투쟁——이것은 노동자들 사이에서 다만 편향적으로 해석되고 있는 데 불과하지만——은 여기서 출발하는 것이 아니라, (상대성이론, 양자론, 정밀유전학, 돌연변이설, 신활력론 등) 새로운 인식에 단적으로 영향을 미치는 것이다.

끝으로 단과대학은 확실히 광범위한 기준에서 기대하는 이민(移民, Auswanderung)의 문제에 관해서도 외국사정에 대한 연구를 통해, 경제와 문화지리학을 통해, 독일의 힘에 대한 기회를 학문적으로 정초한

집자.

23) 헤켈(E.H. Haeckel, 1834~1919)과 오스트발트(W. Ostwalt, 1853~1932) 등이 제창한 자연과학적 일원론을 말한다. 헤켈은 스피노자-괴테적인 근원적 실재를 가정하면서 진화론과 에너지 불변의 법칙을 취하는 일원론적 세계관에 의해 자연과 생물계의 불가사의를 설명하여 많은 지지자를 얻었고, 1906년에는 함부르크에서 '독일 일원론자동맹'을 결성했다. 오스트발트는 에너지 일원론을 주창한 화학자다—옮긴이.

언급을 통해, 나아가 사실적으로 정초한 경고를 통해 잘못된 기대를 품지 않도록 하고, 유의미한 이민의 길을 개척하는 일을 거부해서는 안 된다.

이상의 설명을 가지고 단과대학과 대학 사이의 기본관계를 결론적으로 개관해본다면, 나는 총괄적으로 다음과 같은 법식(Formel)으로 요약할 수 있을 것이다.

대학과 시민 단과대학은 두 기관과 그 담당자들을 서서히 개혁해가야 하는 양자에 공통된 신뢰의 에토스와 인류적·국민적인 연대성의 에토스에서 새롭게 거듭나야 한다.──대학과 단과대학은 원리적으로 서로 독립적인 관계에 서서 작동한다. 그러나 양자는 매우 활발한 상호작용 속에서 활동하고 있고, 이런 활동은 양자 모두에게 이익을 가져다줄 것이다. 단과대학은 대학의 일방적인 지도 아래 서 있어서는 안 되고, 오히려 조언하고 활동적인 양자의 협동활동 속에서 단과대학의 위대한 사업이 구축되어야만 하며, 이 사업이야말로 우리 조국 독일이 부흥할 수 있는 근본조건인 것이다.

유고로 남겨진 수고手稿에서 보완

"노동은 모든 가치의 창조자다.
모든 윤리학 준칙은 노동규칙이며,
진리 그 자체는 오직 윤리적 가치의
아류에 지나지 않는다."

I. 「지식사회학의 문제들」에 관하여

1. 지식사회학과 인식론

지식(과 인식)에 대한 철학적 이론과 모든 기본적인 종류의 인간적 앎을 역사적으로 발전시켜온 사회 법칙에 대한 연구를 탐구영역으로 삼는 사람들은 언제나 반복되는 어려움에 봉착하게 되는데, 그것은 당장 이두 탐구영역 사이에 가로놓인 논리적 어려움을 원리적으로 어떻게 검증할 것인지를 결정해야만 한다는 점이다.

인간적 인식이 심리주의적 탐구에 기초하여 일어나며, 논리주의자·선험주의자라 불리는 탐구자가 인식론에다 전혀 다른 것을 향한 과제를 부과하는 것과 이른바 인간적 인식 및 인식의 '한계'에 대한 법적 타당성을 음미하는 것에 대한 수천 년에 걸친 논쟁이 일어났다는 사실은 부분적으로 아마도 동일한 어려움을 나타내는 점일 것이다. 이 악명 높은 어려움은 인간의 자연적 소질 속에 들어 있는 인간적 인식의 조건과 한계에——지식사회학이 주장하듯이——인간적 지식의 형태를 제약하는 사회적 구조를 덧붙인다면, 더욱더 몇 단계 고양될 것이다.

뒤르켐이 주장했듯이, 그때마다 사유와 직관형식의 체계란 동시에 집단의 사회적 구조에 의해 하나의 도식 또는 특정하게 분류되는 그물망을 일의적으로 규정하는 것이고, 단지 사회화의 업적에 불과한 것일까?——우리는 진리의 타당성을 요구하는 어떤 권리와 양식을 우리 고유의 사유범주 체계에 부과할 수 있는가? 적어도 가장 형식적이고 대상적으로 우리에게 타당한 요소가 지식사회학 그 **자체**가 요구하는 바로 그런 지식의 전제인 하나의 체계에 진리의 타당성을 요구하는 어떤 권리와 양식을 부과할 수 있는가? 우리는 어떤 사회구조 속에 살고 있으며, 그 속에서 의미법칙적으로 우리의 인식형식에 대응해 있다. 이런 사회구조란 소멸되는 것이 아니고, 다만 인간과 지구가 진보해가는 가운데 있는 한 계기의 형상에 불과한 것인가? 그것도 어떤 다른 구조, 즉 어떤 원시종족이나 생활공동체적 · 신분적으로 정돈된 중세사회의 구조와 같은 그런 것인가? 한편으로 오류와 착각이, 다른 한편으로 진리인식과 명증성이 거의 **똑같이** 발생심리학적으로 해명된다면, 이것이 또한——일반적으로 해명될 수 있는 한에서——모두 **사회학적으로** 거의 똑같이 이해된다는 점도 적지 않게 타당할 것이다.

나는——예를 들어——다음과 같은 명제를 지식사회학의 결과로서 인정한다. 즉 **원시인들**에게 주어지는 자연현상은 모두 직접적인 것이며, 정령과 악령사회로부터 추론되지 않는 표현현상과 행위라는 점, 이런 표현현상과 행위에 대한 인식은 (이에 대한 의식에 합당한) 정령과 악령이 함께 인식을 수행하는 불변적인 토대에 근거한다는 점, 이들 정령과 악령의 영역은 자연현상 속에 들어 있는 알려진 것들이고, 각 집단에 대해서는 특히 이들과의 관계에서만 나타난다는 점, 각 **집단**의 질서 및 자연 그 자체의 질서와 구분은 오직 이 정령들의 언표방식일 따름이고, 이에 상응하여 집단의 질서와 구분이 생겨나고, 이들 세계상에 적합하다는 점, 자연대상의 실제적인 동일화, 즉 각 정령과 악령을 지닌 상이한 집단들 사이에서 공통적인 가공은 본래 불가능하다는 점——왜냐하면 자연현상은 다만 그 자체 서로 다른 영역에 속하는 정령과 악령의 기능 및 표현기호로서 '주어지기' 때문에 그렇다.——그리고 우리가 모든 자연물을 포괄하는 하나의 동질적인 공간도식이 자연 그 자체에는 결여되어 있고, 도식은 동일화를 실제로 가능하게 하는 최초의 전제라는 점 (각 집단은 오히려 자신의 삶의 공간과 집단공간을 이른바 그들의 정령과 악령이 나타나는 무대로서 소유하고 있다), 내가 달리 귀결시킨다면,

개념적으로 파악할 수 있는 (사고방식으로서 개념실재론) 현실적인 형식의 상위질서와 하위질서의 세계를 부여받은 서구 중세의 '생태론적' 세계상은 특히 그 사회의 **생활공동체적·신분적** 구조를 감성적으로 통찰하는 관계를 적지 않게 지니고 있고, 개인주의적이고 소유계층에 따른 계급의 형성을 강요하는 부르주아지 자본주의 구조의 형식적·기계론적 세계상과도 적지 않게 일치한다는 점이 그것이다.

그렇다면 이제——그들의 우연적인 지각가능한 것의 내용이 아니라——**구조형식** 그 **자체**에서 이미 구분된 이 세계상이 동일한 가치를 지니거나 비동일적인 가치를 지닌다는 점, (슈펭글러가 처음으로 예리하게 말했듯이) 수학적인 정밀과학과 기예(Künste)도 적지 않게 신화, 풍습, 관습, 의상 등과 마찬가지로 정신화되어 있고, 어떤 특정한 **집단정신**과 문화정신의 합리화된 표현형식이라는 점이 추론되는가?——아니면 나는 어떤 투박한 신앙작용을 가지고 바로 우리 학문의 세계상을 참된 것으로 확신하고 다음과 같이 말해도 좋은가? 즉 신앙작용에 내재하는 사고형식과 이에 상응하는 존재형식은 참되고 대상적으로 타당한 형식이며, 원시시대와 중세의 사고형식은 다만 의인적이고 사회적 형태를 띠었을 따름이라고 말해도 좋은가?

이 두 정보는 모두 똑같이 전도되어 있고 무의미하다는 것 외에 확실해 보이는 것은 아무것도 없다. 잘 알려진바, (유감스럽게도 슈펭글러의 견해와 정반대로 이끌어내) 처음 정보가 순환한다는 것은 (슈펭글러는 자신의 역사형상적geschichtsmorphologischen 귀결에다 수학, 물리학과 같은 수많은 정밀과학을 거부하는 일종의 타당성을 위임한다) 다음 정보의 우매성과 무논리적인 자기 정당화만큼이나 또한 널리 알려진 사실이다.

이에 대한 현대적 논의가 **동시에** 불가능한 두 정보 사이에서 흔들려온 것을 본질적으로 넘어선다는 점을 나는 증명할 수 없다. 역사적 상대주의에 대한 열정적인 많은 비판자들이 그래왔듯이, 특히 넬슨의 슈펭글러 비판에서 순환에 빠져드는 것이 조금도 나아지지 않았다고 말하지 않으면 안 된다. 레비-브륄의 좀더 진지하고 고되고 정직하게 일해온 것에서 발견되는 확실한 결과, 또는 나의 탐구와 슈펭글러의 독창적인 업적을 포함한 수많은 파기할 수 없는 것들이——단지 우리가 '순환'과 '논리적 모순'을 증명함으로써——모두 소멸되고 무화(無化)된다고 생각하는가? 이것들은 결코 소멸되지 않는다. 정밀과학에서 예를 들어 양자론과 전자기적 빛 이론 사이에서 모순이 생겨난다면, 우리는 즉각적으로 아무리 좋은 결과라도 파기해버리거나 논쟁에 휘말리고 만다.

이런 모순이 좀더 깊은 숙고에 의해——확실성에 대한 희생을 치르지 않고——해소된다는 점에 우리는 주목한다. 우리는 특히 저 순환에 대한 비난과 참된 회의주의에 대한 당연히 낡아빠진 원시적인 논쟁의 지루한 부흥을 통해 최소한의 권리도 획득하지 못한다. 두 번째 정보에서 이런 편협한 양자택일을 이끌어내는 것은 우리의 학문에 내재적인 범주체계에 예외, 즉 다른 체계와 달리 아무것에도 근거하지 않는 예외를 부여한다. 우리는 지식사회학에 의해 반격을 받는 **불변적인 범주체계**와 체제에 대한 칸트학설(또는 지금의 후설학설)을 통해 엄격하게 법칙적인 의식의 기능에 환원시켜버릴 수 있는 권리를 거의 획득하지 못한다. 권리 그 자체는 단지 충전성, 완전성, 정밀성의 다양한 단계에서 반성적으로 인식될 수 있을 따름이다.

세 가지 결단, 즉 1) 의식 내재적인 범주체계의 불변성, 2) 역사적 상대주의와 역사적 집단의 우화적 집합(fable convenue)으로서 모든 세계관, 3) 우리의 세계상에 대한 '제한적인' 예외,——이 모두를 함께 제거해버린다는 것과 이들을 제거하면, 비로소 이 문제를 진지하게 시작한다는 이런 탐구가 오히려 자명한 것이고 우리에게는 하나의 전제인 것이다.

대상에 대한 논의가 문제의 슬로건에 일치하는 수준으로 고양되어야 한다면, 한계 없는 역사적·사회학적 상대주의(historischen und soziologischen Relativismus)로 빠져버리는 우리에게 단순히 맹목적인 놀라움의 충동은 어떤——합리적이거나 초합리적인——양식의 **값싼**

절대주의로 머리를 내미는 충동을 유발시켜서는 안 된다. 한때 사실과 일치하지 않던 '절대주의'를 발달심리학, 사회학, 정신사학이 다방면에 걸친 탐구의 모든 영역에서 확신시킨다.

2. 사회학주의의 정당성과 부당성

사회학주의는 환경에 대한 언어형식과 행동형식이 사고형식의 기초가 된다는 학설과 일치하는 것처럼 보인다. 푸앵카레에 이르기까지 인습주의(Konventionalismus)는 (홉스: "진실과 거짓은 단지 인간의 말 속에 있을 따름이다") 학문의 인식론으로서 사회학주의와 일치하는 것처럼 보인다. 구제의 지식을 생각해보라. 가령 다수의 인간이 진실의 기준이고, 그 근원적 의미에서 언어가 신의 근원적 계시로 소급된다는 보날드의 학설은 이런 사회학주의와 일치할 것이다. 그러나 사고형식의 발생론적인 사회학주의나 인습주의는 지지될 수 없다.

그럼에도 사회학주의자들의 진지한 노력이 부정되어서는 안 된다. 우리가 이런 형식들에 대한 엄격한 객관주의에서 출발한다면, 그것은 지지될 수 있다. 말하자면 이런 노력이 현존하는 것과 사고하는 것이 동일하게 형성되는──그러나 현존하는 것에서 먼저 직관된다──**통찰된 형식과 원칙을 추후적으로 기능화**하는 것이라면, 저 집단은 **기능화**를 요구하는 '경험'의 원칙과 구성형식을 **선택**할 것이고, 집단의 선택은 바로 개인이 그 구성원인 이익사회의 충동구조, 즉 전형적인 충동구조에 따른 사회구축에 의존할 것이다. 개인을 자신의 사고양식과 가치평가의 선취규칙 속에 묶어두는 것은 이성적인 개인이 아니라 변화무쌍한 이성조직, 즉 사고방식, 에토스, 이익사회의 스타일감각이다. 그리고 가치평가의 선취규칙은 개인주의적 합리주의와 사회학주의에 엄청난 차이를 만든다. 대상과 사고의 본질에 속하는 가장 단순하고 절대적인 형식적 대상법칙을 넘어선 모든 것은 사고조직 및 이 조직에 합당한 존재형식면에서 문화권에 따라 그리고 문화국면에 따라 확연히 차이가 난다는 명제에서 우리는 전적으로 슈펭글러에게 정당성을 부여한다. 칸트의 의도는 이런 관점에서 본다면, 하나의 우상이다.――적지 않게 흄의 개인주의적 심리주의나 획득된 특성과 기능의 유전에 근거하는 스펜서의 생물주의도 마찬가지로 하나의 우상이다.

둘째로 우리는 다음과 같은 명제를 사회학주의에 허용한다. 즉 생각하고, 통찰하며, 평가하고, 사랑하는 것과 사랑에 부속하는 충동구조의 형식장치를 적용하는 제1의 기체(基體, Substrat)는 자연이 아니라 이익사회이며, 그래서 사회조직의 형식은 항상 전체의 세계상에 자기 자신을 비춰보는 것이어야만 한다는 것이다.

의미세계에 대한 어떤 사회학적이고 역사적인 이해관심의 전망(Interessenperspektive)이 있다. 그러나 이런 의미세계 자체는 사회나 역사의 결과로서 생겨나지 않는다. 단지 사회나 역사가 선택하는 것일 따름이다.

논리학, 윤리학, 미학의 상대성체계는 순전히 절대주의의 귀결이다.[1] 그러나 이런 상대성은 (슈펭글러에 대항하여) 설정한 동일한 역사에 의해 지양된다. 왜냐하면 역사는 바로 현재에 대해 상대적이기 때문이다. 역사는 현재의 지적인 상황 및 가치평가 상태와 근원적 비판을 통한 확신이라는 순수사실과의 종합이다(트뢸치, 슈프랑거, 리트). 역사적인 '사물 자체'란 존재하지 않는다. 역사의 흐름 속에서 각자의 입장은――얼마나 많은 사람들이 그것을 인식하든 말든 상관없이――객관적인 자신의 역사를 지닌다.

형식주의에서 모든 적극적인 가치와 이념의 내용이 신빙성 없다는 것은 타당하다. 왜냐하면 모든 것은 사라지기 때문이다. 형식주의는 실질적 절대주의, 예를 들어 가톨릭교회와 다음과 같은 전제조건을 공유한

---

1) 이하의 서술에 대한 상세한 설명은 셸러의 『형식주의』(제4판), V. 6을 참조.

다. 즉 오직 절대적으로 불변적인 것만이 유의미하다.

하나의 시간, 즉 주체는 우리에게 이념과 가치에 대한 하나의 **규정성**을 갖는다.——그것은 정신 그 자체의 본질 속에 놓인 것이며, 정신은 오직 **시간적인 생성의 형식** 속에서 자신을 펼칠 뿐이다. 따라서 우리는 '상대적인' 질료에 대해 절대적으로 믿을 수 있고, 그 어느 것도 우리에게 내용적으로 충족될 수는 없다.

아인슈타인이 자연의 절대적인 대상을 형태, 연장, 시간에 따른 물체의 변화무쌍한 크기와 부피 규정의 배후로 이론물리학의 대상들을 옮겨놓아야만 했듯이, 우리도 가치질서와 진리를 변화무쌍한 **역사적 전망주의**의 배후로 옮겨놓는다.

서구 세계상의 풍부함, 크기, 깊이는 (그리스와 유사하게) 그 민족과 원칙, 관심의 풍부함에 좌우된다. 서구의 분권화는 학문세계의 크기와 같다. 왜냐하면 오직 사물에 대한 다양한 상호 보완적인 관심만이 세계상의 내용들을 **충실**하게 드러낼 수 있기 때문이다.

3. 구원의 지식에 대한 사회학주의적 견해와 유물론적 견해에 관해

신의 **관념내용과 사회학적 통일**, 즉 부유하거나 가난한 계급과 귀족적이거나 천민적인 계급, 농업이나 상업 또는 기사직업에 종사하는 이러저러한 신분으로서 신앙고백을 하고, 제식을 올리고 활동하는 그런 사회적 통일 사이에는 상당한 평행선이 발견된다는 사실을 막스 베버는 그의 종교사회학에 관한 저서, 「신분, 계급 그리고 종교」라는 장에서 새롭게 제시했다.[2] 저 집단들이 하나의 민족 또는 로마처럼 하나의 확대된 '제국'이라는 통일 속에 녹아버린다면, 거기서 이런 전제조건 아래서 가

---

2) 막스 베버, 『종교사회학』, 7쪽 참조.

장 먼저 생겨난 '만신전'(Pantheon), '복마전'(Pandaimonion)은 실제
로 권력관계와 가치관계, 품위관계, 이상, 특히 이들 계급의 가치이념,
직업, 신분, 카스트제도 등이 광범위하게 뒤섞인 일종의 거울에 투영된
형상이다. 이것은 엄격하게 규칙적으로 영향을 미치면서 숭배되는 로마
의 신들(Numena)과 좀더 인간적이고 인간의 모습을 한 그리스 신들
사이의 차이점으로 [여겨지며], 베버는 이런 차이점을 농경적인 로마민
족과 그리스지역 사이의 기사문화를 가지고 소개한다.

그 차이점은 지상, 특히 농경의 신들과 천상, 특히 기사들이 숭배하는
신들 간의 차이다. 그러나 특히 부정적인―특권계층이 누리는 구원의 종
교 및 약속의 종교와 사회적 현실을 정당화해주는 특권계층이 믿는 낙
천적 종교 사이의 대립이 문제가 된다. 행복한 사람들, 속세에서 특권을
부여받은 사람들에 대한 종교적인 합법화와 다른 한편으로 사회적 현실
의 합법화를 '고통받고 있는' 특권화되지 못한 계층들에게――그들의
고통은 (그때마다 자신의 특수한 양식에 따라) 종교를 통해 좀더 높은
'의미'를 부여받거나 그들의 복수심(復讐心)이 형이상학적으로 받아들
여짐으로써 예기된 만족을 창출하게 된다――한 약속과 초자연적인 규
정, 직업의 이상들을 통해 대체하려는 것들 사이의 대립은 종교적인 신
앙의 영역에서 언제나 반복되는 하나의 대립이다.

그러나 비록 이와 유사한 사실들이 누적된다 하더라도,――마르크스
주의의 테제에서 종교의 대상은 단지 **경제적** 계급관계에서 솟아나는
일종의 '다채로운 연기'일 뿐이다――이런 사실들은 전혀 증명되지 못
한다.

우리가 이 주제에서 창시자의 성스럽고 카리스마적인 개성이 아니라
일반적으로 사회집단이 종교를 근원적·본질적으로 규정한다는 **사회학**
주의적(soziologistische) 테제와 경제적 이해집단이 종교의 내용을 설
명한다는 특수한 **경제학주의적**(ökonomistische) 테제를 분리시킨다면,
우리는 두 개의 테제를 모두 거부해야만 할 것이다.

사회적 집단의 일반적인 구성과 관심, 가치, 이념들이 종교의 내용을

함께 규정하고, 나아가 제식(Ritus)과 숭배(Kult), 의식(Zeremonie)의 형식들이 그때마다 지배적인 종교를 **내용적으로** 규정한다는 것이 참이라면,──광범위하게 참이라면──그런 한에서 그것은 **모든** 집단뿐만 아니라 각 종류의 집단에도 참이다.──그것은 결코 계급에만 국한된 것이 아니다. 이것은 마찬가지로 인종과 가족, 그밖의 포괄적인 종족공동체(클란과 겐스)[3]에 대해서도 적용되며, 직업과 신분, 국가, 문화영역에도 적용된다. 예언자들 가운데서──예언자들은 왕의 힘에 대항하여 권리를 박탈당한 사람들의 권리를 대리한다──위대한 사람, 즉 가장 비운의 예언자가 점점 더 옳음[정의]의 신이 되고, 구원하는 신이 되기 위해, 유대민족의 신은 점차적으로 산신(山神), 가축무리의 신, 전쟁의 신이 되었다. 마호메트의 신은 아라비아의 족장과 동일한 것이다. 이들 신은 그리스의 신과는 근본적으로 다르다. 직업은 특별한 '기능의 신'으로 발전하고, 국가는 신에게 국가의 정신과 특성을 지닌 특별한 색채를 부여한다. 아니 나는 종교내용을 함께 제약하는 전혀 다른 종류의 집단충동, 집단관심 속에서 **경제집단**──본래의 계급──이 종교적인 의미내용을 첫째로 내용상으로 **가장 비본질적으로** 제약하고, 둘째로 발생적으로 **가장 나중에** 제약한다고 생각한다. 종교적 기능은 우선 원시적인 사회적 존재에서 **혈연공동체와 종족공동체**에 결부되어 있다. 즉 씨족(클란, 겐스), 가족, 부족, 민족의 통일(일본, 유대인)에 결부되어 있다. '정치적인 사회'(분트)를 동반한 영웅신, 국가 신(중국의 하늘天은 구조적으로 유추해볼 때 경제구조가 아니라, 중국제국의 관료구조와 일치한다)은 **계급**의 신과는 아무 관계가 없다. 만약 직업의 여러 갈래들이 우선 경제적으로 결정된다는 근본적으로 잘못된 이론을 믿지 않는다면, 직업의 신과 '기능의 신'은 경제 측면에 따라 결정되지 않는다. 계급은 적어도 종교에서 창조적인 태도를 보인다. 계급은 역사에서 항구적인 것이

---

3) 클란(Clan)은 고대 스코틀랜드의 씨족집단이며, 겐스(Gentes는 Gens의 복수형)는 고대 로마의 씨족집단이다─옮긴이.

아니다. 계급은 어디서 나타나든지 유감스럽게도 상호간에 말살이나 다른 집단에 대한 우월감으로 인해 생겨나는 붕괴현상과 타협현상과도 같다. 계급은 통일된 폐쇄적인 문화의 흐름 속에서 역사의 가장 후기적인 결과다.[4] 모든 문화는 계급투쟁 속에서 몰락한다.

그러나 또한 이론의 **사회학주의적** 특성을 포기하면 안 된다. 종교의 내용적 조건들을 위해 집단의 종류, 집단의 관심, 집단의 가치 등을 통해 열거한 수천 가지의 사실들은 오직 하나를 지적할 따름이다. 즉 인간이 들여다보는 존재의 각 영역에는 (그것이 자연이든, 영혼이든, 역사든, 풍부한 미학적 · 윤리적 가치, 숫자, 도형이든) 개념, 의미, 직관형상을 독해(讀解)하는 사회학적으로 제약된 이해관심의 전망이 존재한다. 그리고 이것은 '하늘'에 대해서도 통용된다.

4. 막스 베버식 철학의 배제(유명론적 사고양식의 심리학과 사회학에 관해)

(1)

사회과학과 정신과학에서 실증주의는 스스로 학문의 토대, 즉 '학문적 도덕'의 기초를 제공해줄 수 있다고 믿었다. 실증주의는 단지 인격성과 인격의 자유, 참된 도덕적 요소 일반을 **인위적으로** 거부하도록 가르침으로써 사회과학과 정신과학의 대상과 방법을 규정했다고 보지 않는다. 도덕적 요소들을 거부함으로써 '학문적' 도덕에 도달한다는 것, ──이것은 실증주의적 시도의 모순이다.

오늘날 이런 오류가 통찰된다. 막스 베버는 이런 오류를『직업으로서 학문』이라는 그의 저서에서 분명히 말했다. 학문은 단지 다음과 같은 두

---

4) 이에 관해서는 이 책, 1권에 수록된 논문「지식사회학의 문제들」, 제1부에 있는 역사적 현실요인의 서열법칙을 참조. 개별적인 보완의 주 텍스트에 대한 관계는 이 책에 수록된 세 논문의 주석에 언급되어 있다. 재판(2판)에 대한 편집자 후기 참조─편집자.

종류가 있을 따름이다. 즉 우리가 각자의 가치체계와 세계관으로부터 기술적으로 고려해야만 하는 법칙적 관계를 찾아내는 것과 기껏해야 세계관학에서 서술된 주어진 '세계관'으로부터 사실을 소유하는 의미관계를 찾아내는 것이다. 가톨릭주의와 루터주의, 헤겔의 철학을 긍정한다면, 너는 너의 세계관을 올바르게 이해할 것이며, 이 사실을 이러저러하게 평가하는 학문을 찾아내듯이, 사실들을 인정해야만 한다. 슘페터(J. Schumpeter)는 그가 인정한 실증주의적 학문의 이상에 대한 평가와 비판에서 이와 유사하게 판단한다.

실증주의적 학문의 이상은 본질적이고 사회학적으로 실제로 현대의 민주주의와 연관되어 있다. 왜냐하면 학문의 이상은 인간적 인식의 총체적 과제를 보편인간적이고 보편타당하게 해결될 수 있는 것, 즉 모든 특별히 타고난 재능과 인종적·신분적·개인적 특징들을 도외시한다면, 그런 한에서 그 대상들이 인간에 대해 현존재상대적이고 가치상대적인 것과 완전히 분리시켜주기 때문이다. 그러나 정치적 이상으로서 민주주의가 오히려 항상 엘리트, 소수파, 지도자, 개인에게서 시작하는 적극적인 목표설정을 통해 계속해서 역사를 움직여갈 수 없듯이, 학문도 세계관의 기초가 될 수 있는 가치체계와 이념체계를 스스로 전개시킬 수 없다. 도덕과 형이상학, 종교는 초과학적(transsszientifisch)[5]이다.

우리가 막스 베버 및 슘페터와 첨예하게 분리되는 본질적인 것은 다음과 같은 점들이다. 즉 학문은 형이상학에 근거하며, '자연적인 세계관'이 지닌 비판 이전의 형이상학에 근거한다. 막스 베버는 그의 '기술적으로 중요한 것'에 대한 학문적 개념을 벗어나는 질문을 의지를 통해 완전히 비합리적이고 개인적인 선택에 맡겨버리고, 이로써 당파와 집단의 순수투쟁에 맡겨버린다. 베버의 극단적인 오류는 질료적인 가치가 단지 주관적인 의미만을 지닌다는 것이고, 실증적인 학문의 피안에는 객관적인 사물과 가치, 재화와 재화체계를 결합시켜주는 인식의 길이 존재할 수

---

5) 이 말은 '형이상학적'이라는 말과 동의어로 사용해도 좋을 것이다―옮긴이.

없고, 나아가 다양한 가치체계의 대표자들 사이에는 '증명'과 정신적인 자기 결실이 존재할 수 없다는 것이다. 그러나 그 반대도 옳은 것이다.

(2)

그것은 막스 베버가 입장을 표명한 것[6]으로 끝내야 하는가? 학문과 세계관, 지도자와 교사, 존재판단과 가치판단에 대한 그의 견해가 지닌 궁극적인 인식론적 토대가 옳다면, 그것은 마땅히 그렇게 끝나야 할 것이다. 그러나 바로 이런 토대는 그의 저서『직업으로서 학문』, 특히 '학문의 직업'을 문제 삼는 제2부에서 거의 완전히 은폐되어 있거나 여기저기서 단지 가볍게 암시되고 있을 뿐이다. 그렇기 때문에 이것을 특별히 검토하기 위해서는 제일 먼저 밝혀낼 필요가 있다.

막스 베버의 경우 세계관 형성에서 실증적이고 가치중립적인 전문과학과 비합리적인 권력들('운명', 카리스마적 인간에 대한 신앙, '악령' 등)에 대한 비인식적이고 맹목적 헌신의 극단적인 이원론이 붕괴한 첫째 이유는 본질에 대한 오해이며, 그리하여 신앙과 종교, 실증학문 사이의 매개요소가 배제되어버렸기 때문이다. 오직 이런 매개요소만이 '철학'이라고 칭할 만한 가치가 있다. 이런 매개요소가 없는 학문은 틀림없이 정신도, 이념도 없는 상투적인 것이 되고 말며, 종교는 사악한 개인주의적인 광신주의가 되고 말 것이다.

바로 그렇기 때문에 세계에 대한 정신적 태도를 형성하는 모든 범주 속에서 이런 범주적으로 풍부한 사상가는 최소한 하나의 범주를 경험했다고 언급되고 있다. 나는 '지혜'라는 범주를 염두에 두고 있다. 왜냐하면 소크라테스 이래로 대가를 치르고 이념통찰의 정신적인 기법과 기술로서 철학의 본질에 아주 밀접하게 접목되어 있는 바로 그 지혜 속에는 막스 베버가 냉정하게 분리해낸 것, 즉 존재하는 것에 대한 인식, 가치의식, 그리고 존재인식과 가치의식의 종합에서 생겨나온 당위의 요구에

---

6) 재판(2판)에 대한 편집자 후기 참조—편집자.

기꺼이 복종하는 의욕의 체계적인 각오 등이 하나로 결합되어 있기 때문이다.[7] '지혜'는 저돌적이며, 소영웅주의적이고, 도처에서 내적인 삶이 최고조에 달한 '긴장'을 갈망하는 본질과는 개인적으로 거리가 멀 뿐만 아니라,——그는 '지혜로운 사람'의 유형과 지혜를 인식하는 양식을 역사의 어느 곳에서도 보지 못했다. 상징적으로 표현하면, 금욕적인 전문 연구가도 있고,——춤추는 수도승도 언제나 존재해왔다. 그들 사이에서 지혜로운 사람의 영혼은 경이와 인정을 받으면서 방황한다. 영혼이 다양한 종류의 힘에 대한 유의미하며 아름답고, 감동적인 균형을 유지하는 '지혜'가 배제될 때, 계속해서 지혜가 재화를 지식 속에 바꿔놓고, 마찬가지로 지식을 자비 속에 바꿔놓음으로써 그는 참된 프로테스탄트인 것과 마찬가지로 또한 참된 게르만인이다(독단적으로 그런 것이 아니라, 인간적으로 형성된 것처럼 생각된다). 자기 법칙에 따른 특수한 전문적 수행의 총체로서 학문뿐 아니라 다만 세계를 형성하는 행위와 인간의 형성도 지혜에 의해 수행되고 점점 지혜를 향해 나아가는 인간의 인격형성을 위한 다양한 종류의 수단일 수 있다는 생각과——이런 인간의 인격형성에서 이 두 가지 활동은 궁극적인 의미를 지닐 것이라는 생각은 막스 베버와는 완전히 동떨어진 것이다.

우리가 매개적인 사고와 이상적인 유형의 개념을 형성하고 가설을 형성하는 것 외에 변경시킬 수 있는 연구목적들에 (감각적인 관찰을 제외하고) 어떤 실질을 부여하는 직관도 허용하지 않는다는 의미에서 막스 베버의 합리주의, 즉 형식적인 합리주의를 비난한다면, 베버가 받아들인 대화와 작품 속에서 항상 반복되는 태도는 매우 특정적이다. 다음으로 그는 똑같은 방법으로 반격하곤 했다. 즉 그가 교대로 '현상학자, 직관주의자, 먹물낭만주의자, 형이상학자, 신비주의자 등'의 명칭을 가지고 상당히 무작위로 생각했던 다른 사람들을 우리는 바로 진정한 합리주의자라고 말한다. 왜냐하면 우리는 바로 비합리적 체험, 즉 '운명'

---

7) 이에 관해서는 『형식주의』, 제4판, 내용색인 참조—편집자.

'악령', 간단하게 말하면 참으로 비지성적이고 비합리적인 것을 잘못되게도 '합리화시키려' 하기 때문이다. 그런 체험의 '비밀'을 외부로 돌려버린다면,——이로써 전적으로 자유로운 개인적 결단, 즉 의지의 동의가 '찬성'과 '반대'의 선택을 결정해야 하는——요약하면 '이렇게 원하고 이렇게 명령한다'(sic volo, sic jubeo)는 토대 위에서 인간의 보편타당성과 객관적 결합을 추구하기 때문이다. 따라서 모든 철학적 내용의 인식과 모든 객관적인 실질적 가치등급의 질서를 배제해버린 엄격한 형식주의 인식론과 윤리학은 삶과 역사에서 '비합리적인 것'의 참된 보호자인 셈이다. 이런 비합리적이고 비지성적인 것은 (베버가 생각했던 것처럼) 그 자신의 풍요로운 어둠 속에 내버려둔다는 것, 즉 그것을 영구히 '악령' '운명' 등으로만 본다는 것은 베버에게 개인적으로는 적어도 전문과학에서 일종의 '순수성' 이상으로 중요했다.

비합리적이고 비지성적인 것에 직면하여 거의 여성적이고 수줍으며 이런 보호하려는 몸짓을 그 자체로서 막스 베버는 이미——바로 모든 시대의 '지혜'를 얻으려고 노력했던 것처럼——비합리적이고 비지성적인 것을 정신적으로 검토하고 또한 가능성에 따라 해명하려는 모든 시도에 대항하여 악의적인 것으로 만들어버렸다는 것은 자명한 사실이다. 어둠에 대해 그리고 비극적인 풀 수 없는 삶의 긴장에 대해 지나치게 강조된 사랑, 즉 (그밖에도 여전히 포함할 수 있는 초합리적이고 비합리적인 가치와 의미심장함 때문이 아니라) 비합리적인 것 자체에 대한 열애는 베버로 하여금 전문과학의 논리적이고 인식론적인 정초와 전혀 다른 어떤 것이고자 하는 모든 철학을 모든 적법한 양식의 인식이 일어나는 문턱에서 거부하게 만들어버린다.

베버는——철학을 한때는 '과학의 시녀'(ancilla scientiarum)라 부르고, 다른 때는 '예언'(Prophetentum)이라 부름으로써—— '지혜'의 실존적 정당성을 가지고 일반적인 철학의 본질과 철학의 인간적이고 사회학적인 기능, 또한 철학의 역사적인 특성과 운동형식을 원칙적으로 오해해왔다. 위에서 끝으로 언급한 것이 단지 이런 사실을 나타내는 최초의 징조라면, 우리가 철학적 전제조건 그 자체를 검토해볼 때, 이런 오해가 비로소 완전히 밝혀질 것이다. 막스 베버는 이런 철학적 전제조건을 다소 의식적으로 자신의 입장표명을 위한 사실적 토대로 삼고 있다.

세계관과 학문의 관계를 파악하는 베버 견해가 지닌 최초의 근본토대는——논리적이고 윤리적인 학설로서뿐만 아니라 **사고양식 그 자체**로서——막스 베버의 **유명론**이다. 후설의 저서, 『논리학 연구』(제2권)를 통해 도입되었고, 퀼페와 그의 제자들의 '사고심리학'(Denkpsychologie)을 통해 실험적·현상학적으로 토대가 마련된 현대 철학의 거대한 반유명론의 움직임을 막스 베버는 거의 알지 못했고, 어떤 경우에도 주목하지 않았다. 막스 베버에게 학문의 모든 기본개념 그 자체가 결코 독립적인 대상들을 소유하지 못하고, 사실 영역의 순수한 본질에 대한 직관을 통해 대상들의 고유한 기본개념들을 결코 충족시키지 못한다는 점은 자명한 사실이며,——그런 기본개념들은 오히려 자의적으로 선택된 '이름'을 가지고 단지 감각적으로 소여된 한 권역 내에 있는 사실들의 유사성을 일의적으로 표시하거나, '이상적인 유형의' 한계상황이 자체 제작한 구조이며, 한계상황의 유일한 가치는 하나의 소여된 역사적 재료를 나름대로 일목요연하게 다룰 수 있는 힘 속에 들어 있다. 다시 말하면 그런 기본개념이 합목적적인 허구(Ficta)라는 것도 자명한 사실이다. 본질적으로 '관념화하는' 추상성과——여기서 소여된 개별적인 경우가 (그 경험적 징표들을 부정적이고 긍정적으로 추상화하는 작용에 의해서가 아니라) 이런 사실들 자체의 본질을 파악하기 위한 모델과 사례로서만 정초된다——이른바 몇몇 우연적인 사실내용들의 공통적인 징표의 경험적이고 귀납적인 추상성 사이의 차이를 베버는 인정하지 않았다.

이 물음에서 막스 베버는——그의 학설에 따를 때——전적으로 리케르트의 제자였다. 모든 개념적 사고는 단지 포괄적이고 심도 있는 무한한 다양성을 극복하는 데 목적을 둔 리케르트의 학설을 베버는 깊은 비판 없이 받아들였다. 그러나 베버의 학설은 극단적인 **유명론**이며, 이와 연관된 일종의 사고경제학(예를 들어 마흐)과도 구분되지 않는다. 완전히 법률적으로 사고하고, 심지어 그의 연구에서는 초구조적인 사고를 지닌 사람은 학문이 풍부한 개념들에 의해 연구된다는 사실을 잘 감지했다. 이런 개념들은 우연히 관찰된 사실을 통해서는 결코 드러나지 않는다. 그렇기 때문에 그는 여기서 이상적 유형의 개념형성에 관한 자신의 이론을 정립했다. 그러나 그가 적지 않게 취급했던 그의 이상적 유형의 개념들은 객관적인 로고스로서 이 세계를 표현하는 객관적인 이념의 질서에 대해 파악한 것도 아니며, 또한 그렇게 파악해서도 안 된다. 그것은 소여된 것을 정돈하는 그 힘을 그때마다 비로소 입증하고 기회주의적인 합목적성이라는 의미에서 정당화되는 인간 자신에 의해 구성된 한계도식인 것이다. 또한 가치의 이상이라는 의미에서 가치유형 내지 이상의 유형이 아니라, 자기 제작된 모델이라는 의미에서 오직 평균적인 유형들을 이상적인 유형의 개념으로 나타내야만 했다. 어떤 순수 이념파악을 통한 정신의 주도 없이 그런 개념의 형성이 어떻게 가능한지, 유형화되고 이상화되며 또한 될 수 있는 방향이 어떻게 발견될 수 있는지의 비밀을 막스 베버는 물론 거의 드러내지 못했으며, 마찬가지로 예를 들어 (모든 가능한 것들의 무제한적인 총합에서) 그가 좋아하는 이상적인 유형의 개념을 선택함으로써 그 내용이 어떤 가치의 강조점도 가지지 못할 경우에, 가치결정은 유보된다는 점을 그는 알아차리지 못했다.

그러나 우리의 물음에 대해 이렇게 피상적이고 멀리 밀려나버린 것처럼 보이는 논리적·존재론적 문제는 몇몇 이유로 인해 유의미한 것이 된다. 비록 (우리와 같은 비유명론자들에게는 진실로 존재하는) 사상영역의 객관적인 본질구성은 그 자체로서 아직 가치, 이상, 규범에 대한 것을 아무것도 포함하고 있지 않다. 왜냐하면 열등한 것, 나쁜 것, 저질적인 것도 또한 그 본질——사상의 본질뿐만 아니라 가치본질——을 가지고 있기 때문이다. 그럼에도 세계의 본질(과 본질질서)은 동시에 다음의 두 가지, 즉 사물의 현존재가능성과 이런 현존하는 것의 가치존재가능성을 제약한다. 세계의 본질은 그런 한에서 막스 베버의 경우에 극단적으로 순수이원적으로 붕괴되고 마는 당위와 현존하는 가치중립적 현실

사이에 없어서는 안 될 다리를 놓는다. 본질질서 속에서 정신은 어떤 존재와 질서를 간파한다.

이 질서는 분화에 앞서 우발적이고 우연적인 현존재의 현실이 '존재하고' '당연히 존재해야 하며', 경우에 따라 '당연히 존재하게 될' 그런 것 속에 들어 있는 질서다. 그렇기 때문에 이념을 객관적으로 존재하는 것으로 배우고, 사물과 정신에 통용되는 학설로서 가르칠 뿐만 아니라 '이데아의 이데아'(ἰδεῖν τῶν ἰδεῶν)의 기교와 기법을 실제로 실행한 사람이라면, 베버의 철학적 스승인 빈델반트와 리케르트[의 생각][8]처럼, 막스 베버의 생각을 흔들었던, 현존하는 것과 당위된 것에 관한 저 이원론에는 결코 빠질 수 없을 것이다. 세계의 본질인식으로서 지혜는 자신의 개념적인 현존재인식을 조종할 뿐만 아니라 도대체 어떤 규범적인 요구가 세계에 제시될 수 있을까를 자신에게 말해줄 것이다.

객관적인 본질이 있[지 않]다면, 모든 경험적인 개념형성의 방향을 위한 한계, 즉 지식가치와 비지식가치를 분리하고, 나아가 합리적인 것에서 비합리적인 것을 구별하고, 비지성적인 것에서 지성적인 것을 분리하기 위한 지침과 주도력은 존재하지 않으며, 마찬가지로 세계에 대한 모든 고찰에서 세계와 인간에 대해 요구할 수 있고, 이 요구가 유의미한 것이기 위한 한계도 존재하지 않는다. 정신이 이상적인 유형에 따라 (사물 그 자체에서 나오는 빛을 포착하지 못하고) 이리저리 흔들리면서 자의적으로 빛나는 드문 경우에 끝없이 경험하는 것이라는 의미에서 전문과학과 순수 비합리적이고 맹목적인 충동에 의해 삶을 주도해가는 것이 매개되지 못하고 급격히 붕괴될 수밖에 없다는 것은 자명한 사실이다. 결과적으로 (순수와 비순수, 가상과 현실 사이의 분리 없이 선-악, 미-추와 같이 오래전부터 있어왔던 대립을 그 응용을 통해 매개하는) 우연한 역사적인 것-현실적인 것 앞에 경험론적으로 굴복하는 것과 대책 없

---

8) 여기서 〔 〕 안의 말은 편집자인 마리아 셸러가 삽입한 것이다. 아래의 것도 마찬가지다—옮긴이.

는 유토피아, 즉 지극히 개인적인 계시록의 '희망'에서 먼저 전문가로서 굴복하여 무릎을 꿇은 이런 현실적인 것을 터무니없이 경멸하는 유토피아 사이에서 영혼은 끊임없이 동요하고 부상한다.

이런 사고양상에서 정신사와 현실사로서 세계사의 특수한 사상영역이 문제된다면, 한 가지 점을 완전히 개관해볼 수 있다. 즉 역사를 인식하는 것은 우선 역사의 시점에서 역사가 되는 행위(Actus)를 함께 파악하는 것이다. 그 행위는 어떤 사람에게 그때마다 새로운 것을 만들어주고, 형성된 것(geworden)과 그렇게 형성된 것(so-geworden)과는 다른 어떤 것, 말하자면 역동적인 삶의 운동이 만들어낸 '흔적'으로서 자신의 뒤에 남긴다. 이런 역사의 생성(Werden)행위는 (그 내용, 목적, 방향은) 말하자면 각자의 시대에는 역사의 본질이다. 역사적으로 현실이 '되어버린 것'(Gewordenheit)으로 돌아간 것, 나아가 (역사적인 실제 내용과 결코 분리될 수 없는) 이러한 현실적인 것의 '의미'는 미래에 당연히 그래야 할 모든 그런 것들을 제약하듯이, 본래부터 이러한 행위에 의존해 있는 것들이다. 이러한 행위는 (생명력을 상실해버린 것tote Gewordenheit의) '출발점'(terminus a quo)과 최종기한(terminus ad quem) 앞에 놓여 있고, 밖에 놓여 있다. 그것은 영원하며 단지 개인적·내용적으로 변화하는 '순간'이며, 이런 순간 속에서 역사는 '생성'된다.——이 순간은 미래뿐만 아니라, 역사적인 과거의 의미내용도 충분히 독자적으로 규정한다.[9] 우리가 원조, 기념비 등으로 알고 있는 역사의 되어버린[기존] 것은 단지 현상의 다채로운 주변상황들이며, 이런 것들을 통해 우리는 그런 역사를 형성하는 삶의 행위본질과 양식을 바라보아야만 한다. 행위자로서 우리가 형상화하고, 형성하려는 것은 모두 순수형식적 가치승인 또는 결코 정의를 통해 알 수 없는 어떤 공허한 당위로부터 외부에서 생성된 것에 가져가는 것이 아니라, 그런 삶의 행위

---

9) 이에 관해서는 『인간에 있어서 영원한 것』(제4판, Bern, 1955)에 수록된 논문, 「후회와 재생」(1917)을 참조.

가 나타내는 가치방향 속에 이미 놓여 있는 것들이다.

역사적인 유명론자——와 항상 현실적인 유명론자——는 원칙적으로 과거의 역사적 의미와 미래의 가능한 내용이 〔생겨나는〕 이런 영원히 고동치는 역사의 생성되는 영혼을 개관해야만 한다. 다채로운 되어버린 것의 끝없는 바다는 그의 이념 맹목적인 정신을 응시한다. 그는 바다를 항해할 나침반과 별을 가지고 있지 않다. 그러나 '미래'와 그 자신이나 다른 사람이 미래를 위해 '당연히 해야 하는' 것은 (미래가 무엇인지를) 예측할 수 없을 뿐만 아니라 당연히 그가 임의의 요구를 표시해넣을 수 있는 그 앞에 펼쳐진 꿈의 푸른 대지 외에 그 어떤 발전사적인 가능성과 고정된 활동공간에 의해서도 구속되지 않는다. 그래서 또한 여기서 다시금 역사와 인생, 역사와 이상, 가치, 목적에 따라 미래를 자유롭게 형상화하는 것 사이의 날카로운 이원론이 유명론적 사고유형의 결과로서 생겨난다.

우리가 유명론적 사고양식과 본질적으로 결부된 모든 것을 일반적으로 한번 원칙적으로 밝혀본다면, 우리가 사회와 역사 속에서 (이차적으로 이 두 이론 속에서) 시대 전체의 유명론적 사고양식에 주어지는 특별한 기능을 한번 간단히 자체적으로 헤아려본다면, 그것도 여기서 도움이 될 것이다.

내가 유명론적 사고유형에 관해 말한다 하여 중세 후기의 오캄트 (Wilhelm von Occant), 후기의 홉스, 버클리, 흄 등이 세웠던 것과 같은 유명론의 논리적인 이론만을 생각하는 것은 아니다. 내 자신이 이런 양식의 〔유명론〕을 사고한다(거나 사고하지 않는다)고 생각한다.——즉 유명론적 정신태도를 가지고 있다고 생각한다. 이때 무엇보다도 이런 역사적인 유형적으로 항상 회귀하는 정신태도는 인간의 현존재와 문화의 주어진 형식의 세계가 해체되는 곳에서 언제나 정립된다는 사실에 대해 의심할 여지가 없다. 유명론은 모든 양식의 (철학적, 학문적, 예술적, 국가–단체적, 종교-교회적 형식세계의) 그때까지 객관적으로 타당한 것으로 인정되어온 형식세계의 가장 성능이 좋은 정신적인 도약판이다.

그뿐만 아니라 유명론은 '죽어버린', 단지 '전통적으로' '무감각하게' 되어버린 형식을 소생시킴으로써, 새롭고 객관적인 형식질서에 맞는 형식을 찾아냄으로써 규정되는 것이 아니라, 객관적인 형식이란 결코 존재하지 않는다는, 다시 말하면 형식이 일반적으로 인간의 주관성과 자의성에 의해 사물의 사상영역으로 옮겨진다는 원칙을 설명함으로써 내용적으로 완전히 규정되는 (가령 노쇠화되어 실제적인 풍부한 삶의 경험에는 더 이상 적합하지 않는) 역사적인 문화의 형식세계를 아마도 필연적이고 당연히 거부하고 파괴해버리는 것에 대한 근거를 마련하는 전형적인 오류다. 상대적으로 유명론의 역사적 정당성은 다음과 같은 경우에 종종 나타난다. 즉 단순한 전통, 습관, 즉 '이름 · 소리 · 연기'로 되어버린 ──근원적으로 살아 있고 직관으로 가득 찬── 형식세계를 바로 그 이름 · 소리 · 연기로 되어버린 것으로서 설명할 때, 나아가 때에 따라 인간의 **활동력**을 일깨워줄 경우에, 하나의 **새로운** 형식세계를 만드는 경우에, 유명론의 역사적 정당성은 나타난다. 그래서 후기 프란체스코파의 유명론은 종교-교회적 형식세계를 파괴하려고 시도했으며, 마찬가지로 홉스의 유명론과 『원리』(*Principe*)의 저자가 취한 윤리-정치적 유명론도 사회의 봉건적 질서를 파괴하려고 시도했다.

감각주의적이거나 신비주의적인 경향을 띤 유명론이 나타나는지 나타나지 않는지는 여기서 중요치 않다. 유명론은 언제나 존재의 형태화를 이념화하는 모든 것에 대해 원칙적인 적으로 머물러 있다. 그 성과는 언제나 **부정적**이고, 해체되어가는 문화혁명적이다.──좀더 좋게 말하면 그것은 좀더 높은 문화를 긍정적으로 보는 것에 기인하는 것이 아니라, 원칙에 기인한다. 유명론이 아무리 활동력을 일깨워준다 해도, 그것은 이런 활동력에 결코 어떤 목적을 제공해줄 수 없다. 유명론이 일깨우는 활동력은 비합리적이고 맹목적인 현명하지 못한 영웅주의에 머물러 있다. 유명론적 사고양식의 본질은 **비판**이며,──**구축**이 아니다. 또한 해체이며,──창조가 아니다. 그것은 역사에서 유명론 자체의 불충분한 형상화 때문에 세계로고스(Weltlogos)조차 배반한다. 유명론적 인간은 이런 것에 고통을 받는다. 한때 '선하고' '신성한' 모든 것은—— '다른 그 무엇도 아닌' 결국에는——'단지 하나의 단어'일 뿐이다. 유명론적 사고양식은 하나의 삶을 초월한 형식세계를 위해 고통받고, 비생산적인 르상티망 속에서 이런 형식세계를 위해 반항하는 유형의 인간이 지닌 지렛대(Brechstange)다.

또한 유명론적 사고양식은 **사회학적으로** 볼 때 완전히 말을 돌려서 표현한 것이다. 사고양식으로서 유명론적 사고양식의 유형은 항상 '공동으로 인식해야' 하는 정해진 **집단의 구조**와 결부되어 있고, 이런 구조 속에서 집단의 현존재 조건을 지니고 있듯이, 이론으로서 유명론은 어떤 인간 집단성을 이해하고 파악하는 것에 응용할 때 [주어지는] 어떤 완전히 정해진 **사회이론**이며, 이런 사회이론은 우리가 고찰하는 관계점에 따라 각기 단원론, 개인주의, 자유주의, 형식적 민주주의, 계약설, 인습주의, 사회적 원자론 등으로 불릴 수 있다.

나는 '윤리학'에 관한 나의 책에서 인간집단화의 궁극적인 네 본질형식들을 구분했다. 즉 이것을 나는 '군중' '삶의 공동체' '이익사회' '총체적 인격'으로 명명했다.[10] 우리가 순수 **군중**에서 결코 이념주도적인 행동을 만나지 못하고, 단지 맹목적이고 상호간의 전염을 통해 성장해 온 총체적 충격만을 만나는 반면에, **생활공동체**의 특징은 세계사물이 지닌 객관적 의미영역에 있는 의미들을 언어적 전통을 통해 그때마다 제공받는 자연적이고 순박한 단어실재론(Wortrealismus)과 의미실재론에 있다. 실증적인 역사적 양식을 공통적으로 지닌 집단의 이념들은 삶의 공동체에서 개인을 매우 강력하게 지배하기 때문에, 개인의 거의 모든 정신적 소유물은 집단에 박탈되고 만다. 이런 사고단계에서 본질적인 것은 이런 실증적으로 전래된 이념의 보물들이 단순히 역사적으로 전래된 것처럼 체험되고 경험되는 것이 아니라, 세계소여적이고 자연소여적인 것으로 체험되고 경험된다는 것이다.

---

10) 『형식주의』, VI. B. 4, 보유 4 참조—편집자.

직관, 지각, 자기 체험 등은 삶의 공동체에서 실재적이며 세계소여적이고 자연소여적인 것으로서 간주되는 집단적인 이념의 보물들과 달리 그 권리를 보장받지 못하며, 자신의 고유한 지식과 양심에 따른 발명행위·의도·행동 등도 마찬가지로 그 권리를 보장받지 못한다. 오직 전래된 이념들을 직관적인 것과 자기 체험적인 것에서 충족시키고, 확인하고, 입증하는 것만이 인간이 고려할 수 있는 문턱에 도달한다. 다만 확정적이고 인가된 형식의——생산과 발명이 아니라——항구적인 재생산만이 도구와 장식품, 일용품, 건축양식 및 예술양식에 이르기까지 이런 인간들을 지배한다. 이어서 생활공동체가 이익사회의 본질형식으로 유명론적으로 해체되는 시기에 와서 비로소 이런 집단적 이념의 보물은 단순한 전통의 강제성으로서 인식된다.

5. 고급문화의 사회학적 기원과 학문의 기원에 관한 주해

유럽 밖에서 일반적으로 발견되고, 상대적으로 미미하게 나타나는 특별한 가치영역과 활동영역으로서 '학문'은 인종학자들이 '고급문화'(Hochkulturen)라고 표시해온 현상들과 언제나 연관된 것처럼 보인다. "이 문제 있는 문화형태는 그 분포를 보면, 서아프리카에서 수단과 동북아프리카 전역에 걸쳐 있고, 서아시아·남아시아·동아시아를 넘어 분포되어 있으며, 또한 아메리카에서도 이른바 아메리카의 고급문화라는 영역에까지 펼쳐져 있다."[11] 순수내적 의지작용을 통한 자연력의 '마법적' 지배[12]와 ('예견하다'prévoir라는 전前과학적 형태로서) 점술적인 예언, 마찬가지로 이런 활동을 위한 다소간의 독점화된 사제계급

---

11) 그래브너, 『원시인들의 세계상』(*Das Weltbild der Primitiven*, München, 1924), 106쪽 이하 참조.
12) 레비-브륄의 『원시인의 심성』, VI장, "Puissnce effective du désir" 참조. 그리고 『형식주의』, 3절에서 의지의 발전에 대한 나의 설명을 참조(『형식주의』, 제4판, 내용색인 참조—편집자).

이 대체로 그 시작단계를 나타낸다.

학문의 기원에 관한 문제의 배후에는 이와 더불어 고급문화의 기원에 관한 훨씬 큰 문제가 들어 있다. 이런 문제에는 다음과 같은 심리학적인 문제, 즉 정신적 창조를 완성시키고 '독창적인' 사고를 완성시키는, 아니 전(前)논리적 정신상태에서 나온 사고를 완성시키는 것과 관련된 문제가 밀접하게 연관되어 있다.――이런 심리학적 문제는 지금까지 사람들이 단지 매우 일면적인 개인심리학적으로 (예를 들면 천재들[13]이 창조하는 것을 위해) 제기된 문제이지만, '독창적' '개념'(Conceptio)과 '영감'(Inspiratio) 등의 개인심리학적 발생과 밀접한 연관 속에서 또한 민족들과 그밖에 집단의 전체성을 위해 제기될 수도 있다.

이런 중요한 연관에 대해 여기서 아주 조심스럽게 몇몇 추측들을 언급하는 것이 허락된다면, 저자는 이런 문제에 관한 학문적 연구를 위해 이런 추측 가운데 몇 가지에 기대를 걸고 있다.

좀더 날카롭게 각인된 '정치적 사회', 즉 대부분 군주정치적 질서의 광범위하고 다양하게 사회학적으로 구성된 지배영역, 계급형성 및 직업분화와 결부되어 나타나는 것처럼 보이는 보편적인 진리를 제외하고, ――우리가 이른바 고급문화의 기원에 대해 알고 있는 것은 특히 다음 두 가지다.

(1) 고급문화는 '생산적인', 다시 말하면 단순히 부가적이지 않은 유형의 혼합문화(Mischkulturen)임을 보여준다.[14] 그뿐만 아니라 아주 독특한 방법으로 이른바 **모계권리문화**(Mutterrechts-)와 **부계권리문화**(Vaterrechtskultur)의 혼합임을 보여준다.[15]

---

13) 『유고집』I에 수록된 '전형과 지도자'와 보완에 있는 천재에 대한 설명을 참조―편집자.
14) 이 중요한 차이에 관해서는 그래브너, 앞의 책을 참조.
15) 기술과 직업의 분화, 무역, 토대가공, 가축사육, 농경, 법률정비, 세계관에 이르기까지의 증명에 관해서는 그래브너, 같은 책, 108쪽 이하를 참조.

(2) 대체로 **인종적 계층**이 고급문화의 기초가 되며, 이런 인종계층은 정복과 정치적인 권력의 힘에 의해 **2차적으로** 정치적 양식과 직업적 형태의 계급계층으로 변전된다(이것은 아마도 고대 인도의 카스트제도에서 좀더 높은 카스트와 가장 낮은 카스트로 분리되는 것에도 적용될 수 있다).

물론 우리에게 **모계문화와 부계문화의**——좀더 좋게 말하면 여기서 오직 권력장치가 문제되고, 또한 가식을 피해야 하기 때문에 모계권력문화, 부계권력문화라고 말한다——그렇게 심오한 차이가 그 정신적인 내용과 이미 발견된 특별한 '세계관'의 내용을 넘어서지만, 그 내용에 기초해 있는 측면에서 보면 결코 현상학적, 발전심리학적, 사회학적으로도 충분하게 설명되지 못하는 것처럼 보인다. 바흐오펜의 '모계권력' 이후로 인종학자들이 모계문화와 부계문화에 대한 친족관계에 관한 언어적 연구(예를 들어 델브루크의 고대 인도 이름에 관한 논문)와 합동으로 우리에게 새로운 것을 밝혀주었음에도 불구하고, 이 측면에서 보면 바흐오펜의 천재적인 연구를 아직 벗어나지는 못한 것처럼 보인다. 바흐오펜이 모계권력은 지구상의 도처에 존재했고, 도처에서 모계권력은 하나의 '발전단계'처럼 부계권력에 선행한다고 생각했다면, 그것은 바흐오펜의 잘못된 생각이었다는 점만이 확실하다. 오히려 발전의 '두 방향'이 문제인 것처럼 보이며, 이 두 방향은 대체로 동일한 기원을 가지고 일찍이 우리에게 알려진 사회집단의 원시단계(태즈매니어인, 오스트레일리아의 난쟁이 민족들 등)에서 생겨나온 것이지만, 다음으로 사회적이고 영혼적·정신적인 총체적 현존재의 두 개의 대단히 자립적이며 전(全)방위적이고 그 자체로 폐쇄적인 **질적 유형**들에 도달한다.

이에 반해 오늘날의 인종학적 지식수준에 따르면, 문화의 전반적인 것, 현실요인과 이념요인은 바흐오펜에 의한 이런 대립과 같은 정도로 그리고 동일한 기원에서 포괄하는 의미를 과대평가한 것이라기보다 오히려 과소평가한 것이 아닌가 하는 생각이 든다. 또한 그래브너의 새로운 연구가 제2장과 제3장에서 이에 대한 증거를 충분히 제공할 것이다.

그래브너는 앞에서 인용한 책 33쪽에서 다음과 같이 기술한다. 즉 "비교적 원시적인 채집민족 및 수렵민족들과 …… 특히 날카롭고 분명하게 대립해 있는 하나의 문화집단은 우선 다시금 경제적으로 특징지어지는 문화집단이다. 초기에 그들의 교육은 토지경작을 창안한 것이다. 즉 여자들의 눈으로 목격한 발견은 음식물의 쓰레기들이 …… 유용한 토지를 만들고, 다시금 싹을 틔우고 새로운 식물은 적절하게 돌봐주면, 야생에서 성장해온 선조식물보다 더 풍부하게 수확할 수 있다는 점이다. 이런 새로운 창안으로 인해 남자들은 여자들에게 절반이 훨씬 넘는 경제적 부담을 지웠다." 그렇다면 물론 바로 이 문제에서 엄청난——당연히 모계권력을 아주 풍부하게 활용한(베벨Bebel을 보라)——경제학적 사회학의 오류에 근접해간 것으로 보인다. 그래브너는 여자들이 이런 발견을 했다는 사실을 우연이라고 생각했는가? 여자들을 '노역가축'으로 격하시킨 사람이 다름 아닌 바로 남자란 말인가? 나는 우선 레비-브륄이 그의 연구, 『원시인의 심성』에서 말한 원시 토지경작문화에서 여자들의 노동에 대한 진정한 근거는 다음과 같은 신비주의적이고 집단이 지배하는 신념이라고 인용한 아주 주목할 만한 증거들에 반대하는데, 그 신념이란 오직 여자만이——왜냐하면 여자 자신이 직접 다산성과 번식성의 원리를 나타내기 때문이다——땅의 다산성에 '참여'하는 덕택으로 토지를 가공할 수 있다는 것이다. "남자들이 여성들만큼 또는 그 이상을 자신들의 밭에서 땅을 갈고 씨앗을 뿌리고 정성을 다해 어린 싹을 옮겨 심는 수고를 한다 하더라도 아무 소용이 없었다. 모든 노고는 허사였다. 대지는 마지못해 초라한 양만 생산해낼 뿐이다. 바나나나무와 종려나무들은 별다른 열매를 맺지 못한 채로 서 있었다. 오직 여성들의 노동만이 밭과 정원을 비옥하게 만드는데, 이런 효력이 발생하게 된 것은 바로 그녀들의 성적인 능력 때문이다."[16] 이런 견해는 남성 및 여성의 토지경작

16) 레비-브륄, 앞의 책, 360쪽 이하 참조. 다음에 나오는 전혀 분화되지 않은 여행자들의 보고를 참조.

노동의 결과와 관계하는 한에서 아주 신비주의적이고 미신적인 것일지라도, 우리에게는 그 자체 유기적인 과정을 지닌 여성의 구조는 또한 심리적으로 지상의 모든 유기적 생명의 진행과정 속으로의 **공감적 감정이입**(sympathetische Einfühlung)을 소유한다는[17] 것에 그 뿌리를 두고 있는 것처럼 보인다. 즉——남성이 아닌——여성이 그런 관찰을 했다는 것에 대한 전제조건이 바로 그런 감정이입이었다. 또한 ……에 의한[18] 쟁기를 사용함으로써 땅의 수태(임신)가 발생한다는——이미 상당히 높은 문화에 속하는——원시쟁기에 대한 프로베니우스가 인용한 견해는 당연히 모두 이런 근거의 표상들에서 나온 것이다. 여기서 명백히 경제도, 남성의 족외혼의 권한도 이른바 모계권력문화, 예를 들어 애니미즘과 땅의 숭배 등의 다른 요소들을 위한 출발점을 이루는 것이 아니며, 우리가 여기저기서 공존하면서 발견하는 모든 요소들이 한편으로 **여성적인 사고양식과 정신양식**, 세계관을 주도하고, 다른 한편으로 **남성적인 사고양식과 정신양식**, 세계관을 주도하는 통일연대에서 나온 **공속**(共屬)하는 것들이다. 모계문화에서 여자들이 평화부족장(따라서 남자 한 명)을 뽑는다면, 이런 사고유형은 집단 내에서 주도적인 것으로서 그 남자를 뽑은 여자들이 있다는 것을 나타내고, 또한 여기서 여성의 본능적인 복종충동이 일어남으로써 결코 여자를 뽑지 않고 남자를 뽑은 것으로 나타난다. 한 집단에서 여성적이고 모성적인 여성의 사고유형과 정신유형을 압도적으로 지배하는 것은 (남성적인 것과 달리) 결코 여성의 지배를 의미하지 않으며, 여성의 지배는 거꾸로 지배가 일어나는 곳(아마조네스Amazones)에서 남성의 사고양식과 그 지배에 일치한다.

우리가 사실들을 통찰할 수 있는 것처럼, 이런 공속하는 것의 이상적 유형을 이미 바흐오펜은 부분적으로 범례적으로 특징지었다. 이에 반해 바흐오펜은 또한 다음과 같은 일련의 공속하는 것을 여성적이고 남성적

---

17) 나의 책, 『동정』을 참조.
18) 저자의 이름이 수고에는 빠져 있다―편집자.

인 정신의 본질구조와 두 개의 정신물리학적 구조에까지 소급시키려고
시도하지 않았다.

토지경작	사냥
도기업과 직조업	나무가공
좁은 공간과 안정성	넓은 공간과 유동성
근거리 상거래	원거리 상거래
애니미즘	인격주의
땅의 숭배	하늘 숭배
달 숭배	태양 숭배

　이것은 어렵지만, 매우 가능성이 높고,[19] 여성적인 것과 남성적인 것 일
반을 구별하는 본질현상학 및 여성과 남성을 구별하는 심리학으로 이끌어
간다. 그러나 여기서 우리는 이런 문제들의 연관성에 관해서는 도외시
한다.[20]

　고급문화가 본질적으로 부계문화와 모계문화의 생산적인 혼합에 기인
한다면,──이에 대한 수많은 증거들이 언급되고 있다──인간이 번창
함에 따라 생식과 수태에 대한 비밀이 여기서 대체로 사회학적이고 심리
학적으로 반복되고 있고, 정신의 토대 위에서 아직 선명하게 밝혀지지
않는 방법으로 반복되고 있다는 사실은 나에게 신비적으로 여겨지는 것
이 아니라 매우 당연한 것으로 여겨진다. 인간적 세계관과 인간적 태도
의 전(前)논리적 단계──와 그 범주적 구조, 이것을 레비-브륄이 두
권의 책에서 우리에게 묘사해주었고 우리에게 동물심리학, 유아심리학,
군중심리학, 이상심리학 등이 가르쳐준 많은 것과 아주 신기하게 일치
하는바, 그 범주적 구조──가 이런 문화혼합이 진행됨에 따라 비로소

───────────

19) 이에 관해서는 그루스(K. Groos)의 『체계의 구조』(*Der Aufbau der Systeme*,
　　Leipzig, 1924), 7쪽 참조.
20) 이에 관한 상세한 논의는 나의 「철학적 인간학」을 참조.

극복되었는지 어떤지 하는 것은 적어도 나에게는 정당한 물음처럼 보인다. 이에 대한 대답에서 물론 우리에게는 필수적인 전제조건이 결여되어 있다. 구별해야만 하는 고급문화 내부에서 이런 혼합이 일어난 정도에 대해 그리고 집단의 그때마다 새로운 양식의 **총체적 정신상태**로 혼합이 침투할 수 있는 내면성에 대해 우리는 단지 극소수만을 말할 수 있을 따름이다.

그러나 **지식사회학**에 대한 밀접한 관계 속으로 고급문화의 기원이라는 큰 문제를 가져오는 하나의 토대가 항상 존재한다. 고대 그리스의 토대, ──바로 이 토대 위에서 특히 서양의 형이상학과 과학이 발생했다.

물론──니체가 매우 심오하게 보았던──그리스 비극뿐만 아니라, 그리스에서 모든 양식의 지식이 지닌 비교적 높은 문화가 두 가지 큰 요소로부터 유래했다는 사실은 의심의 여지가 없다. 두 가지 큰 요소 중에 하나는 소아시아에서 나와 트라키아를 거쳐 이주된 **영혼론** (Seelenlehre), 영혼기술, 영혼문화 및 **그리스−토착민들의 논리적·변증법적 사고양식**이고, 다른 하나는 나아가 한편으로 크로노스(Cronos)와 지하의 신들을 신봉하는 종교와 다른 한편으로 제우스숭배, 아폴론숭배, 아테나숭배 (빛과 하늘의 숭배) 등이 그리스 역사의 다양한 장소와 다양한 시간 속에서 **모계문화 및 부계문화의 우위**와 가장 밀접하게 연관되어 있다는 사실이다. 이런 사실들로부터 매우 강력한 빛이 그리스 신화(예를 들어 오레스테스Orestes)와 종교에 쇄도했으며, 이런 사실에서 **생명신비주의**와 **이념신비주의**의 본질차이가 명확해져 우리가 그것을 보지 않기 위해서는 이미 의도적으로 눈을 감아야만 한다. 여기서 바흐오펜이 지적한 본질적인 것, 그리스 영혼론에서 희귀하게 조합시킨 것과 모순에 관해 로드(Erwin Rohde)가 가르쳐주었다고 생각했던 본질적인 것은 여전히 남아 있다. 새로운 미스터리 연구가 유제너 이후 여기에 다만 종사하고 확대될 수 있었을 따름이다.

비정상적인 '신비주의적' 지식에 관한 두 개의 이상적 유형의 양식과 그 획득물에 대한 두 개의 근본적으로 상이한 기술은 이런 발전의 결과로서 형성되었다. 즉 이념관조의 (밝은) 신비주의와 삶의 모성적인 근원적 힘 및 대지의 어머니, 즉 모든 생성과 배아, 성장, 생산에 토대가 되는 비형상적이고 비이념적인 격정과의 일체감이라는 (어두운) 신비주의, 정신의 신비주의와 생명의 신비주의가 그것이다. 이 두 신비주의는 황홀과 신비적 합일을 추구한다.──그러나 지나치게 대립되는 목적과 극단적으로 대립되는 수단을 가지고 황홀과 신비적 합일을 추구한다. 또한 이 두 신비주의는 신격화(deificatio)를 추구하는데,──전자의 밝은 신비주의 양식에서 신(神)이념에 대한 기원은 명백히 부계문화적이고, 후자의 어두운 양식에서 신이념에 대한 기원은 모계문화적이다.

뮤즈(Muse)는 아폴론의 추종자인 것처럼 보이며, 그레이스는 여성스럽게 보이는 디오니소스와 스티우루스의 추종자인 것처럼 보인다. 거기서 이념의 관조와 인식(Episteme)으로 이끌어가는 기술은──영혼의 날개가 나타내는 저 플라토닉한 움직임은──정신을 자유롭게 해주는 동시에 금욕("철학은 영원한 죽음이다")을 통한 자연적인 세계관의 충동속박과 감각속박을 폭파해버리고, 본질적인 것에 대한 정신적인 사랑을──따라서 가능성에 따라 지식을 쌓아가는 삶을──완전히 배제해버리는 것에서 출발한다. 여기서 '어머니들'을 향한 위대한 회귀를 완수하기 위해, 즉 생산적인 전능(Allkraft)을 가지고 황홀한 감정격정 속에서 합일을 찾기 위해 마취성 있는 음료, 도취적인 음악, 춤, 광란의 축제, 상징적인 종족혼합을 배제해버리는 것, 이념들의 세계, 심지어 그림조차도 억제하는 것에서 출발한다.

이제 다음과 같은 것이 명백하다. 과학은 서양에서 일련의 끊임없는 승리를 통해 생겨났고, 이 승리는 빛과 인식의 밝은 정신 신비주의가 또 다른 양식의 모계문화적이며 여성적인 기원을 지닌 영혼적인 생명 신비주의에 대항하여 쟁취한 것이다. 과학은 그런 점에서 남성적인 정신──즉 종족제도와 가족에 반대되는 '국가'를 형성했던 것과 동일한 정신──의 탁월한 업적이다. 그리고 내가 생각하기에는 유럽의 이런 그리스적 토대와 같이 엄청날 정도로 남성적인 정신이 여성적인 정신에 대항하여 승리를 획득했던 곳은 세계 어느 곳에서도 그 유래를 찾아볼 수 없는 것처럼 보인다.

지식에 대한 모든 양식의 문화와 관련하여 아시아와 유럽 사이의 엄청난 간극은 미케네문화 시대부터 아리스토텔레스에 이르기까지 이런 승리에 힘입어 이행된 것으로 짐작된다.

6. 실증과학의 사회학이 필요한 이유에 관해
    (과학과 기술, 경제, 국가제도)

마법적 기술은 무규칙적으로 사물들을 원하는 바에 따라 조종하는 초감각적 힘의 단위를 지배하는 것이다. ……

우리가 단지 간청하고 숭배할 수만 있지, 조종할 수 없는 신에 대한 숭배는 **동일한** 기원을 가지고 있으면서 마법적 기술에서 나온 실천적이고 실증적인 기술과 분리된다. ……

마법적 기술은 예를 들어 힘을 획득하기 위한 마술부리기(Regenma-chen), 살인, 식인(食人) 등의 **행위**이며,──종교는 **간청**(Bitten)이다. ……

한편으로 지배될 수 없는 항구적인 신(神)적인 것과 다른 한편으로 실증적·실천적으로 지배될 수 있는 것을 분리시키는 것은 바로 마법적·기술적 행위의 부수적인 효과다. 사자(死者) 숭배──농경, 오직 축제일에만 먹는 동물(토템동물)──축산 ……

연금술적이고 점성술, 의술의 마법사들은 인도와 그리스에서 물리학, 천문학, 박물학의 창시자들이다.

종교와 과학 사이의 다리를 놓는 것은 마법이다.

구원사상(Heilsgedenken)의 정신화와 인격화는 건강함을 만들고, 긍정적인 기술의 풍부한 목적들에 대한 풍부함을 만든다. 하나의 과정 ……

환상에서 경험으로, 소망에서 의지로, 마법적인 행위에서 종교와 긍정적인 기술로.

모든 기술——: 신의 힘에 대한 도둑질(프로메테우스), 모든 지식
——: 불법적인 호기심과 금지된 의심. 프란틀(Prantl)은 다음과 같이
말한다. 논리학은 초기 그리스도 교도에게 '악마의 발명'으로 간주되었
다. 종교는 사제제도와 신학도(Theologoumena)를 확충함으로써 비로
소 좀더 나은 기술과 학문에 의해 논박될 수 있다. 의사는 고해와 영성
체보다 더 잘 고쳐주고, 정신과 전문의는 사제의 퇴마사보다 낫다. 사제
는 항상 에피메테우스다.
　인간의 정신분업과 노동분업의 손실과 이득.

　과학은 다음과 같은 상황에서 생겨난다. 첫째로 제3계급이 해방될
때, 둘째로 사제, 도그마, 위계질서 등이 결여되거나 종교사에 들어 있
는 내적인 이유로 약화될 때, 셋째로 제3계급이 원래 자유로운 신분, 즉
형이상학자들, 세계를 관찰하는 명상가들을 만날 때,——그런 한에서
과학은 전통적인 양식의 형이상학과 기술의 혼합생성물이다. 넷째로 지
배의지가 인간보다 자연에게로 향할 때, 확실히 어떤 기술적 필요성(인
구 증가)이 그런 지배의지에 목적과 절박한 힘을 부여할 때, 과학은 생
겨난다.

　고대 과학은 노예가 존재했기 때문에 명상적이었다. 기술은 부분적으
로 노예를 불필요하게 만들기도 하고(아리스토텔레스), 또한 부분적으
로——기술이 점점 높아감에 따라——노예의 시중을 받을 수 없게 된
것처럼, 다른 한편으로 로마의 역사에서 노예의 점진적인 지양은 기술-
과학적인 과정을 촉진시켰다. 그리스도교는 모든 정신력을 신에게 집중
시킴으로써 간접적으로 세계를 고사시켜버렸으며, 지배의지에 더욱더
의탁시켜버렸다. 그러나 자유노동자들과 함께 기술은 비로소 최고조로
고양되었다. 그래서 정치적인 해방의 역사는 인간이 자연에 대항하여

획득했던 자유와 권력의 역사에 의존하지 않을 수 없게 했다. 그럼에도 프로테스탄티즘에 의한 마법적 기술의 완전한 배제는 자연에 대한 모든 지배력을 해방시켰다(칼뱅).

부르주아지적 기업사회와 직업사회가 나타나기 시작할 때, 현실적 사고와 유기론적인 세계관의 지배가 일어났다는 것은 결코 우연이 아니다. 프로테스탄티즘은 합리적 기술을 위해 마법적 기술의 잔존물을 모두 배제시켜버린다(그리고 프로테스탄티즘은 비로소 은총론으로 이끌어간다). 시민계급(Bürgertum)은 그리스도교의 토대 위에서 확고한 지반을 가진다.──중세의 가톨릭주의처럼 그리스도교는 봉건적인 토지소유와 명상을 가지고 안정적으로 구축해온 사회의 첨단에 있었고, 교부철학의 시대는 그리스도교가 남긴 로마와 비잔틴제국의 유물이었으며, 초기 기독교는 '방랑하는 수공업 직인들'(wandernder Handwerksburschen)의 종교였다(막스 베버).
그러나 동일한 그리스도교적 믿음의 재산이 계급의 역사와 신분의 역사를 좀더 오랫동안 지속시켰다는 사실은 종교적 발전의 고유한 자기 논리(Eigenlogik)를 가리키는 말이며, 그것은 결코 수반현상이 아니다.

경제적 유물론은 원칙적으로 오류다(경제적 유물론은 역사적 앎을 불가능하게 한다).[21] 단지 경제적 유물론이 실용주의와 기술주의에 일치하는 한에서만 예외적으로 실증과학을 위해 경제적 유물론에 의미를 부여한다. 그러나 전승되어온 주지주의는 더 심각한 오류를 드러낸다. 과학과 과학을 연결하는 것은 바로 기술이다.

---

21) 『유고집』 I, 인간의 역사가 경제적 역사이해에서는 인식될 수 없다. 왜냐하면 "인간 역사의 대상은 이미 의식의 연속성에 관한 전제를 포함하고 있기" 때문이다. 이에 반해 "경제적 역사이해의 모든 인식에는 다만 순수인과적으로 서로 추종하는 경제적 관계에 대한 추후적인 상부구조만이 존재하기" 때문이다─편집자.

과학에 대한 주지주의적 견해는 기술과 산업의 생산적 연관성을 말살시켜버리고 다른 한편으로 이를 교양의 지식과 구원의 지식으로서 나타나게 한다.──그럼에도 교양의 지식과 구원의 지식은 아직 존재하지 않는다. 교양의 고유한 과제.

과학, 기술, 산업은 하나의 통일을 이루고 있다. 그런 통일 속에서 각 갈래는 다른 갈래들에 의존한다.

학자는 가능한 자연의 지배규칙을 발견한다.──경우에 따라서는 단지 생각만으로 지배규칙을 발견한다. 우리를 통해 어떤 것이 생산될 수 있다고 생각할 수 있는 것처럼 말이다.

기술자는 실천적으로 유용한 것에 대해 개관한 후에, 모든 가능한 기계를 고안해낸다.

기업가는 기술자가 고안한 기계들에 대해 경제적으로 가치를 매긴다.

정신기술은 큰 산업적 의미를 가지기 시작한다. 정신기술은 노동의 강도를 고양시킨다.

순수수학자는 마땅히 어떤 수학도 자연에 적용시킬 것을 염두에 두고 연구해서는 안 된다. 물리학자는 어떤 물리학도 기술에 사용할 것을 염두에 두고 연구해서는 안 되고, 기술자는 그가 고안해낸 기계들에 대해 어떤 경제-산업적 가치평가를 염두에 두고 기계를 조립해서는 안 된다. 오직 그럼으로써 문명화된 문화가 번창하게 된다.

그럼에도 이 모든 정신적인 활동은 서로 연관되어 있다.──그러나 객관적·목적론적으로 연관되어 있다.

또한 정신과학은 모두 다양한 실천적 기원을 가지고 있다. 예를 들어 역사와 국가기술(Staatskunst), 정치경제학과 금융기술(Finanzkunst, 리카르도).

과학을 창조했던 저 금욕적인 남성의 정신은 전문가 자신의 측면에서 볼 때, 자신의 전공 밖에 있는 모든 것에서 지식과 교양에 대한 엄청난 포기를 나타낸다. 이런 남성의 정신은 과학적 방법론과 과학적 분업이라는 엄청난 기계 속에서 하나의 작은 톱니바퀴가 된다. 지식의 엄청난 구축은——도서관에서——스스로 연장하여 불멸의 눈을 포함할 수 있게 된다.

그 속에서 전문연구자들은 산업기계의 한 톱니바퀴가 되어버린 노동자들과 똑같아진다.

갈릴레이와 뉴턴이 세운 절대적으로 확고한 기초 위에서 과학이 진보한다는 이념은 오늘날 총체적으로 문제된다(켈빈 경과 같은 연구자에 관해 아인슈타인은 한 기념연설에서 오직 '전율'을 느끼며, 현재의 물리학적 학술자료들을 살펴보았다고 평가한다). 그러나 그와 같은 것이 바로 엄청난 경제적 진보로 여겨지고 있으며, 이런 진보는 18세기 말과 19세기의 위대한 반세기에 걸쳐 이념으로 가득 차 있었다. 단지 이중의 노력, 즉 유럽 전체에 대해 체계적으로 통일되어 있으며 국제적으로 입법화를 통한 아동 수의 제한, 새로운 우생학적 확신과 더불어 부적격자와 정신박약자의 극단적인 제거,——그리고 노동생산성의 국제적인 상승은 유럽의 갱생을 가져올 수 있었다(또한 여기서 인간 자신의 자기 지배와——그 인간적 생산물에서——외적인 기술과의 결합).

그러나 그 반대도 일어났다. 유럽인들이 소비하는 것보다 노동을 통해 더 많은 가치를 생산한다는 명제는 단지 역사의 한 '순간'에만 통용된다. 그러나 과학은 오직 지배가치와 생활가치와의 연관에서만 의미를 가질 뿐이다. 과학이 그런 가치를 창출하기보다 더 많은 것을 파괴하기 시작한다 하더라도, 과학은 예나 지금이나 '옳고' '참되다'고 할 것이다. 이런 진리를 추구하는 것은 더 이상 헛수고에 불과할 것이다.

형이상학은 이와 다르다. 형이상학은 과학이 복지에 의존하는 만큼 복지에 의존하지 않고, 복지를 확대시키지도 않는다. 형이상학의 가치는 하나의 공통적인 '삶의 의미'를 중심으로 하여 인간을 모은다. 따라서 형이상학은 과학처럼 가치중립적이지 않다.

　과학과 민주주의 사이의 본질결합은 존재하지 않는다. (소크라테스, 현대 일본) 과학을 가장 심하게 훼손시킨 것은 근대 민족주의이며, 민족주의는 곧 민주주의의 아들이다. 보편타당성과 국제성에 대한 내적 요구에도 불구하고, 과학은 '좀더 적은' 것에 머물러 있다. 그러나 과학이 독재정권 아래서, 특히 독재정권이 형이상학적이고 종교적인 독단에 의지할 때, 강하게 위협받는다는 것은 확실하다. 의회민주주의도 또한 객관성의 결여(Unsachlichkeit)와 심정적 당파경제를 단지 관료의 선발방법과 승진방법에 너무 가볍게 전파시켰다. 계몽된 귀족정치와 군주정치가 최상일지 모른다. 러시아의 소비에트공화국은 금서목록(librorum prohibitorum)을 만들었다. 마르크스주의와 기계론주의는 일종의 교회적 형성물이다(마흐).

　지배하는 계층에 따라 대단히 다양한 학문들이 자유를 위협받는다. 사제들의 정권은 신학과 형이상학, 철학을 위협하고, 산업적 경제지도자들은 사회과학과 경제학을 위협한다.

　백과사전식 학문이 낡은 계급의 헤게모니를 파괴했는가? 전혀 그렇지 않다.

II. 「인식과 노동」에 관하여

1. 실용주의 '정신'과 인간의 철학적 본질개념

(1)

실용주의의 문제는 심각한 변천을 거쳐 현대 철학에서도 끈질기게 제기되어왔으며, 이런 심각한 변천을 우리는 전체적인 삶의 관계가 승리에 빛나는 산업주의의 확산을 통해, 그리고 이런 변천에 결부된 우리 문화적 이상의 변화를 통해 경험해왔다. 강력한 메커니즘의 촉수 속에서 우리의 삶이 진행시켜가는 그런 메커니즘을 날마다 기름칠하고 보살피는 노동자 부대의 위협적인 발걸음은 우리의 정신적인 삶과 정치, 문학, 예술, 학문, 종교에 새로운 소리를 내고, 또한 이를 통해 생겨나는 사회적 삶의 형태화가 지닌 수백만의 새로운 문제들의 피안에서 제4계급의 운동이 우리의 이념과 우리의 학문적이고 예술적 문제설정을 변경시켜왔다는 사실을 우리는 알고 있고 또한 날마다 느끼고 있다. 우리 스스로 오늘날 예를 들어 그리스의 고대와 같이 우리와 아주 동떨어진 역사의 부분에서 개인의 권리에 대한 흔적을 발견한다면, 독일-고전주의 시기에 살았던 우리의 선조가 단지 고독하고 위대한 형상들, 즉 시인과 사상가, 예술가와 장군과 정치가들이 거닐고 있다고 보았던 저 아테네가 사회적이고 경제적인 투쟁으로 가득 차 있음을 본다면, 또는——전혀 다른 영역에서 하나의 예를 들면——우리가 유명한 물리화학자, 오스트발트가, 에너지나 노동이라는 개념과 에너지나 노동의 절약이라는 개념 위에서 전체적인 자연과학적이고 정신과학적인 세계상의 기초를 마련하려고 시도한 것을 본다면,──우리는 **지배적인 관심**이 어느 정도 우리의 행동을 조종할 뿐만 아니라, 이런 관심의 폭으로부터 당분간 멀리 떨어져 있는 것처럼 보이는 저 사물들에 대한 우리의 견해와 개념 그 자체를 형성하도록 여전히 강요하는 그런 예들과 그와 유사한 예들을 보지 못할 것이다. 이미 애덤 스미스는 인간의 **직업종류**가 자신의 사고방향을 본질적으로 함께 결정한다고 언급한 바 있다. 그러나 이 말은 다양한 사회집단의 세계관 형성에도 적용될 뿐만 아니라, 상이한 시대에도 적용된다.

그러나 아무리 각자가 이런 것을 잘 안다고 할지라도, 현대 노동의 엄청난 현실이 다음과 같은 요구를 새롭게 제기한다면, 그것을 많은 사람들은 새롭게 여길 것이다. 즉 수천 년 동안 논쟁의 여지가 없었던 **인간의 철학적 본질개념**을 스스로 개조해야만 하고, 이와 함께 진리의 인식에서, 선의 인식과 실현에서, 아니 신에게서 신성한 몫을 얻고 좀더 높은 세계의 서광을 인간의 삶 속에 비추려는 그의 노력에서 인간의 가장 높은 활동형식들에 어떤 반짝이는 새로운 의미를 나눠주어야 한다는 요구를 제기하는 것은 많은 사람들에게 새롭게 여겨질 것이다.

가장 심오한 사상가들 가운데 한 사람이며, 동시에 전형적 영국계 미국의 실용주의와는 거리가 아주 먼 현대의 철학 연구자인 베르그송은 그의 전체적인 일련의 이론적 결과를 다음과 같은 문장으로 요약하고 있다. 지금까지, 현대에 이르기까지 여전히 관조적인 그리스 민족의 생각에 완전히 종속되어 있는 철학에는 뿌리 깊은 오류가 존재한다. 즉 그것은 인간을 '호모 사피엔스'(homo sapiens=이성적 본질Vernunftwesen)로 규정한 오류이고, 다시 말하면 동물 고유의 감각능력, 지각능력, 표상능력, 충동능력에 대해 독립적인 '순수'오성을 현실에 대한 인식을 지닌 존재로 규정한 오류다(가령 아리스토텔레스, 데카르트, 라이프니츠, 칸트가 오성을 인간에게 부여한 것처럼). 오히려 인간의 진정한 재능, 인간을 동물과 구별하는 재능에는 인간이 '호모 파베르'(homo faber)라는 규정이 더욱 잘 어울린다.──인간은 이성이 아니라 '노동하는 존재'로 규정된다. 또는 좀더 예리하게 말한다면, 도구를 만들고 운동체계와 자유롭게 조합할 수 있는 기호를 고안해내는 존재는 그 덕분에 자신의 환경을 가공하거나 서로 이런 환경가공에 대한 의사소통을 할 수 있는 것이다. '인간'에 대한 이 새로운 규정의 정점에 어떤 의미에서 **실용주의의 운동과 정신**이 들어 있다.

우리는 주어진 재료가 어떤 방법으로든 개조되는 정신-육체적 양식의 모든 활동을 '**노동**'이라는 단어로 이해하고자 한다.[22] 우리는 이런 활동의 특정한 목적(유용함, 욕구충족)에 관해서는 일시적으로 도외시한다. 우리가 모든 언어에 공통적인 '인식'이라는 단어로부터 이해하려는 것은 어떻든 간에 이런 '재료의 개조'와는 무관한 것이다. 어떤 사상을 인식하고자 하는 사람은 어떻든 간에 그것의 실제적인 요소 속에서 **변경**시키려 하지 않는다. 그것은 어떤 방법으로든——개념을 통해 사고하거나 지각과 표상을 통해 직관하거나——그 요소와 정신적으로 결혼하기를 원한다. 좀더 정확히 말하자면, 자신의 인식행위와는 독립적이고, 어쩌면 있을 법한 변형의 모든 과정과도 당연히 독립적으로 존재하는 것과 같은 그런 것과 결혼하려 한다. 이런 결혼이 가능한지 않은지는 상관없다. 어떻든 간에 오직 '인식'이라는 단어의 의미에 그것은 잘 어울린다. 인식의 과제에 대한 해결은 온갖 잡다한 내적이고 외적인 활동, 정신적이고 육체적인 활동, 심지어——실험에서처럼——현실적인 해당 사건의 경과에 대한 실천적인 개입을 간접적으로 요구할 수도 있다.

이런 활동은 가령 인식의 작용, 인식하고자 하는 것(Erkennen-wollen), 관심집중의 활동, '주목'(Bemerken), '주의'(Beachten), '관찰'(Beobachten)보다 더 내적이고 외적인 모든 준비활동이고, 경우에 따라서는 지나가면서 사실들을 수집하고, 모든 종류의 도구를 통해 우리의 의미를——독서를 통해 우리의 생각을——뒷받침해주는 것들이다.

---

22) '노동'의 개념규정에 관해서는 앞서 이미 인용한 셸러의 논문, 「노동과 윤리」를 참조-편집자.

또한 사건경과 속으로의 실험적인 개입은 그 자체 인식작용이 아니라 단지 사실들에 접근하기 위해 사용된다. 이런 접근의 끝에서 비로소 인식의 고유한 작용이 나타나며 또한 수행된다. 또한 실험은 그 자체로 자연에 대한 모든 기술적인 개입과 다르며, 이런 개입에서 우리는 사건을 어떤 목적을 향해 방향을 돌리려고 시도하는 것이다.——항상 이 두 가지는 서로 도와주는 것으로 짐작된다.

이제 '노동'과 '인식'이라고 규정된 두 관계에 대해 말하자면, 여기에는 3중의 문제가 놓여 있다. 1) '발생'의 문제, 2) '근원'의 문제, 3) '목적과 가치'의 문제가 그것이다.

이 문제들 가운데 마지막 세 번째 문제는 다른 두 가지와 쉽게 분리된다. 짧은 생애를 마감한 프랑스의 위대한 수학자이자 물리학자인 푸앵카레는 다음과 같은 매혹적인 형식의 질문을 제기했다. 역학법칙의 도움으로 더 좋은 기계들을 제작할 능력을 배양하려는 목적으로 우리는 운동의 법칙, (천문학에서) 천체의 법칙을 연구하는가?——아니면 모든 실천적인 관심과 욕구 없이도 별의 법칙을 연구하기 위해 인간의 자유로운 정신이 자신의 시선을 하늘로 향해 들어올릴 수 있을 만큼 광범위하게 효율노동(Nutzarbeit)에 의해 점점 더 많은 사람들의 부담을 줄여주기 위한 목적으로 우리는 점점 더 좋은 기계들을 제작하는가? 그러나 이 물음은 정신적인 문화의 의미에 대한 물음——을 확대시키는 것——이다. 이 물음은 단지 우리가 파악한 사물에 대한 노동을 목적에 맞게 조종하기 위해 현존하는가, 노동의 형식을 그때마다 상징화하기 위해 현존하는가?——또는 이 물음은 탁월한 자기 가치를 가지는가, 모든 단순한 노동문화와 효율문화가 단지 보존을 위해 그런 문화로 이끌어가는 그런 삶의 욕구의 강압에서 벗어나 점점 더 많은 여유와 내적인 자유를 획득하려는 목적에만 헌신하는가? 이 물음에 대한 상반된 대답은 우리 정치의 횡설수설(Kauderwelsch)에서 말하는 것보다 더 순수하고 더 깊은 의미에서 '문화투쟁'을 나타낸다!

위에서 언급된 문제들 가운데 처음 두 문제는 쉽게 혼동될 수 있으며,

그렇기 때문에 좀더 엄격한 분리가 필요하다.

'발생'의 문제는 한 개인에게는 노동과 인식의 발전이 문제이고, 민족발전과 인간발전의 과정에서는 인식형식과 노동형식 및 노동방법의 발전이 취하는 시간적인 순서에 관한 문제다. 여기서 우리는 인간이 시간적으로 **먼저** 해당영역을 **이론적으로** 분명히 인식해야만 하고, 다음으로 이 영역에 노동하면서 개입한다는 사실을 아는가?——또는 한 영역에 대한 그때마다 인식의 성장이 이 영역을 점점 더 집중적으로 **가공할 때** 시간적인 순서로서 나타나는가? 예를 들어 재화생산과 재화유통이라는 현대 기술은 순수사변적인 자연인식을 단순히 나중에 실천적으로 적용한 것이라고 말하는 것이 허락되는가? 아니면 새롭게 일어나는 어떤 노동의지, 예를 들어 자연을 하나의 유용한 집으로 만들고자 하는 중세에는 전혀 알려지지 않았던 열정이 '자연법칙'의 발견에 선행하며, 그 결과 갈릴레이와 레오나르도 이래의 새로운 자연인식이——예를 들어 마흐가 자신의 기계학 역사에서 생각한 것처럼——본래 역사적으로 기술의 정신과 기술적인 문제들로부터 태어났단 말인가? 이런 중요한 문제는 '직업학교'(Arbeitsschule), 또는 지식학교(Lernschule) 내지는 교양학교(Bildungsschule)라는 슬로건이 화제가 되는 오늘날 매우 격렬한 교육적 투쟁의 근거가 된다. 이 문제는 심리학적으로 제기될 뿐만 아니라 역사적으로도 제기되어야 한다. 우리의 개념들이 어떤 정신의 가공 **후에** 비로소 발생하거나 동시에 발생한다면, 그것은 통상 그래 왔듯이, 예를 들어 물리학 시간에 한 소년에게 아마도 나중에 한 조각의 납에 대한 비중을 규정하는 과제를 부과하기 위해 먼저 납이나 금에 관한 비중의 규정을 교육하는 것은 무의미할 것이다. 오히려 다음과 같이 말해야 할 것이다. 여기에 납이 있다. 이러이러하게 처리하라.——그리고 이제 너는 내가 비중이라고 '명명한' X를 규정하라. 규정의 기술적인 처리에 대한 지식에서 비로소 개념이 나온다는 것이다. 또한 수행된 업적이 비로소 비중이라는 개념으로 나아간다는 것이다.

그러나 가장 심오한, 즉 최초의 본래적인 **철학적** 질문이 여기서는 아직 언급되지 않았다. 이것은 내가 인식에 대한 **근원적 물음**이라고 명명한 것이고, 저 발생학적 물음과 생성적 물음과는 전혀 다른 질문이다. 그 물음은 다음과 같다. 인식은 어떤 **정신적인 작용**에서 나오고 어떤 작용 속에서 일어나는가?──인식은 언제 어디서 누구에게서 일어나는지와 상관없고, 다시 말하면 현재의 개인과 현실을 도외시해도 좋다. 이런 인식이 일어나는 작용에 대해 어떤 종류의 자연과 본질이 있는가? 또는 우리의 물음을 좀더 전문화시켜보자. 이런 인식을 위해 필요한 우리 정신의 작용은 외적·내적 **노동활동**에서 특정한 역할을 하는 그런 정신적인 사실로 발생학적으로 소급되게 내버려두어야 하는가?──아니면 그런 정신적 작용은 '근원적으로' 이런 발생학적 활동에 대립적이고, 이런 발생학적 활동으로부터 파생될 수 **없는** 것인가? 예를 들어 확실히 동물들이 체험하는 것처럼 일련의 형상으로 소급될 수 없는 '순수생각'(과 이런 생각과 그 대상들에 고유의 적법성)이 존재하는가?──또는 그 어떤 것도 존재하지 않는가? 이런 '생각'은 나아가 그 작용과 작용의 적법성에서 그때마다 행동의 **결과**에 더욱 **종속적이며**, 이런 행동을 우리는 그 판단과 판단 속에서 사념되는 명제들에 근거해서 수행하는가? 그 결과 사념된 명제들은 이 행동의 변화된 **결과**와 더불어 이를 위해 사용되는 기관 및 기능들과 함께 변화되는가? 아니면 이런 생각들은 그런 행동과는 **독립적**이며, 그래서 이런 생각과 그 결과들 및 법칙들은 세계에 행동을 통해 전혀 영향을 주지 못하거나 우리 인간이 하는 것과 전혀 다른 방법으로 세계에 영향을 주는 그런 존재로 간주되는가? 순수논리학적 사고와 요소에 대해서뿐만 아니라, 순수직관 내지 지각의 행위 및 이에 내포된 부분기능과 내용에 대해서도 동일한 물음이 제기될 수 있다. 지각에서 실재의 **직접적인 경험**은 존재하는가?──또는 그 전체적 내용이 우리 인간의 신경구조에 대한 현실의 관계를 표현하는가? 아니 인간의 신경구조는 결국 우리 정신의 정서적이고 노력영역에 속하는 작용, 즉 느끼고, 사랑하고, 미워하고, 의욕하는 등의 작용을 위해 설정된 것이다.

이런 물음의 매우 중요한 의미는 쉽게 간파될 수 있다. 우리 인간이 우리의 충동적 욕구의 총체성, 즉 우리의 특별한 인간이라는 종(種)이 지닌 조직의 총체성과 아울러 우리의 특별한 인간적인 활동방법과는 원칙적으로 독립적인 정신적 행위를 수행할 수 있고, 고유한 법칙에 따르며, 고유한 자립적인 목적 그 자체 속에서 담지되는 한에서만 우리는 우리에게 인식을 통해 사물의 본질을 장악하는 것이 원칙적으로 가능하다는 사실을 기대해도 좋고, 또한 우리의 동물적인 종(種)의 환경을 이루는 그 작은 단면을 능가하며, 한 모퉁이처럼 그 자체 내에 포괄하는 세계에서 도덕적이고 예술적으로 형성하는 본질로서 참가하는 것을 기대해도 좋다.──그리고 형이상학과 같은 어떤 것도 가능할 것이다.

이에 반해 사정이 여의치 않다면, 각자의 감각에서 모든 인식과 모든 오성은 단지 우리 환경 속에서 실천적인 정위를 위한 우리의 욕구에서 사용되는 조명등 역할을 하는 의미만을 가지며, 우리 정신의 작용은 질료를 유용하게 변형시키려는 방향을 향하는 그런 활동들에서──다시 말해 노동활동에서──나타나는 오직 그런 활동의 조합에만 존재한다면, 모든 그런 종류의 목표설정은 덧없는 것이 될 것이다. 우리의 방식이 삶의 위대한 발전으로 옮겨놓았던 우리의 정신적 실존의 핵심까지도 환경이라는 팽팽한 직물 속에 포함시켜버린다면, 그렇게 높은 목표들은 궁극적으로 거부되며 영원히 거부되어야 한다는 이야기이며, 이런 환경 속에서 우리 집을 가능하면 살기 좋고 실천적으로 설비하는 것으로 충분하다는 이야기다.

우리 인식의 이런 근원에 대한 질문은 우리 인식에 대한 시간적인 발생의 물음과는 전혀 다르다──고 내가 말했다. 예를 들어 후자, 즉 발생의 물음에 관해 개인과 역사에서 모든 인식의 성장은 시간적으로 어떤 세계영역에서 상승된 노동의 연속을 표현한다는 대답이 유효하다고 할 수 있을 것이다. 그렇다면 이런 사실은 전적으로 노동이 여기서 존속해온 우리 정신의 순수근원적인 작용의 수행을 위한 어떤 촉발자 이상의 것이라는 사실에 대한 증거일 수 없고, 노동이 마치 우리 정신의 자발적인 기능을 움직이게 하는 어떤 것 이상일 것이라는 사실에 대한 증거일 수 없을 것이다. 이로써 근원에 대한 물음은 결정적이지 않을 것이다. 정확히 말하면 그런 정신의 자율을 부정하는 실용주의적 학설의 의미에서 근원에 대한 물음은 결정되지 않는다! 만약 사상 그 자체에 대한 우리의 개념과 직관이 단지 그것을 가공할 때, 가공하는 동안, 또는 가공한 후에 끊임없이 생겨난다면, 물론 사상은 우리의 개념과 직관이 사상에 근거하고, 사상이 노동과정을 위한 목적에 맞는 조종수단을 표현한다는 사실과 동일한 의미를 지니는 것이 아니다. 세계의 한 부분에서 노동할 때와 노동하는 동안 인식에 참가하는 것이 또한 **노동의 의미**와 목적인 하나의 좀더 크고 풍부한 세계가 비로소 열리기 시작했다는 것은 물론 있을 수 있다.

그럼에도 노동과 인식의 **가치**와 **목적**의 물음에 대한 가공은 근원의 질문에 대한 가공에 종속된다. 왜냐하면 다만 그런 근원성과 독립성을 소유할 수 있고, 우리가 사물의 존재와 삶에 직접적으로 자기 몫을 챙길 수 있는 정신적인 작용이 존재하는 한에서 **자기 가치로서 고유한 정신적인 문화**를 얻으려고 노력하는 것과 노동문화를 우리가 지닌 이런 근원적인 정신을 해방시키기 위해 사용하는 하나의 수단으로 파악하는 것이 의미를 지니기 때문이다. 이런 것이 존재하지 **않는**다면, 이런 문화의 실천적 장려는 우리 현존재의 처음과 끝, 즉 전체를 궁극적 목표로 나타내는 것이고,——정신적 문화의 탁월한 가치를 주장했던 그런 사람들은 단지 인간 사회의 무익한 백수들이며, 이들은 자기 자신의 나태함을 아름답게 정당화시킬 수 있는 명칭들만을 궁리했다는 사실이 통용되어야 할 것이다(또한 신실함을 바탕으로 한 종교의 존립을 위해 이런 물음이 얼마나 원칙적인지에 관해서는 나중에 살펴볼 것이다).

우리는 이제 **실용주의**로 방향을 돌려보자! 우리는 이 거대한 사고운동, 즉 미국에서 발원했지만 영국과 이탈리아, 프랑스에서 뿌리를 내린 사고운동을 (또한 실러가 '휴머니즘'이라 부른 것도) 실용주의라는 명칭 아래 이해하며, 이 사고운동은 모두 다음 세 가지로 언급된 형식에서 대답된다. 즉 모든 인식은 노동에서 발생하며, 단지 노동을 합목적적으로 주도하는 단 하나의 의미만을 지닌다. 이 학설은 동시대의 가장 인기 있고 가장 암시적으로 표현한 제임스에게서 발견된다. 여기서 특히 내가 개별적인 이론들과 구별하여 **실용주의 '정신'** 이라고 명명하고자 하는 것이 가장 직접적으로 가슴에 와 닿을 것이다. 우선 이 정신에 대해 약간 언급해보자.

자연주의나 관념론, 경험론, 합리주의든 간에 지금까지 모든 철학의 근본오류는 '세계'란 세계로부터 우리가 만들어낸 것과 세계가 우리의 수중에서 생성되어야 한다는 것과는 **독립적인** 어떤 방식으로 규정되거나 인식론적으로 포착되어야 한다는 것이었다.──실용주의자들은 그렇게 말한다. 전통적인 인식의 개념은 사실상 그리스로 거슬러 올라간다. 전통적인 인식의 개념은 다만 그리스의 유명한 **노동의 경멸**, 그리스의 노예경제에 기초한 귀족정치적인 주지주의(Intellektualismus)에서 표현된 것일 뿐이다. 이에 따르면 관조적인 인간이 인류의 가장 고귀한 형태이며, 신은──아리스토텔레스에게──본성적으로 '축복받은 생각하는 자기 고찰'이고, 절대화된 그리스의 '현자'다. 이런 인식개념에 따르면 안정적인 대상들의 세계가 존재한다.

이상적인 대상들, 예를 들어 숫자, 기하학적 형상들, 실재적인 것과 예를 들어 궁극적인 물체적 요소, 또는 객관적인 형식들과 이런 대상들 사이에 현존하는 확고한 절대적인 질서,──이런 것들은 어떤 방법으로든 오성과 직관을 통해 반영될 수 있으며, 반영될 만한 가치가 있다. 그러나 확고한 대상세계와 이런 세계의 부서질 수 없는 견고한 질서는 순전히 상상에 불과한 것이며, 또한 이와 함께 그런 인식의 이상에 불과한 것이다.──실용주의자들은 그렇게 말한다. '세계'는 오히려 다만 우리가 세계에서 만들어내고 형상화시킨 것일 뿐이다. 세계란 그때마다 세계에 대한 실천적인 우리 반응에 그때마다 주어지는 X다! 이른바 말하는 세계로부터 어떤 도움 없이 주어지고, 노동 없이 우리에게 주어지는 것은 아무것도 긍정적으로 규정될 수 없다. 오히려 영원히 머물러 있지 않는 강물 속에서 흘러가는 포착될 수 없는 인상들의 순수한 카오스이며,

'무'(μὴ ὄv)이며, 세계에 대해 우리가 할 수 있는 **행동**의 포착될 수 없고 규정될 수 없는 한계일 뿐이다. 사물, 결과, 육체, 자아의 모든 통일 및 자연과 영혼의 분리, 현실적인 것과 비현실적인 것들의 분리, 숫자상의 분류, 공간과 시간은 모두 '순수 소여된' 것에 속하지 않는다.──그것은 모두 우리가 첨가한 것들이다. 그러나 그것은──칸트가 가정하듯이──우리 모두에게 형식과 법칙에 따라 기능하고,──우리의 욕구와 자의적인 것과는 무관하게──욕구와 자의적인 것들을 소여된 것에 필연적으로 각인시키는 입법적인 오성의 영원한 구조에 대립하는 형상을 표현하지 못한다. (선험적인 오성은 존재하지 않는다.) 대신에 인간의 욕구에서 나온 생득적인 것들이 세계를 **변형시키려는** 우리 노동과 우리 의지를 위해 '소여된 것'이 합목적적으로 공격지점을 형성할 수 있도록 우리에게 소여된 것을 정신적으로 짜 맞춘다. 또한 우리에게 오늘날 매우 확고하고 불변적으로 나타나는 이른바 오성의 범주들(실체, 인과성, 단일성, 다양성 등, 공간과 시간, 활동, 물론 정체성과 대상)은 생성의 과정에 있으며, 가공 중에 있다. 단지 수천 년에 걸친 습관과 언어적으로 전승되어온 강력한 전통의 억압이 저 피상적으로 절대적인 것처럼 보이는 확고함에 대한 책임을 져야 하며, 이런 확고함은 합리주의적 철학자들에게 우상으로 굳어져 합리주의자들은 이 우상을 '순수이성'의 신으로 잘못 생각했으며, 초월적인 하늘로 잘못 옮겨놓았던 것이다! 가장 **합목적적인 가공과 변형**을 위해 특별한 기준으로 입증되고 고정되는 소여된 것의 파악에 대한 그런 규칙들만이 사실상 존재할 뿐이다. 그러나 우리의 세속적인 노동목적 피안에 있는 저 영원한 지속이나 지속의 초시간적 의미를 보증해주는 것은 아무것도 없다!

이런 사실들을 잘못 인식한 사람들은,──실용주의자들이 말하기를──세계에 대한 우리의 가능한 실천적인 간섭과 이런 간섭의 합목적성과는 완전히 독립적으로 존재하는 그런 세계를 인식하고자 하는 사람들은 이미 이런 양식의 의지를 통해 단지 세계와 인간 정신의 그때마다 **역사적인** 상태를 단 하나의 가능한 상태로 만들며,──이를 통해 자연에 적합하게 앞으로 더욱 **가능한** 세계의 실천적인 변형에 대해 **제동**을 거는 사람이다. 이로써 그는 이미 형이상학적 보수반동주의자인 것처럼 보인다! 따라서 사실들에 대한 모든 실존적 주장(Existenzbehauptungen)과 사물이란 무엇인가의 모든 진술에 대한 모든 실존적 주장은 유보시켜야만 할 것이다. 즉 '사실들이 앞으로 더욱 변화되는 한에서' 이런 실존적 주장들은 유보시켜야만 할 것이다. '절대적인 실존' '절대적인 진실' '절대적으로 존재하는 질료' '에너지' '절대적인 정신' '오성' '절대적인 의식'이란 난센스다. 어떻게 한 세계와 현실이 모든 가능한 행동에 앞서 있고, 스스로를 정초해왔는지를 확인하려는 종래의 철학자들은 이로써 단지 **좀더 오래된** 노동업적들을 영원한 것과 절대적인 어떤 것으로 고정시키는 오류를 범했다. 그밖에도 철학자들은 자기 자신과 인간의 힘을 용감하게 세계에 대한 노동이라는 큰 흐름 속으로 쏟아붓고, 세계의 과정이라는 드라마 속에서 생생하게 함께 작용하며 그 속에서 세계를 촉진시키는 대신에, 선조의 노동을 단순히 고찰하고 **응시**만 할 뿐이었다. 즉 그들은 그들 자신과 그들이 속했던 계급과 신분의 나태함이나 노동의 무능력으로 인해 특별한 덕목을 만들어냈고, 이런 목적을 위해 알지도 못하는 특별한 개념, 즉 '순수인식'과 '절대적 진실'이라는 개념을 만들었다. 왜냐하면——제임스가 말하기를——이른바 모든 절대적 존재, 모든 절대적 진실,——이런 존재가 플라톤의 이념세계로서, 아리스토텔레스의 삼라만상을 지배하는 창조적인 '형식'의 제국으로서, 유물론자들의 절대공간과 절대시간 속에서 운동하는 원자로서, '절대적인 에너지'로서, 영원한 세계이성으로서, 또는 이른바 '보편적 의식'으로서 주어지든지 간에——모든 세계노동을 차단해버리는 세계에 대한 개념은 사실상 우리 노동을 통해 **점점** 더 새로워지는 세계를 성급하게 가로막고 말 뿐이기 때문이다. 이와 함께——바로 '노동휴가'도 존재해야 한다는 단순하고 밋밋한 사실에 대한 신화적인 표현——휴식용 긴 의자도 차단되고 말았다. 또는 실러가 그의 책, 『휴머니즘』[23]에서 표현한 바와 같이, "우리가 세계의 변화와 개선을 위해 필요한 열정을 불러일으켜야 한다면, 우리는 세계를 끊임없이 입체적이고 조형가능한 것으로 생각해야 한다." 우리가 행동을 통해 세계를 다르게 규정하고, 소망한 어떤 방향으로 변형시키려는 시도와 실험을 하기 전에, 세계는 우리에게 어떤 방향에서든 결코 절대적으로 규정된 것으로 간주되어서는 안 된다.

그러나 이것은 질료, 힘, 영혼을 모두 가정하는 것에 대해서 타당해야만 할 뿐 아니라, 이른바 모든 자연법칙에도 타당해야만 하며, 심지어 수학적 명제들과 수학적 공리들, 논리학의 공리들에도 타당해야만 한다. 우리가 여기서 자연에 대한 우리의 자유로운 개입을 인위적으로 도외시한다면, 그런 한에서 '자연법칙'은 우리의 소망 및 우리의 욕구와 독립적인 보편적 우주가 지닌 신성불가침의 질서를 표현하는 것이 아니라, 단지 현상들의 경과에 대한 우리의 기대를 특정하게 제한하는 것일 따름이다. 자연법칙의 유일한 '의미'는 자연에 대한 우리의 기술적 개입을 목적에 상응하게 인도하는 것이다.——즉 하나의 '노동규칙'이다.

그리스뿐 아니라 현대 자연과학의 영웅들, 예를 들어 갈릴레이와 케플러 등도 이와 관련하여 잘못된 길에서 방황하고 있었다. 그리스인들은 이성형식에 의해 객관적으로 관철되고, 우리가 생각의 힘으로 포착할 수 있는 영원한 '이념들'에 의해 통치되고 지배되는 코스모스(Kosmos, 조화로운 질서)를 믿었다. 현대 자연과학의 영웅들은 비록 그런 객관적인 형식과 이념을 (형식, 가치, 목적은 단지 인간의 주관적인 반응과 일치한다) 부정하지만, 대신에 그들은 '자연법칙', 즉 양적으로 규정된 불변하는 현상들 사이의 관계를 설정하며, 이런 현상들 속에서 우리는 직관적이고 다채로운 세계의 배후에 있는 하나의 (자연적인 직관 속에 관습적으로 숨겨져왔지만, 힙리직·수학적인 생삭 속에서 포착될 수 있는) 엄격한 운동메커니즘을 확인할 수 있다.

실용주의는 이 두 가지를 거부한다. 그리스인들에게는 현대인의 노동정신이 결여되어 있다.——실용주의는 그렇게 말한다. 입체적이고 예술

---

23) 아이슬러(E. Eisler)의 독일어 번역, 철학-사회학 문고, XXV. 참조.

적인 조화 속에 들어 있는 안정되고 객관적인 이념과 형식의 우주는 본질적으로 우주의 어떤 활동적이고 기술적인 변형과 개선을 도외시한 세계직관의 내용을 표현한다. 이미 그 자체로 이성적이고 조화로운 세계는 물론 어떤 이성적인 변형도 필요로 하지 않는다! 그런 세계를 경외심으로 고찰하고 놀라서 바라보는 것이야말로 삶의 궁극적 목적이어야 한다. 그러나 그리스인들의 이런 안정된 세계건물은 과학과 문화의 역사에 의해 피안으로 내던져졌다. 실제로 그들은 이로써 단지 **노동하지 않는** 신분, 즉 자유인의 삶의 형식을 삼라만상 밖으로 옮겨놓았다! 가능한 노동에 독립적으로 '주어졌던' 것들은 우리에게 이성적으로 통찰되고, 이념과 영원한 형식에 의해 지배되는 '코스모스'로 간주되어야 하는 것이 아니라, ('코스모스'의 반대말인) '카오스', ──우리의 노동을 통해 점점 더 새로운 규정과 형식을 학수고대하는 카오스로서 간주되어야만 한다.

마찬가지로 좀더 새로운 물리학, 화학, 생물학의 수학적으로 규정된 메커니즘은 (그리고 영국의 연상심리학이 우리 영혼에 관해 그렸던 형상은) 직접적인 현상 등의 배후에 놓인 이른바 '참된 존재'로 간주되어서는 안 된다. 또한 이런 '형상'은 결코 궁극적인 실재에 관한 것이 아니라, 다만 자연에 대한 우리의 기술적인 개입을 이끌어간다는 의미와 우리가 자연을 손에 쥐고 우리 목적이 의미하는 바에 따라 움직일 수 있고 조종할 수 있는 공격지점을 우리에게 보여준다는 의미만을 지닌다. 이 형상은 실세로 단지 자연에 대한 우리의 가능한 행동을 위한 계획일 뿐이다. 가능한 기계들과 도구들을 위한 보편적인 설계도면일 뿐이다. 설계도면이 자기 앞에 주어진 실제적인 것을 만나지 못하듯이, 가능한 기술을 위한 이런 보편적인 설계도면은 현상의 배후에 놓여 있는 절대적인 실재를 만나지 못한다.

우리는 지금까지 말한 것에서 다음과 같은 것을 알게 되었다. 실용주의가 호흡하는 정신은 시카고의 12층짜리 건물에서 말하는 것과 동일한 정신이며, 휘트먼(Walt Whitman)의 시에서 울려나오는 정신이며, 먼저 현대 미국이 창조했으며, ──막스 베버가 말한 바와 같이── 제네바와 네덜란드에서 '초기자본주의의 영웅시대'를 만들어낸 무한한 청교도적인 노동정신에서 나온 그런 정신이다. 이런 실용주의 정신은 근원적으로 기독교——칼뱅주의적 상부구조가 부서져버린다 해도, 분명히 여전히 살아남을 정신이다. 그것은 바로 시민정신이며, 시민들의 '세계', 시민들의 땅과 문화는 실제로 인구밀도가 높고 낡은 전통에 얽매인 유럽보다 더 조형적이다.

나는 지금까지 말한 것 가운데서 다음 두 가지를 지적한다.

첫째로 실용주의는 무한한 인간의 **의욕**과 **행동**의 **자유**를 위해 등장한다는 것이다. 바로 그렇기 때문에 당연히 실용주의에 따르면 우리의 소망은 결코 자연법칙에 의해 지배받을 수 없다. 왜냐하면 우리가 이른바 모든 자연법칙을 만들고 규정하는 인과성의 원칙은 그 자체 오직 우리 의욕(이 의욕은 여기서 규칙적이며, 따라서 조종될 수 있는 현상들에 대한 관심에 의해 동기화된다)의 자유로운 행위의 덕택에 위엄을 지니기 때문이다. 이에 따라 인과성의 원칙 그 자체는 단지 우리의 자유로운 소망의 '요청'일 따름이다! 따라서 실용주의는 엄격하게 **비결정론적**이며, 우리의 의욕과 독립적으로 세계발전이 존재하고, 이런 세계발전에 순응해야 하고 촉구해야 한다고 주장하는 모든 철학을 포기한다. 바로 그렇기 때문에 실용주의에서 윤리적이고 실천적인 삶의 문제는 철학에서 가장 중심적인 위치를 획득한다. 또한 진실은 단지 '선'의 변종에 불과하며, 선이라는 것도 선의 편에서 보면, 물론——광범한 흐름 속에서 보면——'**유용한 것**'으로 환원된다.

둘째로 실용주의가 우주의 모든 **궁극적인 통일**을 **부정**해야만 한다는 것도 별 문제 없이 실용주의의 귀결에 포함된다는 것이다. 세계가 단지 인간의 **노동환경**일 뿐이라면, 즉 인간의 욕구방향과 노동방향의 엄격한 대립형상이라면, 이런 욕구방향과 노동방향이 존재하는 만큼 많은 세계가 또한 존재해야만 한다. 인간에게 욕구와 노동의 방향은 예를 들어 결코 인간환경 일반에까지 이르지 못하는 다른 종인 동물이나 존재의 환경과 다른 것이라는 사실은 (제임스도 예를 들어 심령론자Spiritist다) 자명하다. 사고형식들이 단지 생명의 활동과 특정한 조직의 환경에 대한 생명의 활동과 적응의 결과라면, 사고형식은 이들 조직과 교체되어야만 할 것이다. 그렇기 때문에 제임스는 이른바 그가 말하는 '다중우주'(Multiversum),[24] 즉 끝이 없는 세계의 수다성(Vielheit)을 분명하게 가르쳐주었고, 이런 세계의 각각은 근원적으로 소여된 것의 카오스로부터 조직과 방식의 노동방향에 따라 베어낸 것처럼 만들어진 것이다.

실용주의 '정신'에 대해서는 당분간 이 정도로 그친다.

(2)

실용주의는 우리에게 1) 일반적인 인식론으로서, 2) 삶과 인식의 관계규정으로서 완전히 잘못된 것임을 보여준다.

이에 반해 모든 학문의 일반적인 이상(사실의 일의적인 규정)뿐만 아니라 학문의 특수한 직관형식들과 사고형식들도 철학의 직관형식이나 사고형식과 반대로, 소여된 것을 운동에 의해 지배될 수 있게끔 만들려는 삶의 경향이 지닌 목표와 순수 직관행위, 사고행위, 사고법칙의 공동작용으로부터 기인한다는 점을 실용주의가 지적하고 있음을 우리는 인정한다.

이런 목적을 우리는 '기술적 목표설정'이라고 부른다. 그것은 우리에게 어떤 과학적 결과를 추후적으로 적용한 것이 아니라 '과학적 이성' 그 자체이며, 그 전체적인 형식체계와 범주체계는 이미 자연적 세계관을 구성할 때 활동한 이 목적설정에서 함께 생겨난 것들이다.

따라서 과학은 철학과 달리 무조건적이 아니다. 왜냐하면 순수논리적 법칙 외에도, 한편으로는 직관의 순수형식들과 다른 한편으로 순수사실들이 모든 인식의 전제조건이 되고 있기 때문이고, (또한 무조건적인 과

---

24) Multiversum은 Universum에 빗대 만든 조어로 Universum(우주)은 '하나'(Uni)라는 라틴어와 versum의 결합어이고, '하나로 향하는' '우주'라는 의미이며, 이에 대해 Multiversum은 '여러 개'의 뜻인 multi와 versum의 결합어로 '다중을 향하는', 즉 세계의 다중성을 나타내는 말이다—옮긴이.

학에 관해 말하는 것들을 부정하려고 하지 않기 때문이고), 과학은 이미 생명체가 자신의 환경을 지배하고 조종할 수 있는 능력을 부여받은 세계의 형상을 획득하려는 목적의 기준에 따라 저 순수형식을 적용하고, 사실을 선택하기 위한 원칙을 가정하고 있기 때문이다. 이런 독특한 사실내용은 과학의 가치와 우주로부터 과학이 부여받은 심상의 가치가 모든 과학적 고찰에 상대적인 목적 가치에 의존한다는 사실을 동반한다. 즉 1) **삶의 가치 일반**에 의존하고, 2) **기술적인 목적설정**의 가치에 의존한다는 사실을 동반한다.

과학이 그 자체로 자신의 고유한 가치를 규정할 수 없다는 사실은 명백하다. 그것은 과학이 내포한 진리와 관련이 있고 그 대상들의 상대성 단계와 관련이 있는 철학적 인식론의 문제이며, 이것이 여기서 내가 말하려는 바다. 그러나 우선 과학적 대상들의 상대성을 규정하는 것은——모든 의욕, 모든 목적설정이 동시에 윤리학과 윤리학에 의해 주어지는 가치서열에 종속된다는 것은——바로 (자연적인 세계관에서) 비자의적인 삶의 경향이고, 과학에서 우리의 의식적인 의욕이 인위적으로 설정한 목적(기술적 목적설정)이기 때문에, 목적내용의 가치가 확정되어 있고 목적의 설정이 과학의 전제조건임을 증명한다면, 과학의 가치는 비로소 완전히 인식될 수 있다. 이런 가치가 설정되지 않는 곳에서는 과학이 그 타당성을 상실한다.

우리가 기술적인 목적설정의 방향에서 행해지는 모든 활동을 '노동'이라고 명명한다면, 우리는 이 물음을 다음과 같이 공식화할 수 있을 것이다: 가치서열에서 노동의 가치는 어떤 것인가?

또한 실용주의자들이 인간 일반으로 간주하고, 인간의 이상으로 간주하는——그리스 철학자들의 '호모 사피엔스'에 반대하고, 기독교인들의 '신의 아들'에 반대하여 내놓는——즉 '호모 파베르'의 이념이 지닌 인간유형의 가치는 어떤 것인가?

실용주의자들에게서 우리 물음에 대한 대답은 자명한 것이다. 즉 노동의 가치가 **근본가치**다.——또는 노동은 모든 가치의 창조자다. 모든 윤리학 준칙은 노동규칙이며, 진리 그 자체는 오직 윤리적 가치의 아류에 지나지 않는다. 벌레들의 감각에서 현재의 철학적·과학적 인식에 이르기까지 세계상이라고 불러도 좋은 모든 것은 의욕이라는 처음 상태와 환경의 자극에 대한 합목적적인 반응이라는 마지막 상태 사이의 막간극일 뿐이다. "이 심상이 참이다"는 것은 본질의 경향에 대해 합목적적인 반응과 결합되어 있다는 것이다.

2. 실용주의와 새로운 자연과학

피히테가 칸트철학을 재형성한 것처럼, 실용주의 공동체는 칸트철학의 재형성과 밀접한 관련이 있다.[25] 피히테에게 세계는 단지 자유로운 자아의 활동을 위한 재료일 따름이다. 또한 피히테의 경우에 이론적 인식의 과제는 실천적인 도덕의식에 대한 자립성을 상실하고 있다. 그리고 피히테 및 지그바르트, 빈델반트, 리케르트, 뮌스터베르크와 같은 피히테를 따르는 현대의 후계자들은 존재의 개념을 가치의 개념으로 환원시키고, '대상'의 개념을 판단에 의해 내용을 승인하는 체험적 당위로 환원시켜버리는데, 이때 판단은 일종의 '평가'일 수밖에 없다. 우리는 장차 방금 언급한 명제를 넓은 의미에서 실용주의라고 표시할 것이고, 이에 대해 좁은 의미의 제임스, 실러, 듀이의 실용주의를 대비시킬 것이다. 지각의 실용주의적 이론과 피히테적 전제 사이의 매우 긴밀한 연관은 『심리학의 근본특징』이라는 뮌스터베르크의 저서, 특히 그의 행동이론(Aktionstheorie)에 잘 나타나 있다. 그러나 전체적으로 볼 때 뮌스터베르크가 내적으로 완전히 미국의 실용주의와 분리시킨 것은 실용주의의 공리주의적인 특징, 즉 진리의 이념을 선(das Gute)으로 환원시키고, 이 선을 일종의 유용한 것과 쓸모 있는 것으로서 규정하려는 시도다.

철학사에서 이런 역사적인 연결점 외에 (좁은 의미의) 실용주의가 지

---

25) 재판(2판)에 대한 편집자 후기 참조—편집자.

금까지 의지해온 최근의 과학사로부터도 다음과 같은 두 가지 전혀 다른 위대한 사실이 나온다. 첫째는 현대 생물학이고, 여기서 우선 다윈이 발전시킨 진화론(Theorie der Deszendenz)을 들 수 있다. 둘째는 인식론인데, 그것은 맥스웰 이래 이론물리학 내부에서 확실한 범위를 인정받았으며(나는 잠정적으로 맥스웰, 마흐, 볼츠만, 키르히호프, 뒤앙, 르 루아, 푸앵카레, 오스트발트 등의 이름을 든다), 수학자 가운데서 일부로부터도 지지받고 있다.

특히 다윈이 지배하는 (역사적으로 그 자체 전통적인 영국의 유용성 철학으로부터 넘겨받은) 생물학적인 견해에서 볼 때 다음과 같은 사실, 즉 생명이 진화해온 과정 속에서 일련의 포유동물이라는 특수한 방식으로 활동과 능력을 길러야만 한다는 사실과 이해관심을 떠나 세계를 순수인식할 수 있도록 선택을 통해 다만 그렇게 고정되어 있다는 사실은 전혀 이해될 수 없는 사실로 보이는 것이 틀림없다. 모든 동물의 기관과 기능은 그 스스로 길러지고 개체로 삶을 유지하고 그 종에 어떤 실제적인 도움이 제공됨으로써 좀더 강하게 정착할 수 있는 것이다. 현실을 정확하게 인식하는 것은——주위세계에 반해서 실제적인 반응에 어떤 식으로든 변화시키고자 영향을 주는 것을 제외하고——절대 어떠한 도움도 제공할 수 없다. 따라서 인간이 어떤 특징적인 그의 능력('순수오성')을 소유해야만 한다는 것은 사실과 전혀 부합되지 않는다고 우리는 추측한다.

감각작용은 식물세계와 동물세계에서 점진적으로 형성될 때 확실히 현실성을 단순히 사변적으로 모사하는 것에 봉사하는 것이 아니라, 단지 감각작용을 통해 매개된 감각이 삶을 촉진시킨다는 의미에서 실천적인 반작용에 대한 신호로서 나타나는 한에서, 즉 도망가라는 신호 또는 먹이를 찾으라는 신호 또는 사냥감을 공격하라는 신호로서 나타나는 한에서 비로소 생겨나는 것이다. 그래서 인간에게 '오성'의 형성도 또한 '생존을 위한 투쟁'에서 하나의 무기라는 것과 동일한 의미를 지니는 것이다. 따라서 이런 유형의 오성을 형성시키는 사고는 그 유용성에 따라 자신의 최후기준을 갖는 것이고, 사고가 실재를 모사하는 것에서 갖는 것이 아니다. 이에 대해 우리는 다음과 같이 말한다. 아니 표상에 따라 실재를 만들어내는 것은 유용한 것이고, 환상 속에 사는 것은 사악한 것이다. 이에 대해 실용주의자는 다음과 같이 대답한다. 사고가 유용한 반작용을 규정하는 것이라면, 그밖에 하나의 실재를 모사하는 다른 많은 전제는 불필요할 것이다. 그렇기 때문에 저 문장을 다음과 같이 되돌릴 수 있다. 우리는 행위에서 우리 방식의 본질에 주의해서 '실재'라 일컫고, '진리'란 유용한 행위를 발생시키는 사고의 힘 외에 다른 것이 아니다.

이에 반해 니체는 다른 견해를 취했다. 그는 실용주의자들을 모두 부당하다고 배척했지만, 이와 함께 공통적으로 삶을 촉진시키는 것을——유용성의 증대가 아니라 다만 힘의 상승이라는 의미에서——가치들의 가치로 본다. 그는 오래되고 엄밀한 진리개념을 확고히 하고, 그것을 삶에 유리한 것의 개념으로 되돌리려 하지 않는다. 반대로 그는 다음과 같이 결론짓는다. 진리를 추구하는 노력은 종종 삶에 유해하고 환상과 거짓을 상승시키기 때문에 진리에의 노력은 금욕적이고 삶에 적대적인 이념이며, 기독교적인 금욕의 사고범위에 뿌리박고 있다. 이런 의미에서 그는 칸트의 종합판단을 '허구'와 '아프리오리한 거짓말'이라고 부르고, 모든 사고형식을 세계를 사로잡는 방식으로 되돌려버리고자 했다. 최근에 파이잉거는 '허구'의 개념에 기초하여 이런 니체의 이념을 정당하게 해체하려고 시도했다.[26]

특히 맥스웰 이후 이론물리학에서 형성된 방법의 실용주의적 인식론이 마침내 매우 강한 추진력을 갖게 된다.[27] 여기서는 무엇보다도 '가설'의 개념이 그 출발점을 형성한다. 가설에 전제되어 있지만 스스로 관찰로 유도되어가는 현실성에 대한 가정이 근본적으로 이해된다. 그 결과는 경

---

26) 파이잉거, 『마치 ~처럼의 철학』(*Philosophie des Als-Ob*, Berlin, 1911)을 참조.

27) 뒤앙, 『물리 이론의 목표와 구조』(*Ziel und Struktur der physikalischen Theorien*, 1908) 참조.

험의 사실에 의해 승인되거나 어느 누구에게서 논박되지 않는다. 그 개
연성은 한편으로 경험에 의해 도출되는 관찰의 회수와 함께 성장하고,
다른 한편으로 경험으로부터의 독립성과 함께 성장한다. 하나의 가설은
이런 의미에서 원자와 에테르 등이 실존한다는 것을 말한다. 종종 이런
가설의 도움을 받아 우리는 이미 관찰된 사실을 '설명'할 뿐만 아니라,
추후에 관찰한 것에 접근해갈 수 있는 것으로서 증명되는 현상을 예견
한다. 이런 경우에 가설은 효과가 큰 것으로 증명되었다고 말한다. 그러
나 이런 주장은 언제나 실제적인 현실성을 모사한다는 가설의 본질과 관
련이 있다. 그런데 맥스웰은 패러데이에 의해 발견된 전자기현상에 관
한 그의 유명한 저서에서 이 현상을 일목요연하게 요약하기 위해 어떤
형상적 모델을 (예를 들어 탄력 있고 활동적인 역할 체제) 사용했고, 이
로부터 그는 이런 가정이 가설로서 이해될 수 있는 것이 아니라, 전기이
론(Elektrizitätslehre)을 촉진하기 위해 언젠가 가능하게 될 형상적 모
델로서 이해된 점을 분명하게 밝혔다. 혜성에 관한 책의 저자로 유명한
칠너(C.F. Zöllner)[28]는 이 모델을 '가설'로 잘못 이해했고, 그리하여
격정적이고 혹독한 비판을 받았다. 후에 (로지Oliver Lodge 등) 맥스웰
이 행했던 실험이 자주 일어났다. 이론에서 늘 그런 모델과 형상들이 더
많이 소개되기 시작했고, 이에 대해 우리는 하나의 실재성을 다시금 부
여하기 위한 어떤 요구를 일반적으로 더 이상 제기하지 않고, 오히려 그
모델과 형상으로부터 새로운 문제설정을 자극하거나 일정한 현상을 미
리 예견할 수 있는 자격을 더 많이 이끌어내야만 했다.

실용주의적 인식론은 이런 선례로부터 하나의 특수한 사용법을 이끌어
냈다. 맥스웰이 그의 모델이 가설이 아니라고 겸손하게 말한 반면에, 실
용주의는 모든 가설의 본질에 대해 가설의 유일한 의미가 실험이라는
토대 위에서 가설을 통해 얻고자 하는 감각과 관찰을 유지하기 위해 실

28) 칠너, 『혜성의 본성에 관하여, 인식의 역사와 이론에 관한 기고』(*Über die Natur
der Kometen, Beiträge zur Geschichte und Theorie der Erkenntnis*, 1872)
참조.

험한다는 행위를 촉진시켜가는 것이라고 설명했다. 또한 실용주의는 가설의 본질이 다만 그 유도력과 성과 속에 있을 것이라고 설명했고, 그것을 실재적인 것과 관련시키는 것은 아무 의미도 없을 것이라고 설명했다. 이것은 확실히 맥스웰이 말하는 의미가 아니며, 맥스웰은 참일 수도, 거짓일 수도 없기 때문에, 자연스럽게 또한 '개연적'일 수도 없기 때문에 바로 그런 모델을 가설과 구별했던 것이다.

그러나 실용주의는 한 걸음 더 나아갔다. 실용주의는 일찍이 가설의 개념을 변형시킨 다음, 그밖에 어느 정도 직접적인 감각을 넘어서 있는 우리의 판단과 문장, 개념, 이론들에 관한 모든 요소를 이 새로운 가설 개념의 척도에 따라 파악하고 묘사하려 시도했다. 이제 우리가 우리에게 실제로 타당한 것으로서 감각복합과 이미 하나의 '가설'을 넘어서 나오는 모든 것을 (잘못되게) 일컫는다면, 우리는 예를 들어 다음과 같은 가설을 들지 않으면 안 된다. 1) 천문학적인 태양의 존재, 달이란 아직 우리에게 전혀 호의적이지 않은 반쪽을 지닌 별개의 것, 불에 녹아 이글거리는 지구의 내부 등. 2) 우리는 또한 예를 들어 어떤 특성을 지닌 사물(예: 빨간 공), 인과적 결합, 현실적인 것과 비현실적인 것, 실질과 영혼을 말하지 않으면 안 된다. 3) 자연법칙과 이론들. 4) 수학의 모든 공리, 그 자체 동일성의 공리와 같은 논리학의 법칙. 실제적인 개별사물, 범주, 자연법칙과 이론, 공리와 같은 모든 가능적인 것들——일찍이 예리하게 구별해온 사물들——은 이에 따라 '가설'이 되거나 가설과는 단지 단계적으로 구별되어야만 한다(르 브라이, 미요). 그리고 가설이 단지 새로운 사실에 관한 풍요함과 지도력에 따라 측정될 수 있기 때문에 우리는 바로 이런 것이 우리의 세계상을 구성하는 모든 저 다른 요소들에도 적합하다고 말한다. 또한 논리적 · 수학적인 공리는 예를 들어 임의적이고 증명할 수 없는 약속(Konventionen)에 따른 것이며, 약속의 가치는 다만 가능한 한에서 간단하게 약속에서 이끌어낼 수 있는 모든 것에 기인한다. 이런 이념에 결부된 이른바 상징논리학(symbolische Logik)은 기호의 합목적적인 체계를 구축하려는 과제를 나타내고, 그 결합법칙이 선택되어 우리는 결합법칙의 도움으로 사실적인 질서를 가능한 한 간단하게 정리할 수 있는 것이다(퍼스).

매우 흥미롭게도 우리는 현대물리학 내에서도 방법이 점점 실용주의가 표현해온 생각에 다가가고 있음을 본다. 헤르츠는 그의 『역학의 법칙』(Prinzipien der Mechanik) 서문에서 완전한 이론에 관한 세 가지 요구조건을 다음과 같이 제시했다. 즉 1) 논리적으로 올바를 것. 즉 모든 논리적 법칙이 그 이론에서 존중되어야 한다. 2) 참일 것. 즉 사실에 적합해야 한다. 3) 가능한 한 단순할 것. 즉 최소한의 궁극적인 가정에서 현상을 유도해내야 한다. 따라서 이런 시도가 행해지자 즉시 앞의 두 가지는 세 번째 것으로 환원된다. 또한 논리적 정당성은——볼츠만이 그랬던 것처럼 아베나리우스와 마흐가 보여주려 했던——사실들의 집합을 이해하고 기술하는 것에서 극히 간단히 하는 것과 사고를 절약하는 것(사고경제학의 법칙)일 뿐이다. 예를 들어 모든 정초는 현상 A를 잘 알려져 있는 B로 환원시켜 찾는 것이다. 다시 말하면 우리가 이미 잘 알고 길들여져 있기 때문에 그것을 닮아 있는 다른 것보다 쉽게 이해하는 그런 것이다. (모든 논리적 법칙도 마찬가지다.) 그러나 좀더 진행시켜보자. 두 번째 요구를 볼츠만은 세 번째의 요구로 환원시킨다.

일련의 논문에서[29] 볼츠만은 이미 소망된 것의 복구가 다만 하나의 이론을 통해 유발된 실천적인 반작용에 의해 하나의 이론이 지닌 확신을 마지막으로 보증해주는 것이라는 사실을 제시하려 했고, 따라서 기술이 자연과학의 가치를 위한 궁극적이고 유일한 보증을 형성해준다는 사실을 제시하려 했다. 물리학의 방법에 관한 논문에서 볼츠만은 세 가지 중요한 방법을 구별한다. 첫 번째 방법은 경험적 · 귀납적인 방법이다. 여기서 우리는 경험사실에서 출발하고, 예를 들어 다수의 개념을 규정

---

29) 볼츠만의 『통속적 서술』(Populäre Schriften, Leipzig, 1905) 참조. 특히 이 책에 수록된 논문, 「현대에서 이론물리학 방법의 발전에 대하여」(Über die Entwicklung der Methoden der theoretischen Physik in neuerer Zeit)를 참조.

함으로써 주어진 물체, 예를 들어 돌멩이로부터 순차적으로 연구하려는 관계, 예를 들어 지구 위에서 높이가 변함에 따른 중력에서 문제되지 않는 특성을 생략해버리고 전혀 고려하지 않는 것 등이다. 두 번째 방법은 유클리드의 기하학적인 방법이다. 이 방법에서 우리는 명료한 법칙으로부터 연역한다. 그는 이 두 방법이 불확실한 방법임을 보여준다. 역학에 관한 저서에서 볼츠만 자신이 스스로 응용한 세 번째 방법은 다음과 같다. 즉 우리가 임의적으로 전제하고 있고, 이 전제는 명료할 필요가 없지만 현명하게 선택함으로써 잘 알려진 정리(定理, Theoreme)와 사실들이 가장 단순한 최선의 연관을 발견하는 것이다. 그러나 이런 방법은 바로 **실용주의**가 추천하는 것과 정확하게 일치한다.[30]

끝으로 수학에 대한 동일한 이해도 또한——이것은 합리주의 철학의 오랜 보물이다——푸앵카레가 발전시킨 것처럼 실용주의의 버팀목으로 봉사한다. 이와 같이 이해함으로써 수학은 경험의 사실을 통해 증명될 수도, 반박될 수도 없었다. 이 점에서 푸앵카레는 예를 들어 칸트적 선험주의자와 일치한다. 그러나 칸트에 대한 모순에서 수학적 공리에 참과 거짓이 귀속되어야 한다는 이런 이해는 논란의 여지가 많다. 참과 거짓은 단지 약속일 따름이거나 합목적성과 편리함에 따라 측정되는 은폐된 정의에 불과한 것이다.

3. 지각이론과 형식적·기계적 자연과학에 대안 동시대직 정초

우리는 다음과 같이 요구한다. 그러나 이 요구를 지금까지 좀처럼 성취시킬 수가 없었다. 즉 인식의 한계와 형식적·기계적 자연과학에 관한 철학적 이론 및 다른 모든 자연인식 양식에 관한 철학적 이론이 지금까지 우리가 인식해온 사실과 지각과정의 법칙(실험심리학, 감각심리학)을 개괄하는 지각의 철학과 완전히 일치하게 다뤄져야 한다는 것이다. (다음과

---

30) 이에 관해서는 뒤앙, 앞의 책 참조.

같은 요소들, 즉 1. 현실성 2. 사물성Dinglichkeit 3. 연장과 시간의 지속 4. 형태 5. 가치 6. 합리적 의미 7. 성숙한 어른들의 지각 속에 주어지는 감각의 질이라는 요소들은 어떤 질서에 속하는가? 이른바 다양한 종류의 자극개념과 다양한 단계의 자극개념은 지각의 어떤 구성요소와 상응하는가?) 실증적 자연과학, 특히 수학적 물리학의 인식 한계에 관한 지금까지 존재론적 탐구와 인식론적 탐구를 '지각의 철학'과 완전히 분리시키는 것은 불가능하다. 이런 탐구는 아주 조잡한 모순과 순환논증에 (특히 논증의 부담을 서로에게 떠넘기는 체계로) 빠지고 만다. 이두 개의 존재론적 탐구와 인식론적 탐구가 이와 같이 행해져서 그 성과가 통일적으로 합치되고 하나의 통찰된 이론적인 **전체 모습**을 만들어내야만 한다. 즉 지각이론과 물리학이론을 **동시에 정초**해야만 한다.

나는 이 강연에서[31] 첫째로 지금까지 형식적·기계적 자연법칙에 대한 철학적 견해를 비판하고, 올바른 견해를 제시하려고 한다. 둘째로 이런 자연론의 올바른 파악과 해석에서 여전히 다른 양식의 자연인식이 ──즉 일종의 이념적으로 완성된 형식적·기계적 자연관이 〔다른 것으로〕 대체되지 않고 여전히 정당화되고 있음이── '방임'되어 남아 있음을 살펴볼 것이다. 셋째로 지각철학의 몇몇 원칙을 전개하고, 지각과정에 대한 올바른 파악이 인식론적 정초와 완전히 일치함을 제시할 것이다. 나의 주제는 다음과 같은 명제를 포함한다. 즉 형식적·기계적 자연론이 다만 비유기적 자연의 요소와 논점에 대한 실질적인 법칙관계를 강조하며, 이런 실질적 법칙관계는 자발적인 생명운동 일반에 대해──따라서 자연에 대한 우리 인간의 지배의지와 이 지배의 윤리적으로 무제약적인 가치평가에 근거한──우리가 자연과정을 유도하고 관리하는 직접적인 출발점이다. 그렇기 때문에 나는 이로써 **실용주의 사상세계**를 상기시키는 주장을 표명한다.

나는 모든 형태의 **철학적 실용주의**를 비난한다. 철학적 인식은 비실천

31) 재판(2판)에 대한 편집자 후기 참조─편집자.

적이다. 또한 실증과학은 (다른 한편으로) 참이어야만 한다. 그러나 나
는 하나의 **방법적** 실용주의를 형식적·기계적 자연관에서의 선택 원리로서
주장하고, 이를 증명하려 한다.

4. '실용주의자, 이상주의자 그리고 현자'

실용주의자는 자신의 행위에 대한 잘못된 결과를 가지고——그럴 수
밖에 없었지만——원인과 결과, 의욕이라는 수단에 대한 이념들과——
성과 있는——**심정**에 관한 이념들을 변경시키려는 경향이 있다. 실용주
의자는 슈토름(Th. Storm)이 말한 "어떤 사람은 그에 따라 무엇이 일어
나는지를 묻고, 다른 사람은 무엇이 정당한지를 묻는다. 이렇게 자유 시
민과 노예를 구별짓는다"는 말에 동조하지 않는다.——실용주의자는 노
예적 의미의 한 단계에서 자유를 변경시켜버린다. 실용주의자는 다음과
같이 말하지 않는다. 즉 '영원히' 자명한 것과 진리(라이프니츠가 말한
것처럼 영원한 진리vérités éternelles)가 있고, 이것은 우연한 모든 감
각경험을 통해 관철되고, 또한 모든 간접추리를 통해 관철된다. 왜냐하
면 간접추리는 그 궁극적인 척도를 형성하기 때문이다. 실용주의자는
이성(Raison)을 모든 우연적 현실성에 대한 관찰에 희생시켜버린다.
——즉 실용주의자는 이성적 숙고(Raisonnement)에다 세계의 구조에
관하여 통찰하는 감각과는 무관한 순수직관을 덧씌워버린다. 실용주의
자는——두 개에다 두 개를 더하면 5가 된다고 유추해내는 세계 속에서
살고 있는, 즐겁게 살아가는 사람이다. 즉 $2+2=4$라고 말하는 대신에
$2+2=5$라고 우긴다. 나는 어떤 한 세계 속에 살고 있고, 그 세계는 우
연적인 현실을 나에게 제공해주고 두 개에다 두 개를 합하면 다섯을 산
출하는 힘을 전제하고 있다.

그러나 실용주의가 적어도 우연적인 현실영역(der faits fortuits)에서
는 부분에 정당성을 가지지만, 영원한 본질과 본질연관의 영역에서는
전혀 아무것도 가질 수 없다는 것은 정말 우연일까? 그것은 필연적인

것이다. 이런 '필연성'의 근거는 본질과 현존재를 구분하는 것이 어떤 **활동**에 대한 **저항**이라는 사실이며, ── '활동'은 한편으로 의지와 행동 속에, 다른 한편으로 ('앎에의 길'로서) 인식 속에 있는 것이고, 마찬가지로 간접적인 사고 속에도 있고, 언급하고, 주의하고, 관찰하는 작용 속에도 있는 **동일한** 것이다.

실용주의자는 우연적인 현실세계 속에 빠져 있다. 실용주의자는 사물의 본질, 사물의 이념(Idee)을 보지 못한다.

이상주의자는 일방적으로 이념세계 속에 빠져 있다. 이상주의자는 '세계에 대한 저항'을 느끼지도, 감지하지도 못한다.

현자는 이 둘을 모두 보고 감지한다. 그러나 그는 성급하게 존재 그 자체에서 이 양자를 조화시키려 하지 않는다.

이상에서 말한 것으로부터 다음과 같은 명제에 내포된 것을 예감할 수 있을 것이다. 즉 어떤 명제의 '의미'는 그가 그런 세계 또는 다른 세계에 대해 갖는, 다시 말하면 어떤 것을 '변화'시키려는 결과의 총체이고, 이 명제의 귀결이 세계의 우연적인 지각내용에 있는 것을 아무것도 변경시키지 않는다면, a와 b라는 두 명제의 의미는 엄격하게 동일한 '의미'라는 사실을 예감할 수 있을 것이다. 제임스는 예를 들어 세계의 경험적인 내용에 대해 다음 두 명제가 어떤 차이점도 '결과'하지 않는다면, 심지어 이 두 명제에 대한 믿음이 달리 행동하도록 우리를 자극하지 않는다면, "신이 존재한다"와 "신이 존재하지 않는다"는 두 명제 사이에서 의미를 구별짓는 것은 아무것도 없다고 아주 강력하게 주장했다. 그리고 ── 다른 예를 들어본다면 ── 우리가 땅 위에 있는 A와 B라는 두 지점 사이를 되돌아올 수 있는 운동이 시간단위의 동일한 수에 도달하는 데 필요한 시간의 광도를 측정하여 빛의 지속적인 속도를 가정할 때, '동시적'이라는 말과 '비동시적'이라는 말은 동일한 의미라고 아인슈타인은 말한다.

III. 「대학과 시민 단과대학」에 관하여

1. 독일 학문의 위험

독일의 종합대학과 대학 교수진뿐만 아니라 독일의 학문이——모든 외국에서(또한 중립국인 외국에서)뿐만 아니라 대부분 내국인 대중에게서(적지 않게 **젊은 세대에게서**)——평판을 잃었다는 사실은 타당하지 않다. 왜냐하면 마침내 모든 우리의 고등교육시설, 독일 학문의 핵심은 건강하고, 지금까지 받아온 만큼 심각한 비난을 받고 있는 것이 아니기 때문이다. 나는 독일의 학문이 지닌 결점에 대항하려는 것이 아니라 가상이 일어나고, 그것도 쉽게 일어날 수 있다는 점에 대항한다. 이런 가상은 무엇보다도 독일의 학문과 고등교육을 담당하는 사람들이 유난히 **비정치적인 사람**이라는 점에 근거한다.——그럼에도 불구하고 저서나 책, 기고문, 나아가 대중집회를 통해 (우리는 전혀 해당인사를 조사할 위치에 있지 않는 어떤 것의 비진리를 주장하는 '문명세계에의 호소'에 관해 생각한다) 지나치게 **정치적으로 활동**한다. 독일 관료주의의 정치적 지도자들에 대한 무한한 신뢰와 결부된 어떠한 독일의 학자정신 속에 들어 있는 구성적이고 정치적인 예속주의는 (예를 들어 뒤 부아-레몽은 프로이센 학술아카데미를 '호엔촐레른 왕가의 친위대'라고 불렀다) 예를 들어 러시아, 이탈리아, 영국에서 지각될 수 없는 현상을 초래했다.——이런 현상은 기껏해야 선례 없는 프랑스의 쇼비니슴에 의해 대표되지만, 여기서는 시민적 특성과 깊이 일치하고 있고, 국민적인 색조를 띠고 있다. 그 속에는 순수 정신적 동종교배를 충분히 연습하여 세상과의 활발한 접촉을 모두 상실해버린 사람들의 시선이 집중적으로 나타나고 있다. ……그럼에도 불구하고 해당 사람들 또는 독일의 평균적인 지식인들의 학문적 수행가치를 끌어내리려는 모종의 결심은 근본적으로 결여되어 있어 불가능한 것처럼 보인다. 우리는 이 가상만 보고 자신을 기만해서는 안 된다. 또한 대부분 부당하고 매우 무지한 판단에 감염되어서도 안 된다. 이런 판단은 독일의 학문에 대해 적대적이고 중립적인 나라의 학자들 측에서 쓴 책과 저작에서 내려진 것들이다(뒤앙). 이에 대한 정당한 권리를 무엇이 (소급하여) 줄 것인지에 대해 나는 이 강연을 진행해가면서[32] 언급할 것이다.

그러나 여기서 나는 원칙적으로 최고교육의 본질과 어떤 요구에 대한 비난이 학문 그 자체를 고찰하는 한에서 큰 위험부담을 안고 있다는 점을 강조하고자 한다. 특히 나는 여기서 두 가지 위험요소를 밝히고, 이를 실마리로 내 설명을 풀어가고자 한다. 첫째로 그것은 학문의 **민주화**에 관한 일종의 **잘못된** 방식에 관한 위험이다. 둘째로 그것은 특히 독일의 젊은 세대들에게서 나타나는 한계를 알 수 없는 딜레탕티슴이 특히 심리학적으로 잘 개념화된 위험이다. 모든 상황에서 우리는 한쪽 끝에서 다른 쪽 끝으로 비틀거리는 경향의 심연에 빠지는 것을 피해야만 한다.

학문은 그 본성에 따르면 **귀족적**이다.──학문의 **내용**은 그렇지 **않다**. 학문은 경제적이고 사회적인 근거로부터 생겨나는 것이 아니라 자기 자신 속에 갖고 있는 근거로부터 생겨나는 것이다. 최고기관의 학문적 수준의 감소가 아닌 **상승**이 필요하다. 나아가 학문은 학문적 방법의 정확성과 엄정성을 얻을 수 있는 전문화의 정도를 지니고 있다. 전반적으로 정신적인 삶이 미분화된 흐름 속에 학문을 해소시켜버리고, 어떤 철학의 독재권 아래에 학문을 설정하려는──마음만 먹는다면, 못할 것도 없다──독일 낭만주의가 시도했던 것의 부활은 학문에 큰 불행일 따름이

---

32) 재판(2판)에 대한 편집자 후기 참조─편집자.

다. 젊은 세대들은 전쟁이 그들에게 남긴 교양의 결함으로 인해, 그리고 그들의 이상이 너무 빨리 흔들림과 동시에 너무 강하게 일어난 학문으로부터 그들의 의식을 정치화하려는 것에 의해 결코 다시금 정신적인 자유와 학문적인 방법론을 성취하지 못하고, 또한 구세대가 누렸던 삶의 안식도 얻지 못한다. 그렇기 때문에 학문 그 자체에 관해 대체로 전반적으로 볼 때 개혁하기보다는 좋은 것을 유지하려는 것이다.

무엇보다도 이것은 자연과학과 의학, 수학, 공학에 타당한 것이다. 독일의 학자들은 전쟁 동안에 군사적으로 진행된 것을 제거하기 위해 이런 학문의 영역에서 활동해왔다. 정신과학과 관련해서는 이미 마이네케가 언급했듯이 사정이 다르다. 정신과학의 경우 이론과 실천 사이에는 다른 나라에서 찾아볼 수 없는 하나의 간격이 있다. 거의 예외적으로 초종교적이고 초교회적인 역사적인 연구에 관심을 두는 이론을 가르치는 신학부와 종교국(Konsistorien) 사이의 팽팽한 긴장관계, 법학부와 고등법원, 철학부와 지방대학의 학부 또는 행정부 사이의 팽팽한 긴장관계는 문제 그 자체로 끝나기보다 훨씬 광범위하고 근본적으로 더 심각하다. 문화전쟁 속에서 독일 정신은——무기를 사용하는 전쟁과 경제적인 전쟁이 함께 모두 문화전쟁에 포함된다——엄청난 실패를 안겨주었고, 전쟁 초기에 뛰어난 능력을 지닌 독일의 교육계 인사들은 독일 국민에게 하나의 사명과 유의미한 목표를 제시해야 한다는 점을 알지 못했다. 그래서 정신과학과 정신과학을 일상생활 속에 적용한 것 사이에서 갈등이 공동의 죄책감을 느껴야 한다는 점에는 의심의 여지가 없다. 이런 정신과학은 전반적으로 현재 세계를 이해하기 위한 어떤 길도 열어놓고 있지 않다.

독일에서 최고 연구기관과 교육제도에 대한 개혁에는 전혀 다른 문제가——여기저기서 독일교육과 연관된 것이라 할지라도——관련되어 있다. 그것은 다음과 같다. 1) 연구기관과 교육제도 사이의 임무를 구분하고 분업화하는 것에 관해, 2) 대학교육을 보여주는 형상의 관점에 관해, 3) 도시, 교회, 공동체에 대한 이들 교육제도의 관계에 관해, 4) 교사와 학생,

교사 상호간의 조직내부의 관점에 관해, 5) 교사와 학생들 사이에 나타나는 도덕적 정신에 관해.

이 문제들과 관련하여 나는 조직상의 특수문제들에 관해서는 보류해두고, 여기서는 한편으로 나의 대학생활에서, 다른 한편으로 독일 대학에 관해 나 혼자만 알고 있는 약간의 견해를 피력하고자 한다. 내 견해는 당시 프로이센의 교육제도를 이끌어간 교육장관인 베커 교수와의 의견교환을 통해 형성된 것이 아니라, 마침내 독일의 젊은이들과 오랫동안 활발하게 교류해온 결과를 통해 형성된 것이다.

…… 나는 완전한 독일의 대학과 단과대학의 존재를 개혁하려는 물음에 대해 말하려는 목표를 설정했다. 오직 대학에 대해서만 배타적으로 말하려는 것이 아니다.──내 생각에는 대학에 관해 배타적으로 말하는 것은 잘못 설정된 문제이고──먼저 **연구와 교육**, 최고 교육제도의 다양한 양식들에 관한 **학설**이라는 과제들에 점차적으로 새로운 양식에──또는 낡은 것을 본질적으로 변형시켜──접근함으로써 **분할**해서 말하려고 한다. 나는 철학자로서 성실하다는 나의 특성을 고의적으로 밝히고, 여기서 **존재해야만 하는 것**(Seinsollende)을 분리시키고 싶다.──존재해야만 하는 것은 독일 교육의 본질과 독일 역사가 처한 상황과 역사적으로 확실히 규정된 전제조건에 근거해서, 나아가 존재해야만 하는 것에 대해 미리 준비되었거나 제한된 실질적이고 인간적·정신적인 수단에 근거해서 **설명**될 수 있거나 설명될 수 없는 것이다. 내가 생각하기에는──목표와 방법을 뚜렷하고 명확하게 구분함으로써 여기서 본질적으로 계속 나아갈 수 있다. 우리는 목표를 방법에서 점점 벗어나게 해서는 안 된다.

2. 독일 교육의 결함

이 물음이 고찰하려는 것은[33] 한편으로 이미 전쟁 이전부터 있었던 개혁에 대한 일반적으로 조직적이며 교육학적인 관점이고, 다른 한편으로 전쟁이 우리에게 가르쳐준——전쟁 동안에도 시민들은 엄격한 시험을 쳤다——아주 특정한 **독일 교육**의 **결함**에 관한 명료한 관점에서 출발한다. 또한 일부는 우리 시민의 붕괴로 인해 나타난 결과에 근거한 독일의 아주 새로운 국내외의 정치적이고 경제적인 상황에서 일어난 요구를 문제로 삼는다.

이 교육적 과제를 분배하는 것과 같은 이 새로운 교육학적인 상황에 대해 말하고 설명하기 전에, 나는 허용된다면, 독일의 정신교육에서 **특별히 결핍된 몇 가지**를 언급하고 싶다. 왜냐하면 이런 것들에 대한 통찰 없이 새로운 계획의 초안을 잡으려는 것은 아무 의미가 없기 때문이다.

독일 교양교육의 결함은 다음과 같다.

(1) 극단적인 **다양화**(Verfachlichung): 정치학 내에서 경제부문. 국가 고위정치인들의 잘못: 전문화(자연적인 전문화와 비자연적인 전문화)라는 미명 아래 잘못된 방법, '책의 통합'(Buchbindersynthesen).

(2) **권력과 정신 사이의 관계**: 독일 국민의 최고 교육에 뿌리를 두고 있는 정치지도자들의 측면에서 볼 때 우리는 자유로운 문화정책 대신에, 정치인들과 전혀 관련이 없는 공무원들에 의해 적극적으로 형성된 문화정책을 가지고 있다.

(3) '그릇된 내향성.'[34]

(4) '**침묵히고 운동하지 마라**'(quietum non movere)와 모든 가치의 문제, 목표의 문제, 세계관의 문제에 관한 조직적인 경시.

(5) 모든 계층 간의 이른바 불충분한 평가——와 독일의 산업화가 국민의 생계에 곧바로 연결됨에도 불구하고 이로부터 생겨나는 시민계층(노동자)을 위한 불충분한 교육복지사업(그 결과: 독일의 무역상과 시민의 증오).

---

33) 교양의 과제를 새롭게 분할하는 문제를 말한다—편집자.

34) 『사회학 및 세계관학 논문집』에 수록된 「두 개의 독일의 질병」(1919)과 「독일 증오의 원인」(1917)을 참조—편집자.

(6) 외국인들이 알지 못하는 정보와 시민들에게 낯선 심리학.

(7) 비스마르크공화국 시절 독일 시민들에게 강요된 화합과 잘못된 모든 국가적 차원에서의 정신적·의지적 통일: 목표에 대한 모든 물음의 실패.

(8) 아무 기준 없이 가르친 **역사주의**와 현대 세계 및 그 세력들과 맺은 모든 협정의 결함.

(9) 협소한 독일적 모범에 따른 독일 문화의 **획일화**: 독일 문화에 기여하는 개별적인 종족들의 거부: 학문의 내부에서 언제나 강하게 추적될 수 있는 전형적인 인격성의 결함: '신사'(gentleman)에 관한 전형의 형식에서 모든 **국민적 교육이념**의 결함.

(10) 사회와 문화에서 종교와 종교적 힘의 현저한 후퇴.

부록

제2판 편집자 후기

　막스 셸러는 1926년에 출판된 『지식의 형태와 사회』라는 제목 아래 한 권의 책으로 묶은 세 편의 논문이 지닌 내적 연관성에 관하여 이 책의 초판 서문에서 자신의 견해를 이미 표명한 바 있고(또한 각 논문에서 이 책의 출판에 관하여 여러 번 언급했으며), 마찬가지로 이 책의 중요한 취지와 세 논문의 집필시기, 다른 저작과의 관계에 대해서도 견해를 표명한 바 있다. 따라서 이하에서 나는 다만 남아 있는 수고(手稿, Manuskripte)의 초고들에 관해 약간 보충적으로 언급하는 데 그칠 것이다.

　쾰른에 있는 사회과학연구소의 위임을 받아 (당시 사회학과 학과장이 두 명이었는데, 그중 한 사람의 학과장 자격으로) 셸러가 편집한 논문집 『지식사회학에의 시도』는 그 시대의 일반적인 정황으로 볼 때 출판이 매우 늦춰진 것으로 1924년에야 겨우 (뮌헨에서) 발간될 수 있었다. 여기서 체계적으로 요약된 기고들과 더불어 선구적 논문인 「지식사회학의 문제들」이 처음으로 (요약된 초안의 형태로) 발표되었다. '지식사회학의 문제들'에 관한 연구는 이미 1921년경에 시작되었다. 『도덕』(Moralia, 1923)의 제1권인 『사회학과 세계관 논문집』의 전체 서문(1922)에는 저자에 의해 계획되었지만 발간되지 못한 제4권(역사철학)을 위한 역사적 작용요소의 본질과 질서에 대한 논문이 예고되어 있고, 동시에 제2권 『국민』(Nation, 1923, 134쪽)에 수록된 「심정의 군국주의와 목적의 군국주의에 관하여」라는 논문에서도 또한 이것이 예고된 바 있다. 방금 말한 논문집 서문에서 셸러는 자신의 특별한 관심사를 다음과 같이 표명하

고 있다. 즉 지식에 관한 실증주의 사회학은 다음과 같은 지식사회학, 즉
"실증주의의 인식론과 실증주의적 추론을 거부하고, 따라서 이성의 '영
원한' 요구에 대한 형이상학적인 세계인식과 동시에 이런 세계인식이 가
능하다고 생각하는 철학적 입장의 근거 위에 놓여 있는" 하나의 지식사
회학에 반대하지만, 이런 지식사회학적인 최초의 체계적 시도가 실증주
의적인 사고범위에 대항하는 "하나의 활발한 자극일지 모르고, 독일에서
지식사회학에 의해 준비된 토대 위에서 계획적으로 연구되고, 특히 개별
적인 전공과목에서 계속해서 연구되길" 희망한다는 것이다.

이 논문집의 공동 기고자는 하스하겐(J. Hashagen), 호니스하임(P.
Honigsheim), 예루살렘(W. Jerusalem), 란츠베르크(P.L. Landsberg),
루흐텐베르크(P. Luchtenberg), 미텐츠바이(K. Mittenzwey), 플레스너
(H. Pleßner), 스핀들러(Lore Spindler), 슈타인(W.J. Stein), 스톨텐
베르그(H.L. Stoltenberg), 볼라트(W. Vollrath), 비제(L. v. Wiese) 등
이고, 이들의 기고문은 논문집 II부("형식적 지식사회학과 인식론")와
III부("실질적 지식사회학. 학문적인 협력에 관한 역사적 유형")에 모두
수록되었다. 셸러는 논문집 서론부분에서 공동기고자들의 기고문에 대
해 여러 번 언급했다. 그리고 머리말과 각주에서 죽음으로 인해 누락되
었거나(바르트Paul Barth, 트뢸치Ernst Troeltsch), 뜻하지 않은 사정
때문에 게재가 거부되어야만 했던(퇴니에스F. Toennies, 고틀Fr. v.
Gottl) 기고문에 대해서도 언급했다. 그의 유고(遺稿)에서 발견된 두 장
의 종이에 언급된 셸러의 메모는 그 당시의 경제적 상황 때문에 실현될
수 없었던 (저자가 서문에서 언급한) 출판에 관한 계획과 문제점 및 저
자들에 관해 말하고 있는데, 특히 문제점에 관해 매우 포괄적으로 언급
하고 있다.

논문집은 1924년 9월 말 하이델베르크에서 열린 제4회 독일사회학회
의 개회식 때 셸러가 행한 강연, 「학문과 사회의 분화」(Wissenschaft
und soziale Gliederung)에서 도입문장으로 쓴 것과 같은 말로 시작되
고 있다. 이 언급은 「지식사회학의 문제들」 제2부의 설명과도 상당부분

일치한다. 그것은 지식의 근거에 관한 세 유형(초판 65쪽 3줄)의 근원에 대한 설명에서 시작하여 종교와 형이상학의 사회학에 관한 설명을 넘어서 학문과 사회(즉 초판의 105쪽까지 약간의 삭제와 함께)의 관계에 관한 저자의 주요논제에까지 이르고 있다. 아들러(Max Adler)의 학술회의에서 셸러는 1926년에 출판된 『지식의 형태와 사회』라는 책에 수록된 「지식사회학의 문제들」이라는 연구논문을 발표했는데, 이것은 『제4회 독일사회학회논문집』(독일사회학회 편, 제4권 1집, 1925, 튀빙겐)에 수록된 본문과 매우 흡사한 내용이었다(독일사회학회 논문집, 126쪽 참조). 동시에 셸러가 독일사회학회에 발표했던 글의 토론자 골드샤이트(Rudolf Goldscheid)의 설명은 단지 짧게 사회학회지에 발표되었다. 학술회의에서 셸러의 폐회사는——부분적으로 매우 활발했던 토론(베트, 둔크만, 골드샤이트, 뮤젤, 미켈스, 사린, 줄츠바흐, 베버)과 보충보고의 결과에 따라——학회보고서에 언급되어 있듯이, 시간이 많이 경과되고 제기된 질문과 의견차이가 워낙 커서 "공통적으로 유효하게 두드러진 짧은 인사말"로 한정했다. 기술적인 이유(편집자가 저자의 유고에서 카본지에 의한 복사본을 발견했던 속기술로 작성된 재판은 '충분하지 않은 것'으로 증명되었다.——그것은 애당초 잘못된 것이었으며——하물며 기억을 더듬어 재생해낸다는 것은 실행하기 어려운 일이다)로 말미암아 그 전문을 위의 보고서에 포함시키지 못했다.

이미 언급한 바 있는 1926년에 발간된 『지식의 형태와 사회』라는 논문집의 범위 내에서 재판을 위해 저자는 논문을 현저하게 확대시켰다. 다음은 저자가 그 당시 행한 것들이다(쪽수는 초판의 쪽임). 103쪽 16줄에서 104쪽 16줄까지, 109쪽 29줄에서 112쪽 18줄까지, 116쪽 31줄에서 123쪽 23줄까지, 125쪽 10줄에서 125쪽 37줄까지, 141쪽 1줄에서 146쪽 14줄까지, 147쪽 3줄에서 149쪽 33줄까지, 167쪽 30줄에서 175쪽 28줄까지 첨가되었다. 그밖에도 저자는 1924년에 작성한 텍스트를 어느 정도 수정했고, 또한 약간 첨가하여 확대했다. 1924년의 텍스트에 관해서는 나중에 다음과 같은 새로운 각주가 첨가되었다. 18쪽 1줄, 20쪽

1줄, 21쪽 1줄, 21쪽 2줄, 23쪽 1줄, 24쪽 1줄, 26쪽 1줄, 26쪽 2줄, 30쪽 1줄, 30쪽 2줄, 32쪽 2줄, 34쪽 1줄, 40쪽 1줄, 40쪽 2줄, 40쪽 3줄, 43쪽 1줄, 44쪽 1줄, 44쪽 2줄, 46쪽 1줄, 47쪽 1줄, 47쪽 2줄, 50쪽 1줄, 52쪽 1줄, 61쪽 2줄, 65쪽 1줄, 66쪽 1줄, 66쪽 2줄, 68쪽 1줄, 69쪽 1줄, 69쪽 2줄, 71쪽 1줄, 72쪽 2줄, 73쪽 1줄, 73쪽 3줄, 75쪽 1줄, 78쪽 1줄, 80쪽 1줄, 84쪽 1줄, 86쪽 1줄, 87쪽 1줄, 88쪽 1줄, 89쪽 3줄, 91쪽 1줄, 97쪽 1줄, 97쪽 2줄, 99쪽 1줄, 100쪽 1줄, 101쪽 2줄, 108쪽 2줄, 112쪽 3줄, 114쪽 1줄, 115쪽 4줄, 115쪽 5줄, 116쪽 3줄, 123쪽 2줄, 126쪽 3줄, 127쪽 2줄, 128쪽 2줄, 154쪽 2줄, 155쪽 1줄, 160쪽 2줄, 162쪽 2줄, 164쪽 1줄, 178쪽 1줄, 178쪽 2줄, 178쪽 3줄, 178쪽 4줄, 179쪽 1줄, 180쪽 2줄, 181쪽 1줄, 181쪽 3줄, 181쪽 4줄, 183쪽 1줄, 183쪽 2줄, 186쪽 2줄, 186쪽 3줄. 다음은 초판의 각주가 보충된 것들이다. 19쪽 1줄, 37쪽 1줄, 49쪽 1줄, 58쪽 2줄, 59쪽 1줄, 59쪽 2줄, 70쪽 1줄, 70쪽 2줄, 77쪽 1줄, 85쪽 3줄, 94쪽 1줄, 105쪽 1줄, 107쪽 1줄, 116쪽 1줄, 128쪽 1줄, 129쪽 1줄, 137쪽 1줄, 137쪽 2줄, 164쪽 3줄. 1926년 재판의 몇몇 각주는 1924년에 기재한 텍스트에도 있다. 반대로 1924년 부터 1926년 역사주의 문제에까지 삽입된 많은 각주는 그 자체 텍스트에 바로 채택되었다. 1926년에 빠진 초판의 각주 하나는 편집자가 초판을 인용하여 삽입했다.

  1924년 초판의 텍스트에 관해 비교적 적은 양의 수고가 저자의 철학적 유고에서 발견되었다. 그것은 쪽수가 많은 두 권의 노트로 이루어져 있다. 필기는 1921년에서 1924년에 쓴 것들이다. 수고에 관해서는 개별적으로 다음과 같이 언급했다. 63쪽 11줄에서 73쪽 5줄까지, 125쪽 38줄에서 140쪽 40줄까지, 146쪽 15줄에서 147쪽 3줄까지, 149쪽 34줄에서 150쪽 23줄까지, 153쪽 12줄에서 156쪽 8줄까지, 183쪽 12줄에서 188쪽 2줄까지. 그밖에 1924년 초판의 활자로 제출된 타자기로 받아친 것에 대해서는 아무것도 보존된 것이 없었다. 1926년의 재판을 위한 연구를 위에서 언급한 것처럼 확장시킨 것에 대해서는 텍스트가 계속해서 문제되는 한, 모든 수고가 보존되어 있다.

이 논문집의 두 번째 논문인 「인식과 노동: 세계인식에서 실용주의적 동기에 관한 연구」는 1926년 뮌헨에서 발간된 『지식의 형태와 사회』라는 논문집에 처음 발표된 것이다(처음에 「노동과 인식」이라는 제목으로 예고되었고, 같은 제목으로 대부분 논문이 발표되었으며, 또한 1926년의 논문집에서도 저자가 그렇게 여러 번 인용했다. 또한 이 논문에서 '실용주의적 동기' 대신에 '실용주의적 원칙'이라는 말이 한 곳에서 발견되었다. 이런 차이가 이 논문집에서는 교정되었다.

논문집의 (수고에 있는) 서문에서 셸러는 논문의 출판을 "몇 년 전에 한 약속을 이행한 것"이라고 지적했다. 1909~10년 겨울학기 뮌헨대학의 강의록에는 이미 '실용주의의 가치'에 관한 셸러의 두 시간짜리 강의가 소개되어 있다. 『철학과 현상학적 연구연보』(157쪽에 관한 각주=『형식주의』4판, 전집 2권, 베른, 1954년, 175쪽)에 수록된 "윤리학에 있어서 형식주의와 실질적 가치윤리학"(제1부, 1913)의 초판에서 저자는 이미 "노동과 인식"이라는 책을 예고하고 있다. 그의 가치론적이고 윤리학적인 연구와의 관련은 (무엇보다 행위의 통일에 관한 현상학적 분석에서)——한편으로 순수형식주의적이고 칸트적인 심정윤리학의 비판에서, 다른 한편으로 실증주의적·실용주의적인 (또는 행복주의적인) 결과윤리학과 목적윤리학의 비판에서(『형식주의』, 제3장 참조)——해를 거듭할수록 셸러로 하여금 실용주의 문제와 논쟁을 벌이게끔 자극했다. 『윤리학과 인식이론에 대하여』(전집 10권, 초판 1953, 증보된 재판 1957, 베른)라는 『유고집』 I의 후기에서 편집자는 이미 실용주의 문제와 거기서 나타난 초기의 현상학적이고 인식론적인 연구의 연관에 대해 언급했다. 동시에 거기서 저자가 실용주의에 관한 저작을 출판하기 위해 준비해두었던 수고의 분실에 대해 매년 한탄해왔다는 점을 언급했다. 셸러의 철학적 유고에서 그런 문제들에 관한 초기시절의 몇몇 수고노트가 간헐적으로 발견되고 있다. 가장 오래되었고 단지 불충분하게 보존되어온 수고노트에는 (부분적으로 매우 해독하기 힘들지만) 실용주의적 인식이론, 논리학, 윤리학, 종교이론에 관한 짧은 필기들만이 포함되어 있다. 그것들은 대략 1909년도 뮌헨대학의 강의와 관련하여 만들어졌던 것으로 추측된다. 그 수고는 셸러의 유고 가운데 가장 초기의 필기 가운데 하나를 가리킨다. (이미 편집자가 위에 인용한『유고집』I의 재판 후기에서 언급했듯이, 수고가 시간적으로 확립되어온 것은 무엇보다 많은 종잇조각마다 예외 없이 저자가 빼고 바로잡는 메모에서 매우 큰 어려움을 제공한다. 일반적인 관점 옆에 각 노트와 종잇조각의 날짜를 매기는 것은 광범위하게 1908~28년 동안의 이십 년에 걸쳐 특징적으로 변해온 활자체에 의존하여 정했다.) 두 번째 비교적 후기의 수고(대략 1912년경)에서 실용주의 문제를 다룬 비교적 방대한 연구에 대한 상세한 초안이 발견되었다. 이것은 제I부의 핵심으로서 실용주의 운동의 일반적인 '정신'과 지금까지 철학에 관한 실용주의의 관계로 끌고 갔고, 나아가 '실용주의의 유형'으로 끌고 갔다. 제II부에서 실용주의의 개별적인 철학적 문제가 논증되어야만 했고, 그리하여 제III부에서 저자 자신의 고유한 이론과 대조를 이루는 하나의 비판을 달아야만 했다. 여기서 중요한 것은 '현상학적으로 확립된 철학의 본질과 과제' '인식의 현상학적 이론의 주요명제' '세 가지 사실에 관한 이론' '기계적인 자연관과 연상심리학' '생물학과 인식론'을 소개하고 있다는 점이다. (이에 관해서는『유고집』I에 출판된 초기 인식론에 관한 두 연구를 참조. 그리고 거기에 있는 편집자의 후기를 참조.) 수고의 제IV부「실용주의적 원리와 현상학적 원리의 적용」은 종교, 예술, 학문, 도덕, 문화의 발생과 의미라는 표제어를 달고 있다. 노동의 결말부분은 "실용주의와 형이상학, 우주의 다원성과 통일성-인격주의"를 대상으로 삼지 않으면 안 되었다. 이 서술에서는 공개적으로 당시에 셸러에 의해 준비되어온 출판 계획에 대해 언급하고 있다. 이때 작성된 폭넓고 다양한 (불충분한) 수고는 "실용주의 운동의 본질과 역사"라는 이름으로 필기되어 있고, 그 내용은 위에서 서술한 것의 첫 번째 점과 상당히 일치한다. 수고에 나타났듯이, 강의를 위한 필기이지만, 뮌헨강의에서는 전혀 사용되지 않았다. 뮌헨시대의 다른 수고와 비교해보면, 훨씬 이후 대략 1912년에 쓴 것으로 밝혀졌다. 부록 B를 참조.

1926년의 「인식과 노동」이라는 논문에 관한 필기는 모두 1923년에서 1925년 가을에 쓴 것들이다. 노동[의 문제]은 다음으로 『사회학과 세계관이론에 관한 논문집』에도 나타난다. 노동은 거기서 제3권(I)에 수록된 「노동과 세계관」이라는 논문에서 다음 권에 계속될 논문에 대해 알려주고 있다.──그러나 노동의 문제는 저자가 이 논문집에서 말한 범위를 넘어서 의미와 외연을 발전시켜갔다. 1924년 가을에 셸러는 하이델베르크에서 발표한 논문의 도입부에서 1925년에 「지식사회학의 문제들」과 「인식과 노동」이라는 두 논문으로 이루어진 『지식과 사회』의 출판을 예고하고 있다. 이 발표문에서 그는 (이미 언급된 의사진행보고의 각주에서) "그의 '지식사회학'에 대한 어떤 학문적 이용과 비판에 관해" 이미 언급한 두 번째 논문[「인식과 노동」]을 통해 그의 명제가 비로소 완전히 정초될 것이라는 점을 분명하게 언급했다.

이 논문에 관한 수고는 거의 완벽하게 보존되어 있다. 그것은 여섯 권의 노트와 점차로 확인되고 있고 다시 편성될 수 있는, 철해지지 않은 많은 페이지들에 들어 있다. 다만 212쪽 4줄에서 212쪽 29줄까지, 215쪽 33줄에서 226쪽 20줄까지, 234쪽 29줄에서 235쪽 23줄까지, 236쪽 3줄에서 236쪽 28줄까지, 361쪽 17줄에서 363쪽 10줄까지, 364쪽 16줄에서 369쪽 40줄까지, 378쪽 31줄에서 378쪽 36줄까지, 382쪽의 19줄에서 20줄까지는 손으로 적은 논거가 빠져 있다. 그외에도 저자가 연구해온 많은 부분에 대해 인쇄본으로서 유용한 (보고를 참조) 보완을 지닌 (그밖의 단지 부분적으로만 분명한) 타자기사본이 남아 있다.

이 논문집에 수록된 세 번째 연구인 「대학과 시민 단과대학」은 쾰른에 있는 사회과학연구소의 위임에 따라 비제가 편집한 총서 『시민교육제도의 사회학』에 기고한 것으로서 1921년에 처음 출판되었다. 독일 대학의 위기──전체적인 독일 교육제도와 관련한 개혁의 필연성──는 이미 1919년 초에 쾰른에서 행한 셸러 강연의 대상이었다(이 강연에서 단과대학의 문제는 조금만 언급되고 넘어갔다). 이 강연의 핵심적 설명은 당시에 『서독주간지』(*Westdeutschen Wochenschrift*) 31호에서 36호까지 「독일 대학의 내적 모순」이라는 제목으로 연재되었다. 이것은 어느 정도 수정되고 부분적으로 축소되어——강연의 초안은 그 서론부분에서 특히 관계의 비판에 관해 후에 출판된 것보다 훨씬 더 진전된 것이었다——위에 언급한 총서에 수록된 1921년의 「대학과 시민 단과대학」의 I장 "대학개혁을 위하여"를 이룬다. 여기에 저자는 단과대학의 본질적 특성과 목표규정, 대학과 대학의 개혁에 관련된 기구와의 공동작업을 통한 사회평생교육원의 내·외적 구축에 관한 설명을 덧붙인다. 또한 서문이 당시에 추가되었다. 1926년 『지식의 형태와 사회』라는 논문집에서 연구의 재개는 셸러가 얼마나 대학과제의 분배를 위한 개혁계획과 자신을 일치시켰는지를 보여준다. 이 관계의 발전은 거의 40년 전에 셸러가 제시한 요구가 정당했다는 점을 보여줄 것이다.

대학개혁에 관해 언급된 강연의 텍스트는 저자에 의해 필기로 교정되었고, 몇 사람의 손을 거쳐 보완된 것을 그대로 받아쓴 것이다. 서론 및 대학과 시민 단과대학의 관계에 대한 설명에 관한 수고가 저자의 유고에서 발견되었다.

셸러 전집의 8권으로 발간된 『지식의 형태와 사회』라는 논문집의 재판은 세 논문을 합친 개정판으로 출판되었다. 전체 텍스트는 뚜렷해 보이고 저자가 일일이 작성한 작업을 거쳐 인용된 문헌을 전체적으로 통람하고, 세심하게 참작하여 보존되어온 초안 및 타자기복사본과 받아쓴 것을 서로 세심하게 비교한 후에 제시되었다.

1926년 논문집의 초판이 출판될 무렵 셸러는 편집자에게[1] 논문집의 연구를 강력하고 외적인 조직을 통해 체계적이고 내적으로 구축하여 두

---

1) 여기서 편집자는 마리아 셸러를 가리킨다. 이하에서도 같다. 마리아 셸러는 막스 셸러의 세 번째 부인이다—옮긴이.

드러지게 만들지 못한 점을 여러 번 사과했다. 그의 소망에 따라 편집자는 그 당시에 처음으로 언급된 '내용' 중에서 약간 세분화하고, 논문의 텍스트에 대한 주제어를 보충했다.

저자의 이런 소망에 합당하게 「지식사회학의 문제들」이라는 첫 번째 논문에서 이번의 새 판에서는 (부분적으로 그 당시의 보충설명과 연관해서) 텍스트에서 17쪽 2~3줄, 52쪽 6줄, 52쪽 24줄, 60쪽 6줄, 69쪽 3줄, 69쪽 4줄, 85쪽 1줄, 92쪽 1~2줄, 135쪽 25~26줄, 158쪽 19줄, 158쪽 27줄, 162쪽 31~32줄, 185쪽 18~19줄을 부가적으로 세분화(절 제목과 장 제목)시키는 것이 받아들여졌고, 또한 몇몇 논문 하부조직이 숫자첨가를 통해 처리되었다.

「인식과 노동」이라는 논문은 부분적으로 이미 저자 자신에 의해 외적으로 더 많이 나뉘었는데, 이 두 번째 논문에서 편집자는 200쪽 32줄, 212쪽 3줄, 239쪽 27~28줄, 260쪽 16~17줄, 284쪽 20줄, 284쪽 28줄, 315쪽 32~33줄, 343쪽 34줄, 359쪽 3~4줄을 초판의 절 제목으로 확장시켰고, 가능한 한 텍스트의 본문에 관해 작성된 제목을 부분적으로 (1926년의 '내용'과 관련하여) 첨가했다. 특히 셸러의 후기 형이상학을 위해서뿐만 아니라 인식론을 위해서도 유용한 "지각의 철학에 관하여"라는 V장을 재판에 수록했다. 수고는 그 자체 저자가 근원적으로 하나의 장을 나눔에 관해 생각해왔음을 보여준다. 이 점을 관철시키지 못했던 것은 장을 나누는 필기가 논문집을 인쇄한 때 비로소 발견되었음을 말해준다. 연구의 초판에 따르면 실재성 문제에 관한 설명은 IV장에서 VI장(이 책, 256쪽 이하)으로 이어져 일어나야만 한다. 더욱이 IV장의 결론과 144쪽에 대한 편집자의 주석을 비교해야 한다.

이 논문집에 수록된 세 번째 논문, 「대학과 시민 단과대학」에서 대학과 단과대학 사이의 협력이란 보편적이고 심정적이며 특수하고 좀더 조직적인 유형에 관한 앞의 두 장, 즉 II장과 III장이 이 새 판에서는 「시민 단과대학의 설립과 종합대학」이라는 II장 아래 소제목 1과 2로 요약되어 있다. 또한 연구의 사고과정에 합당하고 외적인 이런 분류에 대한 근거가 수고에서 발견되었다. 385쪽 14~15줄, 403쪽 12~13줄의 제목이 보충되었다.

논문집의 필사본 가운데 셸러의 여백메모 중에서──전쟁으로 인한 손실 때문에 통틀어 저자의 연구예제 가운데 보존되어 있는──이것이 저자에 의해 고정된 텍스트의 수정본으로서 명백하게 의도된 유일한 메모이고, 이 세 논문의 새로운 출판에 즈음하여 받아들여졌다. 이들은 본문 속에 〈 〉로 표시되어 있다. 직접적으로 텍스트에 첨부되지 않은 두 개의 큰 주석은 각주로 처리되었다. 이렇게 첨가된 각주는 17쪽 26줄, 22쪽 4줄, 23쪽 16줄, 23쪽 29줄, 83쪽 10줄, 264쪽 1줄, 265쪽 2줄, 270쪽 15줄, 278쪽 9줄, 280쪽 19줄, 282쪽 15줄, 331쪽 40줄, 334쪽 15줄, 334쪽 21줄, 365쪽 2줄, 366쪽 12줄, 366쪽 22줄, 366쪽 28줄, 368쪽 28줄, 369쪽 3줄, 371쪽 1줄, 393쪽 34줄, 394쪽 34줄, 396쪽 8줄, 396쪽 39줄, 397쪽 4줄에서 발견된다.

그외에도 이어서 1926년에 발간된 이 재판 텍스트의 차이에 대한 보고와 보충의 목록이 소개되고 있다.

셸러의 유고인 수고에서 나온 첨가를 받아들이기 위해──오로지 저자 자신에 의해 출판된 연구를 포함하여 전집 가운데 지금까지 출판된 2, 3, 5권을 제외하고──문제되는 필기가 이례적으로(I. 4를 참조) 논문집에 수록된 세 연구와 사실적으로나 시대적으로 가장 친밀한 관계에서 나왔다는 것이 무엇보다도 결정적이었다. 나아가 셸러의 유고집 가운데 "지식과 사회"의 문제에 관한 독자적인 유형의 연구를 계속해온 것은 발견되지 않았기 때문에, 후에 유고집을 출판할 때 지금 「부록」으로 다뤄진 것을 출판할 기회가 있을 것이다. 더욱이 저자에 의해 지식사회학적 방향의 계획된(특히 「지식사회학의 문제들」에서 예고된) 연구가 시작되었다.──그래서 텍스트에서 여러 번 언급된 '창시자의 우상화에 대한 사회학'이라는 연구, 나아가 정신의 신비주의와 생명의 신비주의 대립에 관한 연구가 시작되었다. 그러나 이들 연구는 모두 완결되지 못했다. 남아 있는 텍스트는 지식사회학적으로 정위된 이 논문집보다 저자의 형이상학 범위 내에서 출판되는 것이 적합하다. 저자에 의해 여러 번 언급된 '성의 심리학과 사회학'이라는 (지식사회학적 연구와 연관한) 문제에 관하여 유고에서는 단지 약간의 메모만이 발견되었다. 이 메모들은 모두 쾰른대학의 공개강의와 몇몇 연습세미나에서 사용된 것들이었다.

Ⅰ, Ⅱ와 Ⅲ 아래 첨가된 부록은 역사적인 시점에 따른 것이 아니라 내용적인 시점에 부합하게 순번을 매긴 것이다. Ⅰ의 1, 3, 4와 Ⅱ의 4에 개별적으로 첨가된 부록 앞에 부친 것은 수고에서 유래하는 것이고, 나머지는 문제되는 텍스트에 대해 가능한 한에서 단어상의 연관에 따라 편집자가 보충한 것이다.

「지식사회학의 문제들」이라는 논문집의 Ⅰ 아래 압축된 부록 1에서 6에 이르는 첫 번째 논문은 1 아래 출판되었고, 남아 있는 몇몇 텍스트는 대략 1922년에 작성되었다. 2와 3 아래 출판된 텍스트는——동시에 사회학적인 사고유형에 대한 비판 내지 상대적인 정당화에 대한 텍스트는——대략 1925년에 쓴 수고에서 인용되었다.

"막스 베버의 철학의 배제"에 관한 4의 (1)과 (2) 아래 출판된 두 개의 부록은 각기 다른 메모들에서 유래한 것이다. 4의 (1)에 관한 수고는 쓴 연도가 1921년이라 할 수 있다. 동시에 4의 (2)에 관한 수고는 셸러의 「세계관이론, 사회학과 세계관의 징립」(『사회학 및 세계관학 논문집』을 참조)이라는 논문과 직접적인 연관 속에서 작성될 수 있었고,——(「직업으로서의 학문」에서) 막스 베버의 위치를 특징짓는 이 논문에서 셸러에 의해 도입된 5개의 논점과 관련하여 ("막스 베버의 이런 입장과 관련되어야 한다면……") 처음으로 생겨날 수 있었다. 방금 언급한 셸러의 논문에서 저자는 "전체적으로 일정하게 법칙화된 세계직관에 기초하여 사물을 파악하는 심리학에 관해 쓰는 것을 피하려고 하고, 최근의 베버 죽음(막스 베버는 1920년 6월 14일에 임종했다)의 학문적이고 인간적인 위대함에 대한 존경이 우리가 그렇게 쓰는 것을 방해한다"고 말하고 있다. 인용된 논문(이 논문은 처음으로 쾰른의 사회학 계간지 1922~23년도 판에 출판되었다)에서 셸러의 설명은 명백하게 저자와 막스 베버의 위치를 대비시키는 데 국한되고 있다. 추측건대 그 당시 "피하려 했던" 방향의 의미에서 셸러의 설명은 지금 부록 d의 (2)로 출판된 텍스트를 포함하고 있고, 셸러가 『사회학 및 세계관학 논문집』(I권, 1923)에 수록된 논문을 재판으로 출간하는 것을 계기로 대략 1922~23년에 씌어졌다(그러나 완결되지는 못했다).

이미 발견된 낱장의 종이에 쓴 메모는 막스 베버의 철학적 입장에 대해 벌인 광범위한 논쟁의 요점을 다수 소개하고 있고, 베버의 유명론적 사고유형을 비판한 것 외에도 가치와 가치판단에 관한 베버의 이론과 역사이해, 종교사회학, 세계관이론과 학문이론에 대한 결론을 모두 담고 있다. 이런 문제제기 중에서 (그 자체 완결된 것이 아니며, 부분적으로 스케치된) 몇 개는 몇몇의 메모에 들어 있는 짧은 수고들이다. 출판된 부록 4의 (2)는 배치된 구성 부분 I의 내용, 즉 베버의 "철학의 배제"의 첫 번째 기초로서 "막스 베버의 유명론"과 일치한다. 수고에서 붙여진 이 장의 완전한 제목은 "인간 인식의 정당한 원천에서 나오는 막스 베버의 철학과 이념직관, 지혜, 형이상학의 배제"다.

5 "고급문화의 사회학적 기원과 학문의 기원에 관한 주해"는 분실된 메모 중의 한 장에 남아 있던 것이다. 수고는 1925년에 씌어졌을 것이다. I의 6에서 "실증과학의 사회학에 관하여"로 편찬된 몇몇 메모는 대부분 I의 2와 I의 3에서 출판된 부록과 마찬가지로 동일한 수고에서 유래한 것이고, 나머지는 같은 시기에 쓴 두 번째 노트와 낱장의 메모에서 취한 것들이다.

「인식과 노동」에 관한 II의 부록에서 1의 (1)과 2의 부록은 편집자가 위에서 언급한 대략 1912년으로 추정되는 실용주의 수고(노트)에서 취했고, 1의 (2)는 상술한 가장 오래된 대략 1909년에 쓴 것으로 추정되는 수고에서 취했다. 3에서 출판된 텍스트(이것은 한 강연의 서론이다), 즉 저자에게 형식적·기계적인 자연과학 이론과 지각이론의 매우 중요하고 밀접한 연관에 관한 텍스트는 1926~27년에 쓴 개별메모 속에 들어 있다. 4 "실용주의자와 이상주의자, 현자"라는 텍스트는 대략 1923년에 쓴 것으로 추정되는 두 장으로 된 메모에 들어 있던 것이다.

「대학과 시민 단과대학」에 관한 III에서 출판된 두 개의 부록은 1919년의 강연(위에서 말한 강연 참조) 텍스트에 들어 있던 것이다.

이어서 "초판에 관한 보고와 보충설명"이라는 부록으로 출판된 목차는 본질적으로 1926년 텍스트에는 다음과 같이 빠진 것에 한정했다.[2] 즉 의미를 방해하거나 변경시키는 데 작용하는 것, 다시 말하면 사소하지만 예를 들어 문법적으로 전혀 맞지 않는 불일치(잘못된 어미변화, 탈락된 철자 등) 또는 (무수히 많은 주어와 술어의 불일치와 같은) 문장론의 불일치가 텍스트에서 교정되었지만, 부록에까지는 미치지 못했다. 1926년에 부분적으로 「인식과 노동」이라는 두 번째 논문을 서둘러 완성시켜 출판했기 때문에, 특히 V장과 VI장(이 책, 144쪽 주 29)를 참조)은 의미를 방해하는 수많은 실수 때문에 스스로 인쇄문장에서 삭제시키지 않을 수 없었다. 한편으로 저자의 수고, 1926년의 텍스트와 다른 한편으로 (언급된 인쇄본으로서 연구의 많은 부분을 위해 사용된) 타자기복사본을 편집자가 꼼꼼하게 비교해본 결과 수고가 비교적 적은 불일치를 포함하고 있었고, (저자에 의해 부분적으로 통람되고 수정된) 타자기복사본을 잘못 녹해함으로써 야기된 1926년 테스트의 의미를 방해한 실수를 매우 광범위하게 찾아볼 수 있었다. 수고의 원문에 따른 차이의 유형과 수는 그 자체 저자가 인쇄본을 검열하고 교정하지 않았음을

---

2) 이 부분은 초판의 오·탈자를 교정한 내역이다. 예를 들어 S. 2016 'klassifizierende' statt: klassifierende와 같이 서술되어 있다. 우리말 번역에 사용된 원문(Text)은 3판인데, 각 판의 원문을 비교하는 것이 목적이 아닐진대 이 부분에 대한 번역은 무의미한 것으로 판단되어 생략했다. 원문에는 이 부분이 2판 편집자 후기와 3판 편집자 후기 사이에 들어 있다. 3판의 편집자는 마리아 셀러가 아니라 프링스(Manfred S. Frings)다ー옮긴이.

추론하게 한다. 이것은 분명히 (저자가 외국에 체류하는 동안) 수고 자체에 대한 부가적 언급 없이 다른 측면에서 타자기복사본의 초안에 따라 계획된 것이다. "보고와 보충설명의 목차"는 개별적으로 보고가 유력하게 (대부분 보존되어 있는) 수고의 원문에 근거할 수 있음을 인식시켜준다. 텍스트가 자리한 곳에 관해 언급할 때 비로소 텍스트를 설명하기 위해 저자가 도입한 저서에 관해 이해할 수 있을 것이다. 인쇄본 (또는 인쇄전지 자체)에 추후에 약간 추가하려 계획했고, 이에 대해 문제되는 부분을 식자공이 전혀 알아채지 못한 저자의 통상적인 습관이 수많은 '변전'을 야기했으며, 그런 변전이 그대로 목차에 실렸다.

「텍스트와 각주에 관한 주석」은 셸러 전집 속에서 지금까지 출판된 것에서와 마찬가지로 뒤섞여 있는 세 논문의 연관을 나타내고, 셸러의 다른 저작과의 연관, 나아가서 몇몇 부분에서는 수고 그 자체와의 연관을 나타낸다. 다음에 덧붙인 문헌목록은 저자의 텍스트, 각주와 주석에 인용된 저서에 관해 소개하는 것을 도와줄 것이다.

이 논문집의 재판에서 편집자는 세 편의 주요논문(과 부록)을 위한 새롭고 공통된 개념색인을 만들었고, 개념색인들 사이의 체계적 연관은 그 자체 초판에서 분리되어 있던 앞의 두 논문 개념색인(동시에 이것도 편집자가 손질했다)보다 훨씬 훌륭한 것이다. 인명색인도 첨부되었다.

마리아 셸러

제3판 편집자 후기

3판을 위해 텍스트를 모두 살펴보았고, 내용에 쉽게 접근할 수 없는 일련의 실수들을 개선시킬 수 있었다. 3판이 발간되는 동안에 1판의 서문, 47쪽에서 저자가 언급한 '형이상학'이 출판되었다.[1]

프링스(Manfred S. Frings)

---

1) 제3판의 편집자 후기 다음에도 '제2판에 관한 보고와 보충설명'이 들어 있으나, 위와 같은 이유로 이에 대한 번역을 생략했다―옮긴이.

문헌목록

1. *Beiträge zur Feststellung der Beziehungen zwischen den logischen und ethischen Prinzipien*, Dissertation, Jena, 1897). Druck Vopelius, Jena 1899. *Gesammelt* 1.

2. "Arbeit und Ethik," In *Zeitschr. für Philosophie u. philos. Kritik*, Bd. 114, Heft 2, 1899. *Gesammelt* 1.

3. *Die transzendentale und die psychologische Methode. Eine grundsätzliche Erörterung zur philosophischen Methodik* (Habilitationsschrift, Jena 1899). Verlag Dürr, Jena 1900. 2., unveränderte Aufl. Verlag Felix Meiner, Leipzig 1922. *Gesammelt* 1.

4. "Über Selbsttäuschungen," In *Zeitschr. für Pathopsychologie* I/1. Verlag Engelmann, Leipzig 1911. *Gesammelt* 3.

5. "Über Ressentiment und moralisches Werturteil, Ein Beitrag zur Pathologie der Kultur," In *Zeitschr. für Pathopsychologie* I/2, 3, Leipzig 1912. *Gesammelt* 3.

6. *Zur Phänomenologie und Theorie des Sympathiegefühle und von Liebe und Haß.* Mit einem Anhang über den Grund zur Annahme der Existenz der fremden Ich, Verlag Max Niemeyer, Halle 1913. *Gesammelt* 1.

7. *Der Formalismus in der Ethik und die materiale Wertethik. Mit besonderer Berücksichtigung der Ethik I. Kants.*
   Teil I. *Jahrbuch für Philosophie und phänomenolg. Forschung*, Jahrg. I. Verlag Max Niemeyer, Halle 1913.
   Teil II. im gleichen Jahrbuch, Jahrg. II, 1916.

Teil I und II als Sonderdruck unter gleichem Titel, mit einem
Vorwort, 1. Auflage, Halle 1916.

2. unveränderte Auflage, mit dem Untertitel *Neuer Versuch der
Grundlegung eines ethischen Personalismus*, und einem
zweiten Vorwort, Halle, 1921.

3. unveränderte Auflage, mit einem dritten Vorwort, und einem
Sachregister, Halle 1927.

4. durchgesehene Auflage, herausgegeben mit einem neuen
Sachregister von Maria Scheler, Franche Verlag, Bern 1954.
Gesammelt 2.

8. "Ethik. Ein Forschungsbericht," In *Jahrbücher der Philosophie* (Eine
kritische Übersicht der Philosophie der Gegenwart),
herausgegeben von Max Frischeisen-Köhler, 2. Jahrg., Berlin
1914. *Gesammelt 1.*

9. *Der Genius des Krieges und der Deutsche Krieg*, Verlag der Weißen
Bücher, Leipzig 1915; 2. und 3. Auflage 1916 und 1917, ebenda.
Gesammelt 4.

10. "Abhandlungen und Aufsätze, *Vom Umsturz der Werte*," 1. Auflage
im Verlag der Weißen Bücher, Leipzig 1915 (in zwei Bänden). 4.,
durchgesehene Auflage (in einem Bande), herausgegeben mit
einem Anhang von Maria Scheler, Francke Verlag, Bern 1955.
"Zur Rehabilitierung der Tugend"
"Das Ressentiment im Aufbau der Moralen" (Erweiterung der
unter Nr. 5 angeführten Abhandlung)
"Zum Phänomen des Tragischen"
"Zur Idee des Menschen"
"Zum Sinn der Frauensbewegung"
"Die Idole der Selbsterkenntnis" (Erweiterung der unter Nr. 4
angeführten Abhandlung)
"Die Psychologie der sogenannten Rentenhysterie und der rechte
Kampf gegen das Übel"
"Versuche einer Philosophie des Lebens"

"Der Bourgeois"

"Der Bourgeois und die religiösen Mächte"

"Die Zukunft es Kaptalismus," *Gesammelt* 3.

11. *Krieg und Aufbau*, Verlag der Weißer, Leipzig 1916(Für die spätere Veröffentlichung vgl. Nr. 19)

"Der Krieg als Gesamterlebnis"

"Über östliches und westliches Christentum"

"Das Nationale im Denken Frankreichs"

"Über die Nationalidee der großen Nationen"

"Bemerkungen zum Geiste und den ideellen Grundlagen der Demokratien der großen Nationen"

"Über Gesinnungs- und Zwechmilitarismus. Eine Studie zur Psychologie des Militarismus"

"Soziologische Neuorientierung und die Aufgabe er deutschen Katholiken nach dem Kriege"

"Vom Sinn des Leides"

"Liebe und Erkenntnis," *Gesammelt* 6

12. *Die Ursachen des Deutschenhasses. Eine nationalpädagogische Erörterung*, Kurt Wolff-Verlag, Leipzig 1917. 2. Auflage Neue Geist Verlag, Leipzig 1919. *Gesammelt* 4.

13. "Von zwei Deutschen Krankheiten," In *Der Leuchter* VI, Verlag Otto Reich, Darmstat, 1919(vgl. Nr. 19)

14. *Vom Ewigen im Menschen*. Religiöse Erneuerung

1. "Auflage (In einem Bande). Neue Geist-Verlag," Leipzig 1921.

2. "Auflage (In zwei Halbbänden) mit einer größeren Vorrede. Neue Geist- Verlag," Leipzig 1923.

3. "Auflage (Volksausgabe, ungekürzt, in einem Bande). Neue Geist-Verlag," Berlin 1933.

4. "durchgesehene Auflage (In einem vande)," herausge-geben mit einem Sachregister von Maria Scheler, Francke Verlag, Bern 1955.

"Reue und Wiedergeburt"

"Vom Wesen der Philosophie und den moralischen Bedingungen des philososphischen Erkennens"

"Probleme der Religion"

"Die christliche Liebesidee und die gegenwärtige Welt"

"Vom kulturellen Wiederaufbau Europas"

15. "Universität und Volkshochschule." Beitrag zum Sammelband *Zur Soziologie des Volksbildungswesens*, Herausgeg. von Leopold v. Wiese, Band I der Schriften des Forschungsins-titutes für Sozialwissenschaften in Köln. Duncker u. Hum-bolt, München 1921. (vgl. Nr. 22). *Gesammelt* 6.

16. "Die deutsche Philosophie der Gegenwart." In *Deutsches Leben der Gegenwart*, herausgeg. v. ph. Witkop, Verlag der Bücherfreunde, Berlin 1922. *Gesammelt* 7.

17. *Walther Rathenau. Eine Würdigung*, Marcan-Block-Verlag, Köln 1922. *Gesammelt* 6.

18. *Wesen und Formen der Sympathie*, 2. vermehrte Auflage der *Sympathiegefühle* (vgl. oben Nr. 6), Verlag Friedr. Cohen, Bonn 1923.

    3. und 4. Auflage ebenda 1926 und 1929.

    5. Auflage, Verlag Schulte-Bulmke, Frankfurt/Main 1948. *Gesammelt* 7.

19. *Schriften zur Soziologie und Weltanschauungslehre* (in 4 Bändchen), Neue Geist-Verlag, Leipzig 1923/24 (vgl. Nr. 11 oben).

    1. *Moralia*:

    "Weltanschauungslehre, Soziologie und Weltanschauungs-setzung"

    "Über die positivistische Geschichtsphilosophie des Wissens"

    "Vom Sinn des Leides" (vgl. oben Nr. 11; der Aufsatz ist beträchtlich erweitert)

    "Vom Verrat der Freude"

    "Liebe und Erkenntnis" (vgl. oben Nr. 11)

    "Über östliches und westliches Christentum" (vgl. oben Nr. 11)

2. *Nation*:

"Über die Nationalideen der großen Nationen"(vgl. oben Nr. 11)

"Das Nationale im Denken Frankreichs"(vgl. Nr. 13)

"Der Geist und die ideellen Grundlagen der Demokratien der großen Nationen"(vgl. Nr. 11)

"Über Gesinnungs- und Zweckmilitarismus"(vgl. Nr. 11)

3a. *Christentum und Gesellschaft*: *Konfessionen*

"Der Friede unter den Konfessionen"

"Soziologische Neuorientierung etc."(vgl. oben Nr. 11)

3b. *Christentum und Gesellschaft*: *Arbeits- und Bevölker-ungsprobleme*

"Prophetischer oder marxistischer Sozialismus?"

"Arbeit und Ethik"(vgl. Nr. 2)

"Arbeit und Weltanschauung"

"Bevölkerungsprobleme als Weltanschauungsfragen," *Gesammelt* 6.

20. "Probleme einer Soziologie des Wissens," Beitrag zum Sammelband *Versuche zu einer Soziologie es Wissens*, herausgeg. von Max Scheler, Band II der Schriften des Forschungsinstitutes für Sozialwissenschaften in Köln. Verlag Dunchker u. Humbolt, München 1924(vgl. Nr. 22).

21. *Die Formen des Wissens und die Bildung*, Verlag Friedr. Cohen, Bonn 1925(vgl. Nr. 27).

22. *Die Wissensformen und die Gesellschaft*, Neue Geist-Verlag, Leipzig 1926.

"Probleme einer Soziologie des Wissens"(vgl. Nr. 20; erweitert)

"Erkenntnis und Arbeit. Eine Studie über Wert und Grenzen des pragmatischen Motivs in der Erkenntnis der Welt"

"Universität und Volkshochschule"(vgl. Nr. 15), *Gesammelt* 8.

23. *Die Stellung des Menschen im Kosmos*, In *Der Leuchter* VIII, Verlag Otto Reichl, Darmstadt 1927.

Als Sonerdruck im gleichen Verlag erschienen 1., 2., 3. Auflage 1928, 1929, 1931. 4. und 5. Auflage Nymphenburger

Verlagsanstalt, München 1948 und 1949. *Gesammelt* 9.

24. "Mensch und Geschichte," In *Neue Rundschau*, Jahrg. 37. Nov. 1926. Als Sonderveröffentlichung im Verlag der *Neuen Schweizer Rundschau* erschienen, Zürich 1929(vgl. Nr. 27).

25. "Idealismus – Realismus," In *Philosophischer Anzeiger* II. Verlag Friedr. Cohen, Bonn 1927. *Gesammelt* 9.

26. "Der Mensch im Weltalter des Ausgleichs," In *Politische Wissenschaft*(*Ausgleich als Schicksal und Aufgabe*). Veröffentlichung der Deutschen Hochschule für Politik, Berlin 1929(vgl. Nr. 27).

27. *Philosophische Weltanschauung*. Verlag Frier. Cohen, Bonn 1929.
    "Philosophische Weltanschauung"
    "Mensch und Geschichte"(vgl. Nr. 24)
    "Der Mensch im Weltalter es Ausgleichs"(vgl. Nr. 26)
    "Die Formen des Wissens und die Bildung"(vgl. Nr. 21)
    "Spinoza. Eine Rede," *Gesammelt* 9
    "Neuausgabe: Dalp-taschenbücher Band 301," Francke Verlag, Bern.

Aus em Nachlaß es Verfassers sind veröffentlicht woren:

28. *Die Idee des Ewigen Friedens und der Pazifismus*. Neue Geist-Verlag, Berlin 1931.

29. *Schriften aus dem Nachlaß, Band I: Zur Ethik und Erkenntnistheorie*
    1. Auflage, mit einem anhang herausgegeben von Maria Scheler. Neue Geist-Verlag, Berlin 1933.
    "Tod und Fortleben"
    "Über Scham und Schamgefühl"
    "Vorbiler und Führer"
    "Ordo Amoris"
    "Phänomenologie und Erkenntnistheorie"

"Lehre von den Drei Tatsachen"

2. durchgesehene und erweiterte Auflage, mit einem Anhang und Sachregister herausgegeben von Maria Scheler, Francke Verlag, Bern 1957.

"Tod und Fortleben"

"Über Scham und Schamgefühl – Zusätze"

"Zur Phänomenologie und Metaphysik der Freiheit – Zusätze"

"Absolutsphäre und Realsetzung der Gottesidee – Zusätze"

"Vorbilder und Führer – Zusätze"

"Ordo Amoris"

"Phänomenologie und Erkenntnisthrorie"

"Lehre von den Drei Tatsachen – Zusätze," *Gesammelt* 10.

옮긴이 후기

이 책의 주제는 셸러(Max Scheler)의 지식사회학(Wissenssoziologie)에 관한 연구다. 지식사회학이란 일반적인 지식(Wissen)이나 인식(Erkenntnis)이 사회적 결정성을 지닌 것으로 보고, 사회와의 연관에서 지식의 문제를 연구하는 사회학의 한 분과다. 이런 지식의 사회적 기원에 관한 연구자로서 우리에게 널리 알려진 사람은 뒤르켐(E. Durkheim)과 만하임(K. Mannheim)이다. 뒤르켐은 원시사회의 고찰을 통해 인식의 여러 범주가 사회적 기원을 지닌다는 점을 입증했고, 만하임은 특히 사유의 존재구속성을 주창한 것으로 유명하다. 이에 반해 셸러의 지식사회학은 우리에게 비교적 덜 알려져 있지만, 오늘날 그는 이른바 지식에 관한 콩트류의 실증주의적 동기와 한계를 밝힘으로써 형이상학과 종교적 지식의 지위를 확고히 하는 데 기여한 것으로 평가받고 있다.

셸러가 지식의 문제에 관심을 갖게 된 것은 1919년 쾰른대학에 초빙되어 철학·사회학 강좌를 담당하고, 특히 대학부설, '쾰른사회과학연구소'의 소장직을 맡으면서부터인 것으로 알려져 있다. 이 시기에 그는 독일 바이마르공화국 치하에서 각종 이데올로기의 착종현상을 경험했고, 1921년『쾰른 사회학 및 사회과학 계간지』창간호에「실증주의적 역사철학과 인식사회학의 문제들」이라는 논문을 발표하면서 마침내 자신의 독창적인 지식사회학을 구상하게 되었다. 이 논문에 대해 뒤르켐의 영향을 받은 오스트리아 출신 사회학자 예루살렘(W. Jersalem)이 비평했고, 이 비평에 답하면서 셸러는 독일관념론 철학보다 실증주의가

'인식사회학'의 문제를 더 명확하게 이해하고 있음을 높이 평가하는 한 편, 막스 베버의 『직업으로서 학문』에 대결하여 「세계관학, 사회학 및 세계관의 정립」이라는 제목의 논문 집필에 착수하게 된다. 여기서 셸러는 한 집단의 거의 인식되지 않는 가치평가로부터 그 전체적인 에토스를 '재구성'하는 문제를 자신의 지식사회학의 핵심과제로 삼고 있다.

이를 토대로 셸러가 자신의 지식사회학의 체계를 발표한 것은 이 책에 수록된 논문, 「지식사회학의 문제들」이 처음이다. 이 논문 외에도 「인식과 노동」, 「대학과 시민 단과대학」이라는 두 편의 논문을 함께 묶어 『지식의 형태와 사회』라는 제목으로 출판했는데, 이 세 논문의 상호관련성에 관해서는 저자가 이 책 서문에서 자세하게 설명했다. 그런 까닭에 옮긴이는 각 논문이 지닌 특징에 관해서만 간략하게 설명하고자 한다.

먼저 「지식사회학의 문제들」은 1924년 셸러가 편집한 『쾰른 사회과학연구소 논문집』 제1부 서론에 처음으로 수록되었다. 이 논문집의 전체 분량은 450쪽에 이르는데, 그중에서 셸러의 서론이 전체 분량의 약 3분의 1을 차지한다. 이 논문집의 서론에서 단지 「계급의 논리학」이라는 한 장(章)만 추가한 후에 다른 내용수정 없이 『지식의 형태와 사회』에 재수록했는데, 이 논문에서 셸러는 먼저 독일에서 지식사회학이 어떤 행보를 보이는지를 회고하면서 실증주의에 기초를 둔 인식론상의 학설과 결론을 배척한 다음, 형이상학적인 세계인식을 이성의 '영원한' 요구이면서 또한 가능하다는 점을 고찰하고 있다. 그리하여 그는 지식사회학을 하나의 철학적 입장에 기초하여 정립하고자 했던 것이다.

다음으로 「인식과 노동」은 근대 계몽시대 이후 점점 비등해져가는 실증주의적이고 과학주의적인 지식의 이념에 대한 위기감을 비판적으로 분석하고 있다. 이런 위기감은 현상학에서 중점적으로 다뤄지고 있는 문제인데, 셸러에 이어 후설(E. Husserl)도 만년에 『유럽학문의 위기와 선험적 현상학』(1935)에서 다시금 언명하고 있음을 우리는 유의해볼 필요가 있다. 그러나 후설이 현상학적 관점에서 유럽학문의 위기를 반성한 것과 달리 셸러는 '세계인식에서 실용적 동기의 가치와 한계'를 고찰하는 것에서 출발한다. 여기서 셸러는 지식 · 인식 · 과학이 다른 어떤 것을 위한 (실용적인) 것인지, 아니면 그 자체로서 가치 있는 것인지를 묻는다. 그러나 이 물음에서 그의 본래 의도는 어느 한쪽의 긍정이나 부정을 이끌어내려는 데 있지 않다. 오히려 그는 전자의 물음과 관련하여 넓은 의미의 실용주의를 검토하고, 후자의 물음과 관련하여 순수 이론적이고 관조적인 철학적 태도를 검토한다. 그런 다음으로 양자에 공통적으로 들어 있는 지식이념의 일면성과 특정한 지식이념의 절대화를 비판한다. 이 비판에서 유럽의 실증주의적 학문이 처한 위기의 조짐을 찾아내는데, 잘 알려진 것처럼 셸러는 자신의 지식사회학의 기본도식을 '지배 또는 수행의 지식' '교양 또는 본질의 지식' '구제 또는 형이상학적 지식'의 균형 있는 발전에 두는 한편, 지식 그 자체의 발전에서 정신과 충동이라는 두 원리의 자발성과 능동성을 강조한다.

끝으로 「대학과 시민 단과대학」은 앞의 두 논문, 즉 「지식사회학의 문제들」, 「인식과 노동」을 기초로 한 그의 생각을 현실문제인 독일 교육제도에 응용한 것이다. 현실문제에 대한 그의 생각은 자연스럽게 대학개혁의 문제에 초점이 맞춰진다. 그 당시는 독일의 혼란기였고, 대학개혁의 문제가 사강사연합을 중심으로 제기되었다. 그리고 1919년에는 독일학생연맹이 결성되어 전국대회가 잘츠부르크에서 개최되었고, 이어서 여러 도시에서 학생집회가 산발적으로 일어났다. 특히 뮌헨의 학생집회에서는 막스 베버가 「직업으로서 학문」이라는 제목으로 강연을 했는데, 이 강연에서 베버는 현대의 연구자들이 과학과 세계관 사이의 이율배반적인 긴장감을 가지고 살아가고 있음을 지적했다. 막스 베버의 이 강연이 셸러에게 큰 감명을 주었음은 위에서 이미 언급했다. 이런 상황에서 셸러는 19세기 초 베를린대학의 창설이 유럽대학의 이념과 조직을 확립하는 데 기여했다는 점을 지적하고, 그 후 100년이 지난 지금 학문이념의 변화, 국가와 대학 사이의 관계변화를 통렬하게 비판한다. 그리고 현대 독일의 대학에서 베를린대학의 창설자인 '훔볼트의 이념'을 재흥할 것을 역설하고 대학발전의 방향을 제시한다. 이런 셸러의 대학

비판과 발전방향의 제시는 오늘날 대학조직과 구조를 전면적으로 개혁할 것을 요구하고 있는 우리 한국에서 대학의 문제점을 해결하는 데 큰 시사점이 될 것으로 확신한다.

이 책을 번역하면서 옮긴이는 Max Scheler, *Die Wissensformen und die Gesellschaft*(Ges. Werke, Bd. 8, Bern, 1980), 제3판을 텍스트로 삼았다. 다만 난해한 독일어 문맥이나 학술용어를 우리말로 번역하는 데는 영문 번역본, Tr. Manfred S. Frings, *Problems of a Sociology of Knowledge*(ed. and Introduction by Kenneth W. Stikkers, London : Routledge & Kegan Paul, 1980)와 일본어 번역본, 飯島宗亨, 小倉志祥, 吉澤傳三郎 編, 『知識形態と社會』(上, 下, シェーラー著作集 11, 12, 東京: 白水社, 1978)를 참고했다. 가능한 한 독일어 원전에 충실했지만, 불가피하게 영문 번역판이나 일본어 번역판을 활용한 경우에는 반드시 독일어 원문과 대조하여 원저자의 의도가 훼손되지 않도록 노력했다. 특히 이 책에는 현상학에 고유한 용어와 셸러의 철학체계 내의 독창적인 용어가 많이 나온다. 또 이 책과 셸러의 다른 저작 사이의 관련성도 여러 곳에서 언급되고 있는데, 그중에서도 대표적인 셸러의 저작은 『윤리학에 있어서 형식주의와 실질적 가치 윤리학』(서광사, 1998)과 『동정의 형식과 본질』(울산대학교 출판부, 2002)이다. 이 두 저작을 또한 옮긴이가 이미 번역해두었는데, 옮긴이는 이 책을 번역하면서 용어를 가능한 한 이 두 저작과도 통일시키려고 노력했다.

끝으로 이 책은 한국학술진흥재단의 '2002년도 동서양학술명저 번역지원' 사업에 의해 번역되었다. 한국학술진흥재단의 후의에 깊이 감사드린다.

2011년 3월
이을상

찾아보기

448

■ 주제

지은이 막스 셸러

독일 뮌헨에서 태어났다. 셸러는 뮌헨대학교와 베를린대학교에서
의학, 철학, 사회학을 공부했고 예나대학교에서 오이켄의 지도로
철학을 공부했다. 예나대학교 시기에 셸러는 에드문트 후설을 만나
현상학에 관심을 가지게 되었고, 이를 바탕으로 새로운
'실질적 가치윤리학'을 구축했다. 셸러의 윤리학은 칸트의 '형식주의'를
비판하고 인격주의 윤리학의 정립에 초점이 맞춰진다.
그러나 셸러의 학문적 관심은 윤리학에만 머물지 않고
종교철학, 세계관학, 지식사회학, 철학적 인간학 등으로 확장된다.
이렇듯 다양한 셸러의 학문적 관심은 오늘날 '실질적 가치윤리학'의
정립과 더불어 '지식사회학'과 '철학적 인간학'의
창시자로서 추앙받고 있다. 특히 셸러가 지식사회학에 관심을 가지게 된 것은
1919년 쾰른대학교에서 철학·사회학 강좌와 '쾰른사회과학연구소'의
소장직을 맡으면서부터였다. '지식사회학'(Soziologie des Wissens)이라는
용어는 장편 논문 「지식사회학의 문제들」(1924)에서 처음으로 등장한다.
셸러는 지식사회학을 통해 콩트류의 실증주의적 동기와 한계를 밝힘으로써
형이상학과 종교적 지식의 지위를 확고히 하려 했다.
이 점에서 셸러의 지식사회학은 카를 만하임의 지식사회학과는 다르다.
단적으로 말하면 셸러의 지식사회학은 20세기 초의 혼란에 맞서
새로운 형이상학을 수립하기 위한 수단이었고,
이는 곧 '철학적 인간학'으로 나아가기 위한 단초가 된다.
셸러의 저작은 그의 방대한 학문적 관심만큼이나 다양하다.
주요 저서로는 『윤리학에 있어서 형식주의와 실질적 가치윤리학』(1916),
『가치들의 전도에 관하여』(1919), 『공감의 본질과 형식』(1923),
『지식의 형태와 사회』(1926), 『우주에 있어서 인간의 위치』(1928)
등이 있으며, 생전에 펴내지 못한 노트와 유고집이 연이어 출간되면서
새롭게 주목받고 있다. 이 가운데 『지식의 형태와 사회』는 「지식사회학의 문제들」
「인식과 노동」 「대학과 시민 단과대학」이라는 방대한 논문 세 편을 묶은 것이다.
「지식사회학의 문제들」은 실증주의적 사고를 비판하고
형이상학의 가치를 새롭게 규명했고, 「인식과 노동」은 실용주의 철학을 비판함으로써
셸러 자신만의 독창적인 지식사회학을 확고히 하는 데 이바지한 역작으로 평가받고 있다.
「대학과 시민 단과대학」은 「지식사회학의 문제들」과 「인식과 노동」에서
정립된 지식사회학을 기초로 독일 교육제도를 비판한 것이다.
이는 오늘날 학문의 본질과 대학의 역할에 대해 고민하는
우리나라의 현실에도 좋은 시사점이 될 것으로 본다.

옮긴이 정영도

정영도(鄭榮道)는 영남대학교 철학과를 졸업하고, 같은 대학교 대학원에서
「Antichrist로서의 Nietzsche」로 석사학위를 받았다.
「오르테가의 생적 이성의 철학에 대한 연구」로 박사학위를 받고, 독일 뮌헨대학교에서
5년간 니체 철학을 공부했다. 동아대학교에서 철학과 교수로 32년간 재직한 뒤
지금은 같은 대학교 명예교수로서 후학을 양성하고 있다. 한국철학사회 부회장,
새한철학회 회장, 한국니체학회 회장을 거쳐 한국야스퍼스학회 회장으로 활발히 활동하고 있다.
또한 철학과 문화 발전에 이바지한 공로로 부산시 문화상(학술 부문), 눌원문화상(학술 부문),
동아학술상(인문·사회 부문) 등을 받기도 했다.
저서로는 『니체의 사랑과 철학』『야스퍼스 철학의 근본 문제』『현대 유럽 철학』『그리스 로마 철학』
『철학교수와 대중가요의 만남』 등이 있다. 역서로는 한길사에서 펴낸 막스 셸러의
『지식의 형태와 사회 1·2』(공역)를 비롯하여 안네마리 페퍼의 『니체의 차라투스트라에 대한 철학적 해설』,
오이겐 비저의 『신의 추구자냐 안티크리스트냐 —니체의 기독교 비판』,
호세 오르테가 이 가세트의 『개인과 사회』『삶의 형이상학』, 카를 야스퍼스의 『초월자의 암호』
『척도를 주는 인간들』『근원에서 사유하는 철학자들』, 찰스 월래프의 『야스퍼스의 철학 사상』,
리하르트 비서의 『카를 야스퍼스』 등 다수가 있다.

옮긴이 이을상

이을상(李乙相)은 부산대학교 철학과를 졸업하고, 동아대학교 대학원에서
문학 석사학위를 받은 뒤 1993년 동아대학교 대학원에서 철학 박사학위를 받았다.
동아대·부경대·동의대·동서대 등에서 강의했고, 지금은 동의대학교 인문대학 문화콘텐츠연구소
연구교수로 있다. 특히 막스 셸러의 저서 번역 작업에 노력해왔고, 생명윤리학과 진화윤리학 분야에도
관심을 가지고 연구하고 있다. 공저로는 『교양철학』『사람됨과 삶의 보람』『인간과 현대적 삶』
『인간과 현대적 삶』『인격』『사회생물학, 인간의 본성을 말하다』『마음학: 과학적 설명＋철학적 성찰』
등이 있다. 역서로는 한길사에서 펴낸 막스 셸러의 『지식의 형태와 사회 1·2』(공역)를 비롯하여
『공감의 형식과 본질』『우주에 있어서 인간의 위치』『윤리학에 있어서 형식주의와 실질적 가치윤리학』(공역)이
있고, 오토 프리드리히 볼노의 『현대의 철학적 인간학』, 프리드리히 카울바흐의 『행위철학』,
아르놀트 겔렌의 『인간학적 탐구』『인간, 그 본성과 세계에서의 위치』, 존 스튜어트 밀의 『공리주의』
등이 있다. 그밖에도 박사학위 논문인 「가치와 인격」 등을 비롯한 다수의 논문과 기고문이 있다.

한국연구재단 학술명저번역총서

서양편 ● 70 ●

'한국연구재단 학술명저번역총서'는
우리 시대 기초학문의 부흥을 위해
한국연구재단과 한길사가 공동으로 펼치는
서양고전 번역간행사업입니다.

지식의 형태와 사회 2

지은이 · 막스 셸러
옮긴이 · 정영도 · 이을상
펴낸이 · 김언호
펴낸곳 · (주)도서출판 한길사
등록 · 1976년 12월 24일 제74호
주소 · 413-756 경기도 파주시 교하읍 문발리 520-11
www.hangilsa.co.kr
E-mail: hangilsa@hangilsa.co.kr
전화 · 031-955-2000~3
팩스 · 031-955-2005

상무이사 · 박관순
영업이사 · 곽명호
편집 · 배경진 서상미 신민희 김지희 홍성광 강성한 백은숙
전산 · 한향림 노승우
마케팅 및 제작 · 이경호 박유진 | 경영기획 · 김관영
관리 · 이중환 문주상 장비연 김선희

CTP출력 및 인쇄 · 현문인쇄 | 제본 · 성문제책

제1판 제1쇄 2011년 4월 25일

ⓒ 한국연구재단, 2011

값 30,000원
ISBN 978-89-356-6246-3 94330
ISBN 978-89-356-5291-4 (세트)
* 잘못 만들어진 책은 구입하신 서점에서 바꿔드립니다.